Sylvia Koch-Weser, Geseko von Lüpke – Vision Quest
Visionssuche: Allein in der Wildnis auf dem Weg zu sich selbst

Umschlaggestaltung: Nele Hybsier unter Verwendung einer Collage von Angela Rohr
Layout, Satz und Herstellung: www.humantouch.de
Druck und Bindung: Finidr, s.r.o., Český Těšin
Printed in Czech Republic

ISBN 978-3-927369-42-9

EDITION HAGIA CHORA

Sylvia Koch-Weser
Geseko von Lüpke

Vision Quest

Visionssuche: Allein in der Wildnis auf dem Weg zu sich selbst

DRACHENVERLAG

Teil 2

Vorwort

Vor gar nicht langer Zeit hatte ich ein Gespräch mit einem hochdekorierten Offizier der amerikanischen Elitetruppe der *Marines*, dem auf verschiedensten Schlachtfeldern der Welt die Kugeln um die Ohren gepfiffen waren. Er gestand mir, wie sehr ihn der Gedanke fasziniere, allein in die Wildnis zu gehen, um ohne Nahrung und Schutz über den Sinn der Existenz nachzudenken. Als ich ihn überrascht fragte, was ihn denn nach seiner außerordentlichen Karriere an so einer „spirituellen" Sache reizen würde, antwortete er: „Weil ich noch nie in meinem Leben wirklich allein in der Natur war." Und er fügte hinzu, dass er so etwas gar nicht gerne ohne Essen täte.

In dieser ehrlichen Aussage eines modernen Kriegers können wir erkennen, welcher Geist schon der traditionellen Visionssuche unserer Vorfahren innewohnte. Selbst heute – wo wir innerhalb von vierundzwanzig Stunden an jeden Ort dieses Planeten reisen können oder in der Lage sind, aus dem Weltraum die Erde dabei zu betrachten, wie sie wie ein Juwel am großen Baum des Nichts zu hängen scheint, und wo wir jede beliebige Information zu allem und nichts auf Knopfdruck abrufen können – winkt uns die Visionssuche wie ein entfernter Leuchtturm über die dunkle stürmische See zu und verspricht uns festen Boden unter den Füßen. Dieses „lächerliche Pünktchen Licht", wie es der Dichter W. H. Auden bezeichnet hat, ist eine innere Erscheinung, bei der sich auf der dunklen Leinwand unseres Bewusstseins die magischen Feuer unserer Ahnen spiegeln.

Trotz allem hochmodernen Schnickschnack, mit dessen Hilfe wir uns durch den technologischen Irrgarten der modernen Welt bewegen, können wir unseren Ahnen nicht ausweichen: den rothäutigen, den schwarzen, den weißen und den gelben Menschen, die in die Wiege der Zivilisation geboren wurden. Denn sie haben die Landkarte, die uns hilft, aus diesem Irrgarten wieder herauszukommen. Es ist unser Glück, dass sie diese Orientierungshilfe wie ein Vermächtnis in unserem kollektiven Unterbewusstsein hinterlassen haben. Tief in uns kennen wir den Weg durch das Labyrinth. Eine innere Wahrheit sagt uns, dass der Schlüssel zu diesem Erbe die Visionssuche ist.

„Ich war noch nie in meinem Leben wirklich allein ..."

Was ist eigentlich passiert, dass so viele von uns die alten Rituale der Selbstsuche vergessen haben und die alte Wahrheit nicht mehr kennen: dass der einzige Weg, uns wirklich zu erkennen, darin liegt, sich dem Alltag zu entziehen, allein zu sein, ängstlich und schwach und leer zu werden; zurückzukehren zu der Natur, die uns hervorbrachte – und ganz allein den Grundbedingungen des Homo sapiens ins Auge zu blicken.

Dieses Buch ist der Kraft und Magie des Alleinseins gewidmet. Und es gibt keine Religion, die nicht deutlich gemacht hat, dass der einzige Weg zu Einsicht und Erleuchtung durch die nackten Berge des Alleinseins führt.

Was wartet auf uns, wenn wir allein sind? Unsere Ahnen wussten es! Was dort wartet, sind Erinnerungen: Erinnerungen, die wie vertraute Fremde an unsere Tür klopfen. Da draußen wird das Leben, das wir bislang lebten, wie durch ein Erdbeben oder einen Vulkanausbruch bis in seine Fundamente erschüttert. Und weil wir eben alleine sind, müssen wir das Segel unseres kleinen Bootes in Form bringen und uns in den Sturm wagen, ohne dass irgendjemand als nur wir selbst uns helfen kann.

Kein Wunder also, dass unsere Vorfahren die Riten des Alleinseins nutzten, um ihre Kinder erwachsen werden zu lassen. Es gibt nur wenige derart kostbare Wege, um die Seele reifen zu lassen. Irgendwann müssen wir alle sterben. Und jeder Seele bleibt nichts anderes übrig, als sich auf diesen Moment vorzubereiten. Für unsere Ahnen lag die Vorbereitung darin, ein Leben zu leben, das denen diente, die uns den Weg gezeigt hatten: dem eigenen Volk, der Familie, der Gemeinschaft und den Göttinnen und Göttern.

Alleinsein kann so leise sein, dass die Gedanken, Gefühle und Träume in der Stille wie Donner klingen. Wie sollen wir mit dem Chaos unseres Lebens umgehen? Wir können mit den Gespenstern der Vergangenheit tanzen und versuchen, die Segel dort zu flicken, wo der Wind sie zerrissen hat. Wir können beten, die Fehler wiedergutmachen und uns nach Antworten für die großen Fragen unseres Lebens sehnen. Wir können Sinfonien aus Gefühlen komponieren und Gedichte über unsere Absichten formulieren. Ja, wir können im Kreis unseres bisherigen Lebens stehen und um eine Vision flehen.

„Ich war noch nie allein in der Natur ...“

Wieso spüren wir überhaupt diesen Widerstand, uns allein in unseren natürlichen Lebensraum zu begeben? Ist es die Angst vor Schlangen, Insekten und fleischfressenden Tieren? Sicherlich! Auch unsere Vorfahren hatten diese Angst. Und dennoch machten sie sich auf den Weg zu den heiligen Plätzen der Initiation. Sie konnten gar nicht anders, als dem Ruf zu folgen, das zu werden, wozu sie geboren waren. Und wenn dann in der Dämmerung die Drachen auftauchten, waren sie bereit, für ihre Träume zu kämpfen.

In der Regel folgten sie einer Tradition, die sie unterstützte, und sie machten sich gemeinsam mit anderen, die durch den gleichen Übergangsritus gingen, auf den Weg. Diese Führung war wichtig, denn die Menschen sollten zurückkehren zu ihren Familien, Dörfern und Gemeinschaften, um dort ihre Plätze einzunehmen als Männer und Frauen, die ihr Ziel kannten und tiefe Einsicht gewonnen hatten. Die Kraft, die sie aus den heiligen Bergen mit zurückbrachten, war überaus wichtig für das Überleben ihres Volks. Die Führer waren wie Hebammen und vermittelten ihnen das alte Wissen über Heilung und Frieden. Sie brachten die Menschen sicher durch den Geburtskanal der Schwellenwelt. War die Prüfung vorbei, lauschten die Hebammen den Geschichten und lasen aus ihnen die Botschaften für das Überleben der Gemeinschaft. Die Initianden waren sicher und als Erwachsene zurückgekehrt! Und das ganze Dorf freute sich. Alles würde gut sein.

Es ist fast unmöglich, diesem tiefen Wissen um die Kraft des Alleinseins in der Natur zu widersprechen, das unsere heiligen Vorfahren besaßen. Sie wussten darum, weil so viele von ihnen den gleichen heiligen Weg gegangen waren. Sie wussten: „Aus Staub bist du geboren, und zu Staub wirst du werden." Sie wussten: Wir sind alle natürliche Wesen, Eingeborene dieses Planeten. Wir werden nie die Merkmale abschütteln können, die uns und seine Lebewesen mit diesem Zuhause verbinden. Und selbst wenn die Zeit kommen sollte, in der wir fremde Sonnensysteme besiedeln, so wären wir doch immer noch menschlich, Erdenwesen dieser Heimat – Gattung: Mensch.

Menschliche Natur allein in der Natur! So sollte es sein. So musste es sein. So war es. Deshalb haben diese Riten der Einsamkeit über Jahrtausende existiert. Heilige Texte und alte Mythen haben immer wieder davon berichtet. Wenn Jesus und Mohammed und Buddha und die Propheten und die Helden und Heldinnen diesen Weg gegangen sind, dann sollten wir ihnen auf diesem Weg folgen. Denn wir sind die Lehrer unserer Nachfahren. Wir werden den Spuren folgen. Und wir werden tun, was die Alten verlangten: „Geht hinaus in die Wildnis, und lehrt eure Kinder, dasselbe zu tun."

„Ich war noch nie ohne Essen allein in der Wildnis ..."

Wie lange schon hungern Menschen, um zu überleben? Brachte der Hunger die Erkenntnis, dass eine längere Zeit ohne Nahrung nicht nur den körperlichen, sondern auch den spirituellen Zustand verändert? Jesus und die Propheten fasteten in der Wüste. Buddha fastete in einer Höhle und unter dem Bodhi-Baum. Heilige Männer fasteten, bis sie fast starben. Politische Häftlinge, die ungerechtfertigt eingesperrt wurden, fasteten bis zum Tod. Ein gefangener Kojote, der in einen engen Käfig gesperrt wird, trottet an den Stäben entlang und weigert sich zu essen, bis er eingeht. Fasten ist ein heiliger Zustand.

Fasten räumt die inneren Hindernisse beiseite, bringt Lösungen, Klarheit und Visionen. Das Unwichtige fällt weg. Langsam taucht der heilige innere Kern auf: das Wissen um die Zerbrechlichkeit unseres Körpers und die Immanenz des Todes. Die Beharrlichkeit der inneren Leere im Bauch baut Brücken vom Tod zum Leben, vom Winter in den Frühling, von der Leere zur Fülle. Fasten zwingt uns dazu, eine andere Art von Nahrung zu uns zu nehmen. Wir ernähren uns von scheinbar unsichtbaren Substanzen. Fasten erinnert uns mehr als jedes andere heilige Tabu an die Kraft unserer Selbstdisziplin. In einem Zustand der Selbstverleugnung lässt sich nicht leben und Überleben erst recht nicht. Denn dann beginnen wir uns gegenseitig aufzufressen, unsere Umwelt aufzufressen und werden trotz dreier Mahlzeiten am Tag immer noch darauf bestehen, hungrig zu sein.

Und wir vergessen all jene, die nichts zu essen haben und jeden Tag im heiligen Zustand des Hungers leben. Sie suchen wie wir das Licht der Erkenntnis, erhoffen für sich und ihre Familien einen Weg durch das Labyrinth zu finden oder einen Mythos, der ihrem Schicksal Sinn gibt. Sie gehören wie wir zur großen Menschheitsfamilie. Oder ignorieren wir das Schicksal anderer einfach nur, um uns jeden Tag unbekümmert satt zu essen?

Fasten erinnert uns an unsere wahre Natur. Es bringt uns in einen Zustand, der nicht nur körperlich oder psychologisch oder geistig oder spirituell ist – sondern alles in einem, so wie wir eins mit all den Brüdern und Schwestern sind, die mit uns diese Erde bewohnen. Wir alle haben diese Sehnsucht nach Ganzheit. Und sie beginnt immer mit Leere.

„Und so ging der alte Soldat allein und hungrig in die heiligen Berge …“

Als Amerikaner europäischer Herkunft, halb deutscher, halb englischer Abstammung und Jude, sehe ich die Deutschen als meine unmittelbaren Vorfahren. Und auf eine bestimmte Art erscheinen sie mir „älter“. Auf vielerlei Weise sind sie weiser als diejenigen, die nie einen Hitler erlebt haben, oder einen Dschingis Khan oder Cäsar, keinen Ersten oder Zweiten Weltkrieg. Doch ich glaube, dass auch auf uns noch Zeiten zukommen werden, die uns mit den Schattenseiten der menschlichen Existenz konfrontieren werden.

Denn wir unterliegen alle den gleichen menschlichen Grundbedingungen inmitten einer natürlichen Umwelt, in der der Kampf um Leben und Tod nur Sinn macht, wenn wir dem Instinkt folgen, zu dem zu werden, wofür wir geschaffen wurden.

Wie all die anderen Nationen ist auch Deutschland in einem inneren Konflikt zwischen Hell und Dunkel gefangen, der zwangsläufig zu der Entstehung eines neuen Bewusstseins führen wird – nämlich der kollektiven Einsicht in unsere eigentliche Rolle in der Evolution dieses Planeten.

Dieses Buch ist ein Schritt auf dem Weg, diese alte evolutionäre Erbschaft wieder zu erkennen. Und zudem ist es spezifisch deutsch: Es wurde aus der Perspektive von deutschen Autoren erdacht und geschrieben, die bereit waren, der Weisheit ihrer eigenen Ahnen zu lauschen. Und sie haben recht, wenn sie deutlich machen, dass durch die Seele dieser Kultur ein tiefer mythologischer Fluss fließt, den auch ein Adolf Hitler nicht hat vergiften können.

Der Heilige Gral der Liebe ist in den Gängen und Winkeln des Irrgartens versteckt, durch den auch das moderne Deutschland gehen muss, wenn es die Wahrheit über sich selbst und sein Schicksal erkennen will. Der goldene Faden, mit dessen Hilfe man aus dem Labyrinth herausfindet, führt direkt in die heiligen Berge, wo – allein und leer – jeder Deutsche einmal sitzen sollte, um sein Selbst zu erkennen. Doch auch diesen Preis der Selbsterkenntnis gewinnt man nicht mit einem Mal, sondern nur wenn man es wieder und wieder tut, Geduld und Ausdauer zeigt.

Deshalb lege ich Ihnen dieses Buch von Sylvia Koch-Weser und Geseko von Lüpke ans Herz. Sie sind zwar nicht die Ersten, die die alte und immer noch moderne Tradition der Visionssuche wieder nach Europa gebracht haben, aber sie sind die Ersten, die in diesem Teil der Welt ein umfassendes Buch über sie verfasst haben. (Ich bedanke mich bei Corinna Stöffl, die das deutsche Manuskript für mich so weit ins Englische übersetzt hat, dass ich dieses Vorwort verfassen konnte.) Und sie schreiben aus persönlicher Erfahrung. Beide haben sich allein und leer in die heiligen Berge aufgemacht, um Antworten zu erhalten. Deshalb haben sie das Recht erworben, Sie um Aufmerksamkeit zu bitten. Dieses Buch ist keine Kopfgeburt, sondern es kommt, viel wichtiger, aus dem Herzen. Und wir sollten ihre Worte so lesen, dass wir auch in uns den Ruf hören, der wie ein fernes Gewitter in unserer Seele donnert.

Kalifornien, im Jahr 2000
Dr. Steven Foster & Meredith Little

School of Lost Borders
P. O. Box 796
Big Pine, CA 93513
U. S. A.
staff@lostborders.org

Treffpunkt in der Wüste.

Einleitung

Vier Tage alleine in der Wildnis, fastend und ungeschützt. Nur ein Schlafsack als Unterschlupf, eine dünne Isomatte und ein paar Plastikkanister voller Trinkwasser. Vision Quest – wer sich diesem uralten Initiationsritual aussetzt, muss gute Gründe haben.

Wer von einer Vision Quest berichtet, trifft häufig auf eine Mischung aus Unglaube und Faszination: Freiwillig alles hinter sich lassen? In die Dunkelheit des Waldes gehen? Sich der lebensfeindlichen Wüste aussetzen? Spinnen, Skorpionen, Schlangen, Gespenstern, inneren und äußeren Monstern begegnen? Schon der Gedanke daran lässt unzählige Ängste aufsteigen: Ängste vor „wilden" Tieren, die sich anschleichen und uns bedrohen, Ängste vor Gewittern, Stürmen, sengender Sonne oder tagelanger Nässe und Kälte. Angst vor Hunger und vor allem: vor dem Alleinsein.

Aber gerade darum geht es bei dieser Wildniserfahrung. Visionssuche heißt das Stichwort. Suchen hat etwas zu tun mit Finden. Sich Ängsten aussetzen, sich Ängsten zu stellen, um etwas Neues zu finden? Wo und wann auch immer das Thema erwähnt wird, stößt es auf Neugierde und Interesse. Einzelheiten werden nachgefragt: „Was heißt das denn: Alleine in der Wüste?", „Wie kommst du dahin?", „Isst du dann Eidechsen?", „Was ist, wenn dir etwas passiert?" Beim Erzählen wird bald deutlich, dass man als Visionssuchender weder mit einem Fallschirm irgendwo ausgesetzt wird, noch einem *Survival-Training* unterliegt, bei dem es darum geht, sich vom Wegrand zu ernähren oder ein Wildwasser zu durchschwimmen. Vielmehr liegt der Kern der Erfahrung schlicht darin, ohne Schutz der Zivilisation, ohne die Gesellschaft von anderen Menschen, ohne Essen und der damit einhergehenden Ablenkung und Befriedigung vier Tage und vier Nächte in einer unbekannten, ungezähmten Natur zu leben, zu überleben oder eben einfach „nur" zu sein. Die Ängste und Bedenken, die jeder spürt, der sich vorstellt, so etwas selbst einmal zu machen, haben gleichzeitig etwas von Herausforderung, von Abenteuer und Grenzüberschreitung. Und das Konzept „Heilung in der Wildnis" scheint zu wirken. Das Angebot an Visionssuche-Seminaren ist in den letzten Jahren in Deutschland sprunghaft angestiegen. Die wachsende Nachfrage hat schon eigene Fortbildungseinrichtungen entstehen lassen und ein neues Berufsbild hervorgebracht: die „Visionssuche-Leiter".

Sie bereiten in zehn- bis vierzehntägigen Seminaren die Teilnehmer darauf vor, in der Wildnis sich selber zu begegnen.

Tatsächlich braucht ein „normaler" Mensch der westlichen Zivilisation eine gründliche Vorbereitung, um diese selbst gestellte Aufgabe heil zu überstehen.

Diese Vorbereitung fängt unter Umständen schon Monate vor dem Hinausgehen an, in denen sich der Teilnehmer mit seinen Motiven auseinandersetzt. Oft sind es persönliche Krisen, Übergangsphasen im Leben, Veränderungen oder das Gefühl, für etwas Neues im Leben bereit zu sein, was die Menschen bewegt, sich einem solchen Prozess der Suche auszusetzen. Wer sich dann entschieden hat, seinen Rucksack zu packen und die Schwelle zu überschreiten, die die Zivilisation von der Wildnis trennt, beginnt seine Visionssuche mit einer mehrtägigen Vorbereitung in einer Gruppe Gleichgesinnter. Hier geht es darum, die körperlichen, seelischen, geistigen und emotionalen Voraussetzungen dafür zu schaffen, dass alle mit den Herausforderungen des einsamen Fastens in der Wildnis umgehen können. Denn es geht nicht nur darum, sich der Wildnis der Natur zu stellen, sondern auch der Wildnis in uns selbst.

Für den amerikanischen Psychologen und Wildnisforscher Robert Greenway steht außer Frage, dass die zivilisatorische Schicht, die uns von der Wildnis trennt, nicht dicker als drei Tage ist. Wer länger in der Wildnis bleibt, träumt anders, denkt anders, nimmt anders und mit allen Sinnen wahr. In einer Gruppe ändert sich das Sozialverhalten, fast wie von selbst entstehen gemeinschaftliche Rituale und die Gefühle, von schöpferischer Intelligenz umgeben und wie zu Hause zu sein. Kein Wunder: Unsere Gene sind noch die gleichen wie bei unseren Vorfahren, auch unser Verhalten in Stresssituationen, z. B. im Büro, läuft heute noch nach den gleichen Mustern ab, als ob wir einem Grizzlybären gegenüberständen.

Über Jahrtausende lebte der Mensch in enger Verbundenheit mit den natürlichen Bedingungen und Prozessen, verstand sich selbst als einen Teil der Natur und begriff seinen Lebensweg – Kindheit, Jugend, Erwachsensein und Alter – wie einen Kreislauf der Jahreszeiten in der ihn umgebenden Natur. Mit Ritualen und kultischen Handlungen tat er das Seine, um an den Zyklen der Natur teilzunehmen und sie nicht zu unterbrechen. Initiationsriten und Legenden halfen ihm dabei, die einzelnen Lebensphasen zu füllen, abzuschließen und hinter sich zu lassen. Alle traditionellen Kulturen auf der Welt kannten derartige und meist überraschend ähnliche Übergangsriten, *Rites of Passage*, mit denen die krisenhaften Schwellen auf dem Lebensweg gemeistert, die traditionellen Erfahrungen weitergegeben wurden, die Kultur erhalten und das Verhältnis zur Natur gepflegt wurde. Lange vor Sigmund Freud besaßen die traditionellen Gesellschaften damit eine komplexe „archaische Psychologie", die den Menschen half, die Krisen des Lebens zu bewältigen und ihr Zusammenleben nachhaltig zu machen.

Die Verbreitung derartiger Schwellenrituale quer durch alle Kulturen und Zeitalter lässt vermuten, dass es sich dabei sogar um eine Art Grundmuster der Krisenbewältigung handelt. Die aktuelle Wiederentdeckung der Visionssuche heute ist allerdings stark von den Traditionen der nordamerikanischen Indianer geprägt, bei denen sich diese Praxis bis heute erhalten hat. Wer sich heute einem derartigen Ritual aussetzt, wildert damit aber nicht in fremden Kulturen, um als moderner Kulturräuber fremde Reichtümer zu stehlen. Vergleichbare Traditionen gab es auch bei unseren europäischen Vorfahren, den Germanen und Kelten, den alten Griechen über Jahrhunderte bis ins christliche Mittelalter. Die Tatsache, dass indianische Kulturen oder auch die Ureinwohner Australiens diese Riten lebendig gehalten und damit für die Menschheit aufgehoben haben, kann als Geschenk betrachtet und als Anregung verstanden werden, die eigenen entsprechenden Wurzeln besser zu erforschen.

Das Ritual der Visionssuche, wie es im folgenden beschrieben und analysiert wird, besteht heute aus drei Phasen: Es beginnt mit einer intensiven Vorbereitungsphase, in der die Initianden sich über ihren gegenwärtigen Stand im Leben klar werden und in der sie ihre Absicht und ihr Ziel herausarbeiten, für das sie in die Wildnis gehen wollen. Die Hauptphase des Rituals besteht darin, sich vier Tage und vier Nächte alleine, fastend in die Wildnis zurückzuziehen, um eine bisherige Lebensphase abzuschließen und in eine neue Phase hineingeboren zu werden. Der Initiand kommt als ein anderer zurück. Die abschließende dritte Phase besteht in der Aufarbeitung der inneren, der symbolischen, psychologischen und spirituellen Erfahrungen, die man als Suchender während seiner Zeit in der Wildnis gemacht hat, und ihrer Integration in das Alltagsleben.

Was also bringt die Visionssuche? Mit ihr stellen sich die Fragen: „Wer bin ich?", „Wo stehe ich?", „Wo will ich hin?", „An was glaube ich?", „Was sind meine Gaben?", „Was ist mein Auftrag?", „Zu welcher sozialen Gemeinschaft gehöre ich, und was kann ich für sie tun?" Um diese Fragen zu beantworten, unternimmt der Suchende eine Reise in die Wildnis seines eigenen Herzens, reist durch den Dschungel seiner Wünsche, durch die Wüsten seiner Ängste und Zweifel und den Sumpf seiner Depressionen. Mit jedem Moment seines Seins wird in der einsamen Fastenzeit ein Teil dieser Fragen beantwortet. Sinn des Rituals ist die grundsätzliche Anerkennung des aktuellen Lebenszustands, die Übernahme der Verantwortung für sich selber, die Identifikation mit der eigenen Geschichte, den eigenen Zweifeln und offenen Fragen. Diese Anerkennung und Identifikation ermöglicht es, einen neuen Schritt im Leben zu tun und persönlich zu wachsen. Der einzelne Mensch, der sich seiner Angst und Einsamkeit stellt, verbindet sich dabei auf neue Weise mit dem größeren Ganzen der Natur. Er bestimmt seine Rolle in seiner sozialen Gemeinschaft neu und kehrt verbunden mit der Natur und seinen Mitmenschen aus der Einsamkeit des Fastens zurück.

In jeder Lebensphase sind wir mit spezifischen Problemen konfrontiert. Gerade der Wechsel zwischen diesen Phasen wird häufig als Krise wahrgenommen. Viele verstehen heute das Leben wieder vermehrt als Prozess, der in kritischen Momenten Begleiter und „Geburtshilfe" braucht.

Dieses Buch wendet sich (wie die Praxis der Visionssuche) an Menschen, die bereit sind, ihre persönlichen Krisen anzuerkennen und sich mit ihnen auseinander zu setzen. Die Vielfalt der damit verbundenen Themen und Fragestellungen ist fast unbegrenzt: Es umschließt alles, was zwischen Pubertät, Erwachsensein, Midlife-Crisis, Menopause, Lebensabend und Tod passiert. Es wendet sich an Menschen in Sinn-, Übergangs- und Lebenskrisen sowie an ihre Freunde, Partner oder Eltern. Es richtet sich an Jugendliche, an Männer und Frauen, die ihre Identität suchen, an Menschen, die heiraten oder sich trennen, die ihren Job verloren haben oder in Rente gehen, die eine neue Aufgabe suchen oder eine Lebensaufgabe finden wollen. Es will neue Perspektiven für Menschen eröffnen, die in der Mitte ihres Lebens plötzlich nicht mehr wissen, „wozu das alles"; für Frauen, die am Ende ihrer Fruchtbarkeit in eine tiefe Identitätskrise fallen, für Kranke, die mit ihrem Schicksal hadern, für Sterbende, die nicht bereit sind zu gehen. Und es wendet sich natürlich an professionelle Begleiter, Therapeuten, Pädagogen und Umwelterzieher, die nach neuen Wegen suchen.

Dieses Buch kann keine Erfahrung in der Wildnis ersetzen, doch es kann über diese Arbeit berichten, Erfahrungen verarbeiten, Zusammenhänge beleuchten und damit vielleicht die Neugierde verstärken, den Weg der Visionssuche selber zu gehen. Wir Autoren beziehen dabei bewusst die ganz persönlichen Erlebnisse unserer eigenen Visionssuchen in den Wäldern der Toskana, der Wildnis Sloweniens und besonders in der kalifornischen Wüste, einem Seitental des Death Valley, mit ein. Auch die Erfahrungen unserer Gruppe, die von Steven Foster und Meredith Little in der *School of Lost Borders* in der Durchführung von Übergangsriten in der Wildnis ausgebildet wurde, sind dabei ausgewertet worden. Außerdem stellten uns viele Menschen, die in den letzten Jahren Visionssuchen gemacht haben, ihre Berichte und Tagebucheinträge zur Verfügung. Die praktischen Erfahrungen von verschiedenen Visionssuche-Leitern, die wir befragt haben, fließen ebenfalls in das Buch ein.

Dieses Buch kann ein Begleiter auf dem Weg des persönlichen Wachstums sein und will dabei nicht außer Acht lassen, dass jedes persönliche Wachstum untrennbar verbunden ist mit dem Zustand der Kultur und der Welt, in der wir leben. Der Rückzug in die Wildnis ist keine Abwendung von den Problemen der Welt und kein Egotrip zur persönlichen Erleuchtung. Er ist vielmehr ein mutiger Schritt, die Wurzeln der weltweiten Krise in uns selbst zu suchen, Einsicht und neue Kraft zu gewinnen und mit klaren Zielen in die Welt zurückzukehren. Er ist ein Weg der spirituellen Rückverbindung mit der Welt, in der wir leben. „Da unsere Seele der Erde entspringt, können wir von der Weisheit der Erde geführt werden“, sagt der australische Regenwald-Aktivist John Seed. In der Wildnis dieser Erde verwandelt sich für den, der sich ihr aussetzt, die Angst in Liebe. Und was wir lieben, schützen wir.

Zuletzt noch eine Anmerkung zur Form des Texts: Wir weisen ausdrücklich darauf hin, dass wir nur zugunsten einer vereinfachten Lesbarkeit die gewohnte, männliche grammatische Form beibehalten.

Teil 1

Feuer der Wachnacht.

Die längste Nacht der Wüste

Erfahrungsbericht einer Visionssuche (Iris, 44 Jahre)

Es wird ernst. Ich bereite mich auf eine Visionssuche in Kalifornien vor. Auf dem Fußboden sitzend, die ganzen Teile der Ausrüstungsliste um mich verstreut, ringe ich um die Auswahl. Alles, was ich mitnehme, muss in einen Rucksack passen, den ich auch noch tragen kann. Bei jedem Stück versuche ich mir vorzustellen, wie ich es wohl benutzen werde. Sehr zufrieden bin ich mit meinem Schlafsack. Er ist leicht und trotzdem so warm, dass er mich bis 5 °C unter dem Gefrierpunkt schützen wird, wenn ich ohne Zelt draußen übernachte. Bruchstücke von Berichten über diese Nächte in der Wildnis rasen mir durch den Kopf: Temperaturstürze, Eis in den Wasserflaschen ... Starker Regen mit Wind scheint mir am bedrohlichsten, und so habe ich viel Wert auf eine gute, reißfeste Plane gelegt. Die wasserdichte Hose packe ich mehrmals ein und aus. Ich sehe mich nachts in meinem Steinkreis sitzen, schlotternd vor Kälte und Hunger, und dann wäre sie wohl gut. Anderseits komme ich mir komisch vor, nach Kalifornien zu reisen, ausgerüstet wie ein Polarforscher. Bei jedem Stück stellt sich die Frage: Mit wie wenig kann ich auskommen? Wie sehr bin ich bereit, mich den Elementen auszusetzen? Will ich mich vor der Wildnis schützen oder mich mit ihr verbinden?

Zwischen Sicherheit und Freiheit

Jedes Gepäckstück bedeutet ein Stück Festhalten an Gewohntem und Sicherem. Jedes zurückgelassene Teil erhöht meine Bewegungsfreiheit und fordert meine Flexibilität. Ein Balanceakt zwischen Sicherheit und Freiheit. Beim Thema Moskitos ist meine Entscheidung klar. Die „Dschungelmilch" kommt mit. Klapperschlangen werde ich ohne Schlangenset begegnen, wohl aber in meinen altgedienten Bergschuhen.

Das Packen beinhaltet Rückschau und den Blick in die Zukunft. Wo habe ich ähnliche Erfahrungen schon gemacht, und was kann mir das jetzt nützen? Es bleibt ein mulmiges, ungewisses Gefühl. Denn während ich mich um meine äußere Sicherheit in Form der Ausrüstung kümmere, weiß ich, dass dies nur der eine Teil der Herausforderung ist. Klar, will ich die vier Tage und Nächte in einer Wildnis, die ich nicht genau einschätzen kann, in möglichst gutem körperlichen Zustand verbringen – hier schwanke ich zwischen „genießen" und „durchstehen". Aber schließlich geht's mir ja noch um etwas anderes.

Meine Gedanken wandern zurück zu dem Zeitpunkt vor einem dreiviertel Jahr, als ich mich entschlossen hatte, mich für die Visionssuche anzumelden.

Ich befand mich in einem Zustand innerer Auflösung. Zahlreiche vermeintliche Fixpunkte meines Lebens waren in den letzten zwei Jahren in Bewegung geraten. So sicher geglaubte Errungenschaften wie eine feste Beziehung, eine zielstrebige Entwicklung im Beruf, die Bindung zu meinen Eltern oder mein Gefühl für meinen Körper waren mir einfach weggerutscht. Alles schien sich verändert zu haben, und ich stolperte abwechselnd von einem Kahlschlag alter Bindungen und Gewissheiten in einen Dschungel voller neuer Verstrickungen, um mich kurz darauf in der endlosen Leere einer emotionalen Wüste wiederzufinden. In dieser Situation entschied ich mich fast instinktiv für eine Visionssuche. Ich hatte von der School of Lost Borders in Kalifornien über ein Video erfahren. Ich weiß nicht, was mich mehr überzeugte: die Wildnis, die Einsamkeit oder die ritualisierten Formen der Vorbereitung, Durchführung und Aufarbeitung dieser Selbstsuche, die Art und Weise, wie sie von dem Ehepaar Foster mit großer Wärme und Menschlichkeit geleitet wurden. Und wie die Dinge so laufen, bekam ich den letzten verfügbaren Platz in ihrer Gruppe. Mein Herz hüpfte bei dieser Nachricht, und gleichzeitig traf es mich wie ein Schlag in die Magengrube mit der bangen Frage: „Was wird da auf mich zukommen?" Diese Mischung aus Euphorie und Angst, Hoffnung und Zweifel begleiteten mich die nächsten neun Monate. Erst in der letzten Nacht vor dem „Hinausgehen" werden sie einer unumstößlichen Gewissheit, jetzt genau das Richtige zu tun, gewichen sein.

Vorerst schwankte ich zwischen „Wieso mache ich das eigentlich?" und „Die Visionssuche ist wie ein Rettungsanker in meinem Leben". Zwischen diesen beiden Polen versuchte ich meine Absichten zu klären. „Es ist wichtig, dass du genau weißt, warum du teilnehmen möchtest. Wenn du dir nicht klar darüber bist, wonach du suchst, wirst du nichts finden", schrieben die Fosters in den Unterlagen zur Vorbereitung. In einem Brief hatte mich Meredith Foster darauf hingewiesen, dass ich die gesamte Zeit bis jetzt als Vorbereitung begreifen solle: „Es ist die Zeit, um dein Leben bis zu diesem Punkt in Ordnung zu bringen. Was willst du für dich mit Hilfe dieser Zeremonie bestätigen?" Ich konnte diese Frage nicht beantworten. Aber sie arbeitete in mir.

Einen Monat vor der Abreise begab ich mich auf meine „Medizinwanderung". Ich wanderte von Sonnenaufgang bis Sonnenuntergang, fastend, alleine durch ein einsames, waldreiches Gebiet. Obwohl ich mir vorgenommen hatte, eine richtig große Wanderung zu machen, war ich bald müde und hatte immer wieder das Bedürfnis, mich hinzulegen. Unter einer großen Fichte mitten im Wald eingeschlafen, entdeckte ich beim Aufwachen, dass ihr Stamm gespalten war. „Dass ich eins und doppelt bin" – diese Gedichtzeile von Goethe auf das Ginkgo-Blatt fiel mir dazu ein, und die Fichte schien mir als ein perfektes Symbol meiner Selbst. Was ich den ganzen Tag gelehrt bekam, war, auf mich zu achten und auf meine Bedürfnisse zu hören.

„Lost Borders“ – Die Grenzen fallen

Zeitsprung: Ich stehe nachts, schlotternd vor Kälte bei -1 ° C, auf einem Zeltplatz im Yosemite-Nationalpark in Kalifornien. Bärenland. Mein gesamtes Gepäck ist in Paris hängen geblieben, auf der Fahrt von San Francisco hierher habe ich aus unerfindlichen Gründen meinen Geldgürtel verloren („Das passiert mir nie!!“). Das gesamte Bargeld und die Kreditkarte sind weg. Lost Borders – „Verlorene Grenzen“. Mitten in der Panik um die verlorenen Sicherheiten beginnt mir zu dämmern, warum dieser Name für eine Schule, die Visionssuchen leitet, so treffend ist. Ich bin dabei, Stück um Stück meiner Sicherheiten hinter mir zu lassen. Trennung von meiner Familie, meinem Zuhause, meiner gewohnten Umgebung. Aufbruch in unbekanntes Terrain. Und jetzt stehe ich nackter, als ich mir das hätte je träumen lassen, da, ohne Gepäck und ohne Geld. Das sitzt.

Aber wie so oft: Nach dem Fallen kommt man irgendwo an. Ich habe einen Reisebegleiter, der seine warmen Klamotten mit mir teilt, am nächsten Morgen fahren wir hartnäckig die Strecke ab und finden den Geldgürtel im Staub am Straßenrand, und bei der Rückkehr im Park findet sich auch der Rucksack ein. Ein Kojote kreuzt unseren Weg im Morgengrauen. Kurz vor dem Eintauchen ins Gebüsch schaut er uns kurz an: ausgetrickst. Ich nehme mir vor, diese Lehre zu beherzigen.

Erste Wildniserfahrungen

Drei Tage später beginnt 250 Kilometer weiter die Vorbereitung zur Visionssuche. Ein Camp auf 2500 Meter Höhe an den Hängen der Sierra Nevada. Einziger Luxus ist ein Plumpsklo und eine Saunahütte, in der man Essen einigermaßen mäusesicher aufbewahren kann. Die Auseinandersetzung mit der Wildnis beginnt schon damit, dass das Leihauto nur völlig zerkratzt den Holperpfad zum Camp herunterkommt. Sie geht weiter mit der nicht einfachen Wahl eines Zeltplatzes, entweder unter Weidengestrüpp direkt am Ufer eines laut tobenden Gebirgsbachs, oder aber baumlos, auf freier Fläche, unter sengender Sonne auf der mit kniehohen Artemisia-Büschen bewachsenen Fläche zwischen einem Bach und den Wüstenbergen. Was sich anfangs als Wahl zwischen zwei Übeln darbot, stellte sich später als perfektes *Setting* für ein Wohnen je nach Gemütsverfassung heraus. Kühl, dunkel und geschützt mit dem ewigen Rauschen des Baches, der nachts wie eine große Schlaftablette wirkte, oder offen, ungeschützt sich der Sonne und einem eisklaren Sternenhimmel präsentierend. Nicht wenige sind im Laufe der Zeit auch umgezogen.

Morgens um zehn Uhr treffen sich alle am Feuerplatz. Eine Muschelschale mit süßlich-würzig rauchendem *Sage*, einem Wermutgewächs, das hier überall wächst, macht die Runde. Anfängliche Fremdheit wandelt sich bald in Teilnahme an der Geschichte der anderen. Fünf Männer und sechs Frauen aus sechs verschiedenen Nationen beginnen sich auf die Wildnis der Sierra Nevada einzulassen. „Such dir deinen persönlichen Platz!", lautet die Aufgabe für den ersten Nachmittag. Als ich losstapfe, bin ich neugierig, aber auch etwas befangen. Mich zieht es zunächst den Fluss entlang in Richtung Tal. Ein kleiner Trampelpfad endet bald in knie- bis hüfthohem Gestrüpp aus verschiedensten Büschen, deren Namen ich noch nicht kenne. Alles ist neu: Die Gerüche sind stark, irgendwie medizinartig, das schnarrende Geräusch auffliegender großer Heuschrecken lässt mich anfangs immer wieder zusammenzucken, mein Blick verliert sich in Geröllfeldern der Abhänge und Schluchten. Ich gehe langsam. Da es keinen Weg gibt, muss ich mich Schritt für Schritt neu entscheiden, wo ich hinwill. Plötzlich ein deutliches, klares, energisches Klappern rechts von mir. Ich erstarre. Mein Herz klopft mir bis zum Hals, und ich weiß es sofort: eine Klapperschlange. Ich gehe automatisch zwei, drei Schritte zurück, bis mir ein Busch die Sicht verdeckt. Das Tier ist also nicht zu sehen, und ich weiß nicht, ob es sich zurückgezogen hat. Vor- oder zurückgehen? Ich brauche zehn Minuten, bis ich mich entschieden habe. Ich möchte keine Angst vor dieser Wildnis haben. Ein Rückzug käme einer Kapitulation gleich. Während ich darüber nachdenke, fällt mir auf, dass ich zu Beginn dieser Wanderung „vergessen" habe, bewusst die Schwelle zwischen dem Zeltlager und der Wildnis zu überschreiten. Bei allen Vorübungen zur Visionssuche geht es auch darum, Erfahrungen mit dem Eintreten in den „heiligen Raum der Schwellenwelt" zu sammeln. Alles, was du hinter der Schwelle erlebst, ist heilig und damit bedeutungsvoll. Daran hat mich die Klapperschlange also erinnern müssen! Trotz der Anspannung muss ich ein bisschen schmunzeln und ziehe vorsichtig mit dem Schuh eine Linie in den Sand. Bewusst setze ich einen Schritt darüber, und dann gehe ich langsam vorwärts, bis aufs Äußerste gespannt und wachsam. Nichts. Sie ist weg. Ich atme auf. Ich habe die Erlaubnis weiterzugehen. „Meinen" Platz in dieser Vorübung finde ich bei einer einsamen Pinie, die mich vom Kamm eines kleinen Bergs gerufen hat. Auf dem Weg dorthin sammle ich kleine Geschenke: ein paar rote Hagebutten, eine graubraune Wurzel, die wie eine Schlange aussieht, einen grünen, runden Stein, ein kleines Knochenstück. Am Fuß eines breiten, bequemen, im Schatten meiner Pinie liegenden Felsens lege ich alles nieder und räuchere etwas *Sage*, um meinen Platz einzuweihen. Der weite Blick ins Tal öffnet den Traumraum für die nächsten Stunden ...

Die folgenden Tage vergehen damit, dass wir Schritt für Schritt unsere jeweilige Absicht, die wir bei der Visionssuche verfolgen, klären. Von zehn Uhr bis vierzehn Uhr sitzen wir in der Runde um einen Feuerplatz im Schatten von Weiden und Birken. Wir werden unterrichtet. Zum Beispiel über das Medizinrad und die Möglichkeiten, die es gibt, uns selbst zu erkennen. Die einzelnen Lebensgeschichten der Teilnehmer werden deutlicher, die Bürden, die jeder trägt, werden nach und nach im Kreis offengelegt. Nachmittags zieht jeder alleine mit bestimmten Aufträgen in die Natur. Am abendlichen Lagerfeuer teilen wir miteinander die Erlebnisse des Tages, Begegnungen mit Tieren, den Pflanzen, dem reißenden Wasser des Gebirgsbachs und vor allem mit uns selbst. Wir erleben uns lachend und weinend, in Phasen tiefer Zweifel oder Trauer ebenso wie gelöster Freude oder summend vor Glück. Bald fühle ich mich in dieser Gruppe wie in einer großen, sehr lebendigen Familie.

Nach der Hälfte der Zeit ziehe ich mit meinem Zelt auf die offene Ebene. Dort ist es hell und schattenlos. Bald weiß ich, dass morgens gegen sieben Uhr immer eine Hirschmutter mit zwei Jungen vorbeikommt. Sie schaut mich jedes Mal mit ihren großen sanften Augen lange an, während die Härchen ihrer weichen, weit abstehenden Ohren im ersten Morgenlicht schimmern. Die anfangs unwirtlich scheinende Natur ist erstaunlich schnell zum vertrauten, lieb gewonnenen Zuhause geworden.

Die Wüste

Vier Landrover suchen sich einen Weg durch die Geröllberge auf der ehemals asphaltierten Straße. Wir sind auf dem Weg zu unserem Basislager im Eureka-Valley, einem Seitental des Death Valley. Ein schwerer Regen war vergangene Woche niedergegangen, hatte tiefe Spuren hinterlassen und die Straße teilweise weggerissen. Auch heute hängen graue Wolken am Himmel. Für den zweiten Tag unserer Fastenzeit ist ein Sturm angekündigt. Besorgte Blicke nach oben. Besorgte Blicke zum Horizont, der sich im Nichts der steinigen Hügelketten aufzulösen scheint. Als wir auf die Sandpiste abbiegen, haben wir die letzten Joshua-Bäume, die wie große in die Landschaft gestellte Yucca-Palmen aussehen, schon lange hinter uns gelassen.

Die Autos fahren auf eine große Schlucht zu und kommen im sandigen Bett eines ausgetrockneten Flusses zum Stehen. Das soll unsere Welt für die nächsten Tage sein? Betretene Blicke auf die baumlosen Geröllhänge, Felsenkolosse, Spalten und Schluchten und die nicht endenden, trostlos karg anmutenden Bergsilhouetten in der Ferne. Steine, nichts als Steine! Gnädigerweise hüllt sich die Sonne in Wolken. Das macht das Klima angenehm. Es regnet sogar ein bisschen. Und welch ein Schauspiel: Durch ein Loch in der Wolkendecke fällt das Licht auf die silbern hell aufleuchtende Sanddüne am Ende des breiten Trockentals. Für mich steht fest: Ich werde mir ein Fleckchen mit diesem Ausblick suchen. Mit zwei Vier-Liter-Kanistern Wasser stapfe ich los. Wir haben ein paar Stunden Zeit, um, verteilt in alle Himmelsrichtungen, eine Stelle zu finden, an der wir, beginnend mit dem morgigen Sonnenaufgang, die nächsten vier Tage und Nächte verbringen wollen, und lagern dort unsere Wasservorräte. Drei von uns gehen nach Nordwesten. Das Gelände ist unübersichtlich und von unzähligen kleinen Schluchten zerschnitten. Ich möchte die Kontrolle über den Weg behalten und mich gleichzeitig treiben lassen. Mein Platz wird mich finden. Ich gehe immer wieder zu größeren Felsgruppen, sie versprechen Schutz und Rückendeckung. Eine Möglichkeit, um mich flach hinzulegen, soll es geben. Und allein möchte ich sein, richtig allein, niemanden sehen, niemanden hören. Es ist schwül, und ich merke, wie anstrengend das Gehen in diesem Gelände ist. Der Boden ist bis auf die vom Wasser gezogenen sandigen Gräben mit lose herumliegenden Gesteinsbrocken bedeckt. Ein paar magere Büsche, die nur minimalen Schatten versprechen, sorgen für ein bisschen Grün, die meisten sehen allerdings vertrocknet aus.

Ein großer, rundgeschliffener, hellbeiger Felsbrocken, auf dessen Rücken eine dunkle Figur zu kauern scheint, zieht mich an. Beim Näherkommen sehe ich: Der Fels gleicht einem großen Frosch aus schwarzem Gestein, der ungerührt die Landschaft überblickt. Ein Frosch in der Wüste! Amphibien sind Wanderer zwischen den Welten, das gefällt mir. Auf seiner Rückseite liegen große, waagrechte Gesteinsplatten, mit einem kugelrunden ausgehöhlten Felsen darauf, in den ich zusammengekauert gerade hineinpasse. Ich denke an die Sturmvorhersage: Blitze, Donner, peitschenden Regen würde ich in dieser Steinhöhle wohl überstehen. Ein paar Meter weiter liegt ein überhängender Felsen, nach Osten offen, und darunter findet sich ein teilweise schattiges Sandbett, gerade so groß wie meine Isomatte. Ich lege mich der Länge nach hin. Ein gutes Gefühl. In Blickrichtung öffnet sich das ganze Eureka-Valley mit seiner von Bergketten eingerahmten Ebene und der flimmernden Sanddüne am Ende. Das ist mein Platz. Im „Vorgarten" steht sogar eine kleiner *Creosote*-Busch mit winzigen glänzend-immergrünen, fremdartig stark duftenden Blättchen. Froh und erleichtert suche ich meine beiden *Buddies*, meine nächsten Nachbarn, und wir vereinbaren etwa in der Mitte unserer drei Lager einen Felsen, an dem jeder sein tägliches Lebenszeichen ablegen wird. Keiner soll dafür länger als eine halbe Stunde gehen müssen. Nachdem ich weitere acht Liter Wasser zu meinem Platz getragen habe, schaue ich nachdenklich die vier Plastikkanister an, die verloren und aus einer anderen Welt kommend als Fremdkörper im Sand stehen bleiben.

Auf der Schwelle vor dem „Hinausgehen"

Ich liege in meinem Schlafsack im Wüstensand am Rand eines kleinen Canyons und schaue in den glitzernden Sternenhimmel, der wie ein riesiges blaues Tuch, bestickt mit tausenden geheimnisvollen Schriftzeichen, über mir ausgespannt ist. Immer wieder löst sich einer der Lichtpunkte, kommt in Bewegung, fällt mir ein Stück entgegen und erlischt. Ich vergesse, mir etwas zu wünschen. Es ist dies die letzte Nacht „vor dem Hinausgehen". Neben mir höre ich die Atemzüge einer anderen Teilnehmerin, und ein Schlafsack raschelt, jemand dreht sich um. Noch vor einer Stunde saßen wir zusammen am Lagerfeuer. Es gab eine gemeinsam gekochte Gemüsesuppe – die letzte Mahlzeit. Ich genoss das Essen und die Gemeinschaft, die Gesichter der anderen im flackernden Licht, die Stimmen, das Klappern der Löffel, und doch, es war nicht wie sonst. Wir waren alle recht still, nachdenklich, sicher auch angespannt. Unser Ritual am Schluss des Abends gestaltete sich ernst und würdevoll, ja fast feierlich. Jede(r) von uns sagte noch einmal in nur einem Satz das, wofür er/sie vier Tage in die Wüste geht und fastet: „Ich bin ein Mann, der auf seine innere Stimme hört", „Ich bin eine Frau, die geschieden ist", „Ich bin eine Frau, die ihre eigenen Zeichen und Symbole gefunden hat", „Ich bin ein Mann, der seine Liebe lebt" ... und reihum las jede(r) sein/ihr persönliches, für diese vier Tage geschriebenes Gebet vor. Die Herzen waren weit offen. Wir hörten zu, und der Wind schürte sacht das Feuer:

Du, Erde, mit deinen Blumen und Tieren,
Du, Himmel, mit deinem Wind und der Sonne,
mit Wolken und vielleicht Regen,
ihr Steine der Wüste,
bitte gebt mir die Kraft,
helft mir, meine eigene Wertschätzung
und meine eigene Wahrheit zu behalten
und öffnet mein Herz
für die Nöte derjenigen,
die um mich sind.

Die Nacht ist kurz. So richtig fest schläft keiner. Etwa eine Stunde vor Sonnenaufgang wecken uns Banjo-Klänge. Der Rhythmus wird schneller, wir beeilen uns mit dem Zusammenpacken. Zum Abschied umarmen sich alle. Brigitte sorgt sich um meinen Kopf in der Hitze, Martin zieht mich mit einem Juchzer an sich: „Ich wünsch dir eine gute Zeit!" Einer nach dem anderen tritt in den Steinkreis, der aus einem Stein für jede Himmelsrichtung und einem für jeden von uns gebildet ist. Er markiert die Schwelle, den Übergang in den Raum der Visionssuche. Eingehüllt in den Duft des *Sage*, betäubend stark, sammle ich meine Gedanken um das, was ich will: Ich gehe hinaus, um den Schritt von einem Abschnitt meines Lebens als Frau, als Mutter, als Tochter, als Partnerin in den nächsten, einen neuen Abschnitt zu bestätigen. Um ihn bewusst und mit meinem ganzen Sein zu vollziehen. Als die Sonne sich über den Berggipfel im Osten schiebt, trete ich aus dem Steinkreis heraus. Ich bin bereit. Nach fünf Minuten hat mich die Wüste verschluckt. Ich bin allein.

Heilige Zeit – Heiliger Raum

Du wirst listig sein müssen,
um Deine Seele zu jagen,
Du wirst Dein Lied singen,
Deinen Tanz tanzen,
Du wirst den Atem Deiner Zeit spüren,
die Angst, die Dir im Nacken sitzt,
Du wirst Deine Schönheit und Fremdheit hautnah spüren.[1]

Der schwarze Frosch grüßt mich von weitem. Erleichtert lasse ich meinen Rucksack neben die Wasserkanister sinken. Das Auspacken verschiebe ich auf später. Die nächsten drei Stunden möchte ich für die Erkundung der Gegend nutzen, bevor es zu heiß wird. Außerdem fühle ich mich frisch und kräftig, wer weiß, wie das in den nächsten Tagen wird. Es soll hier in westlicher Richtung alte Felszeichnungen geben. Ich habe eine grobe Beschreibung des Orts: zwei große schwarze Felsblöcke, die einen kleineren, hellen in ihre Mitte genommen haben. Das ist alles. Wie riesige Krokodile liegen die von Süden nach Norden verlaufenden Bergrücken vor mir. Der Aufstieg zu dem ersten gezackten Grat, der durch ein Band dunkler Felsen markiert wird, dauert lange. Ich habe mir einen Wanderstock aus Weidenholz mitgebracht, mit dem ich immer wieder meinen Weg „freiklopfe". So kann mich eine Klapperschlange warnen oder sich zurückziehen, wenn sie mich hört oder spürt. Ich sichere mich immer wieder nach allen Seiten per Rundblick ab und versuche, mir besondere Felsgruppen als Wegweiser für den Rückweg einzuprägen. Verirren will ich mich hier wirklich nicht. Oben auf dem Grat öffnet sich eine aufregende Sicht in eine Bergwelt aus Stein und Sand. Schwarze und rote Felsformationen heben sich von dem vorherrschenden Grau und Beige ab, zahllose Wash-outs, kleine Schluchten und ausgetrocknete Bachbette, schlängeln sich von den Höhen in die Ebene. Ich wage Streifzüge in verschiedene Richtungen und finde schließlich auch die gesuchte Stelle. Aber so sehr ich mich bemühe, in den Fels gehauene Schriftzeichen kann ich nicht entdecken. Es wird immer heißer, ich trete den Rückweg an, und als ich gegen elf Uhr mein Lager wieder erreiche, bin ich erst einmal müde.

Im Laufe der nächsten Stunden richte ich mich ein. Es gilt die Plane als Sonnen- und Regenschutz zwischen den Steinen festzuzurren, wobei ich für jede Schnur eine andere Befestigungsart finden muss. Ehrgeizig bastle ich mir die Plane so hin, dass ich darunter liegend einen freien Blick auf die Sanddüne in der Ferne habe.

Danach habe ich Zeit, in meiner neuen Behausung abwechselnd mein Tagebuch zu schreiben, einfach nur zu sitzen, in die vor Hitze flirrende Ebene zu schauen, Gedanken vorbeiziehen zu lassen, Fliegen zu verscheuchen, zu schwit-

Unter der Zeltplane: Blick auf die Wüste.

zen und darauf zu achten, dass ich genug Wasser trinke. Gegen Abend lasse ich zur Sicherheit einen Zettel auf meiner Matte zurück, mit dem Hinweis, dass ich vorhabe, die nördliche Richtung zu erkunden. Zuerst finde ich den Schädel einer großen Schlange, dann schrecke ich einen langohrigen Eselshasen auf, der nur wenige Meter vor mir in einem Busch gesessen hat. Wenig später liegt vor meinen Füßen mein erster glitzernder Kristall. Die nächsten Stunden bin ich damit beschäftigt, den Blick für diese immer nur für einen Moment und in einem bestimmten Winkel aufblinkenden Juwelen der Wüste zu schärfen. Schon geht die Sonne unter, die Berge beginnen immer längere Schatten zu werfen. Ich möchte vor Einbruch der Dunkelheit noch am *Stone Pile*, dem gemeinsamen Kontrollpunkt, meinen Stein hinlegen, als Zeichen für Susanne, die am nächsten Morgen dort vorbeikommen wird, dass es mir gutgeht. Aber als ich in das Gebiet komme, in dem ich diesen dunklen Felsklotz vermute, den wir dafür vereinbart hatten, kann ich ihn nicht finden. Die Zeit läuft mir davon, es ist schon ziemlich dunkel, und ich haste von einem dicken Brocken zum anderen. Jetzt merke ich auf einmal, dass ich den ganzen Tag nichts gegessen habe. Die Sache beginnt sehr anstrengend und stressig zu werden.

Als ich die Suche abbreche, bin ich ziemlich frustriert und beschimpfe mich mit Selbstvorwürfen. Das hätte mir wirklich nicht passieren dürfen. Was soll mein *Buddy* denken? Wenn sie morgens keinen Stein von mir findet, wird sie anfangen mich zu suchen oder das Basislager alarmieren.

Während ich, weiter mit Selbstanklagen und dunklen Gedanken beschäftigt, unter meiner Plane knie und Sachen für die Nacht herauskrame, höre ich direkt über mir einen lauten, langgezogenen, melodischen Ruf eines Vogels. Es folgt ein Flügelschlagen, und, direkt vor dem Eingang meines Zuhauses, lässt sich ein Nachtfalke nieder. Atemlos starre ich, wie er geduckt auf einem Stein sitzt und mich anschaut. Dann höre ich erneut ein Flattern und spüre Bewegung über mir. Ein zweiter Vogel versucht offensichtlich auf meiner Plane zu landen und rutscht immer wieder ab. Irgendwann gibt er auf, und nach einer Weile fliegt auch der andere los, und beide Vögel verschwinden in der Nacht. Ich krabble unter der Plane hervor. Die Vögel sind weg, und der Mond geht gerade zwischen den beiden Berggipfeln auf. Ein leiser Wind weht, und ich beschließe ohne Zögern, meinen Schlafplatz auf eine offen im Mondlicht liegende Felsplatte zu verlegen, von der aus ich freie Sicht in die Weite dieser Wüstennacht habe. Der Besuch der Vögel hat mich aus dem Grübeln herausgerissen und in ihre Welt eingeladen. Im Schlafsack unter dem offenen Himmel geht es mir so gut, dass ich ganz leicht die Lösung für mein *Stone-Pile*-Problem finde: Sehr früh aufstehen, mit dem Fernglas von einem hohen Punkt aus nach Susanne Ausschau halten und ihr Zeichen geben, dass ich gesund bin. Und so läuft es dann auch.

Im Wohnzimmer eines Berglöwen?

Während ich im Morgengrauen, wenige Meter von meinem Schlafplatz entfernt, auf das Auftauchen eines Menschleins in der Ferne warte, bemerke ich plötzlich, dass ich in etwas Nassem sitze. Eine große Pfütze hebt sich dunkel vom Rest des Felsplateaus ab. Da es sich nicht um Regenwasser handeln kann, muss irgendein Tier hier seine deutliche Botschaft hinterlassen haben. Es kommt nur ein Kojote oder ein Puma in Frage. Ich suche nach Spuren und finde ein paar unklare Tatzen ohne Krallen. Sollte ich hier mitten in das Wohnzimmer der *Mountain-Lions* geraten sein? Jedenfalls war vor nicht sehr langer Zeit hier ein ziemlich großes Tier und hat mir mitgeteilt, dass es hier Revieransprüche stellt. Dass es mich friedlich weiterschlafen ließ, werte ich als Akzeptanz. Ich fühle mich durch diesen neuerlichen Besuch aus der Wildnis geehrt und angenommen. Voll Freude entschließe ich mich zu einem Spaziergang und zu einem neuen Anlauf, die Felszeichnungen zu finden. Ich muss ein wunderliches Bild abgegeben haben: völlig nackt, mit Bergschuhen, Sonnenhut, Wanderstock und einem kleinen Tagesrucksack auf dem bloßen Rücken. Aber ich fühle mich wunderbar leicht und frei. So schreite ich vergnügt dahin, mit der gespannten Aufmerksamkeit eines Säugetiers, dem jederzeit etwas Unerwartetes begegnen kann.

Plötzlich kommt ein kleines Vögelchen um mich herumgeflogen, piepst und setzt sich sechzig Zentimeter vor mir in einen Busch. Es piepst noch einmal und sieht mich aufmerksam an. Es ist ein Bruchteil von Ewigkeit, der außerhalb der Zeit schwebt. Völlig überrascht stehe ich still und wage kaum zu atmen. Ein

Goldköpfchen – diesen Namen fand ich später heraus – will etwas von mir. Und anstatt davonzufliegen, flattert es jetzt auf und versucht, sich auf meine Hand zu setzen, mit der ich den Weidenstock festhalte. Für eine Sekunde scheint die Trennung zwischen Mensch und Tier aufgehoben zu sein. Ich bin nicht mehr der Fremdling, der nicht dazugehört und vor dem sich das Tier angstvoll in Sicherheit bringt. Die kleinen Krallen auf meiner Haut, die Berührung der Flügel auf meinem Arm lassen mich staunend fühlen: Diese winzige Beutelmeise wollte sich gerade auf mir niederlassen. Das kleine Ding hüpft inzwischen vergnügt von Ast zu Ast eines Dornbuschs.

So gut, wie der Tag angefangen hat, geht er weiter. Diesmal finde ich die Felszeichnungen: eingehämmerte Spiralen, Schlangen und Kreise, die jetzt, im schrägen Licht der frühen Morgensonne, auf der Felswand für mich sichtbar werden. Ich denke mir: Manchmal lohnt es sich, die Dinge in einem anderen Licht zu betrachten. Dann kommt man zu ganz neuen Erkenntnissen. Oder: Erst als das Licht sich ändert, finde ich, wonach ich gesucht habe. Ein gutes Bild für die Überwindung von engstirnigem Denken. Es ist mir ein tiefes Bedürfnis, diese viele hundert Jahre alten Zeichen und Symbole sorgfältig abzumalen.

Den Nachmittag verbringe ich im Schatten meines „Höhlensteines" und in meinen Erinnerungen an die schwierigen Zeiten in meinem Leben. Wer bin ich? Woher komme ich, und wohin wandle ich mich? Während ich darüber nachdenke, beginne ich die gesammelten Kristalle mit Hilfe meiner Zahnbürste, die ich ja in diesen Tagen nicht brauche, und etwas Wasser zu reinigen. Ich finde heraus, dass die schönsten Kristalle unter einer dicken Schicht von Flechten, Erde und sonstigen Ablagerungen verborgen sind. Es kommen klare und transparente, mal weiß, mal rosa schillernde kristalline Formen zum Vorschein. Jeder einzelne Kristall ist eine kleine Kostbarkeit und unverwechselbar in seiner Gestalt. Es sind viele. Für jedes Jahr meines Lebens möchte ich einen von ihnen in meinen Steinkreis legen, in dem ich die letzte Nacht hier sitzend verbringen werde. Die kleinsten und strahlendsten suche ich für die Zeit meiner Kindheit aus. Bedeutungsvolle Ereignisse in der Zeit meiner Pubertät oder den Studienjahren bekommen ausgesuchte Stücke, ebenso meine Heirat, die Geburten meiner Kinder … besondere Entwicklungen, an die ich mich erinnere, schmerzhafte Veränderungen, wichtige Begegnungen. Es ist eine lange, heilsame Wanderung durch mein Leben; befreit von Krusten und Dreck kann ich einen neuen, ungetrübten Blick auf meine Schönheit, meine Gaben und meine Lebensenergie werfen.

An diesem Abend bringe ich ein kleines Herz aus Stein, das ich bei meinem abendlichen Erkundungsgang gefunden habe, für Susanne an die vereinbarte Stelle.

Vom vielen Herumlaufen tun mir die Füße weh, und ich genieße es, barfuß zu sein, während ich in der Dämmerung meinen Schlafplatz herrichte. Ich muss sicher sechs- oder siebenmal zwischen meiner Plane, unter der mein Gepäck liegt, und der Felsplatte, auf der ich schlafe, hin- und hergehen. Plötzlich zucke ich zurück. Um ein Haar wäre ich auf eine fingerdicke, schwarz-gelb geringelte Schlange getreten, die meinen Weg kreuzt. Ich erschrecke bis ins Mark. Sie hat mich natürlich auch bemerkt, zögert, schaut mich an, zögert eine weitere Ewigkeit, bis sie ihren Blick nach vorn richtet und langsam weiterkriecht. Uff! Sie verschwindet in einer Felsspalte, keine zwei Meter von meinem Kopfkissen entfernt. Ich hole meine Taschenlampe und versuche festzustellen, wohin sie sich wendet. Hat sie hier ihren Unterschlupf? Sie erinnert mich an eine Korallenschlange, die ebenfalls nachtaktiv und sehr giftig ist. Ich schimpfe mich wegen meines Leichtsinns, barfuß und sorglos herumzuhüpfen, und ziehe mir meine Schuhe wieder an. Jetzt fühle ich mich nicht mehr ganz so sicher. Einmal erschrecke ich furchtbar vor meinem eigenen Schatten, den der inzwischen aufgegangene Mond auf die Felsen wirft. Als ich später in den Schlafsack krieche, tröste ich mich damit, dass ich nicht ihre Beute bin und sie auch keinen aggressiven Eindruck machte, und habe dann doch noch eine gute Nacht.

Lineare Zeit – Zyklische Zeit

Im ersten Licht der Morgenröte wache ich auf. Dies ist für mich die schönste Zeit des Tages. Langsam wird die Wüste mit einem warmen orangeroten Schimmer überzogen, und ich warte auf den Moment, an dem die ersten Sonnenstrahlen in der Mulde zwischen den beiden Berggipfeln im Osten hervorspitzen. Die Luft ist weich.

Ich bin hier für vier Tage und vier Nächte. Am Morgen des fünften Tages nach Sonnenaufgang werde ich zurückgehen. Eine klar abgegrenzte Zeit. Eine Kette von fast hundert Stunden mit Anfang und Ende. Ein Teil meines Bewusstseins weiß das auch immer. Aber ich lebe längst in einer anderen Zeit. Ich bin eingetaucht in einen Rhythmus, der keinen Anfang und kein Ende hat. Mit dem ersten Licht wache ich auf. Wie die Tiere nutze ich die kühlen Stunden für Aktivitäten und verbringe die heißen ruhig im Schatten von großen Felsen. Dass es Mittag ist, bemerke ich daran, dass mein Magen knurrt. Wenn die Sonne untergeht, ziehe ich mich in mein Nest zurück und begrüße irgendwann den Mond, der mich die ganze Nacht begleitet. Immer wenn ich aufwache, ist er ein Stück weitergewandert auf dem großen Bogen, den er über mich zieht. Morgens verschwindet er blass hinter den Bergen im Westen. Ich lebe von Sonnenaufgang bis Sonnenuntergang, von Mondaufgang bis Monduntergang. Dieser Rhythmus von Tag und Nacht ist wie der Pulsschlag eines gigantischen Lebewesens. Noch nie habe ich mein Sein in diesem Kreislauf so gespürt. Und es ist lange her, dass ich mich so in die Zeit habe fallen lassen können, ohne auf die Uhr zu schauen. Irgendwann muss ich anfangen zu rechnen, mich konzentrieren, um zu wissen, der wievielte Tag gerade ist. Ich habe noch nie so viel Zeit für mich gehabt. So viel Zeit, in der ich nichts Spezielles tun muss oder will, in der ich nicht getrieben bin, etwas zu produzieren oder zu leisten, Zeit, die aufgespannt ist wie ein leeres Tuch, in dem ich mich wiegen kann. Dieses nackte Sein unter dem Himmel hat etwas Tierhaftes. Ich trinke Wasser, und es ist genug. Wenn ich pinkeln muss, wähle ich mir einen Felsen, den ich damit markiere. Ich freue mich an meiner Körperlichkeit, spüre jede Stelle meines Körpers in der Hitze der Sonne oder mit der Kühle des Windes, dem Frösteln in der Nacht. Das Gewahrsein im Körper tut gut. Wenn mir beim Aufstehen schwarz wird vor den Augen, nehme ich es, wie es ist, und erhebe mich langsamer. Ich achte alle Gefühle meines Körpers: seine Schwäche, seine Lust, seine Bewegung, seine Schwere, seine Angst und seine Freude.

Traumland

„Was kann ein Mensch sich noch wünschen, wenn er das Privileg hat, am Abend unter einem schützenden Himmel einzuschlafen, unter einem Himmel, der von Millionen Sternen übersät ist, die leuchten, um seine Träume zu erhellen?“ An diesen Satz von Mano Dayak, einem Führer der Tuaregs, denke ich abends, wenn ich auf meinem Felsenbett liege und nach oben schaue. Ich träume jede Nacht. Ein Traum ist so geradlinig in seiner Handlung, dass ich mich gut an ihn erinnern kann: Ich komme nachts an ein Farmhaus. In der Küche sitzen M. (unsere Leiterin) und mein *Buddy*, meine Mitfasterin. Um sie herum stehen lauter leere Wasserkanister. Ich denke: Prima, das Spiel ist vorbei. M. hat gekocht, füllt einen Teller mit einem Steak, Kartoffeln und Gemüse und stellt ihn auf den Tisch. Als ich ihn nehme, zieht sie die Augenbrauen hoch, sagt aber nichts. Ihr Gesicht ist freundlich. Ich beginne zu essen. Es schmeckt wunderbar. Nach einer Weile wird mir ganz heiß, denn ich bemerke betroffen, dass dies erst der dritte Abend ist und ich das Fasten gebrochen habe. Ich habe ein wahnsinnig schlechtes Gewissen. Aber es ist passiert. Ich gehe raus, um meinen Platz wiederzufinden. In der Zwischenzeit hat es zu regnen begonnen, und ich hatte meinen Daunenschlafsack offen auf einem Felsen liegen lassen. Auch das noch! Patschnass ist er nicht mehr zu gebrauchen. Nun habe ich auch noch meinen Schlafplatz verloren. Ich irre umher. Wälder und Grasland wechseln sich ab, ich erkenne nichts mehr. Alles dahin, ich habe das Fasten gebrochen, den Schlafsack ruiniert und finde nicht einmal mehr zurück. Aber jetzt gibt es eine Wende. Ich frage die Leute in einem alten Gutshof nach dem Weg. Sie laden mich ein zu bleiben. Die Kinder zeigen mir alles, auch die Ställe mit den Pferden. Dann treffe ich dort überraschend meinen Mann, führe ihn herum, und wir stellen fest, dass dies ein guter Platz ist, um Ferien zu machen. Abgesehen von der offensichtlichen Tatsache, dass ich Hunger habe, stecken in so einem Traum eine Menge Botschaften. Er gibt mir Auskunft über meine Zweifel, über den Zugang zu meinen Kräften, meine Beziehungen zu Menschen und lässt mich einen Blick in die Zukunft werfen. Das sind auch die Themen, mit denen ich mich am dritten Tag auseinandersetze.

Schon morgens, gleich nach dem Aufwachen, beobachte ich lange ein Rabenpaar. Zuerst sitzen beide Vögel auf einem Stein, einer gurrt wohlig. Die beiden kraulen sich gegenseitig und schnäbeln miteinander. Sie lassen sich sehr viel Zeit damit. Das Gurren und der Austausch von Zärtlichkeiten rührt und fasziniert mich. Zwischendurch hüpft einer der Vögel auf die Erde, sucht etwas am Boden, hüpft hierhin und dahin, während der andere schnarrend auf dem Stein bleibt und akustisch den Kontakt hält. Schließlich fliegen sie zusammen laut krächzend davon. Ich denke an meine Ehe und erkenne mich in dieser schwarzen Rabenfrau wieder. Ich sehe meinen Platz an der Seite meines Mannes, und ich sehe mich in die dritte, die „schwarze Phase" meines Frau-Seins eintreten. Sehnsucht erwacht nach der Weisheit, die diesen Raben nachgesagt wird.

Eine Gruppe von Steinen erinnert mich an eine Familienaufstellung. Die Furchen und Auswaschungen könnten Gesichter sein, die Freude oder Trauer ausdrücken. Ich rufe in Gedanken die Menschen zu mir herein, die in meinem Leben wichtig sind oder waren, und spreche mit ihnen. Manchmal geht es leicht, manchmal nur stockend. Es wird sehr deutlich, was mir Angst macht. Ich kann vergeben und bitte um Vergebung. Aber nicht alles lässt sich auflösen.

Immer wieder denke ich auch über meine Arbeit nach. Was möchte ich tun, wo sehe ich meine Aufgabe? Deutlich steht meine Entwicklung der letzten Jahre vor mir. Alles verdichtet sich, schiebt sich unaufhörlich zu einem Satz zusammen: Ich möchte bei meiner Arbeit der spirituellen Seite mehr Gewicht geben. Ich rufe diese Kräfte herein.

Den ganzen Tag ist es brüllend heiß. Obwohl ich stur im Schatten bleibe, brauche ich immer wieder ein nasses Taschentuch, um meinen Kopf zu kühlen. Als die Hitze gegen Abend nachlässt, versinke ich zwei Stunden ins Malen. Diesmal sind es die Wüstenberge, die ich einfangen will. Ich bin erstaunt über die Ruhe und die Geduld, die ich bei diesem ungewohnten Unterfangen entwickle.

Diese Ressourcen kann ich gut gebrauchen, wenn ich an Menschen denke, mit denen ich Konflikte habe. Dann setze ich mich hin und rassle. Der Klang der Rassel hüllt mich ein: Ein trockener Kürbis, seine Samen, ein paar Perlen, Federn und Fellreste sind in Bewegung. Ein Apache, den wir in der Vorbereitungszeit kennengelernt haben, hat diese Rassel für mich gemacht. Ich bin ihm sehr dankbar.

An diesem Abend ist Vollmond. Staunend schaue ich dem langsamen Aufsteigen zu. All meine Fragen, Sehnsüchte und Ängste breite ich vor ihm aus und bitte um Beistand. Dieser gleiche Mond wird mich zu Hause mit seinem milchig weißen Licht in die Arme nehmen. Mit diesem tröstlichen Gedanken schlafe ich ein.

Letzter Tag – Letzte Nacht

„Die Wüste ist für mich außergewöhnlich schön und rein, erschütternd und bezaubernd zugleich. Jedes Mal, wenn ich ihr gegenüberstehe, führt sie mich auf die erregende Reise in mein eigenes Ich, in dem wehmütige Erinnerungen, Befürchtungen und Hoffnungen des Lebens miteinander ringen. Die Wüste ist es, die mich das Zwiegespräch mit der geheimnisvollen Unendlichkeit lehrte." Wieder Mano Dayaks Worte, die ich in mein Tagebuch eingetragen habe und immer wieder lese, fassen so dicht zusammen, was ich empfinde.

Ein großer Greifvogel mit kastanienbraunem Gefieder kreist dicht über mir. Mit bloßem Auge sehe ich die weißen Spitzen seiner Schwingen, die hellbraunen Sprenkel in seinem Gefieder am Bauch, den starken, gebogenen Schnabel und die blanken, schwarzen Augen, die das Gelände absuchen. Um mich herum summt es laut. Verschiedene Insekten bedienen sich an den gelben Blüten des Rabbit-Brush-Busches, die seit gestern an verschiedenen Stellen aufgebrochen sind. Der Regen vor unserer Ankunft hier zeigt jetzt seine Wirkung. Überall brechen winzige aromatisch riechende Blättchen hervor und überziehen mit einem Hauch von Grün die scheinbar vertrockneten Sträucher. Ich gehe herum, rieche, zerreibe Blättchen zwischen meinen Fingern und entdecke beim genauen Hinsehen überall sprießendes Leben. Die Wüste nach einem Regen! Eine große Freude erfüllt mich. Ich könnte es hier gut noch ein paar Tage aushalten. Mich noch tiefer fallen lassen in diesen Zustand: Ich lebe, und das allein hat genug Bedeutung. Alles, was ich tue oder nicht tue, was ich erlebe, fühle, sehe, rieche, jede Begegnung mit Tieren, Pflanzen, Felsen, Sonne und Mond, den Sternen, dem Wind, dem Sand, ist allein für mich bedeutungsvoll. Und es reicht vollkommen aus.

Als ich mich in der Dämmerung für die lange Wachnacht fertig mache, finde ich ganz nahe an meinem Platz eine Schlangenhaut. Welch eine Metapher für den Teil, den ich zurücklassen will, den Teil, den ich abgestreift habe, den ich nicht mehr brauche! Irgendwann tief in der Nacht mache ich ein kleines rituelles Feuer am Eingang meines Höhlensteines mit mitgebrachten trockenen Schnipseln aus Weidenholz. Weide verbrennt hell und fast ohne Asche. Die Weide, *willow*, die Biegsame, die Durchlässige – ihre Energie hilft mir, ohne Bedauern und ohne Groll hinter mir zu lassen, was überlebt ist: Das ist die Tochter, die glaubt, noch etwas von ihren Eltern bekommen zu müssen, Scham und Selbstzweifel meinen Körper und meine sexuelle Kraft betreffend, die rote Phase des Frau-Seins mit ihrer körperlichen Fruchtbarkeit ... Ich verbrenne die eine Hälfte der Schlangenhaut als Symbol für meine alte, abgestreifte Haut. Die andere Hälfte nehme ich zur Erinnerung mit nach Hause.

In dieser letzten Wachnacht, die ich in meinem Steinkreis sitzend verbringe, fließt alles zusammen, was ich in den letzten zwei Jahren erlebt habe: die durchlittenen Stunden, in denen mich die Zeichen der Veränderung quälten, in denen ich meinen Gefühlen nicht mehr traute, meinen Körper nicht mehr erkannte und von der Angst vor dem Wandel beherrscht war; und auch alle Erkenntnisse und Entdeckungen über mich selbst, die dabei aufstiegen. Es fließen die Energien der letzten zweieinhalb Wochen hinein, in denen ich mich wieder und wieder meinen Schatten und Monstern stellte und erleben durfte, wie heilsam es ist, mich damit ohne Verstellung anderen zu zeigen. Es fließen die friedlichen Gefühle von Gehalten-Werden, von Getragen-Sein der letzten vier Tage mit ein, die mich ganz leicht werden lassen, fast schwebend. Die Träume, die Bilder, die Begegnungen, sie alle verweben sich, verdichten sich, und ich sehe mich, wie ich bin: Wie ich jetzt im Moment an dieser Stelle meines Lebens bin.

Ich sitze in meinem Steinkreis, umrundet von den Kristallen meiner Lebensjahre, und nehme mich an, wie ich bin. Große Ruhe umfängt mich, eine geduldige, liebevolle Ruhe.

Diese Nacht ist lang. Ich denke an die anderen, die, wie ich, jetzt wachend in ihrem Steinkreis sitzen. Ich denke besonders an Susanne, die mir einen Brief an unserer Steinpyramide hinterlegt hatte, worin sie schrieb, dass sie zum Basislager zurück ist, weil es ihr körperlich schlecht geht. Ihre Zeilen auf dem herausgerissenen Blatt eines Schulhefts haben mich tief berührt. Ich fühlte mich so geehrt davon, dass sie über ihre Selbstzweifel schrieb und ihre Art, sich selbst immer nach vorne zu schubsen. So war der Abbruch ihr mutiger Schritt gegen die Selbstverurteilung und hin zu einer Frau, die mit Geduld für sich sorgt.

Manchmal machen sich meine Gedanken auf und davon. Sie fliegen hinaus zum Horizont und verlieren sich dort. Ich sitze und rassle, höre der Rassel zu, wie sie spricht und antwortet, spüre mich auf dem Boden sitzen und folge wortlos den Kreisen vor meinen geschlossenen Augen.

Es wird kalt. Eine dicke blaue Wollstola, die mir vor vielen Jahren meine inzwischen gestorbene Schwiegermutter geschenkt hat, wärmt mich. So ist sie bei mir. Ich rufe auch meine beiden Großmütter und bitte sie um Hilfe. Und während ich an die nahen Menschen denke, die um mich sind, die mit mir leben, spüre ich, wie sehr ich liebe.

Die Sonne geht auf. Die längste Nacht der Wüste ist zu Ende.

Grünes Gras des Lebens

Wir spritzen, planschen und toben und lachen. Wie Kinder, die glücklich darüber sind, zusammen zu sein und spielen zu können. Der kleine See kommt uns verschwenderisch vor mit seiner Wasserfülle, in die wir hineingleiten dürfen, ebenso die hohen Bäume mit ihren rauschenden Wipfeln und deren üppigem Schatten. Unglaublich fett und grün wirkt das Gras, in dem wir barfuß ohne den wachsamen Blick auf Schlangen und Dornen herumgehen. Zurück aus der

Wüste: Unser rituelles Bad, um den Staub der Solo-Zeit abzuwaschen, findet im Paradies statt. Eine große Erleichterung ist auf allen Gesichtern zu lesen. Später werden wir uns richtig fein machen und alle zusammen in der Stadt chinesisch essen gehen. Zivilisation pur.

Wohlig ausgestreckt im weichen Gras denke ich an den Abschied von meinem Felsenplatz heute Morgen, der mir gar nicht leichtgefallen war. Mein Creosote-Busch bekam das übriggebliebene Wasser. Als ich dann etwa zwei Stunden nach Sonnenaufgang ins Basislager zurückkam, war der größte Teil der Gruppe schon da. Sie standen alle rund um den Steinkreis und erwarteten jeden Neuankömmling. Bevor ich den Schritt über die Schwelle und in den Kreis hinein machte, wurde ich aufgefordert, noch einmal daran zu denken, wofür ich hinausgegangen war. Ein ernster Augenblick, dem überströmende Freude folgte, als ich in den Kreis trat, und dort mit Pflanzenrauch und liebevollen Worten eingehüllt stand. Unsere Leiterin dankte *Grandmother Earth* dafür, dass sie mich aufgenommen, beschützt hat und heil zurückkommen ließ. Ein großes Glücksgefühl verbunden mit Stolz und Dankbarkeit durchfloss mich, während ich aufrecht in die Ferne schaute und diesen Moment zutiefst genoss. Und dann diese Umarmungen: Ich schaute in sonnenverbrannte, lachende Gesichter mit leuchtenden Augen, spürte Vertrautheit und Anerkennung. In diese Gemeinschaft von Menschen zurückzukehren war wohl für alle ein bewegendes Erlebnis.

In den nächsten drei Tagen sitzen wir in diesem grünen Paradies eines Gartens im Kreis und erzählen unsere Geschichten. Es sind noch einige Menschen dazugekommen, Partner, Freunde, die mit zuhören. Es tut so gut, diese Geschichten zu teilen, mitzuteilen und bei dem, was die „Ältesten" dazu sagen, wie in einen Spiegel zu schauen. Die Zeit für jeden ist begrenzt. Je nach Temperament lassen die einen aus sich herauskommen, was will, während die anderen sich genau vorbereiten, um in den zwanzig Minuten Erzählzeit das Wichtigste zu sagen. Ich warte erst mal ab. Schon die erste Geschichte zieht mich ganz in ihren Bann. B. ging jeden Tag so weit, dass sie sich ein bisschen verirrte und abends immer wieder ihren Platz suchen musste, den sie dann auf wunderbare Weise wiederfand. Oft hatte sie zu warten, bis der Mond aufging, oft ging sie Umwege und Irrwege. Sie fand dann Zeichen und den Weg „nach Hause". Sie erzählte von Extremen, von Freude und Leid, von Hoffnungslosigkeit und Zuversicht, von tiefer Verzweiflung und Ekstase. In der nächsten halben Stunde antworten die Leiter und ihr *Buddy*, ihr nächster Nachbar. Sie spiegeln ihr, was sie gehört haben.

Alle nehmen Anteil, jede Geschichte ist einzigartig und schön und enthält so viel Weisheit. Und jede Geschichte erhält ihre eigene Würdigung. Manchmal beiße ich mir auf die Lippen vor Spannung, manchmal stehen mir die Tränen in den Augen, und mein Herz ist weit offen für diesen Menschen, der da von sich erzählt. Dabei wird ganz deutlich: Es tut so gut, sich unverstellt und absolut authentisch einer ganzen Gruppe von Menschen zu zeigen, die dir ihre uneingeschränkte Aufmerksamkeit schenken. Es tut gut, all die Masken und Floskeln fallen lassen zu können, mit denen man sich normalerweise meint schützen zu müssen, und zu erfahren, wenn ich zeige, wie ich wirklich bin, werde ich trotzdem nicht aus der Gemeinschaft verstoßen. Im Gegenteil: Alle ehrlichen Gefühle werden wie ein Geschenk an die Gemeinschaft aufgenommen. Jeder von uns hat einen großen Hunger danach, über die Verstrickungen seines Lebens sprechen zu können, ohne dabei bewertet zu werden. Wir alle brauchen diesen offenen Raum, in dem wir in unserer Menschlichkeit gehört und gesehen werden.

Spiegelungen

In der Nacht schlafe ich schlecht. Meine Geschichte arbeitet in mir. Sie möchte nach außen. Die Geschichte will in die Gemeinschaft getragen werden. Am nächsten Tag ist es dann eigentlich ganz leicht, fast chronologisch von den Ereignissen meiner Zeit draußen zu erzählen. Wenn etwas schwierig ist, dann das Weglassen und Kürzen. Und natürlich ab und zu das Ringen um den Ausdruck in der englischen Sprache. Was ich dann gespiegelt bekomme, sickert fast wie in Trance in mich herein. Ich nehme zwar alle Worte auf, aber die Bedeutung erschließt sich mir erst nach und nach. Einer der „Ältesten" beginnt:

„Sicherlich ist das Bemerkenswerteste an deiner Geschichte deine Verbindung zur Natur. Die Tiere, warum gehen die alle zu dir?! Und wenn du von diesen Dingen sprichst, ist dein Gesicht so voller Freude ... Und ich sehe dich wie eine paläolithische Indianerin, eine von unseren Ahnen. Wie du natürlich gekleidet in deine Tierhäute sein würdest, Pflanzen sammelst, Zubereitungen machst, und ich sehe, wie die Leute zu dir kommen von überall her, um geheilt zu werden und um etwas herauszufinden über die Tiere, die um sie herum leben, ihre Bedeutung, ihre physischen Eigenschaften, ihre Macht ... Du erinnerst mich an einen guten Freund, der in die Wüste hinausgeht, Wochen draußen ist, und jeden Tag geht er und schaut unter Felsen, steckt seine Nase überallhin, um nach Zeichen von Leben zu suchen. Und das bist du. Und es ist sicher, das ist deine Medizin, eine sehr kraftvolle Medizin, sie ist eines der wichtigsten Dinge, die du den Leuten beibringen kannst, wenn du zurückgehst und eine Arbeit wie diese machst. Es wird von großem Wert sein, denn du wirst die Leute mit der Natur in Verbindung bringen, und durch die Art, wie du das tust, werden sie in Verbindung mit sich selbst kommen ..."

Seine Sätze kommen bei mir an, wie Wellen an einen Strand: irgendwie ganz selbstverständlich. Ich fühle mich gesehen, wie ich bin, obwohl ich selbst nicht diese Bilder und nicht diese Worte gewählt hätte. Er spricht etwas an, was ich gut kenne: meine Verbindung zur Natur; sie war immer da, seit ich denken kann; ich habe als Kind mit Tieren und Bäumen gesprochen und tue es immer noch.

Damit, dass er diese Verbindung jetzt „Medizin" nennt, die ich „zu den Leuten bringen" soll, hat er sie in einen neuen Rahmen gestellt und gibt mir die Möglichkeit, eine neue Bedeutung zu erkennen. Er führt diesen Punkt noch weiter aus:

„Ich las gerade erst im ‚National Geographic', dass wir mit der einfachen kleinen Maus neun Zehntel der DNA teilen. Ein Zehntel Unterschied zur kleinen Maus auf der Ebene der DNA zeigt, dass wir so nahe Verwandte sind. Und ich las, dass wir ein Drittel der DNA mit Nematoden, den Würmern, teilen, sowie mit all den lebenden Dingen. Es kostete die Wissenschaft lange, das zu erkennen, aber in Wirklichkeit wussten wir Menschen das schon tausende von Jahren zuvor.

Ich bin dir so dankbar, dass du uns hilfst, das zu sehen, und dass du dieses Geschenk zu uns in den Kreis gebracht hast. So scheint es ganz natürlich, dass du dein Heim da bei einem Frosch fandest, dort oben auf dem Felsen, einem Amphib, ja, einem nahen Verwandten."

Ich merke aber auch, dass es gar nicht so einfach ist, die Unterstützung und Bekräftigung der eigenen Person, wie sie bei dieser Art des Spiegelns einer Geschichte ausgedrückt wird, anzunehmen. Habe ich das verdient? Ist das nicht übertrieben? Bin da wirklich ich gemeint? Das Ritual des *Mirroring*, des Spiegelns, lässt glücklicherweise gar nicht zu, dass man das, was gesagt wird, durch einen Einwurf irgendwie schmälern und mindern könnte, weil es einem peinlich erscheint, etwas Positives über sich so einfach stehen zu lassen. Der ständig quasselnde Kritiker in meinem Kopf muss streckenweise einfach nur zuhören. Lerne ich dabei nicht auch, mich besser anzunehmen?

Zwischendurch kommen mir dann auch Zweifel, ob es in Ordnung ist, dass es mir in meiner Zeit alleine so gut ging. Als ob sie meine Gedanken ahne, greift unsere Leiterin sie auf:

„In vielerlei Hinsicht war die Art, wie du dich fühltest, die Bestätigung all deiner Arbeit, die du in den letzten Jahren getan hast. Und es ist wahr, du hast dein Leben geöffnet und gereinigt, du hast Frieden mit dir selbst geschlossen, auf eine neue Art. Das kommt in dieser Geschichte wieder und wieder zum Ausdruck. Du hast das gut gemacht in diesen letzten Jahren, du kannst wirklich auf deine Fähigkeit vertrauen, durch harte, harte Zeiten zur anderen Seite zu kommen, hier an diesen Platz."

So wie sie das sagt, kommt bei mir die Botschaft an: Es ist absolut erlaubt, dass du friedlich mit dir selbst umgehst! Eigentlich unglaublich, dass ich das angezweifelt habe. Dann fährt sie fort:

„Ich fühle es sehr deutlich und sehe dich in vielfältiger Weise in den Platz einer Älteren, einer älteren Frau, einer Medizinfrau hineintreten.

Teil davon ist das Verbrennen deiner Fruchtbarkeit, deiner fruchtbaren Zeit und das Stärken der spirituellen Seite bei dir selbst und bei dem, was du zu den Leuten bringst ..."

Es ist so aufregend, was hier passiert. Ich weiß, dass ich mit dieser Zeit draußen einen Übergang von einem Abschnitt meines Frau-Seins in einen großen, nächsten bewusst bestätigt habe. Ich gehe den Schritt von „Rot nach Schwarz". Noch ist die Phase, die vor mir liegt, unbekanntes Terrain. Und jetzt habe ich das Gefühl, ich darf einen Blick dort hineinwerfen.

Einer der „Ältesten" übernimmt die Aufgabe, die Schatten in der Geschichte anzuschauen, die dunklen Seiten, die Zeiten im Westen:

„Da ist die Schuld, nicht den *Stone Pile* (Kontaktplatz) zu finden, nicht für deinen *Buddy* da zu sein. Und es war sehr interessant, was die Wende brachte: dass du dich eingeladen fühltest. Als du das Gefühl hattest, eingeladen zu sein, gab es keinen Grund mehr, dich schuldig zu fühlen, und als das Schuldgefühl weg war, fiel es dir leicht, eine Lösung zu finden. Ein anderer Schatten waren die Fehler. In diesem Traum, da waren zwei Fehler, oder drei Fehler? Dieser Traum brachte dich auf folgendes: Vielleicht habe ich in diesen letzten Jahren Fehler gemacht, und jetzt führt der Traum zurück zu all dem Leben, was da ist, zu einem wundervollen Platz. Und dies ist ein Platz, wo nun Ferien möglich sein können. Alles, was ehemals als Fehler gewertet wurde, muss jetzt keiner mehr sein, weil er dich zu einer Art Ferien mit deinem Mann führt. ... Und da sind andere Schatten, Schatten von Misstrauen, von Zweifeln, Schatten von Eifersucht. Es ist gut, dass du diese Schatten erlaubst und wirklich hineingehst, das ist so wirklich, real und menschlich."

Mein *Buddy* beschäftigt sich mit der Art, wie ich die Felszeichnungen gefunden habe:

„Du konntest diese alten Zeichen erst sehen, als sie im Schatten lagen. Das zeigt, dass diese Beziehung zu den Ahnen nicht offenliegt, so dass du sie lesen könntest wie ein Buch, sondern dass du durch den Schatten gehen musst, um dich mit ihnen zu verbinden. Du bist dann sehr geduldig mit ihnen gewesen und hast sie ganz ruhig in dich aufgenommen. So machtest du diese Zeichen zu deinen. Das war ein langer innerer und äußerer Prozess."

Es ist ein großer Schatz an Bildern, der mir hier in den Schoß gelegt wird. Ich höre, was bei den anderen angekommen ist, jede Äußerung ist ein Geschenk und setzt immer wieder neue eigene Gedanken und Gefühle in Bewegung:

„Als Letztes noch etwas zu dem Platz, an dem du schliefst. Für mich ist der Schlafplatz der intimste Platz. Du bist ausgesetzt, und damit bist du vielleicht einerseits verwundbarer, es erlaubt dir aber auf der anderen Seite, alles zu sehen, was um dich ist, und weit nach außen zu sehen. Es gibt für dich keine Notwendigkeit, dich zu verstecken. Und nahe neben dem offenen Platz ist ein Schutzplatz, ein sehr sicherer Platz. Und er ist fertig, du kannst jederzeit hingehen, wenn du es brauchst, die Plane ist ausgespannt. Du hast diesen Schutzraum diesmal nicht benutzt, aber er wartet, und wenn du ihn brauchst, könntest du hingehen.

Du kannst der Tatsache trauen, dass du diesen Platz hast. Du hast diesen Platz auch selbst für dich geschaffen, und das ist vielleicht der Grund, warum du die Wahrheit sprechen kannst, wenn es nötig ist."

Diese Sätze führen mich erneut auf die Reise in meine Innenwelt. So gerne will ich in meinem Leben zu Hause diesen inneren sicheren Ort spüren und mich gleichzeitig nach außen offen zeigen können. Erinnerungen an Momente des Scheiterns tauchen auf. Und gleichzeitig koppelt mich dieses Bild der Felsenmatratze sofort wieder an mein Gefühl an, in diesen Nächten tatsächlich den sichersten Platz der Welt zum Schlafen gefunden zu haben. Wann fühle ich mich sicher und warum? Diese Frage und mehrere Antworten nehme ich auch mit nach Hause.

Bei allem, was gesagt wird, berührt mich vor allem die Sorgfalt und Ernsthaftigkeit, mit der gearbeitet wird. Der Grundsatz, dass es keine Beurteilung im Sinne von gut und schlecht gibt, sondern alle Erlebnisse und Gefühle so angenommen werden, wie sie eben stattfinden, führt dazu, dass ich mich selbst wirklich anschauen kann, ohne gleich die Kralle des Selbstzweifels im Rücken zu spüren oder den erhobenen Zeigefinger vor den Augen zu sehen. Ich kann selbst die Position eines offenen, freundlich zuhörenden Beobachters einnehmen, der anerkennen kann, was ist. Das hilft, diese ewig beurteilende und bewertende innere Stimme auf ihren Platz zu verweisen und wirklich sich selbst und anderen wieder zuzuhören.

Die drei Tage gehen mit großer Intensität schnell vorbei. Der Abschied naht. Bevor der Schatten der Trennung sich bleiern über die Gruppe legen kann, beenden wir unsere gemeinsame Zeit mit einem höchst lebendigen Schwitzhüttenritual. Zwischen dampfend heißen Wasserschwaden wechseln die Stimmungen drastisch: Je nachdem, ob wir die Sinnlichkeit des Südens besingen und für alle Kinder der Welt beten, ob wir uns anschauen, was wir bei den Wanderungen durch die dunklen Seelenräume gelernt haben, oder ob wir Botschaften für unsere Arbeit sprechen, wir drehen uns zusammen auf dem Medizinrad. Immer wieder werden wir gefragt, was wir davon in die Welt tragen wollen. Es ist dunkel und sehr, sehr heiß. Und dabei verdichtet sich die Energie von dreizehn Menschen, die viel miteinander erlebt haben, in einem einzigen kleinen Raum zu einem gemeinsamen Ganzen. Wer nun meint, dass er in spirituelle Höhenflüge abheben kann, sieht sich getäuscht: Einer übernimmt die Rolle des Jokers, des Schelms, und streckt den Kopf zur Sauna herein. Er beginnt über jeden mit derben Worten zu lästern, wobei jeder sein Fett auch noch in Form eines eiskalten überraschenden Wassergusses abkriegt. War alles nur Einbildung?

Ein herrlich erfrischender, verwirrender Abschluss; die Fäden werden durchtrennt – jeder weiß, dass er seinen Weg von nun an wieder alleine geht. Die Tränen des Abschieds halten sich in Grenzen. Mir hat dieses Ritual sehr geholfen, mich auf das, was kommt, auszurichten.

Wieder zu Hause

Was bringe ich mit, wenn ich wieder nach Hause zurückkehre?

Was passiert, wenn eine, die sich verändert hat, in das Leben zurückkehrt, das sie verlassen hat? Was hat sich dort verändert? Wie oder wo habe ich mich denn verändert? Wie werde ich aufgenommen? Werde ich verstanden?

Mit einem Rucksack voller Fragen komme ich in meine gewohnte, jetzt erst einmal ungewohnt scheinende Umgebung nach Hause zurück. Mit einer Mischung aus großer Freude, meine Liebsten wiederzusehen, und dem mulmigen Gefühl, in eine ungewisse Zukunft, in einen unbekannten Raum zu treten, öffne ich die Haustür. Ich bewege mich fast wie im Traum.

Was ist wirklich, und was träume ich? Tatsächlich sind in den ersten vier Wochen zu Hause die Landschaften meiner nächtlichen Träume noch die Bergsilhouetten der Sierra Nevada oder die großen Weiten der Wüste. Ich fühle mich fremd. Ich spüre, dass auch ich erst einmal fremd bin. Wir müssen uns alle erst wieder beschnuppern. Ich spüre die Angst vor „meiner Geschichte" – wer weiß überhaupt, was damit gemeint ist? – im Kreis meiner engsten Familie und habe doch keine größere Sehnsucht, als sie zu teilen. Freunde bestürmen mich mit Fragen, und wenn ich antworte, habe ich meist das Gefühl, nur an der Oberfläche zu kratzen. Ich kann von Erlebnissen erzählen, aber das, was wirklich mit mir passiert ist, entzieht sich meiner Sprache. Vielleicht entzieht es sich überhaupt meinem Bewusstsein?

Wenn ich mich an meine vier Tage und vier Nächte in der Wüste erinnere, führt mich das zu meiner Kraft. Ich kann sie spüren als ein warmes In-mir-Ruhen, als ein rundes Gefühl im Bauch: Es ist okay, wie du bist. Das beinhaltet einen liebevollen, milden Umgang mit mir selbst. Und es beinhaltet eine Reihe von Erkenntnissen darüber, wo ich gerade stehe, eine gründliche Selbstbetrachtung. In der Zeit des Alleinseins habe ich deutlich spüren können, wohin es mich zieht. Das ist ein Schatz. Und es ist auch die Stimme in mir, die sagt: Du hast es geschafft! Du darfst stolz auf dich sein!

Gleichzeitig kann ich dieses Gefühl der Kraft im Alltag der hiesigen Anforderungen, Erwartungen, Wünsche und Enttäuschungen nicht aufrechterhalten. Ich stürze immer wieder in tiefe Schluchten von Selbstzweifel und Verwirrung. Ich hangle mich von Enttäuschung zu Enttäuschung, weil ich das Gefühl habe, nicht so wahrgenommen zu werden, wie ich bin. Ein großes schmerzliches Gefühl, aus dieser Geborgenheit des Circles, des Questerkreises, dieser Runde aus Offenheit und Akzeptanz, herausgefallen zu sein und stattdessen mit dem rauhen Wind von Urteil und Bewertung, Misstrauen und Angst konfrontiert zu werden. Ich lese in einem Artikel von Robert Greenway, dass dies auch damit zu tun hat, dass man, nach den Tagen in der Wildnis und dem Zusammensein mit einer Gruppe am abendlichen Lagerfeuer, eine Art Stammesgefühl entwickelt, das man, isoliert und zurück in der Zivilisation, dann sehnsüchtig vermisst. Aber dies scheint mir nicht das einzige zu sein. Ich erlebe auch eine große Unsicherheit darüber, wie ich meine Vision über mich in mein Leben tragen kann.

Das, was ich Vision nenne, ist ein ganzes Bündel von Erfahrungen. Es ist letztlich diese ganze Geschichte, und es ist mir noch ziemlich unklar, was daraus wird. Ich merke, dass, sobald ich mir aus der Vision eine Vorstellung zimmere: „So und so muss das jetzt sein", dieses Bild recht schnell an der Wirklichkeit zerschellt. Die Beziehung zu meinem Mann gestaltet sich nicht wie die der miteinander gurrenden Raben, im Gegenteil, wir geraten in eine Phase von Distanz und Misstrauen; in meiner Arbeit öffnen sich zwar völlig neue Perspektiven, aber ich bin mir immer wieder zutiefst unsicher über meine Fähigkeiten; in der Wüste habe ich mich umarmt von Mutter Erde und geborgen bei Vater Himmel gefühlt, jetzt werde ich trotzdem wieder mit der Tatsache konfrontiert, dass meine Eltern einfach Menschen sind, und bin traurig darüber; ich habe meinen Eintritt in die Wechseljahre bewusst gestaltet, das führt aber nicht dazu, dass es sich jetzt nur noch um „Wechseltage" oder „Wechselwochen" handelt. Die Hitzewallungen holen mich auf allen Ebenen ein. In mir wallt es gewaltig.

Also, was habe ich gewonnen? Gar nicht einfach zu beantworten, denn das Wissen darüber scheint sich immer wieder einfach in Luft aufzulösen, scheint nicht richtig greifbar zu sein. Es geht auch nicht um aufzählbare, messbare Ergebnisse. Oder doch? „Es muss doch etwas dabei herauskommen!" Wie gut, dass es ein paar Menschen gibt, die ebenfalls schon durch diese Erfahrung einer Vision Quest gegangen sind und dieses gähnende Loch, in das die Vision zu fallen scheint, kennen. Sie wissen, dass dies der „normale" Weg ist, um die Vision ins Leben zu tragen. Wirkliche Veränderungen geschehen meist nicht sprunghaft, sondern werden von Erfahrung über Erkenntnis wieder zur Erfahrung Schritt für Schritt errungen. Und immerzu bewegen wir uns dabei durch das Medizinrad und gelangen damit zwangsweise immer wieder in den Schatten, die Zweifel. Ich bin ja auch nicht „irgendwann" zu einer Visionssuche gegangen, sondern inmitten einer Krise. Und damit habe ich die Krise zuerst einmal anerkannt. Ich habe die Veränderungen anerkannt, die diese Krise entstehen ließen.

Veränderungen machen Angst. Gewohnte, sichere Bahnen müssen verlassen werden, und es ist unklar, was dann passiert. Die Visionssuche war eine Übung, den Aufbruch ins Ungewisse zu vollziehen. Sich dem „Nicht wissen, was kommt" oder dem Nichts überhaupt auszusetzen. Und die Erfahrung zu machen, dass „etwas kommt"; die Erfahrung zu machen, dass ich das durchstehen kann und gar nicht so schlecht.

Und zu Hause wächst langsam die Erkenntnis, dass dies erst der Anfang war, dass mit der Visionssuche ein neues Tor aufgestoßen wurde. Nicht mehr, aber auch nicht weniger. Vielleicht zerplatzen jetzt die Illusionen, dass „danach" alles einfacher sei. Es fühlt sich für mich jedenfalls nicht einfacher an, aber wie ich

Tarp in der Wüste.

mich erlebe, geschieht bewusster. Geht es denn überhaupt darum, dass das Leben einfach ist?

Ich weiß mehr darüber, wer ich bin. Ich habe mich erfahren als Tier unter Tieren und dass mich ein endloser Sternenhimmel behütet. Ich nehme mit, dass ich mich auf eine Reihe von Helfern verlassen kann, die mir zur Seite springen, wenn ich es am wenigsten erwarte. Ich bekam eine neue Orientierung und die Bestätigung für meine Aufgabe in der Gemeinschaft. Ich habe eine Schau auf mein Leben gehalten, überflüssigen Dreck und alte Krusten abgekratzt, damit ich mich besser wahrnehmen kann. Ich habe auch erfahren, wie viel mir menschliche Gemeinschaft und die Menschen bedeuten, die ich liebe. Das macht vielleicht auch verletzlicher. Ich habe wieder neu gelernt, wie es sich anfühlt, offen und präsent zu sein, im Jetzt zu leben und mich ganz lebendig zu spüren. Ich habe erlebt, dass ich einerseits absolut selbstverantwortlich und gleichzeitig mit grenzenlosem Urvertrauen in der Wildnis leben kann. Was will ich mehr?

Das Ritual

Visionssuche – was ist das?

Die Visionssuche gleicht einer Abenteuerreise in eine unbekannte Welt. Sie hat einen Anfang, eine Mitte und ein Ende. Wie jede Reise beginnt sie mit der Idee, sich überhaupt auf eine Reise begeben zu wollen. Man hört von einem fremden Land, von neuen, ungewohnten Möglichkeiten des Daseins, und man verspürt den Sog, dies für sich ausprobieren zu wollen. Bei der Vorbereitung werden Chancen und eventuelle Risiken gegeneinander abgewogen. Irgendwann wird der Koffer gepackt und die Trennung von der gewohnten alltäglichen Welt vollzogen. Und nicht nur das äußere Land, auch die inneren Landschaften, denen wir auf einer Reise begegnen.

Vision Quest – das bedeutet einsames Fasten in der Wildnis: angeboten in den Hochalpen Norditaliens, der Schweiz und Österreichs, in Gebirgsschluchten Sloweniens, der Pyrenäen, auf den Hochebenen der Kanarischen Inseln, im Zentral-Massiv Frankreichs, im Bayerischen Wald, in Tschechien, im Riesengebirge oder in den Wüsten Kaliforniens und des Sinai. Die Idee, sich für mehrere Tage in diese oder ähnlich einsame Regionen zurückzuziehen und es alleine dort auszuhalten, ist eine große Herausforderung an die eigene Anpassungsfähigkeit, das Durchhaltevermögen und bedarf einer Portion Mut.

Drei wichtige Bestandteile – drei Tabus – kennzeichnen dieses Ritual:

1. absolute Einsamkeit, keinen Kontakt mit anderen Menschen, kein Handy als Sicherheit;
2. kein Zelt; den Elementen und Bewohnern einer wilden Landschaft ausgesetzt, nur eine kleine Plane zum Schutz gegen Regen und Sonne ist erlaubt;
3. kein Essen, lediglich Wasser.

Diese Rahmenbedingungen müssen Frauen und Männer vier Tage und vier Nächte durchhalten. Es kling zunächst wie ein reines *Survival*-Abenteuer – und tatsächlich geht es auf der körperlichen Ebene auch ums Überleben. Mit diesen äußerlichen Bedingungen wird aber zugleich eine Reise in die eigene Innenwelt verbunden. Auf dieser Reise geht es um Selbsterkenntnis. Und auf einer mythischen Ebene bedeutet die Visionssuche die Bewährungsprobe für den Helden oder die Heldin im Kampf gegen die Drachen der Außen- und Innenwelt.

Der Ablauf der Visionssuche, wie sie vom Ehepaar Steven Foster und Meredith Little von der *School of Lost Borders* in Kalifornien in den letzten fünfundzwanzig Jahren entwickelt wurde und wie sie auch hier in Deutschland angeboten wird (Adressen siehe Anhang), folgt einer dreiteiligen Struktur:

Vorbereitung – Ablösung: 3 bis 4 Tage

- Klärung der persönlichen Absicht und Fragestellung
- Übungen in der Natur
- Gestalten von selbstgeschaffenen Zeremonien und Ritualen
- Einweisung ins Fasten
- Informationen zum Sicherheitssystem und technische Hinweise
- Finden des persönlichen Kraftplatzes für die Zeit in der Wildnis

Visionssuche – Schwellenzeit: 4 Tage (3 Tage bei Jugendlichen)

- Vier Tage und Nächte alleine, fastend in der Wildnis. Die Leiter halten sich in einem zentral gelegenen Basislager auf und sorgen für die Sicherheit und Unterstützung der Gruppe.

Nachbereitung – Wiedereingliederung: 3 bis 4 Tage

- Rückkehr
- zeremonielle Reinigung und Fastenbrechen
- Erzählen der in der Wildnis erlebten Erfahrungen und anschließende Spiegelung der Geschichte
- Integration der Erfahrung in den Alltag und Lebensplan
- Abschied

Dieser äußere, dreiteilige Ablauf entspricht einem bedeutungsvollen Ritual. Einem Ritual, das aus Loslassen, Verändern, verändert Zurückkommen besteht: ein Übergangsritual oder eine *Rite of Passage*, mit der die Reise von einer Welt in die andere, von einem Stadium des Lebens in das nächste, von einer abgeschlossenen Entwicklungszeit in eine neue bewusst gestaltet wird.

Die drei Phasen sind: erstens die Trennung (*severance/séparation*), zweitens die Schwelle (*threshold/marge*) und drittens die Angliederung (*incorporation/aggrégation*).[2] Das ist, als ob man eine Tür öffnet, über eine Schwelle in einen Raum tritt und durch eine Tür auf der anderen Seite des Raums zurückkehrt. Mit diesen drei Phasen der äußeren und inneren Reise beschäftigen wir uns im folgenden.

Erste Phase: Vorbereitung

Ich entscheide mich dafür,
an einer Visionssuche teilzunehmen.

Die Visionssuche ist ein Übergangsritual, d. h., sie ist dazu da, Menschen, die sich in einer Krise oder einer Phase der Wandlung und Veränderung befinden, zu helfen, diese Wandlung bewusst zu vollziehen. Wenn Teilnehmer der Visionssuche über ihre Motivation und über die Gründe ihrer Entscheidung für diesen Prozess befragt werden, beschreiben sie oft ihren eigenen Zustand als einen der Verwirrung, des Hin-und-hergerissen-Seins, weil verschiedene Seelen in ihrer Brust miteinander ringen. Meist werden diese Krisen von Selbstzweifeln und Schuldzuweisungen begleitet. Und immer wieder steht die Frage im Mittelpunkt: Was will ich wirklich?

Sich zu einer Visionssuche anzumelden bedeutet, die Klärung dieser Frage mit Hilfe eines drastischen Schrittes in Angriff zu nehmen. Sich für eine Visionssuche anzumelden bedeutet, sich bewusst und aktiv der Krise zu stellen, die eigenen Kräfte einzuschätzen und zu konzentrieren, alle offenen Fragen auf den Tisch zu legen und vor sich selbst anzuerkennen.

„Als ich das erste Mal von der Quest hörte, wusste ich, dass ich diese Form des Entwicklungsprozesses machen werde. Es dauerte drei Jahre, bis ich mich reif dafür fühlte. Von innen her war klar, dass ein Wandel in meinem Leben stattfinden wird, der viel mit Loslassen zu tun hat. Was ich loslassen musste, war unklar für mich." (Irmi, 39 Jahre)

„Ich hatte dieses Video über Visionssuche gesehen und es hat mich zu Tränen gerührt. Ich war so betroffen von den Veränderungen in den Gesichtern der Menschen, die aus ‚den heiligen Bergen', sprich ihrer Solo-Zeit in den Inyo-Mountains, zurückkamen. Ganz tief in meinem Innern war damit schon die Entscheidung gefallen, diese Erfahrung selbst zu machen. Ich wusste einfach, es ist lebenswichtig für mich." (Peter, 40 Jahre)

„Ich fühlte, dass der Weg und die Ausrichtung in meinem Leben, das ich lebte, nicht meine waren. Ich folgte irgendwelchen Konzepten, aber wusste nicht, was ich wirklich will, was wirklich wesentlich ist für mein Leben. Irgendetwas lief grundsätzlich verkehrt. Ich hatte keinerlei Ahnung, was es war." (Anne, 48 Jahre)

„Seit einiger Zeit bin ich unzufrieden. Ich bin gereizt, schnell müde und irgendwie kraftlos. Mein Beruf ist mir lästig, und mein Privatleben dümpelt so vor sich hin. Ich weiß, dass ich eine neue Orientierung brauche." (Hannelore, 37 Jahre)

Die Entscheidung, an einer Visionssuche teilzunehmen, wird oft aus dem Bauch heraus getroffen, und erst im Lauf der Vorbereitungszeit konkretisieren sich die Fragen, die man an die eigene Quest hat.

Wünsche und die Hoffnung auf Lösung des eigenen Lebensknotens sind durchwirkt von Ängsten: vor der Konfrontation mit den inneren und äußeren Nöten, aber auch vor der Antwort, die man bekommen könnte, vor den Konsequenzen. Dies kann Anlass zu Zweifeln an der Richtigkeit der Entscheidung sein. Immer wieder berichten Teilnehmer, dass sie die Idee der Quest einfach angesprungen hätte, manchmal dauerte es aber trotzdem noch Jahre, bis sie sich dazu durchringen konnten, sich wirklich anzumelden. Im Nachhinein betrachtet war diese Zeit des Wartens und Zögerns jedoch immer wichtig, um tatsächlich reif zu sein für die Herausforderung.

Steven Foster und Meredith Little, die dieses spezielle Konzept der *Vision Quest* oder *Vision Fast* (Visionsfasten) – dieser Ausdruck wird gerne als bescheidenere Version von den beiden benutzt – als Übergangsritus in der Wildnis entwickelten, haben in fast zwanzig Jahren mehr als tausend Menschen dabei begleitet. Sie legen Wert darauf, dass eine Anmeldung wenigstens ein halbes Jahr vorher erfolgt, damit die Teilnehmer genügend Zeit haben, ihre wirklichen Absichten zu klären, damit sie wissen, wonach sie suchen.

Sie fordern die Bewerber auf, bei ihrer Anmeldung schriftlich zu ihrer Situation und ihrer Motivation Stellung zu beziehen, und ermutigen jeden Teilnehmer, mit der Vorbereitung dieser Tage des Alleinseins in der Wildnis sofort, d. h. schon Monate vorher zu Hause zu beginnen. Teilnehmer berichten, dass im Laufe dieser sechs bis zwölf Monate, in denen sie sich auf ihre Zeit in der Wildnis einstellten, das Gefühl dazu mehrmals wechselte. Von „Ich weiß eigentlich gar nicht mehr, warum ich da hingehe" bis „Das ist das einzig Richtige, was mir weiterhilft" gibt es alle Zwischenstufen. Dies ist eine direkte Widerspiegelung der Krise, in der Alt und Neu miteinander ringen.

Die Medizinwanderung

Wie ein Spiegel kann auch die „Medizinwanderung", ein spezielles Vorbereitungsritual, wirken und helfen, die Fragestellungen und Absichten zu klären: Etwa ein Monat vor der eigentlichen Quest wandert man fastend von Sonnenaufgang bis Sonnenuntergang in einem möglichst einsamen Gebiet. Am Abend zuvor packt man einen kleinen Rucksack mit passender Kleidung, genügend Wasser, Stiften und Papier und sagt den Angehörigen Bescheid, wohin man gehen wird. Die Ankunft sollte dort so organisiert werden, dass man mit dem Sonnenaufgang wirklich loslaufen kann. Da es sich um ein Ritual handelt, kennzeichnet man Anfang und Ende in deutlicher Weise. Man markiert eine Schwelle, die überschritten wird, wenn die Medizinwanderung beginnt, und die wieder überquert wird, wenn man nach Sonnenuntergang zurückkehrt. Diese Schwelle kann ein auf den Weg quer gelegter Stock sein, eine in den Sand gezogene Linie oder Ähnliches. Danach lässt man sich treiben, lässt die Füße laufen, wohin sie wollen, lässt sich ziehen und nimmt wahr, was passiert.

Während der Medizinwanderung kann man sich mit folgenden Fragen beschäftigen: Warum bin ich als menschliches Wesen geboren? Warum muss ich sterben? Wer sind die Menschen, die zu mir gehören? Wer ruft mich, wer beschäftigt mich jetzt? Was möchte ich wirklich mit meinem Leben anfangen? Mit welchen Gaben bin ich beschenkt worden? Nutze ich sie? Welchen Namen habe ich für Gott? Welches sind die Namen für die größten Monster in meinem Leben? Was muss ich tun, um mich ihnen zu stellen? Wer sind meine Vorbilder?

Während man unterwegs ist, rastet oder auch schläft, wird man Antworten bekommen. Man kann sich aber auch ohne jede vorher formulierte Absicht dem Geschehen überlassen.

In Medizinwanderungen spiegeln sich oft die eigenen Verwicklungen im Leben wider, und so können diese helfen, die richtigen Fragen zu stellen.

> „Ich gehe ziellos weiter, umgestürzte Bäume rühren mich sehr an. Habe Angst, dass ich mich verlaufe oder zu weit vom Haus entferne. Alle Wege enden in der ‚Pampa'. Bin innerlich völlig verzweifelt und weiß gar nicht mehr, um was es geht. Was soll ich hier draußen? Und wieder hört der Weg mit einem Zaun vor dem Wald auf. Ich kann einfach nicht mehr, ich will so gerne irgendwo ankommen. Wo ist der Knoten in meinem Leben?" (Ruth, 50 Jahre)

„Medizin"-Wanderungen heißen so, weil es ein heilender Vorgang ist, sich den Kräften der Natur, den Kräften des Körpers und der Stille und Einsamkeit auszuliefern. Diese Art, sich auf wichtige Entscheidungen oder Veränderungen vorzubereiten, ist unserer Kultur ziemlich fremd geworden. Die Medizinwanderung ist „eine komprimierte Form der späteren Visionssuche"[3] und kann als Weg, um herauszufinden, wo man steht, als Methode, um Entscheidungen zu treffen oder in wichtigen Fragen neue Ideen zu entwickeln, immer wieder zwischen das Alltagsgeschäft eingeschoben werden.

Technische Vorbereitung /Ausrüstung

Mit dem Packen des Koffers oder des Rucksacks beginnt ein neuer Abschnitt der Vorbereitung: die Auseinandersetzung mit den äußeren Bedingungen der Reise. Was brauche ich an Kleidung, an Ausrüstung, um möglichst unversehrt allen möglichen Herausforderungen der Wildnis begegnen zu können? Diese Frage beschäftigt den Menschen, seit er existiert. Aber es steht auch die andere Frage im Raum: Mit wie wenig kann ich auskommen? Wie sehr bin ich bereit, mich den Elementen auszusetzen? Eine Balance zwischen Freiheit und Sicherheit zu finden, ist bereits beim Packen die Aufgabe. Letztlich muss ja auch alles eigenhändig zu dem Platz in der Wildnis getragen werden. Das Gewicht eines vollgepackten Rucksacks kann zum Symbol für all das werden, was noch nicht losgelassen wird. Man wähle also aus der Vergangenheit sorgfältig das aus, was auf dem Weg in die Zukunft nützen kann. Eine ausführliche Ausrüstungsliste mit Anmerkungen findet sich im Anhang.

Je nachdem, in welchem Gebiet die Visionssuche stattfindet, ist es sinnvoll, sich an das Wetter, das Gelände und die zu erwartende Tier- und Pflanzenwelt anzupassen. Im Gebirge muss mit krassen Temperaturstürzen gerechnet werden, in unseren Breiten sollte man sich auch auf tagelangen Regen einstellen, in Sumpfgebieten auf Mückenschwärme, und in der Wüste wird es eben sehr heiß werden. Die Auseinandersetzung mit den Gegebenheiten der Natur spielen im Vorfeld und auch während der Quest fraglos eine große Rolle. Aber bei aller Vorsorge sollte man sich auch klarmachen: Einen besseren Lehrer als ein großes Gewitter gibt es überhaupt nicht. Eine ganze Nacht mit zuckenden Blitzen und Donnergrollen durchzustehen und dabei zu merken, dass nichts passiert und dass man am Ende heil herauskommt, kann eine tiefe Erfahrung und ein großes Geschenk sein.

Physische Vorbereitung/Voraussetzungen

Vision Quest ist ein Angebot an jeden – ab etwa vierzehn Jahren – und erfordert keine besonderen körperlichen Voraussetzungen. Der Teilnehmer sollte gesund sein und sich fit fühlen, was im Vorfeld mit joggen, wandern, Rad fahren, d. h. viel Bewegung an der frischen Luft unterstützt werden kann. Entscheidend ist aber letztlich immer die Einschätzung der eigenen Leistungsfähigkeit und der richtige Umgang damit. Wer nicht schwer tragen kann, wird sein Gepäck beschränken und einen Platz aussuchen, zu dem er sich nicht stundenlang durchs Gelände schleppen muss. Manchmal können sich die größten Sorgen auch in Luft auflösen. Eine Teilnehmerin mit chronischen Rückenschmerzen erzählte zum Beispiel, dass sie in ihrem Lager aus Tannennadeln so gut wie schon lange nicht mehr in ihrem Leben geschlafen habe. Auch die Wahl des Quest-Ortes kann an die eigenen Voraussetzungen angepasst werden. Ob man sich für eine Quest in Schweden entscheidet, wo man mit dem Kanu seinen Platz sucht, oder eine Quest im Hochgebirge vorzieht, bei der ein fünfstündiger Aufstieg eingeplant ist, ob man ein heißes oder kühles Klima bevorzugt, all das obliegt der individuellen Einschätzung der möglichen eigenen Belastbarkeit.

Die Vorbereitung auf das Fasten

Was die viertägige Fastenzeit in der Wildnis betrifft, ist eine langsame Einstimmung für viele mitteleuropäische Mägen ratsam. Dies bedeutet, etwa einen Monat vorher mit der Einschränkung des Fleisch- und Alkoholkonsums zu beginnen und viel Gemüse, Obst und Getreide zu essen.

Tees, Suppen und Säfte in reichlicher Menge helfen mit, den Körper zu entschlacken und schrittweise an weniger Nahrung zu gewöhnen.

Besonders hilfreich sind dabei Gurken, Kürbisse und Zucchini in jeder Form, die wassertreibend wirken, den gesamten Magen-Darm-Trakt reinigen und zur Produktion heilender Schleimstoffe anregen, die vor aggressiven Magensäften schützen. Auch das Einlegen eines einzelnen Fastentags, z. B. während der Medizinwanderung, kann helfen, die Reaktionen des Körpers auf das Fasten kennenzulernen und Selbstdisziplin zu üben.

Trennung von Zuhause und Eintritt in neue Welten

Die Lösung vom gewohnten Leben und das Ankommen am Platz der Visionssuche ist meist mit einer längeren Reise verbunden. Sie schafft Abstand. Mit dem Eintreffen im Basislager beginnt eine neue, ereignisreiche Zeit. Man trifft auf eine Gruppe fremder Menschen, lebt in einer ungewohnten Umgebung, manchmal in Zelten oder Hütten. Drei Tage lang wird jetzt die Gruppe, die meist nicht mehr als zehn bis zwölf Teilnehmer umfasst, von den Leitern auf die Zeit „draußen" physisch, emotional und mental vorbereitet. Dabei geht es neben Fragen der Sicherheit vor allem um die Klärung der Absichten, und es besteht die Möglichkeit, sich ganz praktisch durch Übungen in der Natur auf die anstehende Herausforderung einzustellen. So können die Teilnehmer das Gelände kennenlernen und in Kontakt mit den Tieren und Pflanzen der Gegend kommen. Am Ende dieser drei Tage soll der persönliche Platz für die Solo-Zeit in der Wildnis gefunden werden.

Klärung der Absicht

Wofür gehe ich vier Tage und Nächte alleine und fastend in die Wildnis? Wo stehe ich gerade in meinem Leben? Was möchte ich hinter mir lassen, wovon will ich mich lösen?

In den Tagen der Vorbereitung sprechen die Teilnehmer in der Gruppe über ihre Absicht, die sie mit ihrer Vision Quest verbinden. Je klarer, je genauer sie sich diesen Fragen stellen, je feiner und präziser sie beschreiben können, wie sie sich fühlen und an welchem Punkt auf ihrem persönlichen Lebensweg sie sich gerade befinden, desto klarer werden auch die Antworten sein, die sie in der Natur bekommen. Manch einer geht mit einem ganzen Bündel von Fragen los. Zeichen einer Lebenskrise ist eben auch das Chaos, das diese Fragen aufwirft. Die Menschen sind alle deshalb hier, weil ihnen ein dringendes Problem auf der Seele brennt und sie umtreibt. Jetzt kommt es darauf an, Schritt für Schritt herauszufinden, was die eigentliche Frage ist, was der Kern des Lebensthemas in diesem Moment ist. Hinweise zur Klärung sind schon in der Medizinwanderung gegeben, wobei die Leiter dabei helfen, die Zeichen im einzelnen zu verstehen. Mit klaren Aufgaben geht jetzt jeder hinaus in die Natur und bekommt neue Hinweise. Eine Frau erzählt:

> „Ich bin hier, weil ich nicht weiß, wo mein Platz ist. Seit mehr als zwanzig Jahren lebe ich weitgehend allein; zur Zeit in einem abgelegenen Häuschen auf dem Land. Aber irgendwie stimmt es nicht mehr. Ich bin oft traurig und fühle mich einsam. Andererseits habe ich Angst, mich auf andere Menschen so nahe einzulassen." (Elisa, 40 Jahre)

Sie wandert im Wald umher und sieht zwei Eichhörnchen, die miteinander Fangen spielen, lange sitzt sie vor einem Ameisenhaufen und sieht sich das Gewusel an, und auf der Suche nach ihrem Kraftplatz beobachtet sie einen Käfer, der mit großer Mühe versucht ein Loch zu graben. Jetzt werden ihre Fragen präziser, sie formuliert ihre Sehnsucht nach einer Partnerschaft zu einem Mann, stellt sich den Ängsten, die sie daran hindern, und erkennt ihren Aufwand und ihre Mühen, sich mit ihrer Weiblichkeit zu verstecken.

Die Teilnehmer können üben, wie sie Tieren, Pflanzen, Steinen, dem Wind oder dem Regen Fragen stellen können. Das sind wir nicht gewohnt. Es ist eine erstaunliche Erfahrung, dass man das nicht nur tun kann, sondern auch Antworten bekommt. Eine weitere Übung während der Vorbereitungszeit kann z. B. sein, hinauszugehen und ein Symbol für sich selbst zu finden und mitzubringen.

> „Ich suchte lange, und während ich das eine oder andere Teil als Symbol für mich verwarf, war ich ganz in Gedanken über die Frage, wer ich eigentlich bin, versunken. Plötzlich schaute mich ein kleines Alpenveilchen an, eingeklemmt zwischen zwei Steinen. ‚Ich bin du!', schien es zu sagen." (Maria, 58 Jahre)

Zwischen zwei Steine gezwängt, so fühlte sich diese Frau als mittlere von drei Geschwistern. Der karge Platz, den die Blume zwischen den zwei Steinen einnahm, stand in Einklang mit den kargen Seiten, die dieses Leben für sie hatte. Das Alpenveilchen erinnerte sie weiter an Erzählungen ihrer Eltern, die sich als junges Paar auf einem Ausflug in die Alpen sehr an dieser Pflanze erfreut hatten. Eine Kette von Erinnerungen an ihre Mutter waren die Folge. Sie fand heraus, dass sie selbst jetzt hier war, um sich in Ruhe von ihrer Mutter zu verabschieden, die vor zwei Jahren sehr plötzlich gestorben war.

So wird nach und nach für den einzelnen deutlich: Es gibt (oder gab) eine Veränderung in meinem Leben, und ich bin hier, um diese Veränderung zu bestätigen, um diesen Wechsel offiziell und eindeutig festzustellen. Es dreht sich immer um die Bestätigung oder Anerkennung eines Ist-Zustandes in einer begrenzten Frage, um das tiefe Gefühl dafür, was jetzt ist. Es geht nicht darum zu proklamieren, was man sich wünscht oder wozu man noch gar nicht bereit ist und wofür auch die entsprechende Arbeit noch nicht getan ist. Die Leiter der *School of Lost Borders* gehen in der Vorbereitung so weit, dass sie die Teilnehmer auffordern, in nur einem Satz zu formulieren, wozu sie reif und bereit sind.

„Ich bin ein Mann, der seine wahre Stimme hört", sagt ein 42-jähriger Mann, der erst seit kurzer Zeit neben der Stimme in sich, die ihn kritisiert, auch eine innere Stimme wahrgenommen hat, die sagt: „Du bist in Ordnung." „Ich bin ein Mann, der seinen Sohn verloren hat", sagt ein Vater, dessen neunjähriger Junge zwei Jahre zuvor an einer plötzlichen Krankheit gestorben ist. „Ich bin eine Frau, die geschieden ist", formuliert eine 50-jährige Frau, die seit sieben Jahren von ihrem Mann getrennt lebt, aber erst jetzt bereit ist, in diese Trennung einzuwilligen. „Ich bin eine Frau, deren Vater nicht länger Macht über sie hat", sagt eine 28-jährige Frau, die Missbrauch erfahren hat. „Ich bin eine erwachsene Frau, die das Elternhaus verlässt", sagt eine Achtzehnjährige.

Ungeeignet ist eine geschlossene Frage, die nur ein „Ja" oder „Nein" als Antwort zulässt. Das engt die Wahrnehmung von vorneherein ein. Und es ist auch unmöglich, auf einer Visionssuche Entscheidungen – wie die zu einer Trennung – treffen zu wollen, durch die zwei Personen betroffen sind, wovon eine nicht anwesend ist.

Wer hinausgeht in die Wildnis und fastet, macht sich eine neue Qualität zu eigen und kann das, wofür man hinausging, danach zu seinem Bestand rechnen. Die einzige Möglichkeit zu scheitern, ist, nicht zurückzukommen. Andernfalls kann niemand mehr etwas daran ändern, dass die Bestätigung dieses Wandels vollzogen ist.

Das bedeutet auch, dass es draußen in der Wildnis nichts gibt, was unbedingt oder aus irgendeinem Grund getan werden muss, abgesehen davon, so auf sich aufzupassen, dass man lebend zurückkehrt. Was auch immer im Vorfeld als Absicht, Motivation oder Frage formuliert wird: Im Moment des Hinausgehens darf man alles vergessen und alles hinter sich lassen. Dann zählt nur noch, was gerade ist. Dann geht es darum, sich selbst in der Natur wahrzunehmen, zu fühlen, wo es einen hinzieht, zu sehen, was passiert. In der Vorbereitungszeit wird daher auch deshalb so viel Raum geschaffen, wie notwendig ist, um über die Absicht nachzudenken und sie zu klären, damit diese Gedanken und rationalen Erwägungen geordnet und dann auch ein Stück weit zur Seite gelegt werden können. Damit wird die Wahrnehmung frei und die unbewussten und noch

Platz im Wald.

nicht formulierten Wahrheiten, die jeder in sich trägt, können während der Zeit in der Wildnis ans Licht kommen.

Es kann auch sein, dass jemand, bevor er hinausgeht, die Absicht formuliert, sich Klarheit über seinen zukünftigen Berufsweg verschaffen zu wollen. Er möchte eine Entscheidung über einen Job treffen. Und während er dann in der Wildnis sitzt, treten alle Dinge, die er wahrnimmt und die er für wichtig hält, in Paaren auf, er sieht zwei Vögel, zwei Steine, zwei Bäume, die eng nebeneinanderstehen, usw. Langsam dämmert ihm, dass ihn eigentlich die Frage beschäftigt, ob er bereit für eine Partnerschaft ist, und er bestätigt in seiner Zeit in der Wildnis, dass er sich eine Bindung wünscht.

Fragen der Sicherheit

Da wir alle nicht mehr gewohnt sind, im Freien zu übernachten, scheinbar schutzlos auf dem Boden zu liegen und unvorhergesehenen Naturereignissen ausgeliefert zu sein, sind die Fragen nach der Sicherheit zahlreich und wichtig. Die Teilnehmer erhalten Auskünfte und Hinweise. Da beschäftigt man sich ebenso mit den Eigenheiten von Klapperschlangen, Skorpionen oder Spinnen wie mit Vorsichtsmaßnahmen im Falle eines starken Gewitters. Das reicht von technischen Unterweisungen, wie z. B. eine Plane auch in baumlosem Gelände aufgespannt werden kann, bis hin zur Einweisung in Erste-Hilfe-Maßnahmen. Während der vier Tage und Nächte ist jeder ganz allein. Da kann eine Menge passieren. Im Normalfall wird jemand, dem es schlecht geht, zurück ins Basis-

Menschenkreis vor dem Hinausgehen.

lager gehen, wo immer Hilfe zur Verfügung steht. Aber es gibt ein zusätzliches Sicherheitssystem: Jeweils zwei Teilnehmer, deren Plätze im gleichen Gebiet liegen, vereinbaren einen gemeinsamen Punkt irgendwo in der Mitte ihrer beiden Aufenthaltsbereiche, zu dem jeder einmal in vierundzwanzig Stunden, z. B. der eine morgens, der andere abends, hingeht und eine Botschaft hinterlässt. Das kann ein Stein sein, der in einen Kreis gelegt wird und mit dem diese Person signalisiert: „Ich war da, ich bin okay."

Der Partner, der *Buddy*, handelt ebenso. Fehlt ein Stein, hat der andere die Aufgabe, entweder den Partner zu suchen oder ins Basislager zu gehen, um dort Hilfe zu holen. Falls einer der beiden sich entschließt, seine Quest vorzeitig abzubrechen, wird der Steinkreis des anderen vom Basislager aus betreut. Mit diesem System wird sichergestellt, dass man nach spätestens vierundzwanzigStunden gesucht wird, falls man nicht am Treffpunkt war. Wer seinen Schlafplatz verlässt und in der Gegend herumwandert, muss immer seinen Tagesrucksack dabeihaben, der ausreichend Wasser (mindestens zwei Liter), eine Trillerpfeife, warme Kleidung und ein paar Notfallutensilien enthält, so dass er bei einem Unfall im Gelände oder einem plötzlichen Wetterumschwung, z. B. Nebel oder Sandsturm, eine gewisse Zeit lang ausharren kann. Die Teilnehmer werden allerdings auch eindringlich darauf hingewiesen, dass sie mit risikoreichen Unternehmungen im Ernstfall die gesamte Gruppe gefährden.

Je besser die Teilnehmer vorbereitet sind, desto geringer das Risiko. Deshalb nimmt auch die Auseinandersetzung mit den Ängsten einen wichtigen Raum ein. Jeder wird danach gefragt, und es werden Strategien besprochen, damit umzugehen. Wirklich riskant sind Teilnehmer, die behaupten, keine Ängste zu haben. Wer seine Ängste schon im Vorfeld öffentlich anspricht, kann nicht mehr von ihnen überrascht werden. Es kann durchaus auch einmal vorkommen, dass die Leiter entscheiden, eine Person nicht hinausgehen zu lassen oder sie vom Basislager aus selbst zu betreuen. Der im Allgemeinen sehr gründlichen Vorbereitung ist es zu verdanken, dass in all den Jahren kein wirklich ernsthafter Unfall bei Visionssuchen der *School of Lost Borders* oder deren Nachfolger in Deutschland passiert ist. Nichtsdestotrotz wird man bei der Anmeldung unterzeichnen müssen, dass man die Verantwortung für sich und sein Handeln ganz übernimmt.

Eine weitere Möglichkeit, um die Teilnehmer auf die ungewohnten nächtlichen Bedingungen einzustimmen, ist eine Nachtwanderung. Jeder marschiert für zwei bis vier Stunden alleine los und kann erkunden, wie er mit der Dunkelheit, den nächtlichen Geräuschen und seinen Fantasievorstellungen zurechtkommt. Eine gute Vorübung vor allem für die erste Nacht alleine in der Wildnis, die erfahrungsgemäß für die meisten die schwierigste ist.

Den persönlichen Platz in der Wildnis finden

Am letzten Tag der Vorbereitungszeit sucht sich jeder seinen Platz, an dem er sein Lager während der „Solo-Zeit" aufschlagen wird. Die Gruppenmitglieder verteilen sich in die verschiedenen Richtungen oder gehen gleich – in Blick auf das Sicherheitssystem zu zweit – das erste Stück Weg gemeinsam, um sich dann später auf der Suche nach dem eigenen Kraftplatz zu trennen. Der Platz, den es zu finden gilt, spiegelt die persönliche Situation wider. Er sagt etwas über die psychische Landschaft des Menschen aus, der sich dort niederlassen möchte. Manche suchen sich Schluchten oder Höhlen, um sich geborgen zu fühlen, andere brauchen den offenen Blick, wollen auf dem Gipfel oder auf Hochflächen sein, dritte zieht es in ein Versteck im dichten Wald. Der eine braucht weichen Sand, der andere den harten Felsen. Für manche ist es eine Herausforderung, möglichst weit weg vom Basislager zu sein, andere bleiben in der Nähe. Man findet seinen Kraftplatz auf dieselbe Weise, auf die man seinen Platz im Leben findet.

Für einige ist es unendlich schwer. Da gibt es einige nette Plätze, aber an jedem ist etwas auszusetzen. So kann es Stunden dauern, bis der innere Kampf um den „idealen" Platz ausgestanden ist. Andere lassen sich von den Schönheiten der Landschaft leiten und vergessen darüber das Praktische. Spätestens in der ersten Nacht rächt es sich, wenn nirgendwo eine ebene Fläche vorhanden ist, auf der man sich liegend ausruhen kann. Oder man bemerkt erst beim Anrücken eines Gewitters, dass es auf der Wetterseite sehr ungemütlich werden kann. Manche gehen meilenweit für ihren Platz und können sich nicht entscheiden. „Es gäbe so viele schöne Plätze" ..., aber sehr oft passiert es trotz und inmitten aller dieser Überlegungen, dass es der Platz ist, der einen ruft. Man sieht den Platz und

Basislager in der Wüste.

weiß: „Der ist es!“ Deshalb ist auch hier der Rat angebracht: Lass dich ziehen! Lass dich von deinem Platz finden! Wer bei sich ist und seine Bedürfnisse kennt, für den wird dann auch gut gesorgt sein. Oder man kann sagen: Jeder bekommt den Platz, den er braucht.

Am letzten Abend im Basislager verdichtet sich die Spannung. Jetzt wird es konkret: Morgen früh bei Sonnenaufgang „geht's raus“. Für manchen eine bedrohliche Vorstellung. Es ist der Zeitpunkt, die Entwicklungsprozesse der letzten Tage zusammenzufassen und jedem in der Gruppe noch einmal die Gelegenheit zu geben, seine Absicht in ein paar Worten zu formulieren. Manchmal wird gesungen, manchmal wird noch geredet. Die Gefühle so nah an der Schwelle vor dem Hinausgehen sind sehr verschieden. Während sich die einen überlegen, ob sie nicht doch lieber im Basislager bleiben, sind andere ganz ungeduldig und können es kaum erwarten, den Rucksack zu schultern und loszugehen. Man isst ein letztes gemeinsames Mahl; bei manchen Gruppen wird ein großes Lager unter freiem Himmel aufgeschlagen, und das angenehme Gefühl, in einem Rudel geborgen zu sein, verscheucht die Gedanken ans Alleinsein und lässt den Schlaf zu.

Zweite Phase: Einsames Fasten

Das Erfahrungsfeld der Visionssuche
ist so vielschichtig und unausschöpflich,
so beängstigend und bereichernd
wie große Träume. Und sehr konkret.
(Irmtraut Schäfer)

„Die ersten Strahlen der aufgehenden Sonne tauchen den Canyon in ein warmes, orangenes Licht. Der Steinkreis auf dem Boden ist umringt vom Kreis der Menschen, die, sich an den Händen haltend, den äußeren Kreis bilden. Ich löse mich von den Händen links und rechts und trete hinein in den inneren Kreis, überschreite die Grenze zwischen außen und innen. Meredith tritt auf mich zu, der süßliche Duft des Salbeis, der rauchend in der Muschelschale auf ihrer linken Hand liegt, hüllt mich ein. Mit der langen schwarzen Feder in ihrer Rechten fächert sie den Rauch in mein Gesicht, auf meine Brust, meinen Rücken. ‚Nehmt ihn auf', höre ich sie flüstern, ‚beschützt ihn und lasst ihn heil und als Mann zurückkehren.' Und wie ein Buschmesser das Gestrüpp um einen Baum rodet, zerteilt die Feder die unsichtbaren Fäden, die mich mit der Vergangenheit, dem Alltag, dem ganz normalen Leben verbunden haben. Leicht werde ich mit der Adlerfeder auf der Mitte der Brust berührt. Es ist das Zeichen zu gehen. Ich öffne die Augen, bin tief berührt und verabschiede mich mit einem letzten Blick in die Augen meines Gegenübers von der Welt der Menschen. Ich trete hinaus, die Schwelle ist genommen." (Bernhardt, 41 Jahre)

Die ersten Schritte in den innersten Raum der Schwellenwelt sind in der Regel von einer kaum zu beschreibenden Vielfalt an Gefühlen geprägt. Jetzt ist er da: Der Moment, auf den man sich über Monate innerlich und die letzten vier Tage ganz konkret vorbereitet hat. Jetzt fließt alles zusammen: Die Angst vor der Einsamkeit und die Freude darüber, dass der innere Ruf endlich eine Antwort findet; die kindliche Neugier und die Unsicherheit angesichts der fremden Welt mit ihren eigenen Regeln, die da vor einem liegt; die Sehnsucht nach tiefen Erfahrungen und der Respekt vor den drei Tabus: kein Kontakt mit Menschen, kein Essen, kein Schutz außer einer Plane und der Kleidung, die einen warm halten soll. Entlassen aus der Welt des Alltags, unsichtbar für deren Bewohner. Der Bauch scheint voller Schmetterlinge. „Alles, was du tust, alles was du siehst, hörst, riechst, fühlst, denkst, wird Bedeutung haben und dir Auskunft geben über dich", hat es in der Vorbereitung geheißen. Bei vielen werden da neben aller Vorfreude Zweifel wach: „Habe ich die Achtsamkeit und Wachheit dafür? Werde ich die Zeichen sehen?" Und: „Wo war der Platz, den ich mir gestern gesucht habe? Werde ich ihn wiederfinden?" Kein leichtes Unterfangen in einem undurchdringlichen

Im Schwellenkreis.

Wald, wo Bäume den Blick verstellen und zahllose Felsbrocken in der Wüste erst einmal alle gleich aussehen.

Die Schwelle

Manche werden auf dem Weg zum ganz persönlichen Kraftplatz noch einmal das Gepäck und die Wasserkanister absetzen, um ganz allein eine selbst gewählte Schwelle zu übertreten. Mit einem Strich, der quer über den Pfad gezogen wird, oder einem herabhängenden Ast, der wie ein Tor aussieht. Manch einer zieht sich aus, um nackt und ohne Masken in „seine" Wildnis einzutreten, andere verharren in kurzem Gebet, bitten um Schutz und treten dann, erfüllt von Konzentration und Absicht, wie durch eine Tür mühelos ein in einen anderen, tieferen Raum.

Von nun an sind die Teilnehmer auf sich gestellt. Die gewohnten Fassaden bröckeln. Für das, was jetzt ansteht, haben sie noch kein erprobtes Konzept zur Verfügung. Sie können nur ihren Gefühlen vertrauen und dem folgen, was ist.

Die Verwurzelung

„Am ersten Tag war ich einfach glücklich, nur da zu sein, dort allein zu sein und in der Sonne zu sitzen, nackt. Da war kein Gefühl von Hunger oder Einsamkeit. Ich fühlte mich zu Hause. Ich habe meine Umgebung ein bisschen erforscht, aber bin nicht weit von meinem Platz weggegangen. All die Tage bin ich in der Nähe des Platzes geblieben, denn vom zweiten Tag an war ich ziemlich schwach. Und ich wollte dort bleiben. In meiner Welt zu Hause muss ich für die Arbeit so viel unterwegs sein. Ich bin nicht oft zu Hause und ich wollte zu Hause sein." (Claudia, 38 Jahre)

Der Platz, den sich ein Quester gesucht hat, ist ein persönlicher Ort der Kraft. Er ist immer auch ein Ort im Suchenden selbst, eine innere Landschaft, die sich selbst im Spiegel ihrer Umwelt erkennt. Indem die Quester ihren Platz nach und nach erforschen, entdecken sie auch immer mehr über sich selbst. Sie entdecken unbekannte Höhlen und Nischen, sanft geschwungene Hügel, harten Boden und weiche Moosbetten, die Weite des Himmels und enge Durchgänge. In der Ganzheit der natürlichen Formen entdecken sie nach und nach ihre eigene Ganzheit. „Wir Menschen können nicht die ganze Erde lieben", sagt die Anthropologin Dolores LaChapelle. „Wir können nur unseren Platz auf der Erde lieben."[4] Diese Rückbindung vollzieht sich bei jedem anders.

Die ängstliche Fremdheit angesichts des Platzes, der nun für vier Tage und Nächte ein Zuhause sein soll, die Unsicherheit, wie mit all den geflügelten, krabbelnden und sich schlängelnden Nachbarn umgegangen werden soll, in deren Revier man sich begibt, verlangt nach einer Geste.

„Plötzlich habe ich gespürt, was es heißt, sich an den eigenen Körper und an den lebendigen Körper der Erde zu erinnern. Ich hatte ja etwas mitbekommen, eine kleine rituelle Geste, die meiner Verlorenheit so etwas wie Legitimation und Sinn gab: Ich bat den Platz, hier sein zu dürfen, und drehte mich anschließend, wie um die Kräfte um ihren Beistand zu bitten, in die vier Himmelsrichtungen, berührte mit meinen Händen den Boden und hob sie zum Himmel." (Anna)[5]

Der erste Tag in der Schwellenwelt ist von verschiedenen Gefühlen geprägt. Mancher mag sich wie die Jäger und Sammler in dunkler Vergangenheit fühlen, die ihr Lager aufschlugen, um sich vor Mutter Natur zu schützen. Es gilt, den richtigen Schlafplatz zu finden, die Zeltplane an Wurzeln, Bäumen und Felsen so zu befestigen, dass Regenwasser ablaufen und eine Böe es nicht wegreißen kann. Und schon hier kann die erste große Lektion warten.

„Ich hatte in meiner mir bis dahin nicht bewussten Art vergessen, Vorsorge zu treffen. Da ich keine Laken dabeihatte, bin ich bei vierzig Grad Hitze am ersten Tag beim Fasten ohne ein Dach über dem Kopf fast verreckt. Kein Schatten, kein Schutz. In der ersten Nacht merkte ich, dass ich vor lauter Ausblick vergessen hatte, für mich zu sorgen. Der Platz auf der Anhöhe war auf allen Seiten abschüssig, das heißt, ich rutschte auf der Isomatte bergab. Keine Rast, keine Ruh. Ich machte mich, allen Regeln zum Trotz, wieder auf Wanderschaft, und das ist mein Lebensthema: Die Nomadin auf Platzsuche." (Gerda, 45 Jahre)

Wenn das Lager, diese erste Bedingung jedes Überlebens, bereitet ist, sitzt der Kandidat auf seinem Platz. Manche freuen sich einfach, angekommen zu sein, andere erkunden die Umgebung, greifen zum Tagebuch oder sorgen sich schon um die Nacht. Bei einigen dauert es lange, bis sich die schwirrenden Gedanken im Kopf beruhigen. Die Ruhe stellt sich nur schrittweise ein.

Questerplatz in den Bergen.

Einsamkeit

Je tiefer man in sich hineinfällt, desto mehr kommt aus der Tiefe herauf. Alles Mögliche kann auftauchen: alte Bilder und Sehnsüchte, Stimmungen, Ängste, Bedürfnisse, Einsamkeit, Schmerz, Liebe, Kreativität, Pläne und Langweile in schnellem Wechsel und großer Intensität. Mancher versucht als Chronist im

Tagebuch die Verwirrung zu bannen, andere überlassen sich dem Schlaf und seinen Traumbildern. Man ist allein mit seiner Wahrnehmung und schaut in den Spiegel seiner Innenwelt. Das kann erschreckend sein und ist doch normal: So bedrohlich „einsames Fasten in der Wildnis" auch klingen mag, so verweist es letztlich doch nur auf die Tatsache, dass wir auch im Alltag grundsätzlich alleine, auf uns gestellt sind. Wir verdecken es nur durch Beziehungen, Arbeit und mit Hilfe der Unterhaltungsindustrie.

Alleine und doch nicht allein: Ameisen krabbeln über die Beine, Fliegen brummen lästig um den Kopf, ein Eichhörnchen umkreist den Platz. In aller Einsamkeit fühlt man sich immer wieder von tausend Augen angeschaut, lautlos wahrgenommen.

Die Visionssuche ist eine unmittelbare körperliche Erfahrung, kein esoterischer Höhenflug. In der Wildnis sein heißt, sich im Wohnzimmer von Schnecken und Schnaken niederzulassen, sich sengender Sonne und frostigen Nächten auszusetzen.

Schutzlosigkeit

Kein Haus, kein Zelt, lediglich eine Plane, die oft nur mühsam befestigt werden kann und im Wind flattert und zerrt. Welche Herausforderungen dies mit sich bringen kann, zeigt folgender Bericht:

> „Die Wolken hingen tief in den Bergen, und es nieselte. So schien es mir ratsam, möglichst sofort mit dem Aufbau des provisorischen Zelts zu beginnen. Gründlich installierte ich die beiden Planen für Boden und Dach, denn das Wetter war mir nicht geheuer. Kaum hatte ich mein Gepäck und mich selbst in der niedrigen Unterkunft verstaut, brach auch schon der Regen los. Mehr gebückt als sitzend packte ich nun meine Siebensachen aus und musste zu meinem Schreck feststellen, dass einer der Wasserkanister undicht war und ein Teil meiner Kleider nass. Zum Glück war der neue Schlafsack trocken geblieben. Nun fand ich es dann doch irgendwie gemütlich, als ich endlich eingemummelt in den weichen Daunen dalag. Die nächsten Stunden verbrachte ich mit schlafen, Wasser lassen ... ‚What a fucking night!', schrieb ich in mein Notizbuch. Der Regen wurde immer heftiger und ein Gewitter brach los. Teilweise prasselte der Regen mit einer solchen Wucht gegen das Dach, dass ich ihn nicht vom Donner unterscheiden konnte. Das Wasser spritzte sogar über den Wall der Bodenplane, und bald kroch ich tiefer in meinen Schlafsack und mit diesem in einen großen Müllsack. Der hielt dicht, aber das Schwitzwasser machte bis zum Morgen alles klamm. Gleichzeitig bahnte das Wasser kleine kalte Bäche unter mir hindurch, und irgendwann fand es eine undichte Stelle ...
> Aber das Gewitter war großartig! Nur einmal schlug der Blitz ganz in der Nähe ein, und ich hatte etwas Angst. Sonst war es grandios, das langgezogene Donnergrollen über den Himmel gegen das Meer fortrollen zu hören. Noch nie hatte ich mich so nah am Gewitter gefühlt. Sollte es mich doch erschlagen, wenn es wollte! Irgendwann schlief ich im ‚Schlaf-Müllsack' ein.

Der Morgen war grau in grau. Allmählich konnte ich nicht mehr liegen, alle Knochen taten mir weh, an Sitzen war nicht zu denken. Jetzt wurde offensichtlich, dass der Boden doch etwas abschüssig war und ich immer nach unten rollte. Das Kondenswasser auf der Innenseite meiner Plane tropfte beharrlich auf der Höhe zwischen Brust und Hals auf mich herunter. Auch bis zum Nachmittag war keine Wetteränderung in Sicht. Der ausdauernde Regen und die Fastenschwäche machten Aktivitäten außerhalb der Regenplane unmöglich. Stumpfsinnig lag ich in meinem Daunengefängnis und fragte mich, was ich mir mit dieser komischen Visionssuche eigentlich angetan hatte. Ich liege hier freiwillig als erwachsener Mann bei Regen, Kälte und Schwäche im Dreck, während fünfzig Kilometer weiter die Männer mit netten Frauen in den Strandcafés sitzen, schwimmen oder sich im Bett amüsieren.
‚Und innerlich passiert nichts!', schrieb ich und malte ein tristes, verschachteltes Bild. ‚Seltsam im Nebel zu wandern, einsam ist jeder Busch und Stein, kein Baum gleicht dem andern, jeder ist für sich allein', fiel mir das Gedicht von Hermann Hesse wieder ein.
Ich glaube, ich hatte noch nie solche Rückenschmerzen! Ist dieser Schmerz eine Läuterung, oder bin ich masochistisch veranlagt? Ich drehe mich und drehe mich in meinem Schlafsack, eingesponnen wie in einem Kokon, eine verpuppte Raupe, die darauf wartet, als Schmetterling neu geboren zu werden. Mit Hoffnungen, Gebeten, Imaginationen von Sonne, Wärme und Wind ging ich in die nächste Nacht. Und irgendwann gegen Morgen wachte ich auf, weil ich irgendein Licht wahrgenommen hatte. Direkt in meinem Blick stand die Mondsichel hell und klar. Da ahnte ich, dass ich es überstanden hatte. Die Mondbarke nimmt mich mit auf die Reise." (Michael, 52 Jahre)

Nachdem er zwei Tage gelitten hatte, konnte sich dieser Teilnehmer mit einer ganz anderen Kraft seiner Visionssuche widmen.

Doch auch das Ausgesetztsein hält Einsichten bereit: Wenn sich über den frierenden Menschen in dunkler Nacht ein Gewitter entlädt, dann verlieren die Dramen des Alltags ihre Bedeutung und werden vielleicht zu einem Luxus, den man sich nicht länger leisten will. So wenig wie man dem Wetter ausweichen kann, so unausweichlich sind die damit verbundenen Gefühle. Die Schattenseiten sind da. Und manche suchen sie auch gerade in der heißesten Sonne.

„Ich folgte dem Schatten. Und die Suche nach dem Schatten war die Ernte meiner Quest. Ich landete an den Wurzeln eines großen Baums. Das war die Stelle meines Ankommens. Die Erfahrung mit dem entwurzelten Baum wurde zur Essenz meiner Suche. Ich stolperte über meine Wurzeln, die meines Vaters, die meiner Mutter. Dort war ich dann jeden Mittag einige Stunden und machte immer wieder die tiefe Erfahrung, dass es tatsächlich Bäume gibt, die Wurzeln haben. So war die Flucht vor der Sonne, das Finden des Schattens das Finden meiner Wurzeln. Platzsuchen heißt, trotz Wanderschaft, ankommen dürfen." (Gaby, 45 Jahre)

Wer sich ungeschützt Wind, Wetter, Regen, Hitze und Kälte aussetzt, spürt die Größe der Natur und die Zerbrechlichkeit seiner Selbstbilder und Rollen. Die

Teilnehmer kehren in der Hingabe an die Natur zu sich selbst zurück, den eigenen Wurzeln, Dämonen und Ängsten. Schutzlos eröffnen sie sich die Chance, Neues zu erfahren und zu erkennen. Die Natur wird zur Projektionsfläche unserer inneren Welten. Sie kann sowohl ein Ort des Grauens werden als auch ein Paradies voller ganz und gar unverhoffter Geschenke. Sie wird zum großen unberechenbaren Mitspieler.

Das Fasten

Fasten heißt Verzichten. Traditionelle Völker verstanden den rituellen Verzicht auf Nahrung als Opfer an den Großen Geist, die Spirits oder Ahnengeister, die sich dem Suchenden erbarmten, wenn sie ihn in seiner Schwäche sahen.

> „Ich fühle mich nach der kleinsten Tätigkeit sehr schwach und brauche Schlaf. Aber es tut gut, den Körper bestimmen zu lassen und dieser Schwäche nachzugeben und einfach müde zu sein und Schlaf zu essen, Ruhe und Stille. Was mir wirklich zu schaffen macht, ist die Hitze. Sie hat oft eine fast lähmende Wirkung auf mich. Nichts mehr tun, nur noch liegen und schlafen.“ (Bernd, 39 Jahre)

Die ungewohnten körperlichen Symptome können Angst machen, weil viele sie nur aus Phasen des Krankseins kennen. Am ersten Tag knurrt der Magen, doch die meisten fühlen sich kräftig. Am zweiten Tag spüren viele eine deutliche Veränderung. Die Müdigkeit nimmt zu, schnelle Bewegungen können Schwindelgefühle hervorrufen. Am dritten Tag ist der Magen wirklich leer. Der Organismus macht sich an die Fettreserven, frisst Blutzucker. Essensfantasien können übermächtig werden, ein plötzliches Aufstehen lässt die Sterne vor den Augen tanzen.[6] Der Bewegungsapparat schaltet auf Zeitlupe, tiefes Atmen kann helfen, den Kreislauf wieder in Gang zu bringen. Spätestens am vierten Tag schaltet der Körper um: bei den meisten verschwinden die Hungergefühle, eine große Leichtigkeit macht sich breit, der Kopf ist klar.

Hinzu kommen die psychologischen Auswirkungen des Fastens. Schon die Wahrnehmung und die Anerkennung der Schwäche und der Grenzen des eigenen Körpers können heilsam sein. Und es kann zu den nützlichen Erfahrungen im Leben gehören, zu wissen, dass man auch mit weichen Knien noch ganz gut vorwärtskommt.

Wer aus den sicheren vier Wänden der Zivilisation heraustritt, öffnet auch die Fenster seiner Seele. Die Wahrnehmung weitet sich, die Sinne werden schärfer, der Geist klarer. Das Fasten ist eine sichere Methode, das Bewusstsein zu öffnen und zu erweitern. Deshalb ist es fester Bestandteil der meisten Übergangs- und Initiationsrituale. Weil der Magen leer bleibt, füllen die Augen das Vakuum im Bauch mit Eindrücken, Landschaften, kleinen Szenen. Die Ohren horchen in die

Platz zwischen den Felsen.

Landschaft oder die Dunkelheit der Nacht und nehmen die Geräusche wie Nahrung auf. Die Sinne öffnen sich für das Zusammenspiel der Elemente und natürlichen Rhythmen, die Grenzen zwischen Selbst und Welt werden brüchig.

Oft vergisst der Quester, dass er fastet, weil er sich an der Aussicht und der Vielzahl der Eindrücke sättigt. Kleinigkeiten werden bedeutsam: die Zeichnung eines Steins, die Farben eines Schmetterlings, der scheue Flusskrebs im nahen Bach. Dann wieder kehrt sich die hungrige Leere des Körpers nach innen, und der Quester beginnt, an ungelösten Fragen zu knabbern. „Er kaut auf dem nackten Leben und verdaut die Vergangenheit.“[7] Fantasien, Pläne und plötzliche Einsichten ersetzen das Dessert.

Die Wahrnehmung wird umfassender, weitet sich aus, während die Schwäche zunimmt. Allmachtsfantasien lösen sich in Luft auf, wenn am zweiten oder dritten Fastentag das Aufstehen mühsam wird.

> „Ich lag in meinem Schlafsack und fühlte mich schrecklich krank. Fürs Laufen war ich zu schwach, sitzend war mir übel, liegend schwindelig. Ich trank mehr Wasser und schüttete eine Tüte mit Elektrolyten dazu, weil mein Herz so wild schlug. Üble Magenschmerzen. Das machst du keine vier Tage mit, dachte ich. Ich ging weg von meinem Platz, beugte mich vor und erbrach mich. Dann ging es besser, und ich schlief bis eine Stunde vor Sonnenaufgang.“ (Susanne, 36 Jahre)

Wer sich in dunklen, inneren Bildern verrannt hat und diese geistige Sackgasse auch körperlich spürt, dem kann schon ein bisschen Bewegung helfen, durch die der Geist sich neu nähren kann. Doch der skizzierte Verlauf einer Fastenzeit ist alles andere als zwangsläufig, jeder Organismus reagiert einzigartig. Andere singen zur selben Zeit, machen kleine Ausflüge, fühlen sich wohl. Dritte versinken in einer bodenlosen Mattheit, schlafen dreimal am Tag und staunen über die Klarheit der Farben und Formen, wenn sie erwachen. Die Schwäche bleibt den meisten. Aber je langsamer einer geht, desto mehr kann er entdecken.

Da-Sein

Das Da-Sein steht im Mittelpunkt, mit allen Sinnen. Weil die gewohnten Rollen abfallen, öffnet sich der Blick für das, was wirklich ist: die Majestät eines nächtlichen Sternenhimmels, die Pracht einer Wüstenblume, die Verspieltheit des Nagetiers unter dem nächsten Felsen, die Köstlichkeit des Trinkwassers, das Wunder des eigenen Körpers. Allein sein ist kein Problem mehr, wenn es zum All-ein-Sein wird.

> „Die klare, einfache Schönheit der Natur beginnt mich zu verwandeln, ich werde einfach. Stundenlang sitze ich nur da und sehe, ohne etwas anzusehen, trinke Wasser, fühle mich vom Fasten schwächer werden, beobachte, wie Gedankenfetzen auftauchen, einzelne Worte und Töne, die

sich plötzlich zu einem kleinen Lied formen. Plötzlich rede ich mir laut und deutlich einen Ärger von der Seele, dessen Lebendigkeit in mir ich lange nicht mehr wahrgenommen habe. Da es keine Zeugen gibt, vergesse ich, mich zu verstellen. Irgendwann falle ich unversehens in die offensichtliche Sinnhaftigkeit und Zwecklosigkeit des Naturgeschehens und lache vor Staunen. Für Augenblicke erlebe ich Gewissheit, dass ich jenseits von erdachtem Sinn einfach da bin wie ein Baum, ein Stein, eine Blüte, ein Mensch, eine Eidechse. Und bald darauf ist dieser Augenblick schon kostbare Erinnerung." (Anonym, 42 Jahre)[8]

In der Zeit draußen geht man symbolisch durch die Krisen und Übergänge seines Lebens, erforscht die Fundamente seiner Kraft ebenso wie die brüchigen Illusionen. Die Natur, auf deren Leinwand sich dieses Schauspiel entfaltet, beurteilt nichts. Die Zweifel und Vorwürfe, Verurteilungen oder Traurigkeit, die aufsteigen, kommen immer von innen. Es ist niemand da, den man verantwortlich machen kann. Man erkennt unmittelbar, dass die negativen Anteile des eigenen Lebens verbunden sind mit der eigenen Wahrnehmung. Für den Kampf mit den eigenen Dämonen und Schatten ist mehr als genug Zeit da. Es gibt kein Ausweichen vor dem eigenen nackten Selbst, dem eigenen Willen und Wollen. Kein Guru kann einen erlösen, kein Priester die Gebete sprechen, es sei denn, man tut es selbst. So pirscht sich der Quester zur Quelle seiner Kraft.

Die Rassel

Viele Gruppenleiter geben ihren Teilnehmern Rasseln mit auf die Visionssuche. „Rasseln sind die ältesten nachgewiesenen Musikinstrumente und in fast allen Stammesritualen rund um den Erdball ein wesentlicher Bestandteil, von der *Kwakiutl*-Rabenrassel der Westküste Nordamerikas über die Steinklappern der Kelten und die Maisrassel der Hopi zur Kürbisrassel Westafrikas oder zur Steinrassel Tibets."[9]

Jedem Baby gibt man auch hierzulande eine Rassel in die Hand. Es ist uns ein zutiefst vertrautes Instrument, um unseren Rhythmus auszudrücken. Es wird gesagt, dass dieses fein perlende, klickernde, klappernde Geräusch der Rassel sich direkt mit dem Stammhirn „unterhalten" kann. Jede Rassel hat zwei Töne. Den fragenden Hauptton, wenn man sie bewegt, und die Antwort, die die Samen oder Steinchen durch ihren Schwung geben. Keine zwei Menschen rasseln auf genau die gleiche Weise. Intensität und Stärke der Bewegung, Geschwindigkeit, die Art, die Rassel zu halten, in welchem Winkel die Steinchen fallen usw. – alles formt sich zu einem ureigenen Code. Bei einer Visionssuche kann die Rassel helfen, sich bei Angst zu beruhigen, sich zu zentrieren, sich zu unterhalten, den Rhythmus zum Tanzen zu schlagen und um Ärger oder Wut, Trauer oder Freude auszudrücken. Wenn innere Schatten nachts im Außen sichtbar werden, lassen sie sich rasselnd vertreiben. Und die Rassel kann Tore öffnen zu inneren Räumen.

Zeit zum Träumen

Im traumartigen Niemandsland der Schwellenwelt verändert sich das Bewusstsein: Fasten, Einsamkeit, wenig Schlaf und die ungewohnte wilde Umgebung treiben diesen Prozess voran. Die Grenzen zwischen dem wachen Bewusstsein und der Landschaft der Träume verschwimmt. Oft ziehen, wenn ein Teilnehmer still an seinem Platz sitzt, intensive Tagträume durch seinen Kopf. Menschen, die seit langem keinen Kontakt zu ihrer allnächtlichen Traumwelt hatten, erinnern sich wieder an die Bilder aus dem Unbewussten.

Weil die Natur alle Sinne mit Nahrung versorgt, träumen die Teilnehmer häufig nach wenigen Tagen nicht mehr von ihrem gewohnten Leben. Stattdessen schickt das Unterbewusste seine Botschaften in Form von Symbolen aus der Natur.

„Ein Traum der letzten Nacht beschäftigt mich: Ein großes dunkles Pferd steht vor mir. Ich streichle es mit beiden Händen links und rechts am Kopf. Es beugt sich herunter und drückt die Stirnseite des Kopfes an Brust und Bauch. Ich umarme den ganzen großen Kopf. Da springt vom Baum neben mir eine Katze herunter oder ein Luchs. Ich will das Tier abschütteln. Doch es krallt sich fest und verbeißt sich in meine Hand. Ich sehe das, erschrecke, aber spüre keinen Schmerz. Die ganze Zeit bleibe ich in Verbindung mit dem Pferd, das unbewegt bleibt. Der Kampf mit der Katze ist nur meiner. Ich wollte nur die eine Seite, die männliche Kraft des Pferdes. Die weibliche Kraft will ich abschütteln, sie verlangt ihr Recht, beißt sich fest, ohne mir wehzutun." (Karl, 40 Jahre)

Nicht ohne Grund wird die Geschichte, die der Visionssuchende aus der Wildnis mitbringt, bei vielen indianischen Kulturen „Visionstraum" genannt.[10] In den Träumen sind oft in konzentrierter Form Einsichten, Aufträge und versteckte Hinweise enthalten, die in der Nachbereitung des Erfahrenen von den Leitern der Visionssuche aufgegriffen werden.

„Ich suche schon lange für unser altes Haus in Deutschland einen antiken Türklopfer, und ich träumte, ich hätte ihn in einem Antiquitätenladen gefunden. Es war ein kleiner Junge aus Messing, ungefähr zwanzig Zentimeter groß. Er war völlig nackt und berührte seinen Penis. Ich kaufte die Figur und dachte dann aber: ‚Ich kann doch unmöglich diese Figur an meiner Haustür anbringen, was würden die Leute sagen.'" (Michael, 45 Jahre)

Für den Mann, der sich kalt und leblos wie in einem Kokon beschrieb, als er zur Visionssuche kam, ist die Botschaft eindeutig. Die Tür zur Veränderung liegt in der eigenen Vergangenheit, bei dem unschuldigen kleinen Jungen, der mit seinem Penis spielt. Die Rückkehr zur Sinnlichkeit ohne Scham ist der Türöffner, der die Wandlung ermöglicht.

Transformation.

Heilige Zeit – Heiliger Raum

Visionssuchen entstammen einer Zeit, in der sich der Mensch eng verbunden fühlte mit der Welt um ihn herum, in der nicht getrennt wurde zwischen Mensch und Natur, Geist und Materie. Wenn unsere Vorfahren hinausgingen, taten sie es, um sich rückzuverbinden mit ihren Göttern, mit dem Geist, der in allem war. Sie füllten ihre Mythen und Legenden, die ihnen die Welt erklärten, mit persönlichen Erfahrungen. Sie suchten die Einsamkeit, um ihren Platz zu finden im großen Spiel des Lebens, um ihre Aufgabe zu verstehen und die eigenen Erkenntnisse hereinzutragen in das Leben in ihrer Gemeinschaft. Die Visionssuchen galten nie als profaner Spaziergang. Sie bezeichneten immer einen heiligen Raum. Alles, was dort passierte, galt als heilig. „Sie konnten nichts tun, was nicht heilig war. Sie konnten auf- und niederspringen, sich auf den Kopf stellen, sich völlig verrückt benehmen – trotzdem blieb alles, was sie taten, heilig. Und dann kehrten sie mit leuchtenden Augen zurück in ihr Dorf."[11]

Weil die strikte Trennung von „heilig" und „profan" hier nicht mehr existiert, beginnt der Kandidat, sein ganzes Leben, seinen Körper und die Welt, von der er ein Teil ist, als etwas Heiliges zu sehen. Da kann schon der schlichte Akt des Wasserlassens etwas Heiliges sein, wenn jemand erkennt, wie das reine Wasser, das ihn beim Fasten am Leben erhält, durch ihn hindurchfließt, zurückkehrt in den Kreislauf der Natur und vielleicht nach vier Tagen einen vertrockneten Wüstenbusch grünen lässt.

Traditionell war der heilige Raum ein festgelegter Platz im Busch oder in den Wäldern, der ausschließlich für rituelle Handlungen aufgesucht werden durfte. Er galt als Ort, wo die verlorene Einheit zwischen den Menschen und den Göttern wieder belebt werden konnte, als Platz, wo das Menschliche und das Spirituelle zusammenflossen. Er galt als symbolischer Bauch, aus dem Neues geboren wurde.[12]

In der modernen Form der Visionssuchen gibt es kein definiertes „heiliges Areal". Der Schritt in den heiligen Raum ist ein Schritt des Bewusstseins. Er beruht auf der Vereinbarung zwischen Leitern und Teilnehmern, dass ein Raum dann heilig ist, wenn wir ihn so definieren. Und wer im Vertrauen darauf hinausgeht, erlebt eine Überraschung: Fast von allein entsteht ein ganzheitlicher Bezug, den viele als heilig erleben, auch wenn sie mit Religiosität wenig Erfahrung haben. Die ganze Schwellenwelt gleicht einer Wanderung durch einen mythischen Bereich, der sich auftut, wenn wir in die Wildnis eintauchen. In diesem traumähnlichen Niemandsland zwischen den Welten sucht sich der Quester ganz von selbst Orte, die für ihn persönlich große Bedeutung bekommen.

Noch Jahre später wird der Quester jede Einzelheit dieses Platzes in seinem Gedächtnis abrufen können. Für ihn ist er heilig, weil er nicht nur der Zugang zur eigenen Mitte geworden ist, sondern für die Zeit in der Schwellenwelt auch der Mittelpunkt des Universums war. Ein heiliger Platz, an dem das Geistige und das Körperhafte zu einer einzigen Erfahrung verschmelzen, kann überall dort sein, wo ihm diese Bedeutung verliehen wird. „Schließlich kann an jeder Stelle ein Tempel errichtet werden", sagt der Mythologe Joseph Campbell, „da im Grunde das All allerorten ist."[13] Auch die Zeitwahrnehmung verändert sich: Statt am Ticken der Uhr orientiert sich der Mensch am Lauf der Sonne, der Länge der Schatten, dem Stand des Monds.

> „Das Leben bekommt einen ruhigen Rhythmus, aber das Gefühl für Zeit geht mehr und mehr verloren. Ich verliere den Überblick, wie lange ich schon hier draußen bin und wann die Zeit vorüber ist. Heute Morgen musste ich tatsächlich meine Wasserflaschen zählen, um so zu

realisieren, wie viele Tage vergangen sind. Hier ist das Leben ein einziger Strom von Gegenwart. Ich habe ein Gefühl für Gestern und Morgen, aber ich verliere die Bezugspunkte darüber hinaus.“ (Bernhardt, 41 Jahre)

Im mythischen Bewusstsein, in das die Quester durch das Fasten, die Einsamkeit und die Stille unmerklich hineingleiten, werden zeremonielle Handlungen zur Selbstverständlichkeit.

Symbole, Zeremonien und Gebete

Das Wort „Symbol“ stammt vom griechischen *symballein*, das „zusammenfügen“ bedeutet. Immer wieder begegnen dem Quester Steine, Wurzeln, Federn, Felsen, Wolken, Tiere, die neben ihrer dinglichen Wirklichkeit für ihn eine zweite Seite haben. Indem er das Ding und seine Bedeutung „zusammenfügt“, entsteht ein Symbol. In einer Wurzel erkennt man plötzlich das Gesicht der Großmutter, eine Ansammlung von Steinen wird zum Spiegelbild einer Familie, eine Frucht zum Symbol des eigenen Lebensmusters.

„Ich habe meine Wut, meine Enttäuschung und mein Entsetzen ritualisiert. Für mich wählte ich eine junge, noch am Baum wachsende Esskastanie, sie hatte mittelfeste Stacheln. Für meine Vergangenheit und Kindheit sammelte ich die getrocknete Hülle einer Esskastanie vom Boden auf. Ich schaute sie mir genauer an: Außen war sie ziemlich stachelig und hart, aber innen war ein ganz weicher Kern. Dies entpuppte sich als ein Schlüsselsatz für mich. Ich erlebte in diesem Moment zum ersten Mal in meinem Leben, dass meine Vergangenheit genauso ist: Wenn man von außen draufschaut, fühlt es sich ziemlich stachelig an, aber innen war ein ganz weicher Kern.“ (Margarete, 35 Jahre)

Symbole werden nicht „gemacht“, sie tauchen wie Luftblasen aus den Tiefen der Seele auf und weisen den Weg durchs innere Labyrinth. Wenn der Stein die Beständigkeit spiegelt und die verdrehte Wurzel die Beweglichkeit, der kleine Knochen die Vergänglichkeit und die winzige rote Blüte die Kraft der Liebe, dann kann ein Stilleben, das aus einer bewussten Anordnung dieser Objekte entsteht, eine ganze Lebensphase in neuem Licht erscheinen lassen und plötzlich zum persönlichen Altar werden.
Während der Schwellenzeit gestalten die Teilnehmer ihre eigenen Zeremonien, bei denen es kein „richtig“ und kein „falsch“ gibt, weil jede Handlung Ausdruck des Moments und geheiligt ist. Die selbst gestalteten Zeremonien liegen „wie Samen verborgen in der dunklen fruchtbaren Erde des Unbewussten“[14] und haben jetzt den Raum, um an die Oberfläche zu kommen. Manche Menschen tanzen, bemalen sich, singen, rasseln oder rufen nachts den Mond an, andere laufen nackt herum, beten, meditieren, dritte zerschmettern Steine, verbrennen

oder vergraben ein bestimmtes Symbol, schneiden sich die Haare ab, opfern ihr Blut, ihren Speichel, ihren Samen oder tun sonst irgendetwas, was in ihrem persönlichen Prozess bedeutungsvoll ist: „Es gibt keinerlei Beschränkungen, der zu sein, der wir wirklich sind, und das auszudrücken, was uns zutiefst bewegt.“[15]

> „Seit zwei Jahren habe ich sie bei mir getragen, diese Haarlocke von meinem Sohn. Als er als Neunjähriger ganz plötzlich an einer Blutkrankheit gestorben war, habe ich sie ihm abgeschnitten. Ich konnte damals nichts tun, um es aufzuhalten. Und es schien so ungerecht zu sein, dass er gehen musste, während ich bleiben durfte. Ich habe mich schuldig gefühlt all die Jahre, und das eigene Leben nicht mehr geehrt. In dieser Regennacht auf dem Hochmoor habe ich den Beutel mit den Haaren hervorgeholt und sie nach und nach in die Flammen des kleinen Feuers gelegt. Ich wollte dem Jungen mit den Haaren seine Kraft wiedergeben und seine Freiheit, so dass er wirklich gehen kann. Ich hielt ihn als erster in meinen Armen und umarmte ihn in seinem Tod: Mehr kann ich als Vater nicht geben, er war mit Liebe umfangen.“ (Stefan, 45 Jahre)

Menschen, die seit Jahren keine Kirche mehr von innen gesehen haben, beginnen in der Wildnis zu beten.

„Gebet ist alles, was dabei hilft, unser Herz auf eine höhere Ebene zu heben“, sagt der Dominikaner-Pater David Steindl-Rast. „Richtig verstanden ist es ein Sich-Herablassen auf den Grund, von dem wir Vertrauen schöpfen können, um uns dann mit den Tatsachen, wie sie gegeben sind, konfrontieren zu können.“[16] Folgt man dieser Definition, dann ist – und so wird es oft empfunden – die ganze Zeit des einsamen Fastens ein einziges langes Gebet. Eine Frau notierte in ihrem Tagebuch: „Ich betete mit meinem ganzen Sein. Es gab kaum Worte. Ich war der Worte müde geworden. Ich wollte nicht alles in Worte fassen. So saß ich da, stundenlang.“

„Religion“ kommt von lateinisch *religio*, die „Rückbindung“. In der Zeit des einsamen Fastens ist diese Rückbindung an die große Quelle des Lebens sinnlich erfahrbar und wahrhaftig erlebbar. Sie braucht weder Predigten noch große Worte, sondern entsteht aus der Tiefe der Einfachheit.[17]

Die Zweifel

Die Quester pendeln innerlich hin und her, als würden verschiedene Parteien in ihnen um die Hegemonie kämpfen. „Der Intellekt führt Krieg gegen den Instinkt, das angeeignete Wissen kreuzt die Klinge mit dem ahnenalten Gedächtnis, der analytische Geist trotzt dem Herzen.“[18] Wenn ungewohnte Erfahrungen nicht verarbeitet werden können, weil hierfür kein Muster bereitsteht, kann sich der Zweifler melden. Das kann die innere Stimme des Vaters sein, der sich lustig macht über die mystischen Erfahrungen. Das kann der innere Antreiber sein, dem nie etwas genug ist.

„Mache ich es richtig, bin ich aufmerksam genug, erkenne ich die Zeichen, bete ich richtig und intensiv genug? Warum zögere ich mit den Zeremonien? Das ist die Stimme in mir, die nörgelt: Du machst es dir zu einfach, baust dir ein Lager, legst dich hin und schläfst, vermeidest Auseinandersetzung und lässt es dir nur gutgehen. Dieser Zweifler ist gewaltig stark in mir und sehr vorlaut, aber nicht die einzige innere Stimme.“ (Christof, 38 Jahre)

All diese Stimmen können auftauchen und nach Anerkennung verlangen. Sie stehen für die überhöhten Ansprüche und maßlosen Erwartungen, mit denen wir uns das Leben im Alltag schwermachen. Andere Stimmen können vielleicht erstmals in ihrer Bedeutung und Wichtigkeit verstanden werden.

„Ich wollte meinen Zweifler verbrennen: Diese Stimme, die immer wieder sagt: Nicht richtig, nicht genug, nicht bedeutungsvoll genug. Die das alles profan findet, ohne Bedeutung, die mich Scheitern sieht. Ich wollte sie ganz verbrennen und habe dann gemerkt, ich brauche sie auch, und sie gebeten, da zu sein für mich, wenn ich sie brauche. Habe ihr gedankt für ihren Schutz vor einfachen Lösungen.“ (Christof, 38 Jahre)

Die große Leere

Wieder lernen, nichts zu tun,
nichts zu stören, zu schweigen.
(Christine Singer)

Wenn die bisherige Identität im Angesicht der Tiere, Steine und Wurzeln zerfällt, werden auch alte Überzeugungen, Wahrheiten und Konstruktionen brüchig. Doch das Vakuum, in das die Seele fällt, ist oft auch der Vorhof zur Erkenntnis. Die Hingabe an die Leere kann ein schmerzhafter Prozess sein, der über die Auseinandersetzung mit Demütigungen, Enttäuschungen, Erniedrigungen und Anpassungen bis zurück zur Kindheit führt. Es ist eine Reise ins ungeformte Nichts, die sich der Beschreibung durch Worte entzieht. Einen Ort, den wir in der Regel meiden. Einen Zustand, der nichts abfordert, nichts zensiert, nichts einschränkt, in dem nur das Gefühl zählt und der Kopf leer ist. Eine Welt ohne Worte und einer Ruhe, die wie ein Grab sein kann oder so gewaltig, dass der Mensch in ihr zur Ameise schrumpft: bedeutungslos, schwitzend, nichtig.

„Am zweiten Tag geriet ich in eine quälend dumpfe und schwermütige Stimmung. Ich fühlte mich einsam, leer und abgeschnitten von der Welt und allem Leben. Selbst die Vorstellung, in das Basislager zurückzukehren und abzubrechen, war kein Ausweg. ‚Wohin nur gehöre ich?‘ Es war schrecklich. Ich saß, starrte, wusste nichts zu tun und zu denken, keine Linderung, kein Trost; nichts, was sonst half, half jetzt.Es blieb mir nichts anderes übrig als auszuharren, anzunehmen und zu ertragen. Es dauerte einen ganzen Tag und die Nacht. Danach aber fühlte ich

mich wie verwandelt – aufgehoben, frei, leicht, sicher und selbstverständlich mit mir und der Natur verbunden. ‚Einfach nur sein!', war mein Gedanke.
Dieses Durchleben des Dumpf- und Abgeschnittenseins und vor allem die Verwandlung und das Gefühl des Aufgehoben- und Verbundenseins haben meine Haltung zur Welt nachhaltig verändert. Ich habe meinen Platz gefunden. Und trotz immer wiederkehrender Zweifel weiß ich um ihn und dass ich ihn wiederfinden werde." (Anne, 37 Jahre)

Die Schatten und Dämonen tauchen in der Schwellenwelt nicht zufällig auf. „Sie sind da, weil der Initiand weiß, dass genau das, wovor er Angst hat, ihm Kraft verleiht und sowohl das Beste als auch das Schlechteste aus ihm herausholt."[19] Diesen Ängsten Platz zu geben und ihre verschiedenen Anteile an der eigenen Gefühlswelt anzuerkennen kann für die Teilnehmer bedeuten, einen persönlichen Schatz zu heben. Denn im Lauf der Zeit können die dunklen Anteile zu Verbündeten und kreativen Begleitern werden.

Rituelle Werkzeuge

Durch all diese Prozesse können und werden viele Quester gehen, egal, ob sie sich vier Tage in ihren Schlafsack einrollen, in der Gegend umherspazieren oder im Kreis tanzen. Visionssuche-Leiter betonen immer wieder, dass es keine Verpflichtungen gibt, dort draußen etwas zu tun – nur Möglichkeiten. Doch sie machen während der Vorbereitung auch Angebote, die jeder draußen für sich nutzen kann, wenn er das will.

Der ganze Prozess in der Schwellenwelt ist darauf gerichtet, eine alte Lebensphase abzuschließen und symbolisch einen neuen Raum zu öffnen, um bewusst die nächste Phase des Lebens zu betreten. In seiner nackten Struktur entspricht der archetypische Zweck des Rituals dem, was wir von den Mythen aus aller Welt als den Prozess von Tod und Wiedergeburt kennen: Der Mensch stirbt in seiner alten Rolle, verarbeitet und „kompostiert" die Erfahrungen der Vergangenheit und kommt neu in die Welt zurück. Je konsequenter die Kandidaten ihr altes Leben abschließen, desto größer ist die Wahrscheinlichkeit, dass sie am Ende des Prozesses wirklich in der Lage sind, neue Schritte in ihrem Leben zu machen.

Schon vor dem Aufbruch zur Vision Quest werden die Teilnehmer deshalb schriftlich aufgefordert, „ihr Leben in Ordnung zu bringen": Ganz so, als ob man sich auf den letzten großen Übergang vorbereitet, offene Rechnungen bezahlt, unklare Geschichten beendet und vielleicht sogar sein Testament macht. Diese symbolische Konfrontation mit dem Tod kann sich dann wie ein roter Faden auch durch die Visionssuche-Zeit ziehen. Die Begleiter des Prozesses verstehen sich in diesem Sinn sowohl als Sterbebegleiter wie auch als Geburtshelfer. Da die Quester ihre Wandlung draußen aber alleine vollziehen, werden ihnen rituelle Werkzeuge angeboten.

Im Ritual einer solchen selbst gestalteten Wandlung wird vorgeschlagen, sich schrittweise auf den Tod des alten Ego vorzubereiten. Während der erste Tag des einsamen Fastens genutzt werden sollte, um anzukommen, kann der zweite Tag der „Straße des Todes" gewidmet werden. Es geht darum, das Bewusstsein des Questers auf die Endlichkeit des Lebens zu fokussieren. Die Tatsache des unvermeidlichen Sterbens ist in unserer Kultur überdeckt und verdrängt worden. Mit der bewussten Entscheidung des Fastenden, die „Straße des Todes" zu betreten, die Bereitschaft, sich wirklich vorzustellen, die Zeit zum Sterben sei gekommen, wird dieser Mechanismus des Verdrängens aufgehoben.

„Das ist wie die Anerkennung der Tatsache, dass hier draußen etwas von mir sterben wird. Das Alte sterben lassen, damit das Neue leben kann. Das Tote ist das Fundament des Lebendigen. Das Tote gibt dem Lebendigen hier bei diesen Bäumen an meinem Platz Halt und Stabilität. Da stirbt etwas ab und wird Fundament. Wie ist das bei mir? Tod heißt großes Abschiednehmen, Konfrontation mit dem Unausweichlichen. Die ‚Straße des Todes' zu gehen heißt, Ja zu sagen zum Alleinsein, sich den Schatten zu stellen. Und es heißt, diesen Weg in Schönheit zu gehen, irgendwie." (Hannah, 30 Jahre)

Für den dritten Tag wird den Visionssuchenden vorgeschlagen, einen Schritt weiter zu gehen. Sie werden aufgefordert, sich eine „Sterbehütte" zu bauen. In vielen traditionellen Gesellschaften haben sich alte und kranke Menschen, die das Ende ihres Lebens kommen fühlten, in eine gesonderte Hütte begeben, um mit dem Leben abzuschließen und um ihrer Gemeinschaft die Gelegenheit zu geben, sich zu verabschieden. Manche Quester bauen sich zu diesem Zweck einen kleinen Verschlag aus herumliegenden Ästen, andere ziehen sich in eine Höhle oder auf einen gesonderten Platz zurück. Hier stellen sie sich der Aufgabe, das bisherige Leben rückblickend zu betrachten, ungelebte Pläne zu beenden und offene Beziehungen abzuschließen. Man schließt die Augen und ruft im Geist die Personen herbei, um die es geht. Das mag magisch klingen und ist doch für die wenigsten ein Problem. In einem inneren Dialog wird ausgesprochen, was zu sagen ist; gefühlt, was da ist; betrauert, was ungetan blieb; und akzeptiert oder – vielleicht – verziehen, was passiert ist. Die „Sterbehütte" ist der Ort, um sein Leben Revue passieren zu lassen und zu prüfen, was getan oder geklärt werden muss, um gehen zu können. Das kann tiefe Emotionen aufwirbeln und die Menschen an den Rand ihrer physischen Kräfte bringen, und doch ist es ein Prozess tiefgehender Reinigung und Heilung.

„Menschen kamen an mein Sterbebett, die ich längst vergessen und verdrängt hatte. Ich war verblüfft, wie viel Hass da war gegen einige, die mich sehr verletzt hatten. Ich warf sie hinaus, beschimpfte sie, spuckte ihnen hinterher. Ich konnte ihnen nicht einfach so verzeihen, wie ich wollte. Was tun: Wie ihnen vergeben? Stur wie ein alter Ziegenbock war ich. (...) Dann die Eingebung: Sie sind mir Spiegel, und ich will nicht hineinsehen. Da sähe ich nämlich, dass ich an anderen genauso handelte, wie sie an mir."[20]

Der Höhepunkt dieses „schrittweisen Sterbens" vollzieht sich symbolisch in der letzten Nacht der Visionssuche, welche die Quester in der Regel wachend verbringen.

Im Kreis der Wachnacht

Während die oben genannten Zeremonien nur von manchen Questern benutzt werden, gilt das Ritual der „Wachnacht" als ein fester Bestandteil jeder Visionssuche. Nach drei oder vier Tagen Fasten, in denen die meisten nur wenig schlafen, ist es für viele eine große Herausforderung, sich die ganze letzte lange Nacht wach der Dunkelheit und dem Alleinsein auszusetzen. Dazu wird eine Art Schutzkreis aus Steinen vorbereitet – groß genug zum Sitzen, zu klein zum Schlafen –, in den zum Sonnenuntergang die Quester hineintreten, um dort die Nacht zu verbringen, und den sie bis zum Morgen nicht mehr verlassen. Manche nennen diesen Zirkel „Sterbebett", andere den „Bestimmungskreis", dritte sprechen vom „Rad des Lebens" oder dem „Visionskreis". Und man könnte ihn sogar als „Kreis(ß)"-Saal bezeichnen. All diese Begriffe treffen zu. Hier konzentrieren sich all die Absichten, die der Teilnehmer mitgebracht hat, hier ist sein selbst gewählter Platz zum Ablegen der alten, überholten Muster und Identifikationen. Der Quester legt diesen Kreis mit Steinen aus und wählt nicht nur einen spezifischen Brocken für jede Himmelsrichtung aus, sondern auch beliebig viele Steine, die symbolisch für all jene stehen, die er für die Wachnacht um Unterstützung bittet. Damit wird dieser Raum zum Fazit seines Lebens, zur Summe seiner Lieben, zum Mittelpunkt des Beziehungsnetzes, aus dem sein Leben besteht. Es ist das Symbol, in dem sich der Kreis seines Lebens schließt, von dem aus er zurückblickt und sieht, dass es – trotz allem – gut war. Es ist der Ort, um Frieden mit sich selbst zu schließen und Anerkennung auszusprechen. Es ist der Ort, an dem er in den langen Stunden der Wachnacht alle Energien herbeiruft, die ihn unterstützen können und ihm eine Vision, ein Bild, eine Eingebung schenken mögen für den Sinn und Inhalt seines künftigen Lebens (siehe den dritten Teil des Buchs). In dieser Nacht verstärken sich die Faktoren Fasten, Alleinsein und Schlafentzug und öffnen den Raum für veränderte Bewusstseinszustände.

„Ich tanze endlos lang im Kreis, rassle in alle Richtungen, rassle für alle meine Lieben, fühle ein großes Ja zu meinem Leben. Ich bin so voll, dass ich es kaum ausdrücken kann. Ich bin durch alles durch. Durch Verwirrung und Einsicht, durch Schmerz und Heilung. Ich habe mich in allem verloren gefühlt und wieder gefunden in der Stille meiner Schwäche und Verzweiflung. Ich ging durch Himmel und Höllen, habe alles angezweifelt und gesehen, dass alles an seinem

Platz war. Ich habe mich so getrennt gefühlt, dass mir zum Heulen war, und ich bin der grenzenlosen Weisheit der Intuition begegnet. Ich habe gesehen, dass meine Zweifel und Ängste und Wunden die Quelle meiner Kraft sind. Ich blicke zurück auf mein Leben und sehe, dass es gut war mit aller Schönheit und Traurigkeit." (Hans, 41 Jahre)

Und schließlich ist der Kreis der Wachnacht der Platz, an dem die Teilnehmer mit der Rückkehr des Lichts in den frühen Morgenstunden in ihre neue Lebensphase hineingeboren werden und von dem aus sie zurückkehren in den Alltag, nachdem sie die Herausforderung der Visionssuche bestanden haben.

„Als das Sonnenlicht über den Berg sprang, durchströmte mich plötzlich eine so tiefe Liebe zu diesem ganzen widersinnigen Leben, dass ich wusste: Diese Liebe wird alles überleben, alles Negative, alle Zweifel, alle Lieblosigkeiten. Dieser Moment ist nie mehr ungeschehen zu machen." (Anna, 44 Jahre)[21]

Abbruch und Regelbruch

Was ist mit jenen, die während des einsamen Fastens in der Wildnis feststellen, dass sie sich überfordert haben?

„Verzweifelt schaue ich zu, wie mein Lebenskonzept vor mir zerfällt. Die Mauern dessen, was ich glaube zu sein, halten nicht länger stand. Ich gehe zu meinem Altarplatz, in meine Sterbehütte, verabschiede mich von mir selbst. Es scheint alles sinnlos, vorwärts- oder rückwärtszugehen. Ich packe meine Sachen und mache mich auf den Rückweg. Hilflos bitte ich um Aufnahme im Basislager. Unendlich schwer und erlösend die Kapitulation vor meinem eigenen Konzept. Ich, der ich glaubte, immer autark zu sein, verstehe, wie sehr ich die Menschen brauche, ihre Liebe und Fürsorge." (Gerda, 37 Jahre)

Grundsätzlich gilt bei der Visionssuche: Solange man lebend zurückkommt, gibt es kein Scheitern. Falsch machen kann man nichts. Ebenso wenig, wie alle Handlungen in der Schwellenwelt ohne Bewertung als „heilig" gelten, ist auch die Entscheidung zum Abbruch und zur vorzeitigen Rückkehr allein die Sache des Betroffenen. Fraglos geht einer solchen Entscheidung ein schwieriger Prozess voraus, in dem sich die Quester ihren eigenen Ansprüchen und Erwartungen stellen müssen. Doch auch das Gefühl, „versagt" zu haben, ist nur ein weiterer Spiegel, in den die Suchenden blicken. Visionssuche-Leiter raten den Questern, sich einen Abbruch gut zu überlegen, aber holen doch auch von jedem vor Antritt der Visionssuche das Versprechen ein zurückzukehren, wenn sie Hilfe brauchen oder es ihnen gesundheitlich schlecht geht. Einer von zehn kehrt vorzeitig zurück und beweist damit, dass er seine Grenzen erkennt und durch seinen Entschluss weder sich selbst in Gefahr bringt, noch die Gruppe zum Abbruch der Quest zwingt. Manchmal ist die Entscheidung zurückzukehren der eigentliche Sieg über ein überflüssig gewordenes Lebensprogramm.

„Ich bin ins Basislager zurückgekehrt. Ich habe für mich bereits bestätigt, was ich vorhatte. Wegen der Magenschmerzen und der Übelkeit und weil ich immer wieder gebrochen habe, scheint es mir an der Zeit zu sein zurückzugehen. Normalerweise neige ich dazu, Dinge hart und gnadenlos durchzuziehen und mich selbst zu verurteilen, wenn ich etwas nicht schaffe. Dass ich jetzt früher zurückkehre, gibt mir die Möglichkeit, mir selbst zu demonstrieren, dass ich für mich sorgen kann und dass ich Geduld mit mir habe. Ohne Selbstverurteilung und Bewertung ..." (Susanne, in einem Brief, den sie am Sicherheits-Stein für die anderen Teilnehmer hinterließ).

Der Abschied von der Schwellenwelt

Der Abschied vom heiligen Platz ist von Seligkeit, Trauer und Dankbarkeit geprägt. Ein Gemisch aus Erleichterung und Stolz, tiefer Verwirrung und Vorfreude auf die Rückkehr zur Gemeinschaft und das Essen durchströmen die Teilnehmer. Manch einer fühlt sich wie neugeboren. Die Quester öffnen den Steinkreis der Nacht und treten ins Leben hinaus, verteilen die Steine wieder in der Umgebung und legen nur einen Stein als Anker für das Bewusstsein in die Mitte des aufgelösten Kreises, wo er für die nächsten Jahrtausende liegen mag. Ansonsten wird der Platz verlassen, als hätte ihn nie jemand betreten. Manche geben den letzten Rest ihres Wassers einem trockenen Busch, andere verharren in einer letzten kurzen Meditation. Dann wird – oft unter Tränen – der Rucksack geschultert und der Weg zum Basislager eingeschlagen. So wichtig wie der Schritt über die Schwelle am Anfang war, so dringend ist er am Ende. Bevor sich die Visionssuchenden an ihrem Nachrichten-Stein oder im Basislager wiedersehen, schließt jeder für sich mit der Schwellenwelt ab und vollzieht bewusst die Rückkehr in die „normale Welt". Im Basislager selbst warten die Begleiter an dem Steinkreis, den die Teilnehmer vor vier Tagen verlassen hatten. Bevor jeder Quester wieder in den Kreis tritt, hört er die Frage: „Bist du bereit, das, wofür du hinausgegangen bist, hereinzubringen in dein Leben und deine Welt?"

Mit dem bewussten Überschreiten der Schwelle stimmt der Teilnehmer der Wandlung zu. Und während einer der Leiter ihn mit dem duftenden Rauch des Salbeis empfängt, verblassen Schwäche, Ängste, Einsamkeit und Hunger der letzten Tage. Stolz und tiefe Freude prägen die Rückkehr in die „normale" Welt.

Rituelles Feuer.

Dritte Phase: Nachbereitung

Du musst verstehen, dass ein Mensch, der eine Vision hatte,
ihre Kraft so lange nicht nutzen kann, bis er sie in sein Leben gebracht hat
und seine Leute sie erkennen können.
(Black Elk)

Die Rückkehr

Es herrscht eine Atmosphäre des Staunens und der inneren Aufruhr, wenn sich die Quester nach vier Tagen und Nächten der Einsamkeit erstmals wieder gegenüberstehen. Man schaut in braungebrannte, wettergegerbte, schmal gewordene, schöne Gesichter, in strahlende wache Augen, aus denen die Wildheit der vergangenen Erfahrung scheint. In manch langer Umarmung löst sich die Sehnsucht nach der Menschenwelt, die alle während der Einsamkeit begleitet hat. Die Menschen sind still, ehren sich und ihr Gegenüber. Die Schwellenwelt hüllt noch Körper und Seele ein. Die Freude über das Wiedersehen kann sich mit der Trauer über die selbst vollzogene Vertreibung aus dem Paradies vermischen. Manch einer schwebt nach der Wachnacht noch wie auf Wolken und die überaus geschärften Sinne wissen erst einmal nicht, wie sie die große Zahl der Menschen verarbeiten sollen; wieder zu reden kann plötzlich befremdlich sein. Einige sind mürrisch, in sich gekehrt, selten auch mal hysterisch und aufgedreht.

Nicht wenige zweifeln in diesem Moment, ob denn nun eigentlich etwas passiert ist. Ein jeder ist gerade erst aus seinem selbst erlebten Märchen herausgestiegen. Was eben noch eine „andere Normalität" war, wird im ersten Blick zurück plötzlich zum Traumland. Man fühlt sich weit offen, verwirrt, wie zwischen den Zeiten. Nun müssen die Quester wieder in die Gemeinschaft eingebunden werden und sich erneut in der Alltagswelt zurechtfinden. Noch ist es nicht die Zeit, den ausführlichen Berichten aus der Zeit des Alleinseins zuzuhören. „Das Neugeborene wird von der Mutter getrennt. Die Nabelschnur zwischen dem Initiierten und der Wildnis wird durchtrennt. Binnen eines Tages und einer Nacht muss das Neugeborene gebadet und in die Windeln der Zivilisation gewickelt werden."[22]

Rituale der Angliederung

Die Rückkehr in die Alltagswelt vollzieht sich in vielen kleinen Schritten. Der erste besteht im gemeinsamen Fastenbrechen. Da mag eine warme Gemüsesuppe warten, ein Apfel oder eine Schale mit Obstsalat. Die Geschmackspapillen werden wie von einer Explosion geweckt, nachdem sie tagelang nur Wasser und Staub geschmeckt haben. Essen wird zur ganzkörperlichen Erfahrung des Genießens. Und: Im Moment des ersten Herunterschluckens beginnt die Landung.

Der nächste Schritt besteht darin, das Basislager aufzulösen. Die Rucksäcke und die leeren Wasserkanister werden verladen, alle Spuren beseitigt. Ein jeder erhält noch einmal kurz Gelegenheit, sich alleine von der Landschaft zu verabschieden, dann stehen alle im Kreis und bedanken sich für den Schutz, der ihnen zuteil wurde. Und nun beginnt – je nach Ort des Basislagers – der Abstieg ins Tal, die Wanderung zum Seminarhaus oder die Rückfahrt aus der Wüste. Viele Leiter von Visionssuchen lassen diesen ersten Tag nach der Quest zu einem klaren Schnitt werden. Dazu kann ein rituelles Bad in einem eisigen Gebirgsfluss gehören, ein genussvolles Räkeln in einer heißen Quelle oder eine gründliche Kopfwäsche. Auch ein Paar ruhige Stunden, um den Schlafmangel auszugleichen, Nachträge im Tagebuch vorzunehmen, Wäsche zu waschen oder einfach nur um Anzukommen, werden gebraucht. Am Abend des ersten Tags danach gehen viele Leiter mit ihren Teilnehmern ganz bewusst wieder mitten in die Zivilisation: mit einem üppigen Mahl in einem Restaurant wird zwar gegen die guten Regeln jedes Fastenbuches verstoßen, entscheidend ist jedoch hier, sich mit der „normalen" Welt zu konfrontieren: ihrem Überfluss, der Musikberieselung, den Leuchtreklamen ebenso wie der festlichen Stimmung, mit Völlerei und Gelächter. Spätestens jetzt wird den Questern deutlich, dass sie in eine Welt zurückkehren, die keine Ahnung hat von dem, was sie in den letzten Tagen erlebt haben. Einer Gesellschaft, die die Initianden nicht mit offenen Armen empfängt und würdigt, sondern ihnen vielmehr mit Unsicherheit, Misstrauen und nicht selten Angst begegnet.

Die Inkorporation

Die dritte Phase des Vision-Quest-Rituals ist die längste und schwierigste. Formell umschließt sie das ganze Jahr und gilt erst als abgeschlossen, wenn die Kandidaten zwölf Monate nach ihrer Rückkehr noch einmal für eine Nacht entweder an ihren Platz zurückgekehrt oder an einem neuen Ort das Jahr der „Inkorporation" Revue haben passieren lassen. „Inkorporation" bedeutet wörtlich „es in den Körper hereinnehmen". Die Quester müssen lernen, ihre alltäglichen Lasten zu schultern und die Einsichten aus der Zeit in der Wildnis im Herz zu tragen, sie mit heim in die Familien, Partnerschaften und Berufe zu nehmen.

„Das ist eben die letzte, abschließende Aufgabe des Helden. Wie soll er die Laute der Finsternis, die einem die Sprache verschlagen, zurückübersetzen in die Sprache des Alltags? Wie auf einer zweidimensionalen Fläche eine dreidimensionale Form, in einem dreidimensionalen Bild eine vieldimensionale Bedeutung darstellen? Wie in die von Ja und Nein bestimmten Begriffe Offenbarungen übersetzen, die jeden Versuch, die Gegensatzpaare zu definieren, zur Nichtigkeit verdammen? Wie den Menschen, die sich auf die Evidenz der Sinneswahrnehmungen versteifen, die Botschaft der allumfassenden Leere übermitteln?"[23]

Sie müssen es schaffen, die Erfahrungen in die gewohnte begriffliche Sprache des Alltags zu übersetzen und sie in der Struktur des Alltagsbewusstseins zu verankern. „Am Ende der Reise", heißt es in einem Sprichwort des Zen, „müssen die Berge wieder Berge und die Flüsse wieder Flüsse sein."[24] Der „heimkehrende Held" muss es schaffen, in zwei Welten zu leben: Nicht den Kontakt zu verlieren zur visionären Ebene der mythischen, heiligen und spirituellen Welt und doch gleichzeitig die Realitäten des Alltags anzuerkennen, die scheinbar profane, „gefallene" Welt des Konsums, der Sterblichkeit und der Machtkämpfe. Und doch ist es so, dass die „Vision", mit der die Quester in der Wildnis verschmolzen sind, erst im Alltag zur Welt gebracht, gepflegt und gefüttert werden muss. Die Kunst besteht darin, diese unterschiedlichen Welten in Einklang zu bringen.

Diese Nachbereitung beginnt am Tag nach der Rückkehr aus der Schwellenwelt: Die Teilnehmer, die Leiter oder „Ältesten" und manchmal auch Ehepartner oder Freunde der Rückkehrer setzen sich im Kreis zusammen, und einer nach dem anderen erzählt seine Geschichte. Für diese Phase werden oft zwei, drei Tage gebraucht. Hier unterscheidet sich die moderne Visionssuche grundsätzlich von der indianischen Tradition, wo die Geschenke der Schwellenwelt für Wochen, Monate und manchmal für das ganze Leben ein Geheimnis bleiben: „Wenn ein Mann seinen Traum erzählt", so heißt es bei den Yuma-Indianern, „vergeht er mit dem Tag."[25] Doch in den meisten anderen Kulturen, die mit einer solchen Form des Übergangsritus gearbeitet haben, ist die Mitteilung der Geschichte der Erfahrung in einem geschützten Raum ein zentraler Bestandteil des Prozesses der Initiation.[26] Weil die Sprache des Mythos uns auf einer tieferen Ebene anspricht, Ehrfurcht erweckt und in archetypischer Weise die großen Fragen des Lebens thematisiert, fordern manche der „Ältesten" die Erzähler auf, ihre Erfahrungen als Mythos oder Märchen mitzuteilen.

Andere berichten chronologisch und in Ich-Form, einige bereiten sich gründlich vor, um die wirklich wesentlichen Erfahrungen aus der Unzahl der Eindrücke herauszuarbeiten, manche improvisieren oder dramatisieren, stottern oder sprudeln, und manchmal verläuft der Bericht auch in Form eines Gesprächs. Ein jeder hat fünfzehn bis zwanzig Minuten, um vor dem „Rat der Ältesten" seinen ganz persönlichen Mythos zum ersten Mal auszusprechen.

In traditionellen Kulturen hörte sich der Ältestenrat die Geschichte an, beriet sich und bestätigte dem Initianden, dass er die Prüfungen bestanden hat. Die Rolle der Ältesten in einer modernen Visionssuche unterscheidet sich davon kaum. Die Geschichte aus der Schwellenwelt ist ein Spiegel der Lebensgeschichte. Der Kandidat sah die Welt durch seine Augen und den Filter seiner Vergangenheit, seiner Erfahrungen, Hoffnungen und Ängste. Doch seine Geschichte ist ihm selber voller Rätsel, voller verborgener Symbole und verzerrter Spiegelungen.

Die Erzählung ist auch eine Rückverbindung und die Versicherung, dass es tatsächlich geschehen ist. Viele Symbole aus der Schwellenwelt entschlüsseln sich erst Monate und Jahre nach der Visionssuche.

Die Spiegelung

Nach einer Pause oder einem kurzen Moment der Stille am Ende der Geschichte ergreifen die „Ältesten" – und das sind in der modernen Visionssuche die Leiter des Rituals – das Wort. Doch sie kommentieren nicht, analysieren nicht, sie „spiegeln": Sie erzählen dem Kandidaten in ihren eigenen Worten und aus ihrer Wahrnehmung noch einmal das, was sie soeben vernommen haben.

Die „Spiegelung", auf die wir im zweiten Teil des Buchs mit zahlreichen Beispielen noch einmal gesondert eingehen werden, gehört wahrscheinlich zu den ältesten therapeutischen Methoden der Menschheit – und zu den schwierigsten. Denn eine jede Geschichte weckt Ketten von Assoziationen und den Impuls in uns, Ratschläge wie ein Medikament zu geben. Die Methode der Spiegelung basiert jedoch auf der Überzeugung, dass der Kandidat mit seiner Geschichte schon alle Medizin, die er für die Zukunft braucht, aus der Schwellenwelt mitgebracht hat. Statt gute Ratschläge zu geben oder Rezepte auszustellen, geht es also darum, einen Prozess der Selbstheilung zu fördern und zu unterstützen. Aufgabe der „Ältesten" ist es also, die Geschenke, die der Suchende in der Wildnis erhalten hat, zu identifizieren und darüber zu sprechen, welche Botschaften in der Geschichte liegen, die für den Initianden und die Gemeinschaft von Nutzen sind. Es soll deutlich gemacht werden, wo und wie die Wandlungen in jedem persönlichen Mythos sich vollzogen haben, wie eine schwierige Anfangssituation zur Lösung wurde, wo die Bedeutung und Kraft der Geschichte liegt – und darum, den Kandidaten aufzufordern, all diese Botschaften nun auch zu leben.

„Hier ist nur Geburtshilfe möglich. Es ist auch nicht unser Leben, das sich auf diese Weise entwickelt, wir sind nicht seine besserwissenden Ratgeber. Wir sind hier, um zuzuhören, den Sinn zu teilen und davon selbst zu lernen. Um die Person und ihr inneres Ringen zu ehren. Und um die Tatsache zu würdigen, dass diese Geschichte der vier Tage und Nächte wie auch das persönliche Leben, in das sie eingebettet ist, in sich ein wertvoller Beitrag zum Ganzen des Lebens sind – einfach weil sie da sind."[27]

Die Spiegelung der Geschichte eröffnet die Möglichkeit, aus einer anderen Perspektive auf das Erlebte zu schauen. Die Spiegelung basiert auf der Formel: „Höre, was du gesagt hast!", und wird angereichert mit dem Wissen der „Ältesten": ihrem naturwissenschaftlichen, mythologischen, symbolischen oder spirituellen Wissen über das Wesen der Tiere und Pflanzen, die dem Suchenden begegnet sind; ihrem Wissen über Mythen und Legenden, in denen dieselben Fragen schon einmal archetypisch gestellt und beantwortet wurden. Und sie werden vielleicht auch erinnern an die Erlebnisse, die die Teilnehmer ganz zu Beginn des Rituals, während der Medizinwanderung, gemacht haben, oder daran, was während der Vorbereitungstage zum Thema des Suchenden wurde.

Die Spiegelung kann mit den zeitlosen Worten beginnen: „Wir hörten die Geschichte einer Heldin, die alles hinter sich ließ, und ..." Sie kann den exemplarischen Charakter herausstellen und anheben mit: „... Ich könnte eine lange Zeit darüber sprechen, denn in dieser Geschichte sind bestimmte Themen enthalten, die für jeden Mann wichtig sind, denn ..." Und sie kann auch schlicht dabei bleiben, die Geschichte nur nachzuerzählen. Der Hörer wird in jedem Falle ganz Ohr sein, er wird sich gehört und gesehen fühlen, er wird seinen ganz persönlichen Lebensweg in seiner Ganzheit vor sich sehen und eine Ahnung davon bekommen, wie viel Arbeit vor ihm liegt, um die Geschenke aus der Schwellenwelt auszupacken und in das System seines Lebens zu integrieren.

Der Abschied

Nur wenige Menschen nehmen sich in der modernen Welt zehn bis vierzehn Tage Zeit, um auf eine derartig grundlegende Weise ihr Leben anzuschauen, Widersprüche zu offenbaren, Vergangenes abzuschließen und Perspektiven für die Zukunft zu formulieren. Eine solche „Auszeit" kann ein grundlegend neues Gefühl von Gemeinschaft, von Vertrauen und Offenheit mit sich bringen. Tiefe Freundschaften entstehen in dieser Zeit, in der man sich gegenseitig bis auf den Grund der Seele blickt.

Gerade deswegen ist es wichtig, am Ende der gemeinsamen Tage noch einmal einen klaren Schnitt zu vollziehen, den „neugeborenen" Teilnehmer aus der Geburtsstation zu verabschieden und in sein Leben zurückzuschicken. Doch bevor in einem rituellen Abschied die Reise abgeschlossen wird, werden die Kandidaten auf ihre Rückkehr vorbereitet. Die Euphorie angesichts der vollzogenen Prüfungen, die Atmosphäre der Offenheit und Liebe in der Gruppe und die neue Ausrichtung führen schnell zu dem Gefühl, nun sein Leben im Griff zu haben und dabei zu übersehen, dass die eigentliche Arbeit noch vor einem liegt. Fast jeder Quester hört von seinem „Ältesten": „Die Depression wird kommen und ist absolut vorhersagbar."

Um die schwierigen Phasen der Inkorporation zu erleichtern, gibt es eine Reihe von Methoden und Hilfsmitteln. Die Visionssuche-Leiter bieten ihren Teilnehmern an, für sie im Jahr der Integration jederzeit für Briefkontakte, Telefonate und Besuche zur Verfügung zu stehen. Manchmal werden die Quester noch am ersten Tag nach der Rückkehr aus der Schwellenwelt aufgefordert, einen Brief an sich selbst zu schreiben, den die „Ältesten" ihnen ein Jahr später zuschicken. Verwiesen wird auch auf die unterstützende Rolle der Menschen, die schon während der Quest als Kameraden dafür da waren, mit ihrem Besuch am gemeinsamen Kontrollpunkt zu überprüfen, ob der andere in Ordnung ist. Den Rückkehrern wird nicht nur geraten, diesen Kontakt aufrechtzuerhalten, sondern sich auch an ihrem Heimatort einen Anker, einen Platz in der Natur zu suchen, in dem sie mit sich allein sein und sich immer wieder psychisch mit den Erfahrungen aus der Schwellenwelt verbinden können.

Um die Brücke zwischen den Erfahrungsräumen zu bauen, stellen die „Ältesten" den Teilnehmern die Frage, was sie zurückbringen in ihre Gemeinschaft und welches die ersten Schritte sein könnten, um die Einsichten der vergangenen Tage in den Alltag zu integrieren. Dies soll auch daran erinnern, dass Initiationsrituale nie zum reinen Zweck der Selbstfindung und Individuation vollzogen wurden, sondern immer um gewandelt, mit neuen Impulsen der Gemeinschaft zu dienen.

Doch schließlich ist der Abschied unvermeidlich. Er wird, wenn möglich, gern mit einem Saunabesuch oder einem Schwitzhütten-Ritual verbunden, in dem gebetet und gelacht, gesungen und gefeixt wird. Noch einmal vermischen sich Dank und Traurigkeit, Heiliges und Profanes, heiß und kalt, drinnen und draußen. Dann werden die Sachen gepackt, die Erfahrungen geschultert und der unvermeidliche Weg in die Normalität angetreten.

Die Rückkehr nach Hause

„Die Monster und Dämonen unseres Lebens hausen nicht draußen in den Bergen, Wäldern und Wüsten, sondern zwischen Schreibtischen und Tiefgaragen, zwischen Fernsehgeräten und Computern, zwischen Doppelbetten und Einbauküchen. Es ist schwierig, in unserer entfremdeten Zivilisation die Flamme seiner Bestimmung am Leben zu halten, einer Zivilisation, die das Heilige verbannt hat, in der Leistung und Erfolg, nicht aber das Wesen eines Menschen geachtet wird."[28]

Wer mit Stolz, neuem Wissen, gewandeltem Selbstbild, größerem Einblick in das Netzwerk seines Lebens oder gar mit einer Vision für sein Leben zurückkehrt, darf nicht vergessen, dass in seiner „alten Welt" der Trott unverändert weitergegangen ist. Der Rückkehrer kann da wie ein Fremdkörper wirken, der plötzlich Wohlvertrautes in Frage stellen will. Partner haben in der verflossenen Zeit vielleicht Zweifel an der Beziehung oder Verlassensängste entdeckt und rechnen – angesichts der Vision – mit dem Allerschlimmsten. Und auch wenn all das nicht zutrifft, so kehrt ein doch immer gewandelter Mensch nach Hause zurück, der durch seinen persönlichen Wandel auch zu einem sozialen auffordert.

Die Arbeit beginnt: Es gilt, die theoretische Frage nach dem ersten praktischen Schritt im Alltag mit Leben zu füllen, auch wenn sich eben dieser Alltag dagegen sträubt. Es gilt, das Erfahrene erneut in Worte zu fassen für Menschen, die nicht wissen, wovon man redet.

„Meine Mutter hatte ja schon vor der Quest gemeint, das alles sei etwas Lasterhaft-Hexiges. Ich fühlte mich nach meiner Rückkehr sehr auf mich selbst gestellt."[29] Und tatsächlich kann es für die Daheimgebliebenen erst einmal befremdlich sein, wenn die Rückkehrer von einem Zwiegespräch mit Kröten berichten oder von Ehrfurcht für Wald und Wüste erfüllt sind.

Man sollte vorsichtig sein mit dem, was man erzählt, weil manche der Erlebnisse im Alltag schlicht für verrückt gehalten und pathologisiert werden können. Eine Teilnehmerin, der auf ihrer Visionssuche archetypische Göttinnen erschienen waren, bekam das intensiv zu spüren.

> „Das war alles so klar, so deutlich, so wahrhaftig. Natürlich haben alle Leute gefragt: Was hast du denn erlebt? Dann hab ich gesagt, was ich erlebt habe. Wirklich, die haben tief Luft geholt und haben zum Teil überhaupt kein Wort mehr mit mir gesprochen. Waren fassungslos. Das hat mir Angst gemacht im Nachhinein. Und dann steht man wirklich sehr alleine da." (Bärbel, 39 Jahre)

Es gilt, die außergewöhnlichen Erfahrungen nicht zu missbrauchen, um das Ego aufzupolieren, sondern die Freunde, Familie, Partner mit einzubeziehen. Und es gilt, die einsame unmittelbare Erfahrung der reinen Existenz im Herzen zu behalten und im Alltag zu landen, ohne aus lauter Sehnsucht nach dem Paradies wieder in den Bauch von „Mutter Wildnis" zurückzukriechen.

„Zu Hause war ich zuerst wie eine Fremde, konnte den Bezug zu dem, was ‚vorher' war, nicht mehr herstellen. Ich dachte, alles sei umsonst gewesen, ein schöner Traum, der sich nicht umsetzen lässt. Erst als ich endlich eine meiner besten Freundinnen traf und feststellte, wie viel Mühe es mich kostete, sie aufmerksam wahrzunehmen, merkte ich endlich, dass ich einfach noch nicht angekommen war."[30]

Statt einer Verbundenheit mit der heimatlichen Welt steht erst einmal die Einsamkeit im Mittelpunkt. Nicht wenige Rückkehrer haben das Gefühl, dass im ganz normalen Alltag gleich die nächste „Quest" auf sie wartet, die diesmal deutlich länger ausfällt als vier Tage und vier Nächte. Sie werden mit der Tatsache konfrontiert, dass sie im Grunde ihrer Existenz alleine sind. Sie erfahren schmerzlich, dass „die Geschichte" alleine nicht die Welt verändert und sie erst ganz am Anfang stehen. Dass der Wandel, durch den sie gegangen sind, nicht das Bild ändert, das sich andere von ihnen machen. Dass sie nicht mit Zustimmung rechnen können, sondern sich auf ihre eigene Kraft verlassen müssen. Dass die Flamme der Erkenntnis manchmal nur noch müde flackert, wenn sie nicht neue Nahrung erhält. Und: Dass sie Geduld haben müssen mit sich selbst. Gerade weil die erste Euphorie die Illusion hervorruft, nun alles gelöst zu haben, ist die Latte des selbst auferlegten Leistungsdrucks enorm hoch. Höher, als der Quester springen kann.

Von all dem ist mancher Rückkehrer überfordert. Und tatsächlich liegt in der Tatsache, dass der Visionssuchende in eine verständnislose Gesellschaft zurückkehrt, ein ernst zu nehmendes Problem der Vision Quest. Deshalb kann es durchaus sinnvoll sein, sich bei der Wahl der Leiter eines solchen Rituals auch daran zu orientieren, ob sie nah genug wohnen, um im Fall einer Krise nach der Rückkehr als Begleiter zur Verfügung zu stehen. Auch der Kontakt zu den Menschen, mit denen man den Initiationsprozess erlebt hat, kann dabei helfen, zu erkennen, dass man mit den Problemen nicht alleine dasteht. Für den seltenen Fall, dass Rückkehrer in eine ernsthafte psychische Krise geraten, gilt die Empfehlung, sich professionelle Hilfe auch nach dem Kriterium zu suchen, ob der therapeutische Begleiter mit veränderten Bewusstseinszuständen und transpersonalen Erfahrungen vertraut ist. Ob man nun wie Jesus in der Wüste mit Dämonen gerungen, mit Steinen oder Bäumen geredet hat, symbolisch gestorben ist oder „Stimmen“ gehört hat: Für die traditionelle Psychologie sind all diese Erscheinungen krankhaft und therapiebedürftig. Glücklicherweise haben sich in den vergangenen Jahren deshalb auch in Deutschland, Österreich und der Schweiz Therapeuten zusammengeschlossen, die derartige Erfahrungen nicht kurzerhand pathologisieren, sondern als „spirituelle Krisen“ interpretieren, die nicht schädlich sind, sondern einen Heilungsprozess darstellen. Die deutsche Kontaktadresse dieses *Spiritual Emergency Networks* (SEN) haben wir deshalb in den Anhang des Buchs aufgenommen.

Der Sinn der Krise

Die Visionssuche ist ein machtvolles Ritual, das entsprechenden Respekt fordert. Die Probleme bei der Umsetzung des Erfahrenen sollten aber niemanden, der den Ruf verspürt, davon abhalten, herauszugehen. Bei weitem nicht jeder Rückkehrer ist vom Absturz bedroht. Doch je tiefer die Erfahrungen in der Wildnis waren, umso mehr wird auch der Alltag in Bewegung gesetzt. Wandlung, das wird leicht vergessen, enthält immer eine Portion Chaos: Etwas Altes zerfällt, wenn etwas Neues entsteht. Und der Abschied vom Alten, egal wie sich etwas wandelt, ist immer mit Verlust-Gefühlen verbunden. Da taucht ganz selbstverständlich der Drache des Zweifels und der Angst auf. Doch erträumte Veränderungen haben keine Kraft, solange sie nicht im Alltag gelebt werden, auch wenn die Landung hart sein kann.

Vielleicht hat der Wandel, der nach der Rückkehr ansteht, schon lange auf sich warten lassen und wurde vom Kandidaten nur mit aller Kraft vermieden. Die Visionssuche macht den Wandel nicht leichter, sondern nur unvermeidbarer. Vielleicht bekommt die Veränderung auch eine ganz andere Dynamik, als der

Kandidat es sich in der Schwellenwelt erträumt. „Die Welt kann in Stücke fallen, wenn ihr zurückkehrt", sagen Steven Foster und Meredith Little ihren Teilnehmern, um jede Illusion, nun sei „alles gut", von vornherein zu unterbinden. Wer sich in der Schwellenwelt den Illusionen und Projektionen seines Lebens gestellt hat, kann nicht erwarten, dass sie nach der Rückkehr unverändert weitergelebt werden können. Die Schwellenwelt bietet neue Erfahrungen, die Rückkehr bietet Erkenntnisse. Erst in der Phase der Wiedereingliederung wird deutlich, dass ein Übergangsritual nicht einen Wandel auslöst, sondern eine oft unbewusste Veränderung, die innerlich längst vollzogen ist, bestätigt.

„Wer seine Last aufnimmt, beginnt mit der Umsetzung seiner Vision. Das ist das zweite Ungeheuer, was auf den Rückkehrer wartet. Sein heißer Atem erreicht dich in jedem Versteck, auch wenn du jammerst: ‚Wie? Wo soll ich anfangen? Wie soll ich das denn machen?' Einfache Antworten gibt es nicht. Wenn Vision irgendwas bedeuten soll, dann kann es nur heißen: Deine Lebensgeschichte leben!"[31]

Schließlich können die Quester auch in der tiefsten Dunkelheit auf die Erfahrungen der Schwellenwelt und der Wachnacht zurückgreifen. Dort haben sie mit jeder Körperzelle erfahren, dass auch die dunkelste Nacht ein Ende hat. Eine ihrer wichtigsten Lektionen war die ständige Veränderung. Und sie wissen, dass sie etwas überstanden haben, was ihnen vorher Angst eingejagt hat. Auch aus diesem Grund wird ihnen empfohlen, sich irgendwo in einem Wald in der näheren Umgebung einen Kraftplatz zu suchen und ihn zu einem Ort der Rückbindung zu machen. Er kann helfen, den Anker auszuwerfen in eine Region ihrer inneren Landschaft, der ihnen nie wieder verloren gehen wird.

> „Erst einige Monate nach meiner Vision Quest ist mir ganz klar, was mir meine Reise auf den heiligen Berg gebracht hat. Ich komme nicht mehr in das alte Leben vor der Visionssuche zurück. Ich habe mich gehäutet wie eine Schlange. Meine alte Haut liegt da, und ich passe nicht mehr hinein. Im Außen ist die Haut abgefallen und im Innern sind die Mauern eingestürzt, nun ist Platz für das Neue. Mein Kraftort ist mir Schutz, Trost und Sicherheit, ein Ort zum Ausruhen und Kraft-Schöpfen, ein Platz, der zu mir sagt: ‚Ich nehme dich auf, so wie du bist.'" (Susanne, 30 Jahre)[32]

Die zwölfmonatige Dauer der dritten Phase des Visionssuche-Rituals ist ein fiktiver Zeitraum. Die Folgen, die aus dieser Erfahrung erwachsen können, prägen nicht selten eine ganze Lebensphase. Doch das erste Jahr danach ist von heftigem Auf und Ab geprägt, von zahllosen Erkenntnissen und manchen Abschieden. Es ist ein Jahr der Turbulenzen, manchmal auch der kleinen und großen Wunder, wenn sich neben allen Zweifeln langgehegte Wünsche auf oft überraschende Weise erfüllen, weil der betroffene Mensch nun anders in der Welt steht.

Verwurzelung.

Im Wechsel von Engagement und Leere, von Dynamik und Stillstand, von zwei Schritten vor und einem zurück, kann der Überblick über den Prozess als Ganzes leicht verloren gehen. Deshalb wird den Questern empfohlen, ein Jahr danach eine abschließende Medizinwanderung zu unternehmen oder noch einmal für nur vierundzwanzig Stunden allein und fastend hinauszugehen. Da ist der Ort und die Zeit, um das Geschehene anzusehen und zu würdigen, das Ungeschehene einer erneuten Prüfung zu unterwerfen und sich von überhöhten Erwartungen zu verabschieden.

„Was in Wirklichkeit geschieht, ist, dass all diese Erfahrung auf einen inneren Kompost wandert, das Unbewusste. Und dass es dort zerfallen muss, damit die Nährstoffe, die darin sind, wirklich frei werden und dem ganzen Organismus zugänglich werden. Das ist ein Verdauungsprozess, der die Schätze, die da gehoben worden sind, wirklich verfügbar macht. Aber durch die Krise zu gehen bleibt niemand erspart. Mit Hilfe der Visionssuche ist es möglich, bewusster und energetisiert hindurchzugehen. Visionssuche ist nur ein intelligentes Mittel, mit einer Veränderung produktiver umzugehen, als wenn man irgendwie reinstürzt und sich dann mit den alten Mitteln im alten Kontext ohne neue Anregungen und Impulse wieder hochrappelt."[33]

Auf einem Kompost kann sehr Unterschiedliches wachsen. Zu aller vermeintlicher Anstrengung, im Prozess der Wiedereingliederung die „Vision" mit Leben zu füllen, gehört deshalb auch eine Bereitschaft, sich dem, was ist und was entsteht, vertrauensvoll zu überlassen. Die Visionssuchenden waren in Kontakt mit einer tiefen Ebene ihrer persönlichen Wahrheit und haben in dem Ritual aktiv an ihrem ganz persönlichen Mythos gearbeitet. Indem sie einen Wandel bestätigten und vielleicht neue Ziele formulierten, haben sie eine neue Dynamik in ihr Leben gebracht. Ein neuer Raum wurde eröffnet, der geduldig erforscht werden kann, ein Pfeil abgeschossen, der irgendwo landen wird.

„Der erste Schritt in die Landschaft der Prüfungen stellt nur den Anfang eines langen und im Ernst gefahrvollen Wegs von Eroberung und Augenblicken der Erleuchtung dar. Wieder, wieder und wieder sind nun Drachen zu besiegen und unvermutete Schranken zu überwinden, und indessen wird es eine Unzahl von taktischen Siegen, flüchtigen Ekstasen und Blicken ins Wunderland geben."[33]

Wer macht Visionssuchen?

Die Themen, mit denen ein Mensch zur Visionssuche geht, sind so vielfältig wie die individuellen Lebensgeschichten: Krankheit, Heilung, Klärung von Beziehungen, Abschied, Trauer, berufliche Neuorientierung, die Suche nach dem Sinn des eigenen Lebens. Da kann sich ein Jugendlicher für eine Visionssuche entscheiden, um den Abschied von Kindheit und Elternhaus zu vollziehen; ein Mann mag sich entschließen, seine Junggesellenzeit auf diese Weise bewusst zu beenden und die Rolle eines Ehemanns und Familienvaters anzunehmen, oder wählt die Visionssuche, um nach einer schweren Krankheit seine beruflichen Aufgaben neu zu definieren; eine Frau will vielleicht ihren Entschluss prüfen, Kinder zu bekommen und Mutter zu werden. Ein Mädchen will möglicherweise das Ende ihrer Drogensucht mit dem Ritual bekräftigen, eine andere sich nach Missbrauch oder Vergewaltigung davon befreien, sich als das ewige Opfer einer feindlichen Welt zu fühlen. Ein Mann in den mittleren Jahren möchte nach dem Ende einer langjährigen Anstellung neue Perspektiven entwickeln, eine Frau nach der Trennung von ihrem Ehemann oder dem Auszug ihrer Kinder das Gefühl der Leere überwinden und neue Optionen entwickeln. Andere mögen hinausgehen, um ihre Partnerschaft fürs Leben zu bestätigen oder sich in gegenseitigem Respekt zu trennen und erneut für das Leben zu öffnen. Auch der Abschied von Partnern, Freunden oder Eltern, die gestorben sind, kann eine Visionssuche begründen.

Immer handelt es sich bei diesen Themen um Wandlung: im Selbstbild, im Status, in der Wahrnehmung. Das schließt einerseits das ganze Spektrum von biologischen Lebensübergängen mit ein: Geburt und Tod, den Übergang von der Pubertät zum Erwachsensein, Schwangerschaft, den Übergang in die Mutter- oder Vaterschaft, die Wendezeiten in der Lebensmitte, Erkrankungen, den Verlust eines geliebten Menschen, den Übergang ins Alter. Dazu gehören alle grundlegenden sozialen Änderungen im Leben: Heirat, Trennung und Scheidung, Kündigung, Umzug, Berufswechsel oder geplante Selbständigkeit, Auszug der Kinder, Pensionierung.

Doch es gibt noch eine Reihe anderer, kaum weniger existenzieller Gründe für den einsamen Rückzug in die Wildnis: Es kann darum gehen, eine Lebensphase, in der man bereits ist, mit eigenem tiefem Sinn zu füllen, oder darum, herauszufinden, wer man ist: den Mythos und Zweck seines Lebens zu begreifen. Andere verspüren das Bedürfnis, auf ein tiefsitzendes Gefühl zu antworten, das sie drängt, jenseits des schönen Scheins der modernen Welt die ursprüngliche Natürlichkeit der Welt hautnah zu erfahren. Es kann um Gottsuche gehen, um den Wunsch nach mystischer Ganzheit oder Verschmelzung mit der Natur; um die Sehnsucht, das Unbeschreibliche und Unaussprechliche zu berühren und dadurch zu erfahren, dass man mehr ist als eine sich mühsam dahinschleppende Kreatur, deren Leben aus Sorgen, Langeweile und nervenaufreibenden Anforderungen besteht. Und wenn es vordergründig um die reine Lust an der Herausforderung geht, die lockt und schreckt, seit man von der Visionssuche gehört hat, dann werden die Leiter der Visionssuche in vorbereitenden Gesprächen so lange nachforschen, bis sie das, was sich wandeln will, erkennen.

Oft scheint die Seele genauer zu wissen, was wir brauchen, als der Kopf. Vielleicht befindet man sich nur in einem Zustand des nagenden Zweifels oder der offenen Suche, und die eigentliche Thematik der Visionssuche offenbart sich erst in der Vorbereitung oder während des einsamen Fastens. Deshalb haben manche Anbieter von Visionssuchen in ihren Ausschreibungen Lebensthemen und existenzielle Fragen aufgeworfen, die sich die Kandidaten wie einen Spiegel vorhalten können.

Gute Gründe, auf Visionssuche zu gehen[36]

- Du willst eine persönliche Krise meistern und beenden …
- Du möchtest dein Wachstum in eine neue Richtung wenden …
- Du spürst eine Veränderung, weißt aber noch nicht wohin …
- Du möchtest wichtige Entscheidungen fällen und kundtun …
- Dein Leben fühlt sich zur Zeit gut an, und du möchtest es feiern …
- Du stehst an der Schwelle zu einer neuen Lebensphase …
- Du willst eine Trennung oder Scheidung besiegeln …
- Du willst eine neue Beziehung beginnen …
- Du möchtest deinen Ängsten begegnen und sie in Kraft verwandeln …
- Du möchtest dich mit etwas Vergangenem aussöhnen …
- Du möchtest Zeit haben zu trauern und dich zu verabschieden …
- Du möchtest Abhängigkeiten und einschränkende Muster zurücklassen …
- Du möchtest mehr Vertrauen in dich entwickeln und dich wertschätzen …
- Du möchtest dem Ursprung deines Lebens auf den Grund gehen …
- Du möchtest deinen Platz im Leben finden …
- Du willst mehr Klarheit und Harmonie in dein Leben bringen …
- Du stehst vor einer wichtigen Entscheidung und weißt noch nicht, wie du dich entscheiden sollst …
- Du hast dich entschieden, dein Leben selbst in die Hand zu nehmen …
- Du willst dich einer Herausforderung stellen und sie bewältigen …
- Du willst die Welt mit neuen Augen sehen …
- Du möchtest dich von deinem Elternhaus lösen …
- Du willst deinen Beitrag für die Welt erkennen …

Nicht selten gehen Menschen auf Visionssuche, um eine Wandlung zu bestätigen.

> „Mit knapp fünfzig Jahren stand ich wieder vor der Frage, wie ich mein weiteres Leben gestalten sollte. Bin ich auf dem richtigen Weg? Mache ich das mir Gemäße? Was soll nach fünfzig kommen? Wo geht die Lebensreise hin? In der Summe laufen all diese Fragen auf die eine große Frage hinaus: Was ist die Vision meines letzten Lebensabschnitts?" (Klaus-Peter, 50 Jahre)

Das oft verschwommene Ziel ist das Ringen um einen erfüllenden Lebensentwurf, der ureigenen Vision, von der man sich abgeschnitten fühlt. „Ohne Vision stirbst du ab. Du fühlst dich schwach, unfähig etwas zu träumen, zu entwerfen, zu wünschen. Ohne Vision fühlst du dich getrennt von der puren Lebensfreude. Ohne ekstatische Augenblicke vollkommener Leichtigkeit kannst du nicht überleben. Du fängst an, sie im Suff, in Drogen, in Hilfskonstruktionen wie Erfolg, gesellschaftlicher Anerkennung, Bestätigung, sexuellen Exzessen zu suchen. Und du hast mit den Nebenwirkungen zu tun, ohne die Wirkung je gespürt zu haben. Wenn dein Leben so tot ist, dass du morgens nicht weißt, wozu es gut sein soll aufzustehen, ist es Zeit, auf Visionssuche zu gehen."[36]

Wendepunkte

Die erste Reifezeit eines Menschen beginnt im Schoß seiner Mutter. Dort wächst er, bis der Raum zu eng wird, um dann, durch Wehen ausgetrieben, über eine Schwelle in einen neuen Lebensraum zu gelangen. Letztlich durchzieht dieses Muster des Wachstums das ganze Leben von der Geburt bis zum Tod. Doch in der modernen Welt werden Wandlungen meist mit Krisen gleichgesetzt. Zu Krisen kommt es oft aber erst dann, wenn die Wandlung verweigert wird. Dass eine Krise nicht etwas Negatives sein muss, ist in anderen Kulturen eine Selbstverständlichkeit: Im Chinesischen lautet das Wort für Krise *wei-ji*. Wer es aufschreibt, muss es zusammensetzen aus den Zeichen für „Gefahr" und „gute Gelegenheit"; im Griechischen hat „Krise" auch die Bedeutung von „Trennung", „Wahl" und „Erprobung". „Nur wenn wir an der jeweiligen Schwelle den fälligen Abschied vom Gewohnten wach vollziehen und den Schritt ins Neue bewusst tun, wird der Fluss des Wegs nicht gestaut."[37]

Wenn die Visionssuche als ein Übergangsritual gekennzeichnet wird, bedeutet das aber nicht zwangsläufig, dass sie mit Krisen einhergeht oder solche als Motiv braucht. Übergänge können lustvoll sein und leicht, ebenso wie nachdenklich, schmerzvoll und schwer. Auf der ganzen Welt sprechen zahlreiche Mythen von der Wandlung als einer Reise in ein anderes Land, einen Fluss entlang, einen Berg hinauf, durch die Wildnis, in die Tiefen der Erde. Wandlung bedeutet Abschied, Risiko, Dynamik, vielleicht auch Gefahr, doch sie ist ein zutiefst natürlicher Prozess. Statt als Reifungsprozess werden bei uns Wandlungs-Krisen meist als peinliches Versagen erlebt, die durchlitten und verdrängt werden müssen. Doch diese Fehlwahrnehmung ist nicht die Schuld der betroffenen Menschen, sondern eine fast natürliche Folge der Tatsache, dass die Gesellschaft solche Wendepunkte nicht mehr als notwendige und natürliche Schritte des menschlichen Wachstums versteht und würdigt und deshalb auch keine begleitenden Rituale und verbindenden Mythen mehr anbietet. Tatsächlich sind die Wendepunkte im Leben das einzig Sichere: Wir wissen zwar nicht, wie wir unser Leben leben werden, doch dass es durch Kindheit, Pubertät, Erwachsenwerden, Lebensmitte, Altern bis zum Tod führt, ist garantiert.

„Wendepunkte sind Phasen in unserem Leben, in denen aus dem Alten das Neue geboren wird, in denen wir gewordene Formen verlieren, um neue Gestalt zu finden, in denen wir das Bekannte in Frage stellen und uns öffnen für das Unbekannte. An Wendepunkten geben wir den Halt auf, den wir am Gewordenen hatten, um dem zu begegnen, was werden will. An Wendepunkten nehmen wir Abschied von der Person, die wir waren, und begrüßen die Person, die wir gerade werden. Wo immer wir hingegen diese Chance nicht wahrnehmen, deprimieren wir die Person, die wir werden, zu Gunsten der Person, die wir waren."[38]

Für all diese Wandlungen und die vollständige Anerkennung des Vergangenen wie des Kommenden bietet sich die Visionssuche an. Manchmal kann dieses Ritual spezifisch im Moment des Erwachsenwerdens, der Heirat, Scheidung oder Midlife-Crisis eingesetzt werden, doch oft sind die Themen vermischt. Manch ein Vierzigjähriger, der sich vordergründig mit den Problemen der Lebensmitte herumschlägt, kann auch in diesem Alter an der Schwelle zum Erwachsenwerden stehen, weil er das erste Mal seine Identität als Mann begreift.

> „Von meinem neuen Lebensabschnitt erhoffe ich mir mehr Mut, mehr Integrität und Stolz. Ich bin in den letzten Jahren gerade in der Partnerschaft mit meiner Frau durch einen Prozess gegangen, in dem ich mich zum Abziehbild der Erwartungen gemacht habe, die an mich gestellt wurden. Irgendwann stand ich an dem Punkt, nicht mehr zu wissen, wer ich denn bin, wenn ich all diese Erwartungen an mich mal ausklammere, wenn da nur noch ich bin." (Bernhardt, 42 Jahre)

Visionssuche versteht sich in diesem Sinn als ein Ansatz, der nicht auf ein spezifisches Thema fokussiert ist, sondern mit dem arbeitet, was sich aus der ganzen Persönlichkeit an Fragestellungen entwickelt. Trotzdem hat sich gezeigt, dass es Sinn macht, Angebote auf bestimmte Zielgruppen auszurichten. So werden – siehe Anhang – Visionssuchen angeboten, die sich speziell an Jugendliche wenden, Queste für Männer oder Frauen, die ihre geschlechtliche Identität suchen, oder auch für Schwerkranke, die vor der letzten großen Schwelle des Lebens stehen. Auch bestimmte soziale Gruppierungen rücken bei einigen Anbietern in den Mittelpunkt: Das reicht von verhaltensauffälligen Jugendlichen bis zu entlassenen Strafgefangenen, von jungen Führungskräften bis zu leitenden Managern.

Visionssuche mit Jugendlichen

Wahrscheinlich haben sich alle Initiationsrituale der Welt aus der Erkenntnis entwickelt, dass der Übergang von der Kindheit zum Erwachsensein zu den wichtigsten, komplexesten, schwierigsten und bedeutsamsten Übergängen gehört, die ein menschliches Leben einfordert. Auch wenn die Visionssuche in den ersten Jahren ihrer Wiederentdeckung primär von Erwachsenen genutzt wurde, so ist sie doch in ihrer Struktur, ihren Herausforderungen und ihrer Absicht ein klassisches Initiationsritual für Jugendliche. Und es ist durchaus möglich, dass viele Erwachsene, die auf Visionssuche gehen, eigentlich eine solche Initiation nachholen, weil sie ihnen von der Gesellschaft verwehrt wurde.

Tatsächlich nimmt die Zahl der Angebote für Jugendvisionssuchen ständig zu. Und auch die Nachfrage wächst: bei den Jugendlichen selbst, bei den Eltern, aber auch in den Institutionen, die mit Jugendlichen zu tun haben. Entsprechende Vorträge in Schulen und anderen pädagogischen Einrichtungen sind begehrt, Lehrer und Erzieher beginnen zu begreifen, dass Fachwissen und Leistungskampf keine Antwort bieten für die seelischen Nöte Heranwachsender. Während es in Amerika schon verschiedene Schulen gibt, die ihren Absolventen eine Visionssuche oder etwas Ähnliches anbieten, ist man diesbezüglich in Deutschland, Österreich und der Schweiz bis auf wenige Ausnahmen (siehe Anhang) noch ganz am Anfang.

Eine Visionssuche für Jugendliche unterscheidet sich in ihrer Struktur nur graduell von dem, was wir bisher beschrieben haben: Die Vorbereitung der Vierzehn- bis Einundzwanzigjährigen ist konkret auf die existenziellen Fragen von Jugendlichen zugeschnitten. Statt der vier Tage und vier Nächte gehen Jugendliche meist zwei oder drei Tage und Nächte fastend in die wilde Natur. Und bei der Rückkehr vollzieht sich die Wiedereingliederung in der Regel in Gegenwart der Eltern: Sie werden eingeladen, die Geschichte, die „ihr Kind" aus der Schwellenwelt mitbringt, anzuhören, den Wandel zu erleben und anzuerkennen.

Jugendliche, die von Visionssuchen hören, reagieren oft intuitiv mit Interesse, weil sie merken, dass diese Struktur einen Rahmen bietet, um sich ihren existenziellen Fragen zu stellen.

> „Im Grunde war ich zufrieden mit meinem Leben, aber ich wollte näher an meinen eigenen Daseinssinn kommen. Für mich war klar, dass das für mich heißen würde, immer mehr auf mein

Herz zu hören. So dachte ich, dass eine Vision Quest sicher einen großen Schritt für mich nach vorne bedeuten könnte. Ich fühlte eine Offenheit in mir für das, was kommen würde, und war voll freudiger Erwartung." (Kathi, 17, Schülerin)[39]

Für Eltern, die sich mit dem Gedanken beschäftigen, stellen sich da eine ganze Reihe von Fragen: Brauchen Jugendliche ein Übergangsritual? Ist dieses Ritual zeitgemäß für Jugendliche, die – oft entfremdet von der Natur – in einer Konsum- und Unterhaltungskultur aufgewachsen sind? Können sie die Herausforderungen bewältigen?

Die Pubertät ist unbestritten zunächst einmal eine besondere biologische Schwellensituation in der Entwicklung eines Menschen. Es ändert sich alles: der Körper, die Gefühle, das Rollenbild. Auch die Anforderungen, die die Welt an den Jugendlichen stellt, verändern sich: Plötzlich eröffnen sich neue Beziehungsmöglichkeiten, neue Verantwortungen sollen übernommen werden, persönliche Werte sind gefragt, die Berufswahl steht an. All diese massiven Veränderungen finden in dem knappen Zeitraum zwischen dem elften und zwanzigsten Lebensjahr statt. Der Vollzug dieser grundlegenden Wandlung zeigt sich dann aber nicht auf der biologischen Ebene, sondern lässt sich eigentlich nur sozial definieren: durch die Kompetenz, dauerhafte Beziehungen selbständig zu gestalten und Verantwortung in Familie und Beruf zu übernehmen. Und mit achtzehn Jahren soll der junge Mensch als gesetzestreues, sozial verantwortliches, selbstbewusstes und ordentliches Mitglied der Gesellschaft dastehen.

„Das bringt Jugendliche in die Position eines Piloten, der ein Flugzeug hat, ohne dass ihm jemand zeigt, wie das Fliegen geht, der auf einer Startbahn steht, ohne abheben zu dürfen. Dann, wenn er achtzehn wird, heißt es: ‚Los! Jetzt darfst du starten!' Kann er das? Kann er das kaum ausgereifte Fahrzeug seines Körpers durch den gefahrenvollen Himmel modernen Erwachsenseins steuern, ohne abzustürzen und dabei andere mit sich zu reißen? Woher weiß die Gesellschaft, dass er fliegen kann? Gibt es einen Pilotenschein?"[40]

Diese Analogie zeigt deutlich, in welcher Situation sich Jugendliche befinden und wie wenig die heutige Gesellschaft tut, sie in dieser Situation zu unterstützen. Schon die aufgezählten Faktoren verweisen auf die Dringlichkeit einer klar strukturierten Hilfe von Seiten der Erwachsenenwelt. Zusätzliche Belastungen entstehen durch die sich immer weiter modernisierenden und verhärtenden Gesellschaftsstrukturen: Da gilt es, Karrieren früh zu planen, mit zum Teil zerrissenen Elternhäusern oder mangelnder Betreuung umzugehen, familiärer und schulischer Gewalt oder Missbrauch und hohem Leistungsdruck standzuhalten.[41] Zudem ist in der jugendvernarrten Gesellschaft das „Jugendlich-Sein" zu einem Wert an sich geworden, die Grenzen zur Erwachsenenwelt sind längst verschwommen, den Heranwachsenden fehlen klare Vorbilder und Rollenmuster.

Jugendliche reagieren entsprechend auf diese allgegenwärtige Überforderung: Die Jugendpsychologie spricht von „Identitätsdiffusion“ und meint damit das Unvermögen, sich auf Werte, Entscheidungen und Ziele einzulassen. Regression auf frühere Entwicklungsstufen, wachsende Passivität, Arbeitslähmung, die Abgabe der Eigeninitiative oder das Leben in Fantasiewelten kennzeichnen diesen Prozess. Drogenmissbrauch und die Suche nach Sicherheit in totalitären Gruppen können Folge dieses Mangels an Identität sein.[42] Gerade bei männlichen Jugendlichen werden innere Leere, der fehlende Kontakt zu den eigenen Bedürfnissen, Gefühlen und Schattenseiten und ein mangelndes Körperbewusstsein diagnostiziert,[43] pubertierende Mädchen entwickeln häufig Magersucht und Bulimie. Eine andere Form zu reagieren besteht angesichts nicht existierender Initiationsrituale darin, sich selbst zu initiieren. Die Versuche sind entsprechend hilflos: Alkohol- und Drogenkonsum, wilde Partys, Auto-Wettrennen, S-Bahn-Surfen, illegaler Schusswaffengebrauch. Dabei orientieren sich viele Jugendliche an der Welt unreifer Erwachsener, wie sie ihnen tagtäglich auch im Kino und Fernsehen vorgeführt wird. Mit allem, was als *Action* verstanden wird, soll Kaltblütigkeit, Mut, Ausdauer und Kraft bewiesen werden. Die meisten dieser Versuche scheitern, gefährden das Leben der Jugendlichen oder die Gesundheit anderer. Die tödlichen Unfälle jugendlicher Autofahrer sprechen eine deutliche Sprache, ebenso die steigende Zahl der Drogentoten und der jugendlichen Selbstmörder. Auch die wachsende Nachfrage nach Extremsportarten, in denen die Teilnehmer in der Natur Grenzüberschreitungen erfahren, spricht für sich. Ob sie ohne den entsprechenden Rahmen initiatorisch wirken, ist die Frage.

Die wachsende Gewalt an den Schulen, die Bildung von jugendlichen Banden an sozialen Brennpunkten, die zunehmende Kriminalität bei Jugendlichen oder die tragischen Fälle von amoklaufenden Halbstarken zeigen, wie sehr unsere Gesellschaft die pubertierenden Jugendlichen alleine lässt. Statt sie dabei zu unterstützen, die schwierige Schwelle zum Erwachsensein zu überschreiten, breitet sich in der Welt der Erwachsenen eine Angst vor der Jugend aus, vor der man meint, sich schützen zu müssen. „Mehmets“ werden ausgewiesen, der Bad Reichenhaller Amokläufer zum Psychopathen erklärt, ohne dass derartige Tragödien als Symptom einer grundlegenden Krise begriffen werden. Wir scheinen die Kontrolle über Teile der nachwachsenden Generation verloren zu haben, weil wir ihr kaum helfen, erwachsen zu werden. Und Erwachsene können ihnen oft nicht wirkungsvoll helfen, weil sie selber nicht in das Erwachsenenleben initiiert wurden.

Welches Potenzial die Visionssuche für Jugendliche angesichts ihrer Lebensbedingungen hat, wird aus folgenden Berichten deutlich:

„Ich konnte es kaum erwarten, vom Berg hinabzusteigen. Beim Tritt über die Schwelle habe ich mich mit dem Satz: ‚Welt, jetzt hast du mich zurück, sei froh drüber‘ wieder ins Leben katapultiert. Ich kann jetzt meinen Wert für mich und die Menschheit erkennen und stolz auf mich sein. Die Beziehungen zu meinen Mitmenschen scheinen viel tiefer und offener zu sein als bisher. Auch habe ich eine tiefe Zufriedenheit in mir selbst wahrgenommen und vor allem die Erkenntnis, keinen anderen Menschen zum Glücklichsein zu brauchen." (Kathi, 17 Jahre)[44]

Ein Jugendlicher, der eine Messerstecherei hinter sich hatte, die er mit schweren Verletzungen überlebte, sagt über seine Zeit in der Wildnis: „Ich war nicht hungrig, ich war nicht durstig. Ich war nur froh, am Leben zu sein."[45]

Jugendliche sind bei einer Visionssuche den gleichen Härten ausgesetzt wie Erwachsene: der dunklen Nacht, der Einsamkeit, den Ängsten, dem Hunger, der Hitze und Kälte. Vielleicht üben sie erstmals im Leben bewusst einen Verzicht.

Die jahrelangen Erfahrungen von Visionssuche-Leitern, die mit Jugendlichen arbeiten, beweisen, dass sich kaum jemand vom einsamen Fasten überfordert fühlt, wenn er gut vorbereitet wurde. Der Wunsch, erwachsen zu werden, der ihn hergeführt hat, ist stärker. Dabei bietet der Rahmen des Rituals einerseits Sicherheit, andererseits genügend Freiraum, um sich selbst zu erforschen.

„Es hat auch eine Grenze. Du musst dich nicht dein Leben lang von Wasser ernähren. Sondern es ist wirklich eine Bewährungsprobe, die verlangt eine Struktur und Überblick. Da zeigt es sich, ob die junge Frau oder der junge Mann wirklich auf dem Weg ins Erwachsensein ist. Der Knackpunkt ist, dass das kein Ritual ist, das ihnen aufgezwungen wird oder das man halt macht, weil es die Eltern wollen, wie zum Beispiel Konfirmation oder Firmung. Das Wichtige ist das Selber-Erfahren."[46]

In intensiven und häufigen Vorbereitungstreffen wird die psychische Stabilität der jugendlichen Teilnehmer geprüft, die individuelle Lebensgeschichte besprochen und die Sicherheitsregeln vermittelt, bevor die Schwelle übertreten wird. Zwar sind Jugendliche nicht immer leicht zu erreichen, wenn sie sich aber für den Weg der Visionssuche entschieden haben, gehen sie ihn nach den Erfahrungen der Leiter mit großer Konsequenz, Geradlinigkeit und einem hohen Verantwortungsgefühl für sich und die Gruppe. Auch wenn das zentrale Anliegen aller Teilnehmer das gleiche ist, sind die Erfahrungen und Reaktionsformen immer einzigartig.

„Der siebzehnjährige drogenabhängige Peter hatte sich einen Platz gesucht, der mitten im Weidefeld von Stieren lag. Als er das erste Mal dort aufwachte, standen diese Stiere vor ihm, und er ist vor ihnen geflohen. Er hat sich erneut niedergelassen und wurde wieder von den Stieren vertrieben. Und immer musste er dabei im wahrsten Sinn des Worts durch die Scheiße. Das hat ihn aber nicht zum Rückzug bewogen. Sondern er hat sofort für sich erkannt, dass diese Stiere eigentlich seine alte Umgebung kennzeichnen, die ihn bedroht, in die er nicht gehört und die ihm auch nicht guttut. Dann hat er einen ruhigen Ort für sich gefunden, wo er sich um sich selbst kümmern konnte, und kam dann mit einer Klarheit in den Augen zurück, die er bis dahin nie gehabt hat."[47]

Visionssuchen haben auch bei Jugendlichen keine Erfolgsgarantie, oftmals lassen sie danach nichts mehr von sich hören. Doch sie haben die Erfahrung im Gepäck, eine schwierige Situation alleine gemeistert zu haben, und können sich in schwierigen Situationen daran erinnern. Die Natur spiegelt, was da ist, sie akzeptiert jeden, wie er kommt, und bewertet nicht. Und sie erteilt Lektionen, die heilend wirken können.

„Die magersüchtige Karin geht raus. Nach mehreren Stunden kriegt sie – obwohl sie es durch ihre Essensverweigerung gewohnt sein müsste – körperliche Schmerzen, dass sie es kaum aushält vor Hunger, und entwickelt Visionen, dass ein Hund kommt und ihr Brot bringt. Innerhalb von vierundzwanzig Stunden kommt sie so an ihre körperlichen Grenzen, dass sie sich mit letzter Kraft zum Lager schleift, alles zurücklässt und wie eine Ertrinkende zurückkommt, etwas isst. Nach einer Stunde hatte sie sich komplett erholt. Das Ergebnis war, dass sie das erste Mal in ihrem Leben verstanden hat, dass sie mit der Art, wie sie mit sich umgeht, niemand anders schadet als sich selbst. Eine banale Weisheit, durch die sie ein Muster loslassen und ihr Leben grundlegend verändern konnte."[48]

Immer markiert eine Visionssuche bei Jugendlichen den rituellen Abschied vom Elternhaus. Die „familiäre Mutter" wird verlassen, wenn man draußen „Mutter Erde" begegnet. In der Rückbindung an die Natur und im Wissen, für das eigene Überleben verantwortlich zu sein, erkennen die Jugendlichen ihren Platz im Leben besser. Emotionale Verwicklungen mit den Eltern erscheinen „draußen" oft in anderem Licht und wandeln sich in Liebe, Dankbarkeit und Respekt, wenn die Quester auf ihre Kindheit zurückblicken.

Die Anwesenheit der Eltern bei der Rückkehr ist wichtig, um die Initiation anzuerkennen und die Probanden für ihren Mut zu ehren. Eltern sind stolz auf ein Kind, das sich dieser Herausforderung stellt, und in Folge auch bereit, ihm neue Privilegien einzuräumen und Verantwortungen zu übertragen. Und nicht selten bietet die Geschichte, die die Jugendlichen mitbringen, die Basis für eine neue Beziehung.

Ziel der meisten Visionssuche-Leiter, die mit Jugendlichen arbeiten, ist es, ein derartiges Übergangsritual fest in der sozialpädagogischen Arbeit mit Jugendlichen zu verankern. Manche träumen davon, dass es mehr und mehr Schulen geben wird, die ihren Absolventen eine solche „Reifeprüfung" ermöglichen. Dass eine größere Zahl von Jugendämtern bereit sein wird, neue unkonventionelle Wege einzuschlagen. Dass Richter, Sozialarbeiter und Bewährungshelfer bereit sind, schwierigen Jugendlichen, die sich wandeln wollen, die Möglichkeit zu eröffnen, es in dieser Form zu tun. Die Angebote sind da, die entsprechenden Fortbildungen angelaufen. Am Mut der Jugendlichen scheint es nicht zu fehlen. Wer sich noch sperrt, sind die Erwachsenen in den entscheidenden Institutionen.

„Es nützt nichts, sich über die Jugend aufzuregen. Wer das tut, hat vergessen, dass über tausende von Jahren unsere Gattung überleben konnte und Kulturen erhalten blieben, weil es Übergangsrituale gab. Es waren die Erwachsenen, die das ermöglichten. Auch heute haben die Erwachsenen den Schlüssel in der Hand. Wer bereit ist, sollte nicht länger zögern, damit wir uns an die Arbeit machen und die Jugendlichen zu Erwachsenen machen können, anstatt ihnen weiter zu erlauben, sich selbst zu initiieren."[49]

Vision Quest für Führungskräfte

Wer im Internet die Stichwörter „Vision" oder sogar „Visionssuche" in eine Suchmaschine eingibt, stößt auf zehntausende von Einträgen, deren größter Teil das Wirtschaftsleben betrifft. „Die Realität beginnt mit Träumen", lautete der erfolgreiche Buchtitel des deutschen Management-Gurus Daniel Goeudevert. Ohne Frage besteht in diesem Bereich ein enormer Bedarf an „Visionssuchen", auch wenn die Inhalte vordergründig andere sind und ihre Umsetzung in Firmen eher abstrakt abläuft.

Führungskräfte sind in ihrer beruflichen Funktion in besonderem Maße vom Thema des Wandels betroffen. Visionssuche-Leiter wie Claudia M. Werner, Rainer Paszek und Peter K. Schmidt[50] haben sich deshalb besonders auf diese Klientel konzentriert.

„Gesucht werden keine Manager mehr, die nach kausalen Ursache-Wirkungsprinzipien handeln, sondern ‚Leader'. Der Manager als ‚Mensch' ist gefragt. Die Führung von Mitarbeitern stellt an Manager der Zukunft neue Herausforderungen, die allein durch Fähigkeiten wie delegieren, koordinieren, motivieren oder organisieren nicht mehr angemessen zu erfüllen sind, sowohl im Hinblick auf die Aufgabe als auch für die seelische Gesundheit des Managers selbst. Gefragt sind Manager, die sich selbst und andere führen können, die neben ihrer Fachkompetenz mit dem zunehmenden Sinnverlust umgehen und in Netzwerken agieren können. Dazu kommt die Bereitschaft, sich mit Leidenschaft, Mut und Ausdauer für ihre Ziele einzusetzen, gepaart mit der Fähigkeit, Visionen zu entwickeln und sie im Team motivierend und konfliktbereit einzusetzen."[51]

Wenn das Ritual der Visionssuche in diesem Bereich angeboten wird, steht es in der Regel im Rahmen eines umfassenderen Trainings, das die Führungskräfte durchlaufen, oder bildet dessen Kern. Hier wird der ganze Mensch herausgefordert: Körper, Gefühle, Geist und Seele. Grundsätzlich bietet eine Vision Quest für Führungskräfte das gleiche Spektrum von Erfahrungsmöglichkeiten an wie für jeden anderen auch. Doch gerade dieser Aspekt – als Mensch auf den Boden der Tatsachen zu kommen – kann für viele Manager, die den Kontakt zur Realität im ganzheitlichen Sinne verloren haben, eine besondere Erfahrung sein, sagt Dieter K. Schmidt, Visionssuche-Leiter und Management-Trainer.

„Führungskräfte haben oftmals keinen oder nur geringen Kontakt zu ihrer Gefühlswelt und zu ihrer Körperlichkeit. Sie betrachten (und behandeln) sich häufig wie einen Turbomotor: Kritik an dieser Haltung kommt zunächst meist aus dem privaten Umfeld. Die wachsende Beschleunigung und der damit einhergehende Veränderungsdruck führen aber heute vielfach früher als bei vorangegangenen Generationen zu einem Gefühl der Überforderung und – meist in der Folge davon – zu diffusen Ängsten und schließlich zu Sinnkrisen. ‚Mein Leben verliert jeden Zauber und schmeckt zunehmend schal', berichtete mir kürzlich ein erfolgreicher Topmanager. Hier bietet die Vision Quest eine besonders tiefgehende Heilungschance, anders als viele Trainings, die lediglich eine Steigerung der Leistungsfähigkeit bzw. der Selbstausbeutung bewirken."[52]

In der Visionssuche können grundlegende Fragen angegangen werden: Worin besteht der Sinn jenseits von funktionaler Leistung? Wie sind Persönlichkeit und Beruf verbunden? Was bin ich jenseits der Aufgabe? Wem gegenüber trage ich Verantwortung? Was trägt mich durch die hohen Anforderungen und die Einsamkeit des Führens hindurch? Was nährt meine Seele? Was gibt mir, jenseits der Position, Vertrauen und Sicherheit? Was ist meine Identität? Und wenn sich ein Konzernlenker beim Berggewitter vor Angst fast in die Hose macht, schrumpfen die Allmachtsfantasien von der Beherrschung des Planeten auf ein realistisches Format. „Ein Mensch, der sich dieser Erfahrung und damit seinen inneren Grenzen stellt und sie überwindet, ist fähig, in einer reifen Form zu führen", sagt die Visionssuche-Leiterin Claudia M. Werner. „Und Vernetzung wird in Wald und Wüste von der Idee zur erlebten Realität." Wer sich mit Ameisen, Käfern, Mäusen und Schlangen ein Stück Land teilt und die gleiche Luft atmet, dem gehen nicht nur die Bedeutung von Titeln und Position verloren, es kann auch sein Selbstverständnis als Herrscher über Mensch, Natur und Bodenschätze tiefgreifend verwandeln.

„Es geht also weniger um Visionen ‚esoterischer' Art, sondern mehr um eine Neubewertung der Vergangenheit, um eine Neu-Orientierung, um neue Gefühle und ein Hören auf die – oft leise – innere Stimme. Es ist nicht nur das so oft zitierte ‚Abschalten', sondern das Hören neuer Frequenzen, das Orten neuer Ziele, das Nachdenken über Dinge, die wirklich wichtig sind für die Zeit nach der Hektik. Es ist eine Chance, Leistung in Frage zu stellen und Fremdbestimmung abzulegen. Diese neun Tage sind sehr gute erste Schritte, um sich selber besser kennenzulernen, das eigene wirkliche Selbst." (Klaus Kreutzer, Manager)

Visionssuche für gesellschaftliche Randgruppen

Randgruppen sind immer das, was vom Wertekanon, Lebensstil, Verhaltenskodex und den Wünschen der Mehrheit abweicht. Wenn, wie bei Strafgefangenen, die Ausgrenzung so weit führt, dass man die Betroffenen isoliert und wegschließt, stellt sich trotzdem früher oder später die Frage der Resozialisierung. Der häufige Misserfolg dieser Versuche, Gesetzesbrecher in die Gemeinschaft zurückzuholen, haben Sozialarbeiter in Amerika und England dazu geführt, Visionssuchen speziell für diese Menschen anzubieten. Solange sie im Gefängnis sind, kann hier nur mit entsprechend modifizierten Kurzformen, Übungen und Strukturen gearbeitet werden (Mentorenschaft durch „Älteste", Abschiedsrituale, „Sterbehütte", „Spiegelung"). Für Menschen aber, die am Anfang ihrer neuen Freiheit stehen, kann die Visionssuche eine Möglichkeit bieten, auf rituelle Weise in den Spiegel ihres Lebens zu schauen, Verantwortung zu übernehmen, mit dem Alten abzuschließen, sich erneut mit der sehr viel größeren Welt zu verbinden und aus sich selbst heraus eine Vision für ihre Zukunft in der Gesellschaft zu entwickeln. Gerade letzteres bekommt bei der Arbeit mit Straffälligen eine besondere Bedeutung: „Rauschgiftsüchtige Täter können ihr ganzes Leben damit zubringen, ihre Lebensgeschichte zu analysieren, ohne dass sich etwas ändert", sagt der englische Sozialarbeiter und Visionssuche-Leiter Steve Todd[53]. Statt also primär in einem rückwärtsgewandten Prozess die Vergangenheit aufzuarbeiten, geht es bei dieser Zielgruppe darum, den tatsächlichen Wandel, der sich in der Gegenwart vollzieht, herauszuarbeiten. Dies stellt besondere Anforderungen an die Begleiter, die hier zu Mentoren werden. Auch hier bedarf es eines größeren Rahmens, in dem dieser Akt der Resozialisierung stattfindet.[54] Die häufigen Misserfolge erlebnispädagogischer Maßnahmen, die primär darauf bauen, kriminelle Jugendliche aus dem sozialen Kontext heraus nur vor existenzielle Herausforderungen zu stellen, machen deutlich, wie wichtig dabei die rituelle Struktur und die Fähigkeit der Leiter ist, als „Älteste" diesen archetypischen Prozess zu strukturieren und zu „halten". Steve Todd weist in diesem Zusammenhang auch darauf hin, wie wichtig der Aspekt der Initiation in der Arbeit mit Straffälligen ist: „Viele der Menschen, mit denen ich arbeite, sprechen davon, dass sie sich fühlen, als ob sie ‚den Körper eines Mannes und den Geist eines Kindes' hätten." Ein ritueller Prozess des Erwachsenwerdens kann deshalb dabei helfen, diese innere Spaltung zu heilen.

Der südafrikanische *Streetworker* und Sozialarbeiter Coleridge Daniels hat in diesem Zusammenhang – mit Unterstützung des *Nelson Mandela Funds* und dem Friedensnobelpreisträger Desmond Tutu – in Kapstadt ein Programm entwickelt, mit dem er hochkriminelle Straßenkinder durch einen achtzehnmonatigen Resozialisierungsprozess führt, in dem eine Visionssuche die zentrale Rolle spielt: Die Betroffenen müssen aus eigener Motivation zum Wandel bereit sein.

Zuerst gehen sie gemeinsam auf ein zehntägiges *Workcamp*. Dort erleben sie die Natur und können sich auch arbeitend mit ihr verbinden. Oftmals sind diese Camps, in denen die Jugendlichen neu eingekleidet werden, die erste Möglichkeit – nach Rasur, Haarschnitt und der ersten Dusche seit Jahren –, sich in einer neuen sozialen Rolle zu erproben. Danach kehren sie zurück auf die Straße, um zu überprüfen, ob ihre Motivation stark genug ist, dem bisherigen Leben den Rücken zu kehren. Der nächste Schritt ist eine dreitägige Visionssuche mit Vor- und Nachbereitung, in der die jungen Straftäter oft zum ersten Mal über die Traumata ihres Lebens reden, um dann in der Schwellenwelt ihr Weltbild und ihre Glaubenssätze zu erkennen und zu überprüfen. Die rund sechzehnmonatige Wiedereingliederung in einem kirchlichen Wohnheim besteht aus klar strukturierten Hilfen zur Lebensbewältigung, einem Ausbildungsprogramm und dem Wiederanschluss an die verlorene leibliche Familie. Die bislang vorliegenden Statistiken zum Erfolg dieses noch jungen Ansatzes sind eindeutig. Mehr als 90 Prozent der Teilnehmer leben seitdem ohne Kriminalität und Drogen in festen Arbeitsverhältnissen und haben sich nach dem Auszug aus dem Wohnheim mit einer eigenen kleinen Hütte in den Townships ein Dach über dem Kopf errichtet. Und wer zurückkehrte in die Gesellschaft der Ausgestoßenen, etablierte vor Ort neue Werte, die von sozialer Verantwortung und Solidarität geprägt waren.[55]

Visionssuche mit Schwerkranken

Die gesellschaftliche Situation von Schwerkranken und Sterbenden ist, von wenigen Ausnahmen abgesehen, von Isolation, Entwürdigung und Entmündigung geprägt.

„Wir fliehen in geschäftiges Treiben und meiden das Dunkle. Dadurch werden die kranken Phasen des Lebens oft grausam, einsam und unpersönlich. Die Krankheit wird mechanisiert, Spezialisten übertragen und in abgesonderten Räumen, Krankenhäusern behandelt. Durch eine Krankheit werden neue Fragen aufgeworfen. Oder Fragen, die bislang verdeckt blieben, drängen in den Vordergrund. Hinter allem steht die Frage nach dem Sinn des eigenen Lebens, nach dem Sinn von Leiden und Tod."[56] Hier setzt die Visionssuche an. Sie würdigt die Krise, setzt auf Eigenverantwortung und auf die Fähigkeit der Betroffenen, heilende Antworten für Körper und Seele zu finden. Sie gibt die Möglichkeit, die Konfrontation mit Schwäche und Tod in einem rituellen Rahmen zu erleben und zu würdigen.

Die dreiteilige Struktur der Visionssuchen steht bei der Arbeit mit Kranken besonders im Vordergrund: Der Vollzug der Trennung als Teil des Rituals gibt den Kranken die Möglichkeit, sich mit dem Abschied bewusst und ganz konkret auseinanderzusetzen; der Kranke erfährt, dass erst durch die vollzogene Trennung der Raum für etwas Neues geschaffen wird. In der Schwellenwelt während des einsamen Fastens konkretisieren sich die Lebensthemen und Ängste der Betroffenen. „Die Grenzen zwischen uns, unseren Ängsten und der Bedrohung von außen verschwinden, wir werden zu einem Ganzen", so die Visionssuche-Leiterin und Ärztin Bettina Koller. „Durch die Erfahrung des Alleingelassenseins und Eingebundenseins in die Natur werden die Ängste kleiner. Die Rituale stützen und schützen die individuelle Erfahrung, den Prozess der Erkrankung zu reflektieren und besser anzunehmen." Im Kreislauf von Werden und Vergehen der Natur eingebunden zu sein, kann helfen, die eigene Vergänglichkeit zu akzeptieren und vielleicht zu erkennen, dass der Tod ein natürlicher Vorgang ist, aus dem immer wieder neues Leben entsteht.

> „Ich werde sterben, und es wird dunkel sein und still, und all das ungelebte Leben, alle nicht gestillten Sehnsüchte, alle angstvoll vermiedenen Gelegenheiten, Veränderungen und Dynamik und Erfahrungen in mein Leben gebracht zu haben, werden mich anschauen und fragen: Warum? Was ich so fürchte und wovor ich weglaufe, ist die Gegenwart, die Herrschaft des Todes über das Leben, dieser vorgezogene Tod, dieses langsame Absterben. Vor mir steht ein toter Busch, der langsam zerfällt und vom seltenen Regen weggeschwemmt oder von Tieren mitgenommen wird, Spinnen bauen ihre Netze darin, Ameisen bietet er Schutz und er hat noch so viel Halt in der Erde, dass ich meine Zeltplane an ihm festbinden konnte. Was ist tot und was ist lebendig? Nichts stirbt, alles verändert sich. Und wenn ich sage: ‚Ja, ich werde sterben', dann sage ich ‚Ja, ich werde mich verändern. Stillhalten und auf den Tod warten heißt, Leben und Tod zu missachten.'" (Norbert, 32 Jahre)

Besondere Bedeutung erhält gerade für Schwerkranke das Ritual der „Sterbehütte", das in seinem Grundmotiv den Übungen in der Hospizarbeit ähnelt. Sie ist der Platz, wo symbolisch letzte Begegnungen mit Freunden, Verwandten und wichtigen Wegbegleitern stattfinden und von dem aus man auf die bedeutenden Ereignisse seines Lebens zurückblickt. Hier ist ein innerer Abschied möglich, frei von den Verstrickungen des Alltags. Hier wird klar, was wichtig war und was nicht, hier wird der Lebenskreis geschlossen, Frieden mit dem gemacht, was war, so dass der letzte große Übergang mit weniger Gepäck vielleicht leichter fällt.

Aufgrund der körperlichen Konstitution der Kranken hat eine derartige Arbeit offenere Strukturen, die mit den Teilnehmern in enger Absprache geplant und durchgeführt werden: Die Visionssuche muss nicht fernab der Zivilisation stattfinden und kann sich manchmal auf nur einen Tag oder eine Nacht verkürzen: „Durch die Erkrankung sind aber bereits im Vorfeld so viele Prozesse abgelaufen, dass die Individuation und die heilsame Verbundenheit mit der Natur sehr konzentriert erfahren werden können."[57]

Grenzbereiche

Ganz andere Regeln gelten für psychisch kranke Menschen. Wer auf eine Visionssuche geht, muss in seiner psychischen Struktur stabil und belastungsfähig sein.

Wer akut oder latent selbstmordgefährdet ist, kann an einer Visionssuche nicht teilnehmen. Das Gleiche gilt für Menschen, die akut gefährdet sind, in eine Psychose zu geraten, unter Verfolgungswahn leiden, schwer depressiv sind oder bei denen die Gefahr besteht, dass sie sich selbst verletzen oder schädigen könnten. Es gilt ebenso für Menschen, die nicht „in sich" sind, sondern sich primär wie von außen betrachten. „Generell ist Menschen von der Teilnahme abzuraten", sagt der Psychotherapeut und Visionssuche-Leiter Wernher Sachon, „die nur wenig oder gar nicht in Kontakt sind mit ihren Emotionen, Ängsten und Schattenseiten."[58] Die Psychotherapeutin und langjährige Visionssuche-Leiterin Irmtraut Schäfer erwähnt als zusätzliche Kontra-Indikationen „schwachen Realitätsbezug, Angstneurosen, multiple Persönlichkeiten und Borderlines".[59]

Viele Visionssuche-Leiter sind ausgebildete Psychotherapeuten, mal Jung'scher, mal transpersonaler oder humanistischer Prägung, oder Körpertherapeuten. Ihrer Erfahrung nach gehen Menschen häufig dann auf Visionssuche, wenn sie schon ein gutes Stück Therapie hinter sich haben.[60] Wer also in seiner Absichtserklärung eine akute psychische Problematik beschreibt, dem wird meist nahegelegt, dass Zeitpunkt und Rahmen der Visionssuche zur Zeit nicht das Richtige wären, und zur Krisenintervention auf klassische Therapeuten verwiesen.

„Wir sind doch so weit weg von der Natur, dass es schon eine riesige Herausforderung ist, sich auf seine Instinkte zu besinnen wie ein Tier. Das ist ein Riesenschritt und für viele Leute nahezu unmöglich. Der Rückgriff auf das ‚Wildsein' kann sämtliche Urängste in Bewegung setzen. Eine ganze Reihe von Menschen, die ich in Therapie habe, würden daran zerbrechen. Da muss man sagen: Ehrfurcht vor der Wildnis, auch vor der eigenen inneren Wildnis. Und wenn man damit nicht umgehen kann, sollte man sie nicht schüren."[61]

Auch für schnelle Problemlösungen oder als Mittel zur Veränderung von eingefahrenen neurotischen Verhaltensmustern eignet sich die Vision Quest nicht: „Es gibt keine Magie", sagt Wernher Sachon, „die uns diese harte und langwierige Arbeit abnehmen kann."[62]

Handelt es sich bei der Visionssuche trotzdem um einen „therapeutischen Prozess"? Die Ansichten darüber gehen auseinander. Psychotherapeuten, die mit diesem Ritual arbeiten, haben in der Regel erkannt, dass die meisten modernen therapeutischen Ansätze auf das Behandlungszimmer bzw. auf die unmittelbare Umwelt des Klienten beschränkt sind, aber die größere natürliche Welt mit ihrem ganzen Heilungspotenzial völlig ausschließen. Nicht selten schlagen sie deshalb Klienten eine Visionssuche als Ergänzung zur Therapie vor. In diesem Fall geht es darum, die Natur in den Heilungsprozess zu integrieren. Denn die Auseinandersetzung mit der natürlichen Welt kann dazu beitragen, Blockaden zu lösen, die in der Therapie nicht berührt werden konnten. Außerdem ergibt sich in der Visionssuche die Möglichkeit, durch ein Ritual etwas so anzuerkennen, wie es ist. Im Gegensatz zu einer Therapie, die primär an der Veränderung von problematischen psychischen Mustern arbeitet, lässt sich mittels Visionssuche ein Wandel vollziehen und bestätigen. Trotzdem können im Verlauf einer Visionssuche Themen aufbrechen, die durchaus einer therapeutischen Nachbereitung bedürfen oder laufende therapeutische Prozesse unterstützen.

Das griechische Wort *therapeia* bedeutet ursprünglich schlicht „begleiten". Es umschreibt also keinen lenkenden, manipulativen Prozess, der auf ein bestimmtes Ziel ausgerichtet ist, sondern einen offenen Raum der Begegnung, der Entfaltung und Integration von Erfahrung. Dieser Raum wird in einer Visionssuche zur Verfügung gestellt. Therapie heißt hier also nicht „medizinisches Behandeln" oder „zielgerichtetes Erziehen", sondern kombiniert integrative Ansätze der psychologischen Begleitung mit einer pädagogischen Haltung, die auf die Entfaltung der Potenziale abzielt, die noch unentwickelt im Menschen schlummern und stabile Bedingungen brauchen, um sich entfalten zu können. Die Visionssuche bietet damit einen Rahmen an, in dem Selbstheilung passieren kann. Sie geht davon aus, dass jeder Mensch die Antworten, die er braucht, in sich trägt. Aufgabe des Rituals ist es, diese Kräfte freizusetzen. Damit leistet die Visionssuche, was jede gute Therapie vermag. Allerdings verstehen sich in der Regel die Leiter einer Visionssuche nicht als Therapeuten, sondern sehen sich eher in der Funktion einer Hebamme. Jeannie Eagle Flyer, eine Indianerin aus Colorado, die Visionssuchen leitet, drückt ihre Funktion so aus: „Ich putze die Fenster, alles Weitere sehen sie von alleine."[63] Die eigentliche Therapeutin ist die Natur, sagt die Visionssuche-Leiterin Edith Stölzl: „Ich gehe mit Fragen zu den Therapeuten, die Fichte, Blattlaus, Adler, Kojote heißen. Und Fluss und Hitze und Verzweiflung und Freude. Von denen kann ich mich begleiten lassen."[64]

Wer draußen fastet, hat keine therapeutische Begleitung außer dieser. Man könnte auch sagen, das sei alles, was er braucht. Er kann weder Verantwortung abgeben noch ausweichen. Er schaut in den Spiegel der Natur und sieht, wer er ist. Vielleicht integriert er Eigenschaften, die ihn „ganz" werden lassen. Wenn Heilung eintritt, dann heilt er sich in dieser Begegnung mit der inneren und äußeren Natur selbst.

Was am ehesten der „Therapie" gleicht, sind die Vor- und Nachbereitung der Visionssuche. Doch auch hier muss man berücksichtigen, dass ein Übergangsritual wie die Visionssuche um Jahrtausende älter ist als alles, was wir als Psychotherapie bezeichnen. Sicher erfüllen Therapeuten heute einen Teil der Aufgaben, die früher von Schamanen, Ritualmeistern und Ältesten übernommen wurden. Und sicherlich sind zahlreiche Methoden der modernen Psychotherapie uralte Werkzeuge, die nur mit neuen Begriffen belegt wurden. Die Frage, ob es sich bei der Visionssuche um „Therapie" handelt oder nicht, stellt sich so daher falsch. Fraglos kann ein solches Ritual tiefe Heilungsprozesse in Gang setzen. Fraglos kann und will es aber auch keine Psychotherapie ersetzen. Und manchmal kann es auch der erste Schritt dazu sein, sich in Therapie zu begeben, um aufgebrochene Themen weiter zu bearbeiten.

Ein Feld, mit dem erst experimentiert wird, ist die therapeutische Anwendung einzelner Elemente der Visionssuche in der Einzelarbeit mit psychotherapeutischen Patienten. Visionssuchen im Kleinformat können aus einer Medizinwanderung bestehen, aus einem Schwellenritual samt einstündigem Rückzug im Wald oder einer selbstgestalteten Heilungszeremonie. Diese Form der „initiatischen Naturarbeit" wird mittlerweile auch Sozial- und Erlebnispädagogen als Fortbildung angeboten.[65]

Die Wildnis spricht.

Teil 2

Hintergrund

Visionssuche – Ist das was Indianisches?

Für die ersten christlichen Missionare, die sich vor mehr als 200 Jahren in die endlosen Wälder des nordamerikanischen Kontinents wagten, um den „Wilden" das Wort Gottes zu bringen, dürfte die indianische Welt eine gewaltige Herausforderung gewesen sein. Sie trafen auf Kulturen, die in unmittelbarer Verbindung mit den Energien der Natur lebten und dieses Beziehungsnetz regelmäßig durch ekstatische Rituale bekräftigten. Ihre indianischen Gastgeber tanzten ums Feuer, bemalten sich, trieben sich Holzpflöcke durch die Haut, hängten sich an Bäume und Stelen, vollzogen erfolgreich mysteriöse Heilrituale, sprachen mit Bäumen, Steinen und Naturgeistern. Sie verstanden sich als integraler Teil einer viel größeren Familie von Lebewesen und Wesenheiten: als Bruder und Schwester von Sonne, Mond, Sternen, Winden, Wolken, Regen, Nebeln, Hügeln, Flüssen, Seen, Bäumen, Gräsern, Vögeln, Vierfüßlern, Würmern – einer unübersehbaren Verwandtschaft mit allem Laufenden, Kriechenden, Fliegenden, Atmenden und Wirkenden.[66]

Was blieb den europäischen Glaubensbrüdern anderes übrig, als innerhalb ihres eigenen Glaubens- und Bezugssystems nach Begriffen und Kategorien zu suchen, die geeignet schienen, diese fremde, sozial erfolgreiche und archaische Lebensweise begreifbar zu machen. Als sie bei den Prärie-Indianern der großen Ebenen beobachteten, dass Männer und Frauen unterschiedlichen Alters fastend und rituell geschmückt für vier bis zehn Tage in der Wildnis verschwanden, um danach mit großer Ehrerbietung und Festen vom Stamm wieder in Empfang genommen zu werden, da haben sie sich erinnert: An Sagen und Legenden, an verstaubte mittelalterliche Berichte in den Klosterbibliotheken. Und sie gaben dem exotischen Ritual einen vertrauten, alten Namen: „Vision Quest".

Das Wort „Vision Quest" kommt vom lateinischen *videre* = „sehen, schauen, erkennen", *visio* = „das Gesicht" und von *quaerere* = „suchen, fragen". „Quest", das war im europäischen Mittelalter der Name für eine suchende Wanderschaft oder Wallfahrt ins Unbekannte, eine „heilige Suche" der Ritter nach spiritueller Einsicht, die ihren populärsten Niederschlag in Parzivals Suche nach dem Heiligen Gral fand. Dieser – wie wir noch sehen werden, nicht unbegründeten – Assoziation mittelalterlicher Schwellenrituale mit indianischen Initiationsriten verdankt die Visionssuche ihren englischen Namen. In diesem Begriff vermischen sich Gedanken, Überlieferungen und rituelle Praktiken aus mindestens vier Kulturen: lateinische Begriffe, englische Ritter-Sagen, indianische Rituale und die Überlieferung durch die katholische Mönchskultur. Dazu im folgenden mehr.

Hanblecheya – Das Flehen um ein Gesicht

Wer heute von „Visionssuchen“ hört, denkt entweder an das, was Hollywood uns als indianische Lebensweise verkauft hat, oder an begrifflich überfrachtete Werbungen von Unternehmensberatern. Wenn der alte Begriff der „Quest“ heute wieder für eine rituelle Suche nach dem eigenen Weg benutzt wird, dann liegt die Frage nahe, ob es sich bei der „Vision Quest“ tatsächlich um eine indianische Tradition handelt. Weiter würde sich die Frage stellen, ob dieses Ritual aus der animistischen Glaubenswelt der Indianer in die moderne westliche Industriekultur verpflanzt werden kann und darf.

Bis in die siebziger Jahre des 20. Jahrhunderts war die Vision Quest ein ethnologischer Begriff für ein indianisches Ritual.[67] Erstmals beschrieben wurde sie von dem Deutschen Georg Kohl aus Bremen, einem der wenigen Forschungsreisenden, die ohne Überheblichkeit und mit offener Faszination die indianische Weltsicht begreifen wollten. In seinem 1859 erschienenen Buch berichtet er von „den bemerkenswerten und wundervollen Selbstprüfungen“, die sich indianische Jugendliche im Alter von dreizehn oder vierzehn Jahren, „nur einer Idee, einem Traum, einer religiösen Pflicht folgend“, auferlegten, indem sie allein in die Wildnis zogen.[68] Sein Gesprächspartner, ein alter Indianer vom Stamm der Ojibwa mit dem Namen Old Cloud, erzählte Georg Kohl von einer Visionssuche, die er Anfang des 19. Jahrhunderts – als Kind – unternommen hatte.

„Großvater nahm mich bei der Hand und führte mich in den tiefen Wald. Er wählte eine luftige rote Pinie aus und bereitete in den Ästen ein Bett für mich, auf das ich mich legen sollte. Wir schnitten Büsche und verwebten sie mit den Pinienästen. Dann pflückte ich Moos, bedeckte damit das Flechtwerk, legte die Matte, die meine Mutter zu diesem Zweck für mich gemacht hatte, darauf und legte mich hin. Mir wurde auch erlaubt, über mir ein paar Äste als Schutz vor Regen und Wind zusammenzubinden.“[69]

Die ethnologische Forschung der letzten 150 Jahre zeigt, dass es überall auf dem nordamerikanischen Kontinent vergleichbare Rituale bei den indianischen Stämmen gegeben hat, auch wenn sie sich in Einzelheiten unterschieden. Bei den Algonkin bestieg der Pilger einen Baum und vergegenwärtigte sich träumend den Kosmos. In den Traumvisionen der Prärieindianer, die fastend am Boden saßen, erschienen den Visionssuchern häufig Einzelfiguren der indianischen Geisterwelt. An der Pazifikküste bestimmten die Visionen den sozialen Status des Visionärs. Im Mississippital und an den großen Seen war die Visionssuche vor allem eine spirituelle Übung für Jugendliche beiderlei Geschlechts. Pat Grasshopper, ein alter Indianer von den kanadischen Sarcee, begründet die Visionssuche in seinem Stamm so:

„Um etwas von der Geistkraft der Natur in sich aufzunehmen und einen Geist zu finden, der ihn sein ganzes Leben über beschützen würde, ging ein Junge allein in die Wildnis. Erst badete er sich, bis er ganz sauber war, und dann blieb er drei oder vier oder fünf Tage allein und ohne Nahrung. Nachdem er gefastet hatte, hatte er manchmal eine Vision, und der Geist sprach zu ihm. Er lehrte ihn ein besonderes Lied und gab ihm eine besondere Kraft. In den alten Tagen verließen sich die Männer im Krieg auf ihre Schutzgeister. Wer einen starken Schutzgeist hatte, war selbst gegen Gewehrkugeln gefeit. Deshalb war die Suche nach einem Schutzgeist früher noch wichtiger als heute.“[70]

Auf den großen Ebenen wurde sie von Männern während des ganzen Lebens praktiziert, und zwar immer dann, wenn sie einer besonderen Ermutigung bedurften.[71] Bei den Lakota und Teton-Sioux der *Great Plains* jedoch war die Visionssuche neben dem Sonnentanz und der Schwitzhütte die zentrale spirituelle Erfahrung, in denen das „große Geheimnis“ (*Wakan tanka*) um eine Lebensvision angefleht wurde.

Bei den Lakota hieß die Visionssuche *Hanblecheya* oder *Hanblecheyapi*, was in den meisten Quellen als „Flehen um ein Gesicht“ oder als „Ruf nach einer Vision“ übersetzt wird. *Han* bedeutet die „Nacht“, *ble* ist der „See“, *cheya* heißt „anflehen“. Hanblecheya bedeutet wörtlich also „die Nacht auf dem See anflehen“ und erinnert daran, dass die Visionssuche ursprünglich auf einem Floß durchgeführt wurde, auf dem der Suchende angebunden wurde, damit er nicht trinken konnte.[72] Heute finden Visionssuchen bei den Lakota meist bei zunehmendem oder bei Vollmond auf einer bewaldeten oder felsigen Hügelkuppe statt. Traditionell waren sie hauptsächlich Männern und Jungen vorbehalten, für letztere bedeuteten sie den Übergang vom Junge- zum Mann-Sein.

Vor dem Ritual gab man dem Suchenden kräftig zu essen. Dann zog sich der Junge in Begleitung von einem oder zwei Medizinmännern zur rituellen Reinigung an einen abgelegenen Ort, eine Schwitzhütte, zurück. Hier räucherten ihn die Männer mit Süßgras, rieben seinen Körper mit Wermut-Blättern ab und fächerten ihm Luft mit einer Adlerfeder zu. Man riet ihm zu weinen, Demut zu zeigen, nach dem Heiligen zu fragen, um Kraft und ein Zeichen des Großen Geistes zu erflehen. Dann ließ man ihn allein an dem Platz oder in einem Erdloch, wo er vier Tage, ohne zu essen und zu trinken, ausharrte.[73] Nach dieser Schwellenzeit wurde er durch das Inipi, die Schwitzhütte, in die Welt des Alltags zurückgebracht.[74]

„Man geht nicht auf Visionssuche wie ein Jäger, der einem Wild nachstellt. Weder Mut, noch Willen oder Leid verleihen Visionen. Sie ist vielmehr ein Geschenk der Weisheit. Es ist durchaus möglich, dass nicht der geringste Traum auftaucht. Doch auch dann bauen Selbstüberwindung und Gebet an einem neuen Ich. Offenbart sich jedoch eine Vision, sollte sie mindestens zwei Monate lang ‚gehegt‘ werden, um ganz in ihr aufgehen zu können.“[76]

Vier kleine Cottonwood-Bäume markieren die Ecken eines traditionellen Visionssucheplatzes. Farbige Stoffstreifen hängen von den Bäumen. Ihre Farben korrespondieren mit den Himmelsrichtungen. Die Umzäunung besteht aus Seilen, an denen die Tabakopfer, „tobacco ties", befestigt sind. Der Suchende sitzt auf einem Büffelfell oder einer Decke.
Zeichnung: Thomas Mails[75]

Neben John Fire Lame Deerwar es vor allem der Lakota-Medizinmann Black Elk oder Schwarzer Hirsch, der in den siebziger Jahren in Vorträgen und Büchern der weißen Kultur das Ritual der Visionssuche enthüllte und dessen religiöse Komponente besonders hervorhob:

„Wir gehen zum Flehen in die Einsamkeit, um eine Erfahrung besser zu verstehen, aber auch, wenn wir uns auf eine große Anstrengung vorbereiten. Manche flehen, um vom Großen Geist etwas zu erbitten, andere, um dem Großen Geist Dank zu sagen, wenn er ihnen ein großes Geschenk gemacht hat. Der wichtigste Grund ist aber wohl, dass es uns hilft, unser Einssein mit allen Dingen zu erkennen. Dann beten wir im Namen von allen Dingen zum Großen Geist, er möge uns die Erkenntnis von ihm geben, von der Quelle aller Dinge, die größer als alle Dinge ist."[77]

Lange Zeit hatte die amerikanische Regierung den Indianern ihre eigenen Zeremonien verboten. Dennoch hatten die Lakota sie geheim in der Abgeschiedenheit der Großen Ebenen vollzogen, um die Tradition nicht abreißen zu lassen. Als die amerikanische Jugendbewegung sich Ende der sechziger Jahre den indianischen Traditionen zuwandte und Mitte der siebziger Jahre ein Gesetz die Freiheit der indianischen Religion garantierte, lüfteten Älteste wie Black Elk den Schleier, der über der Visionssuche lag.[78] Das alte Wissen wurde nicht nur von der Hippie- und New-Age-Bewegung mit Interesse aufgenommen, sondern schon bald von der entstehenden ökopsychologischen und tiefenökologischen Bewegung (siehe letzter Abschnitt des 2. Teils) in den USA aufgegriffen und in die Praxis umgesetzt. Außerdem kam es auch bei verschiedenen Indianerstämmen zu einer Wiederaufnahme der Traum- und Visionssuche.

Während die moderne ökopsychologische Bewegung damit zu experimentieren begann, die Sinn- und Selbstsuche in der Wildnis mit Methoden der humanistischen Psychologie und Carl Gustav Jungs Tiefenpsychologie und Archetypen-Lehre zu kombinieren, machten die umfangreichen Forschungsarbeiten von Mythologen wie Joseph Campbell und Mircea Eliade deutlich, dass es ähnliche Schwellenrituale und Initiationsriten wie bei den nordamerikanischen Indianern in den Sagen und Mythen fast aller Kulturen gegeben hat.[79] Seit Beginn der siebziger Jahre machten Indianer und weiße Amerikaner die Quest in den USA mehr und mehr allen interessierten Menschen zugänglich, unabhängig von ihrer Hautfarbe und ihrem persönlichen Wertesystem. Mittlerweile ist sie „in ihrer intimen Erfahrungsmöglichkeit in und mit der Natur, zusammen mit der *Deep Ecology* (Tiefenökologie) und der *Ecopsychology* (Ökopsychologie)" zu einer Bewegung in den Staaten angewachsen, die allmählich auch nach Europa übergreift.[80] Heute steht der Begriff Vision Quest für verschiedene Arten von Übergangsriten in der Natur, ohne auf eine spezielle kulturelle Tradition oder ein spezifisches Wertesystem festgelegt zu sein. Durchgängig alle Anbieter und Leiter von modernen Visionssuchen erkennen jedoch die wichtige Rolle an, die die nordamerikanischen Indianer bei der Bewahrung dieser Tradition gespielt haben.

Doch die breite Anwendung und Ausbreitung dieses Rituals in den Vereinigten Staaten führte auch dazu, dass die Traditionalisten in der amerikanischen Indianerbewegung auf die Barrikaden gingen. Sie reklamierten die Vision Quest als ein spezifisch indianisches Ritual, das weder kopiert noch imitiert werden könne, ohne damit die religiösen Gefühle der amerikanischen Ureinwohner zu verletzen. Der Konflikt schlug in Amerika zum Teil so hohe Wellen, dass unseren Lehrern Steven Foster und Meredith Little, die seit fast dreißig Jahren mit Visionssuchen arbeiteten, von radikalen indianischen Fundamentalisten mit handfesten Konsequenzen gedroht wurde, falls sie den Begriff Vision Quest weiterhin für ihre Arbeit verwenden würden. Die *School of Lost Borders* spricht deshalb heute bevorzugt vom *VisionFast*, dem Visionsfasten.

Entscheidend für die heutige Anwendung in der westlichen Welt ist aber nicht die indianische Tradition, sondern die Art und Weise, wie moderne Westeuropäer die archetypische Struktur des Rituals aufgrund ihrer eigenen kulturellen Traditionen mit Leben füllen.[81]

Der österreichische Theologe David Steindl-Rast, der in den USA viel mit den spirituellen Führern der amerikanischen Indianer zusammenarbeitet, sieht die Bewahrung der indianischen Tradition der Visionssuche als eine Möglichkeit, zu unseren eigenen Wurzeln zurückzufinden. „Die Indianer (machten ihre) Visionssuche in den Wüsten und Felsenbergen. Wo wir es tun werden, ist noch offen. Aber tun müssen wir es, so wir für unsere Kinder eine echte Lebensmöglichkeit erhalten wollen. Deswegen sind die Indianer für uns heute so wichtig. Als eine der letzten Kulturen, die ‚nicht aus dem Paradies vertrieben wurden', haben ihre Werte und Lehren Leuchtturmcharakter, der uns über die Kluft der dunklen Jahrtausende hinweg ein Licht der Erkenntnis scheinen lässt."[82]

Fraglos ist es wichtig, im Umgang mit indianischen Traditionen Vorsicht und Respekt walten zu lassen. Manche Aspekte der Visionssuche mögen indianisch wirken. Aber den Gebrauch der Rassel, die Verehrung der Himmelsrichtungen oder das rituelle Verbrennen von Kräutern gibt es seit Menschengedenken in den verschiedensten Kulturen ebenso wie Initiations- und Übergangsriten, die weltweit vorhanden sind und im folgenden dargestellt und untersucht werden.

Initiationsriten und Schwellenrituale

Brauchen wir so etwas noch?

Etwas zu beenden heißt, etwas anzufangen.
Wir beginnen immer mit einem Ende.
(T. S. Elliot)

Die Visionssuche entfaltet ihre Wirkung als ein Ritual. Der Begriff des Rituals entzieht sich einer eindeutigen wissenschaftlichen Definition, was der Wirkung von Ritualen aber keinen Abbruch tut. Der Begriff leitet sich von dem Sanskritwort *rta* = „Wahrheit" ab, Lexika definieren Rituale als „Ordnung für gottesdienstliche Handlungen" oder als „kulturellen Brauch, der sich im Lauf einer Tradition gebildet hat".

Mit solchen Definitionen wird jedoch nichts ausgesagt über die nachweisbare Wirkung von Ritualen. Catherine Herriger betont, dass mit jeder rituellen Handlung eine bestimmte Wirkung „beschworen" oder geweckt werden soll.[83] Evan Imber-Black verweist darauf, dass Rituale einen geschützten Raum und Ort bereitstellen, um innezuhalten, den Sinn des Lebens zu erforschen und mit Hilfe von Symbolen Verhaltensmuster zu verändern.[84] Die Tatsache, dass fast alle religiösen Handlungen in rituelle Strukturen gekleidet sind, macht deutlich, dass Rituale häufig einen spirituellen Gehalt haben, in jedem Falle aber einer Handlung eine besondere Bedeutung geben.

Wer heute von Initiationsriten hört, denkt in der Regel an haarsträubende Mutproben, blutige Verstümmelungen, rituelle Gewalt. Da werden Jungen und Mädchen, die an der Grenze zum Erwachsenwerden stehen, Zähne ausgeschlagen oder Fleischwunden geschnitten, die in wulstigen Narben verheilen. Da werden Pubertierende nachts von wüst bemalten Stammesmitgliedern zum „Sterben entführt" und zu Tode erschreckt. Jeder aufgeklärte Pädagoge, der davon hört, ist darüber entsetzt. Denn all das scheint zutiefst unserem modernen Wertekanon zu widersprechen. Aber was passiert da wirklich?

In den südafrikanischen Townships gibt es bis heute jene „Ältesten", die es als ihre gesellschaftliche Pflicht verstehen, die vielfach wurzellosen Jugendlichen zu Erwachsenen zu machen:

„Wir beobachten die Kinder, Jungen besonders. Und wenn wir Bescheid wissen, setzen wir uns in den Lieferwagen und fahren nach Mitternacht in das Township. Wir klopfen und sagen: ‚Wir holen deinen Sohn!' Dann beginnen die Mütter zu jammern und die Jungen haben Angst, obwohl sie auf der Ladefläche des Lasters Gleichaltrige treffen. Wenn wir sechs oder sieben zusammenhaben, fahren wir raus in die Wildnis. Wir geben jedem ein Messer, Streichhölzer, ein Laken und Wasser. Wir verbinden ihnen die Augen und führen sie hinaus. Wir sagen ihnen, dass sie allein sein werden, aber unter Beobachtung sind und dass jeden Abend jemand zu ihnen kommt. Es ist wie ein Kreis. Ein Ältester sitzt im Zentrum, und an der Peripherie sitzt, jeder für sich allein, ein Jugendlicher. Und in der Nacht lehren wir sie, was es heißt, ein Mann zu sein. Wir sprechen über Sexualität, wir machen ihnen klar, dass ihre Mütter keine Macht mehr haben über sie, wir sagen ihnen, was ein Mann wissen muss und weitergeben muss, wir sprechen über die Ahnen. Das dauert drei Tage oder eine Woche. Das ist die Aufgabe, und wir tun unser Bestes."[85]

Ob in Südafrika oder in Australien, wo die jungen Aborigines auf ähnliche Weise „entführt", als Kinder symbolisch getötet und dann auf eine manchmal sechsmonatige einsame Wanderung, den *Walkabout*, hinausgeschickt werden: Immer geht es bei Initiationsritualen darum, die „Unschuld der Kindheit" zu beenden, die Herausforderungen eines Erwachsenenlebens in Form einer Prüfung vorwegzunehmen und die Kandidaten dazu zu zwingen, mit Hilfe all ihrer persönlichen und spirituellen Ressourcen ihre Ängste zu überwinden und damit einen bewussten Schritt in ihr neues Leben als Erwachsener zu machen. Welche Funktion kann dann ein Schwellenritual wie die Visionssuche haben? Die Antwort liegt tief verborgen in der menschlichen Psyche, sagt der amerikanische Psychologe Steven Foster. Das Grundmuster aller Initiation liegt wie eine Matrize auf dem Grund unserer Seele. Es wird spürbar, wenn wir uns an die in uns schlummernden Mythen erinnern. Es gleicht einer alten Geschichte, die jedem Menschen in seinem Innersten bekannt ist – auch wenn er sie noch nie gehört hat. Und diese Geschichte klingt etwa so:

„Es gibt Zeiten in deinem Leben, da ist es nötig, alles hinter dir zu lassen. Zeit, hinauszugehen und mit Gott alleine zu sein, mit der Natur und ihren Wesen. Und an diesem einsamen Platz ist der Held oder die Heldin, der Suchende oder Pilger allein mit den Wesen der Natur. Und an diesem einsamen Ort geht der Mensch auf Innenschau, erhält wie ein Geschenk Antworten, Klarheit, eine Vision, die er mit zurücknimmt zu seiner Gemeinschaft, auf dass sie weiterbestehen kann und blüht und damit das Leben weitergeht."[86]

Wenn diese Form der Krisenbewältigung nicht tief im menschlichen Bewusstsein verwurzelt wäre, wären wir wohl schon längst vom Erdboden verschwunden.

Womit haben wir es hier zu tun? Alle Lebensformen von einzelligen Lebewesen bis zu Sonnensystemen und Galaxien folgen einem geordneten und zyklischen Prozess, dessen Stationen Geburt, Wachstum, Reife, Verfall und Tod heißen. Diese Wachstumsgesetze des Universums treffen genauso auf den Menschen zu. Seit die Menschen mit einem reflektiven Bewusstsein ausgestattet sind, haben sie versucht, ihre sozialen Regeln in Übereinstimmung mit diesen universellen Gesetzen zu bringen, sei es in den Savannen Afrikas, der Trockenwüste Australiens oder den Tundren Sibiriens. Schon in den frühesten nachweisbaren Stammeskulturen haben Übergangsriten an der Schwelle zum Erwachsenwerden eine Rolle gespielt.[87] Manche Anthropologen sehen in den Initiations- und Übergangsriten deshalb ein „archetypisches Muster". Der Begriff „Initiation" leitet sich vom lateinischen *initiare* = „hineinführen, bewusst hineingehen" ab. Schon diese Wortwurzel weist darauf hin, dass sich in einem Initiationsritual ein neuer Lebensraum öffnet und der alte entsprechend abgeschlossen wird. Was paradox klingt, hat eine tiefe Wahrheit: Eine Initiation beginnt mit einem Ende und endet mit einem Anfang.

Es geht also um tiefe Veränderung auf drei Wesensebenen: dem seelisch-körperlichen Bewusstsein, dem sozialen Bewusstsein und dem spirituellen und kosmologischen Bewusstsein. Während der Begriff der „Initiationsriten" in der Regel den Übergang vom Jugendlichen zum Erwachsenen meint, bezieht sich der Terminus „Übergangsriten" auf alle Rituale, die andere Wandlungen im menschlichen Leben begleiten. Eine Taufe kann ein Übergangsritus sein, eine Hochzeit oder auch eine Letzte Ölung. Eine Taufe weiht mit dem Symbol des Wassers ins christliche Leben ein, eine Hochzeit markiert den Übergang vom Singledasein zum Menschen in einer Paarbeziehung. Übergangsriten gab und gibt es für die verschiedensten sozialen Gruppen: Männer, Frauen, Musiker, Jäger, Künstler, Heiler, Schmiede, Farmer, Fischer, Weber und Krieger. Ob im Kasten- oder im Ständewesen: Menschen wurden eingeführt in die Traditionen, Aufgaben, Werte, Rechte, Insignien und Verantwortungen ihrer Tätigkeit. Auch die traditionelle Walz der Handwerksburschen ist nichts anderes. Im Mittelpunkt all dieser Zeremonien stand die Absicht, Menschen über schwierige Veränderungen im Leben hinwegzuhelfen und die schmerzhafte Wandlung selbst in einen größeren Sinnzusammenhang zu stellen. Alle Stammesmitglieder nahmen an derartigen Riten teil, die oft in Aufbau und Ablauf einer Visionssuche sehr ähnlich waren. Ohne eine solche Erfahrung blieb den Betroffenen der Zutritt zur nächsten Phase ihres Lebens verwehrt. Denn nach traditioneller Ansicht konnten sie ohne ein Übergangsritual ihre persönlichen Krisen nicht verstehen oder bewältigen und waren deshalb auch nicht befugt, eine größere soziale Verantwortung in der Gemeinschaft zu übernehmen oder neue Privilegien zu erhalten. Deshalb war in viele traditionelle Initiationen auch eine intensive Lehrzeit über die jeweiligen kulturellen Symbole, Hierarchien und Weltbilder integriert. Die Weitergabe von Wissen, der geregelte Übergang in den neuen Status und das umfassendere Verständnis verlangte nach „Ältesten", die als Weise, Wegweiser, Begleiter und Lehrer den Ritus gestalteten und dabei halfen, seine tiefere Bedeutung zu entschlüsseln.

In Sambia werden die Mädchen am Tag ihrer ersten Monatsblutung für eine mehrmonatige Lehrzeit zu einer eigens dafür ausersehenen Frau am Rande oder außerhalb des Dorfes gebracht, die sie „einweiht". Beim Stamm der Dagara in Burkina Faso verlassen die Jugendlichen gemeinsam mit den Ältesten das Dorf für einen mehrmonatigen Initiationsritus und singen dabei:

„Um ein Mann zu werden, muss ich gehen
In den Schoß der Natur muss ich zurück.
Aber wenn ich wiederkomme, singe ich für euch
die Freude der Wiedergeburt.

Meine Familie verlasse ich heute,
Meiner großen Familie begegne ich morgen.
Vater, sei nicht traurig, ich komme wieder.
Mutter, weine nicht, ich bin ein Mann."[88]

Um den genannten komplexen Aufgaben gerecht zu werden, haben alle Kulturen der Welt eine ähnliche Struktur entwickelt, wie der französische Ethnologe Arnold van Gennep 1908 in seinem Grundlagenwerk „Les Rites de Passage"[89] überzeugend dargestellt hat. Diese schon erwähnte Grundstruktur besteht aus drei Phasen: der Abtrennung (*separation/severance*) aus dem bisherigen Leben, von den Eltern, der Familie, dem Zuhause, der bisherigen Arbeit, der sozialen Rolle und dem gewohnten Alltag. Der Initiand wird aufgefordert und darin unterstützt, in seiner alten Rolle zu sterben und mit der Welt, wie er sie kennt, abzuschließen. In der zweiten Phase wird dieser Tod symbolisch vollzogen. Der Initiand wird an einen einsamen Platz gebracht, wo er symbolisch eine Schwelle (*marge/treshold*) übertritt. Er öffnet die Tür in eine Welt, in der er mit sich und den Gesetzen des Universums alleine ist, einem heiligen Ort, der außerhalb des profanen Alltags und der gewohnten Zeit liegt, um in einer Zeit der Prüfungen äußere Bedrohungen und innere Gespenster zu bewältigen, um schließlich, „wie neugeboren" in die Welt der Menschen zurückzukehren. Mit diesem Schritt beginnt die dritte Phase der Initiation: In der Wiedereingliederung (*aggrégation/incorporation*) geht es darum, die Geschenke aus der Schwellenwelt in den Alltag umzusetzen und den inneren Wandel in der Welt zum Ausdruck zu bringen.

Folgende Geschichte zeigt dies deutlich: „Eines Tages verließ er das Dorf und schleppte sich weiter, so wie eine halbe Person sich eben durchs Leben schleppt. Das ging so lange, bis er an eine Stelle kam, wo die Straße einen Fluss kreuzte. An dieser Wegscheide traf er einen anderen Jugendlichen, von dem nur die linke Seite lebte. Als würde ein Magnet sie anziehen, bewegten sie sich aufeinander zu. Doch als sie sich erreicht hatten, begannen sie miteinander zu kämpfen und kugelten durch den Staub, bis sie beide über die Böschung in den Fluss stürzten. Nach einiger Zeit tauchte aus dem Fluss ein ganzer Mensch auf, denn die Teile waren zusammengekommen. Doch wegen des Kampfes und der Strömung im Fluss hatte er die Orientierung verloren und wusste nicht, wo er war. So begann der junge Mann sich auf den Weg in sein Dorf zu machen. Am Rand der Siedlung traf er einen alten Mann und fragte ihn, wo er sei. ‚Ich habe gekämpft und weiß nicht, wo ich bin!' Da antwortete der Alte: ‚Du bist nach Hause gekommen, dorthin, wo du schon einmal geboren wurdest. Nun, wo du ganz bist, wollen wir tanzen und feiern.'“[90]

Die Geschichte vom „halben Jungen, der ganz wurde“, umschließt den ganzen Prozess: Krise, Rückzug, Kampf, Durchbruch, Heilung, Rückkehr. Die Initiation ist symbolisiert durch die Wegscheide, der Fluss bedeutet den heiligen Raum der Transformation. Statt das alte Selbst zu vernichten, wird es integriert. „Aus der ego-zentrischen Kinderpsyche“, so der Psychologe und Vision-Quest-Leiter Wernher Sachon, wird „ein gemeinschaftsbezogenes Erwachsenenbewusstsein“.[91] Aus dem Naturwesen Kind wird das kulturelle Wesen des Erwachsenen, der seine Rolle und geschlechtliche Identität erkannt hat und annimmt. Mit dem inneren Wandel sind die Konflikte des ganzen Lebens nicht einfach gelöst. Eine Initiation ist immer ein Anfang.

Die Schwellenwelt

Die Wildnis, die der Initiand betritt, wird zur Zwischenwelt, zum Ort der Leere, wo das fest gefügte Selbstbild zerfällt – und zum Ort der Wandlung. Das Alte ist nicht mehr, das Neue noch nicht da. Für den Sozialanthropologen Victor Turner ist diese Zeit des *Betwixt and Between*[92] („Verwirrt und Dazwischen“) die wichtigste Phase eines rituellen Übergangs. In allen traditionellen Kulturen ist diese Phase mit Symbolen des Todes, des Verwesens und der Auflösung verbunden worden. Die inneren Wunden der Kindheit brechen auf und verlangen nach Anerkennung und Heilung. Doch wie in der Heldenfahrt der alten Mythen muss der Initiand dazu in die eigene Unterwelt herabsteigen. Dort ist der Tod kein leeres Grab, sondern eine Gebärmutter des Wandels. Für Mircea Eliade ist die Initiation der einzige Platz, an dem der Tod einen positiven Wert bekommt. Die Schwellenzeit gleicht einem Abstieg in die Erde, in den körperlichen, materiellen Grund unserer Existenz.

„Die Erde ist unsere Mutter, ist auch der Mutterboden unserer Psyche. Rückkehr zum Ursprung ist immer auch Rückkehr zur Erde. Viele Menschen spüren in der Schwellenzeit das tiefe Bedürfnis, sich ganz körperlich auf den natürlichen Körper der Welt einzulassen, sich mit ihm zu vereinigen, ihn zu schmecken, zu riechen, zu tasten und zu spüren. Sei es, dass sie sich in die Erde eingraben, sich nackt in den Wind stellen, Bäume oder Felsen umarmen – immer erfahren Menschen dabei eine tiefe Erleichterung und Befreiung, endlich wieder körperlich Teil der Erde zu sein.“[93]

Initiation bedeutet Tod und Wiedergeburt. Die Zeit in der Zwischenwelt gleicht der Phase der mütterlichen Wehen, in denen der Initiand wie ein Embryo zwischen Seligkeit und Zerstückelung, zwischen Licht und Dunkel, zwischen Angst und Sehnsucht hin- und herpendelt. Auch in der modernen Visionssuche wird der Quester aufgefordert, sich ganz bewusst mit Tod und Wiedergeburt auseinander zu setzen. Er erhält dafür verschiedenes rituelles Handwerkszeug – die „Sterbehütte", den „Bestimmungskreis" und die Struktur der „Wachnacht" (siehe erster Teil). Und nicht selten können dabei die Wachträume dieser Nacht Erfahrungen vermitteln, die wir sonst nur aus Nahtoderfahrungen kennen.

Zu sterben und wieder geboren zu werden, ist die Metapher für die tiefgreifendste Wandlung, der sich Bewusstsein und Identität unterziehen können. „Traditionelle Kulturen erfassten das Leben als ständige Geburtsübergänge im Sinne einer ständigen Erweiterung des ‚Lebens-Schoßes' und transformierten diese in symbolischen Initiations- und Übergangsriten", fasst die Visionssuche-Leiterin Irmtraut Schäfer zusammen. „Diese hatten also Sterbehilfe- und Hebammenfunktion in einem."[94]

„Und solang du das nicht hast,
Dieses: Stirb und werde!
Bist du nur ein trüber Gast
Auf der dunklen Erde."
(Johann Wolfgang von Goethe)

Wenn unser Selbstbild an sein Ende kommt, dann fühlen wir uns, als ob das Selbst oder das Ich stirbt. Dabei ist die Angst vor den eigenen Schatten ein natürlicher Begleiter. Doch trotz möglicher Beschwerden wie Kopfweh, Bauchgrimmen, Schwindelgefühle und Schwäche fühlen sich die allermeisten Quester in dieser Phase tief mit sich selbst verbunden. Die äußere Reise in die Wildnis der Natur findet ihre Entsprechung in der inneren Reise in die Wildnis des Unterbewussten und wird damit erst bedeutsam. Der Abstieg ist zu Ende, wenn der Grund erreicht wurde.

„Zu schwach, mich zu bewegen, sitze ich auf nackter Erde. Tränen fließen. Der Schmerz ist unergründlich tief, alt und überwältigend. Ich heule, es heult mich, und irgendwann kann ich es nicht mehr halten. Ich rolle auf dem Boden, weine, schreie all die Verzweiflung und das Nichtverstehen hinaus und hinein. Es wird größer, mächtiger, überrollt mich. Zerschmettert liege ich auf dem Boden, nackt, ein Häufchen Fleisch. Ich atme. Die nächste Welle lässt mich tiefer in den Boden sinken. Die Erde um mich wird feucht von Tränen und Schleim. Auflösung. Grenzen verschwimmen. Die Erde nimmt mich auf, zu sich. Mein Körper verdorrt, ich rieche Fäulnis. Schwer und dunkel versinke ich, werde zu Erde. Vergehen. Dunkelheit. Dann ist es still. Leere. Zeitlose Stille.

Im Schweigen spüre ich dieses ferne Pochen. Es wird stärker, lauter, deutlicher. Herzklopfen, das Herz der Erde pocht, mein Herz pocht. Herzschlag. Das Herz der Erde. Herzschlagend werde ich neu geboren. Mit jedem Beat und Atemzug spüre ich meine Zellen wachsen. Mein Knochengerüst sammelt sich wieder ein, alles rückt an die richtige Stelle. Zum Schluss spannt sich weiche Haut über das Fleisch. Mit pochendem Herzen sammle ich mich langsam zusammen und krieche von dem Platz des Sterbens dahin, wo Sonnenflecke auf der warmen Erde tanzen." (Carmen, 33 Jahre)

Der archetypische Wandel in einem Initiationsprozess wie der Visionssuche kann vielleicht als „inszenierte Krise" beschrieben werden. Im Gegensatz zum inszenierten Terror, der körperlichen Verstümmelung, der Angst und Verunsicherung, mit denen Naturvölker ihren Nachwuchs aus der Kindheit „herausschockten", ist eine Vision Quest dabei deutlich feiner dosiert. Doch die Einsamkeit, der minimale Schutz, der Verlust an Nahrung, die Abtrennung von allem Gewohnten, die Konfrontation mit neuen inneren und äußeren Erfahrungen umfasst alle Elemente einer Krise, die Voraussetzung für alle weiteren Entwicklungen ist. „Und die Entwicklung braucht Krise als Voraussetzung. Denn wenn wir nicht in diese existenzielle Bedrohung geraten, haben wir gar keine Veranlassung in uns alles zusammenzusuchen, was darüber hinaus- und weiterführt. Wir kommen dann gar nicht dazu, unsere Kräfte tatsächlich zu mobilisieren."[95]

Nicht der Ritus der Initiation an sich ist exotisch, sondern die Tatsache, dass die moderne westliche Lebensweise diese einst völkerübergreifende Kulturform praktisch abgeschafft hat. Die Beschreibungen von Übergangsriten aus aller Welt füllen längst die Wände der ethnografischen Bibliotheken. Ob die Initianden für eine gewisse Zeit von der Gemeinschaft abgesondert wurden, angefangen von drei, vier Tagen (in Nord- und Südamerika und Indien) über mehrere Monate (bei den Fiannas im alten Irland, den Massai Ostafrikas, in Neuguinea und beim *Walkabout* der australischen Aborigines) bis hin zu mehreren Jahren (in Kambodscha); ob sie ohne Licht in Hütten eingeschlossen wurden (wie bei den Yabim oder den Bukauas, bei den islamischen Sufis oder in Nepal), in Hängematten unter einem Gerüst von Ästen aufgehängt wurden (wie bei den Chirigano- oder Mascusi-Indianern)[96] – immer ging es um die Grenzüberschreitung in die innere und äußere Wildnis. Die kulturgeschichtliche Forschung hat gezeigt, dass die Erfahrungen der Schwellenwelt an der Wurzel aller großen Religionen liegen: nicht nur Jesus, sondern auch Mohammed und Buddha haben wesentliche Einsichten gefunden, während sie fastend in der Wildnis waren. Noch heute werden die jungen Mönche in den thailändischen Waldklöstern oder in Japan alleine in die Wildnis geschickt, um über das Geheimnis von Tod und Wiedergeburt zu meditieren.[97]

Wenn praktisch alle Kulturen der Vergangenheit eines solchen Ritus bedurften, um das traditionelle Wissen zu überliefern, ihre Weltsicht zu erneuern und das Überleben ihrer Gemeinschaft zu garantieren, dann stellt sich die Frage, wieso wir in der modernen Welt ohne derartige Übergangsriten auskommen! Ihr Verlust ist überall spürbar: Die kontinuierliche Zunahme an Gewalt oder apathischem Verhalten unter Jugendlichen ist eine vielfach dokumentierte Tatsache. Das Vakuum, das durch den Mangel an gesellschaftlich anerkannten Übergangsriten entstanden ist, wird mit Zerstörungswut und gefährlichen, selbst inszenierten Grenzgängen kompensiert.[98] Statt sich verantwortungsvoll dem Leben und seinen Herausforderungen zu stellen, wird die Jugend selbst idealisiert. Hat der Verlust an Initiation dazu geführt, dass die Gestalt des *puer aeternus* idealisiert wird – des ewigen Kindes, das altert, aber nie erwachsen wird, das haben will, ohne zu geben, das Spaß sucht und den Schattenseiten ausweicht? Stolpert der moderne Mensch unbewusst von einer Lebensphase zur nächsten und schleppt dabei die Muster seiner Kindheitspsyche bis ins hohe Alter mit? Der Psychologe und Visionssuche-Leiter Wernher Sachon ist davon überzeugt, dass der Mangel an Übergangshilfen das Wachstum des modernen Menschen verkrüppelt hat.

„Die Symptome von blockierten und nicht vollendeten Übergängen sind überall zu sehen: infantiler Egoismus und pathologischer Narzissmus, Entfremdung und Fragmentierung, Vergnügungs- und Sexsucht, Beziehungslosigkeit, Gier und Materialismus, das Gefühl von Hilflosigkeit und Ohnmacht. Schleppen wir die Themen und Symptome eines unbewältigten Übergangs mit uns, unfähig den Schritt zu vollziehen, dann bleiben wir in unserer Entwicklung stecken.“[99]

Doch ist es wirklich so, dass Initiationen aus unserer Kultur völlig verschwunden sind? Um den Übergang zum Erwachsensein zu markieren, richten wir Partys aus. Väter gehen mit ihren Töchtern auf Reisen, die High Society schickt junge Mädchen auf Debütantinnen-Bälle, um sie „in die Gesellschaft einzuführen“. Auch die Ferien im Sommerlager mit fest gebuchten Abenteuern markieren in sanfter Form die Trennung vom Elternhaus und zeigen Parallelen zu den alten rituellen Prüfungen. Der erste Alkoholrausch hat auf gefährliche Weise den alten Brauch der Einweihung in Trance- und veränderte Bewusstseinszustände verdrängt. Gymnasiale „Reife“-Zeugnisse sind die einzige Form, mit denen die Gesellschaft jungen Menschen heutzutage ihren neuen Status bestätigt, auch wenn die Reifeprüfung nichts mehr mit den Erfahrungen der Schwellenwelt zu tun hat. Schauen wir auf die kirchlichen Riten, so sind Kommunion, Firmung und Konfirmation übrig geblieben. Doch diese rituellen Übergänge werden von den meisten jungen Menschen als rigide, förmlich und sinnlos bewertet. Mit der Konfirmation und Firmung wurden die Jugendlichen ursprünglich als vollwertiges Mitglied der Kirche bestätigt und in die Gemeinde aufgenommen. Heute ist es so, dass die meisten Jugendlichen bei der Konfirmation zum ersten und letzten Mal das Abendmahl einnehmen und danach nie wieder in der christlichen Gemeinde auftauchen.

Auch die moderne Bilderwelt der Filme und Comics ist voll von archetypischen Helden, die Prüfungen mythologischen Ausmaßes zu bewältigen haben. George Lucas' ungeheuer erfolgreiche „Star-Wars"-Trilogie ist nach diesem Muster ebenso gestrickt wie die Geschichten von Superman, Rambo oder der drachentötenden Helden der modernsten Computerspiele. Doch die Sehnsucht nach Initiation wird nicht nur auf die medialen Helden projiziert. Gerade junge Menschen suchen die Grenzerfahrung intuitiv: Das kann in seiner harmlosesten Form die erste Reise allein in die Ferne sein. Der Sprung am Bungeeseil[100] ist eine Grenzerfahrung mit kalkuliertem Risiko. Zur akuten Gefahr für die Allgemeinheit wird die Sehnsucht nach Übergangsriten, wenn in jugendlichen Straßengangs Kinder beginnen, Kinder anhand von Mutproben zu initiieren:

> Jede Straßengang ist nach einer klaren Hierarchie aufgebaut, an deren Spitze der „Älteste" der Bande oder *Gang* steht. Er gilt als Hüter der Geheimnisse, Ritualmeister und Rollenvorbild der jüngeren Aspiranten im Initiationsprozess der Aufnahme in die Gang. Die *Abtrennung* vollzieht sich, wenn neue Gangmitglieder sich mit dem Lebensstil einer Straßenbande zu identifizieren beginnen und ihre legale Rolle in der Gesellschaft verlassen.
>
> Der *heilige Platz* der Gang kann irgendein Hinterhof in der Nachbarschaft sein, wo der Initiand in die Regeln der Gruppe eingewiesen wird. Der *symbolische Tod* wird häufig in einem Kampf des Neuen gegen die Alten vollzogen. Der *Initiationsprüfung* entsprechen die Mutproben, in denen der Aspirant seine Härte beweisen soll. Sie kann in Diebstahl, Raub und Körperverletzung bestehen. Aus den Straßengangs in Los Angeles ist bekannt, dass neue Gangmitglieder Autos samt Insassen entführen oder aus fahrenden Wagen mit automatischen Waffen schießen sollen, Schlägereien anzetteln müssen und im Extremfall dazu aufgefordert werden, Gegner der Gang zu ermorden, um aufgenommen zu werden. Die *Wiedergeburt* vollzieht sich, wenn das neue Mitglied einen Banden-Namen erhält, die Embleme der Gang tragen darf, in ihrem Code spricht und ihre Symbole benutzt. Die *Wiedereingliederung* schließlich vollzieht sich, wenn die betreffende Person im Viertel mit ihrer neuen Identität als Bandenmitglied auftritt. Dass sie damit aber die Zerstörung ihrer größeren sozialen Gemeinschaft beschleunigt, macht deutlich, wie wenig sich die „Ältesten" der Nachbarschaft und die Gesellschaft als Ganzes darum gekümmert haben, den Jugendlichen darin zu unterstützen, ein verantwortliches Mitglied der sozialen Gemeinschaft zu werden.[101]

Es handelt sich hier offenbar um ein archetypisches Muster, das nach ritualisierten Übergängen verlangt und nach wie vor wirkt. Und mitunter zeigt es sich dort, wo man es am wenigsten erwarten würde, wie Rüdiger Dahlke bemerkt: „Selbst an Orten, wo man es nicht vermutet, feiert das Bedürfnis nach Pubertätsritualen seltsame Triumphe, zum Beispiel im Management. Hochkarätigen Entscheidungsträgern bereitet es die größte Freude, wenn man sie weit weg in unwegsames Gelände verfrachtet und dort ohne Geld und Kreditkarten aussetzt. Jungen Indianern gleich schlagen sie sich dann tagelang zum Seminarzentrum durch und fühlen sich nach vollbrachter Tat ganz prächtig – nur erwachsen werden sie davon im Gegensatz zu den Indianerjungen leider nicht. Dazu wäre mehr Bewusstheit nötig, das heißt, das Ganze müsste mehr Ritualcharakter bekommen."[102]

Dieses Vakuum will das Ritual der Visionssuche füllen.

Die Kraft der Rituale

Der Ritus ist der Kernbezirk menschlicher Wandlung.
(Erich Neumann)

Wieso entfaltet sich die Wirkung einer Visionssuche nicht, wenn einer seine Siebensachen in einen Rucksack packt und auf eigene Faust für ein paar Tage in Feld, Wald und Wiesen verschwindet? Durch das gesamte Buch zieht sich der Begriff des „Rituals". Wieso ist der rituelle Rahmen für diesen Prozess so wichtig? Warum wirken Rituale?

Die meisten Menschen assoziieren diesen Begriff mit einer endlosen Wiederholung von Handlungsabläufen, die von ihren früher einmal sinnvollen Wurzeln abgeschnitten sind: leere Hüllen ohne eigenen Sinn, die unserer flexiblen und dynamischen Gegenwart nicht mehr zu entsprechen scheinen. Gegen die leeren Formeln unbewusster gesellschaftlicher Rituale hat sich aus gutem Grund die Protestbewegung der sechziger Jahre gewandt. Für gut ein Vierteljahrhundert galten alte Rituale als überholt und nicht mehr zeitgemäß. Doch indem sich die moderne Gesellschaft von Ritualen radikal lossagte, hat sie nicht nur das Kind mit dem Bad ausgeschüttet, sondern auch vor der offensichtlichen Allgegenwart übernommener Rituale die Augen verschlossen.

Wir vermuten sie überall, nur nicht bei uns. Und wir dürfen damit rechnen, dass wir dabei den Wald vor lauter Bäumen nicht sehen. Rituale gibt es überall, wir nutzen sie zur Organisation unseres Lebens, unserer Kommunikation und unserer Beziehungen. Immer dann, wenn wir einer Handlung besondere Bedeutung verleihen wollen, greifen wir zurück auf Rituale. Durch zeremonielle Gesten, Worte, Kleidung oder durch eine besondere Ausstattung wird die Handlung rituell „verpackt", hervorgehoben, wichtig gemacht, besonders, bewusst oder sogar heilig. Umgekehrt funktioniert das genauso: Wenn wir in einer Phase der Orientierungslosigkeit und Krise Halt suchen, greifen wir zurück auf Rituale. Ihre zeitlose Struktur gibt uns die Sicherheit, mit Hilfe von in der Vergangenheit vielfach erprobten, festgelegten Schritten Chaos zu strukturieren, Unklares zu fokussieren, verwirrenden Emotionen Sinn und einer Krise Bedeutung zu geben. Das Ritual einer Beerdigung kann hier als klassisches Beispiel dienen:

Es gibt dem bodenlosen Gefühl tiefer Trauer einen Raum, sich zu artikulieren, schafft die Möglichkeit, eine intensive Verbindung zum Gestorbenen nicht nur zu ehren, sondern auch formell abzuschließen, und hilft, die Krise des Verlusts zu überwinden, indem es eine neue Phase des Lebens „danach" eröffnet.

Doch viele Rituale vollziehen wir unbewusst, als Gewohnheiten. So bleiben uns ihr tieferer Sinn und ihre Wirkung weitgehend verborgen. Weil sie sich einer wissenschaftlichen Erklärung weitgehend entziehen und in den abendländischen Traditionen scheinbar zu leeren Formalismen geworden sind, haben wir uns im Namen der Selbstverwirklichung von ihnen befreien wollen.

Trotzdem wirken sie Tag für Tag. Wie aber kann die Kraft des Rituals genutzt werden? Und: Wo fängt das Ritual an, wo hört die Gewohnheit auf? Das wesentliche Kriterium lautet: Bewusstheit und Hingabe.

Erst wenn eine Tätigkeit bewusst wahrgenommen und in ihrer Struktur als rituelles Handeln erkannt wird, kann von einem absichtsvollen Ritual gesprochen werden. Um Teilnehmer eines Rituals sein zu können, muss man an dessen Wirksamkeit glauben. Ein Ritual wird gefeiert, wenn wir ein starkes Motiv haben, dies zu tun: Es ist mit einem Höchstmaß an Absicht geladen, sagt der afrikanische Schriftsteller und Dagara-Schamane Malidoma Somé:

„Keiner macht ein Ritual ohne ein Ziel, einen Zweck. Ein Ritual wird erforderlich, weil unsere Seele uns etwas sagen will, was der Körper als eine physische Not, einen Mangel, ein Bedürfnis übersetzt. Wir treten also in ein Ritual ein, um auf den Ruf der Seele zu antworten. Krankheit ist mithin vielleicht die Zeichensprache einer Seele, die um Aufmerksamkeit bittet. Das bedeutet, unsere Seele bemerkt Situationen, die noch weit unter der Schwelle unseres Bewusstseins liegen. Und unser Ziel dabei ist die Triebkraft, die wesentlich zur Wirksamkeit des Rituals beiträgt."[103]

Bei den Dagara heißt es, das Ritual sei wie ein auf ein Ziel abgeschossener Pfeil. Die tiefen Emotionen während eines solchen Prozesses werden in vielen Traditionen häufig noch zusätzlich angeheizt: durch gleichförmige Bewegungen, den gleichen Atemrhythmus beim Singen, das Verbrennen von Duftstoffen, Kräutern oder Blumen.

Der so geladene Raum hat eine Wirkung, die sich wissenschaftlich kaum erklären lässt: Er nimmt die Person aus sich selbst heraus, befreit sie vom Alltag mit all seinen Zwängen und Begrenzungen. Dadurch wird das Ritual zu einer Art „Auszeit", die es möglich macht, aus dem linearen Zeitfluss herauszutreten, Kontakt zu den innersten Bedürfnissen herzustellen und die Chancen neuer Lebensphasen zu erkennen und zu ergreifen. Um in diesen besonderen Zeit-Raum einzutreten, braucht das Ritual – ob Kirche oder wilde Schwellenwelt – einen besonderen Ort[104], der auch physisch ganz bewusst betreten wird. Im Falle der Visionssuche ist der rituelle Raum durch den symbolischen Schritt über eine selbstbestimmte Schwelle markiert. Manchmal werden dabei auch Salbei oder Wermutblätter (*Sage*) verbrannt, um – wie mit dem Weihrauch der christlichen Liturgie – reinigend die Trennung vom Alltäglichen zu unterstreichen. Die Abgrenzung zum Profanen gibt der Handlung im rituellen Raum Bedeutung, macht sie im besten Falle „heilig". Heiliges aber schafft Verbindung und Bezug, beinhaltet höhere Werte, gibt tiefen Sinn und wirkt – jenseits der reinen Vernunft – bis ins Unterbewusste.

Symbole sind dabei wie Zeremonien Instrumente, die Rituale lebendig machen und Gesten mit Bedeutung aufladen. Im rituellen Raum macht man symbolische Erfahrungen, erzählt symbolische Geschichten, vollzieht symbolische Dramen: Die Symbole machen es möglich, die Tiefe unserer Gefühle an die Oberfläche zu bringen. Man denke nur an die Handvoll Erde, die Trauernde ins Grab werfen. Symbole und ihr ritueller Gebrauch – ob Brot und Wein beim Abendmahl oder Federn und Steine beim rituellen Schritt in die Schwellenwelt – geben bestimmten Aspekten Bedeutung und strukturieren unsere Wahrnehmung. Sie schaffen Bezug zur Welt und ordnen das eigene Handeln im Ritual pausenlos in einen größeren Zusammenhang ein.

In dem geschützten und klar begrenzten „rituellen Raum" herrschen besondere Regeln: Hier kann gesagt, getan und erprobt werden, was im Alltag verpönt ist und sanktioniert wird, hier können Grenzen gesprengt und neue Räume erschlossen werden.

„Im rituellen Raum können wir es auch wagen, uns inneren Bildern und Emotionen zu stellen, die unser Alltagsbewusstsein sprengen würden. Im symbolisch-rituellen Erleben dürfen wir etwa besessen sein vor Wut, dürfen wir Vater und Mutter töten, uns auflösen in Ekstase, dürfen wir sterben und uns wiedergebären. Der Rahmen des Ritus hält die Form, und die rituellen Lehrer achten auf seine Einhaltung. Gesichert durch den rituellen Rahmen und getragen von der Präsenz des rituellen Feldes können Menschen gewohnte eigene Strukturen loslassen, ohne in Gefahr zu geraten."[105]

Als sicherer Rahmen für eine psychische Grenzüberschreitung müssen Rituale in ihrer Grundstruktur verlässlich sein. Dieser Aspekt ist häufig verwechselt worden mit der Formalität und Wiederholbarkeit von Ritualen, die dann als „leer" oder „langweilig" bewertet wurden. Sie folgen zwar einem vorgeschriebenen Ablauf und sind gelebter Nachvollzug einer Tradition oder eines bedeutungsvollen Aktes in ferner Vergangenheit. Doch in der konkreten rituellen Handlung ist jede Aufführung einzigartig. Damit ist das Ritual – wenn es lebendiger Bestandteil einer Kultur ist – ein zutiefst kreativer Akt, der schöpferisches Engagement enthält und festgefahrene Situationen wandeln kann.

Zugleich liegt in der immer wiederholten Grundform des Rituals eine andere Qualität: Indem ein zeitloser Ritus wiederholt wird, sprengen die Teilnehmer gefühlsmäßig die Grenzen der Zeit. Indem sie sich an einen lang vergangenen Urakt anbinden, das christliche Abendmahl ist auch hier ein klassisches Beispiel, schöpfen sie ihn neu und verbinden sich direkt mit den Wurzeln ihrer Kultur. Deshalb durchdringen sich im Ritual Ewigkeit und chronologische Zeit.

Beim Ritual der Visionssuche ergibt sich allerdings ein Problem: dass es längst kein gesellschaftlich anerkanntes Ritual mehr ist. Im Gegenteil, der rituelle Rahmen ist erst kürzlich mühsam wiederentdeckt worden; wer daran teilnimmt, löst oft Irritationen aus; die Lebendigkeit des Rituals lebt nur vom Engagement der Teilnehmer. Der Zeremonialplatz ist nicht festgelegt, und die „Zeremonialmeister“ sind gesellschaftlich nicht legitimiert. In einer modernen Visionssuche wird der rituelle Raum vielmehr durch die Gruppe und ihre Leiter definiert. Man beruft sich zwar nicht auf eine lebendige Tradition in der eigenen Gesellschaft, aber auf weit zurückliegende Rituale. „Dieses Ritual hat deshalb so viel Kraft“, sagt Steven Foster, „weil schon Hunderttausende vor euch hinausgegangen sind.“

Diese Aussage verweist auch auf die Theorie des rituellen Feldes[106], die von verschiedenen Autoren aufgebracht worden ist: Die moderne Grundlagenforschung entdeckt mehr und mehr, dass das ganze Universum von Feldern durchzogen ist, unsichtbaren Manifestationen von Energien, die Wirkungen entfalten, denen sich auch Materie und lebende Organismen nicht entziehen können. Forscher wie der Biologe Rupert Sheldrake gehen davon aus, dass jede Aktivität, die im Netzwerk des Universums stattfindet, eine Art Abdruck hinterlässt und auf noch unbekannte Art und Weise gespeichert wird. Dieses „Gedächtnis der Natur“ hat Rupert Sheldrake als „morphologisches Feld“ bezeichnet.[107] Jedesmal, wenn eine Aktivität im Universum stattfindet, die einer früheren Aktivität gleicht, greift die Natur seiner Ansicht nach auf die schon vorhandene Struktur zurück, ob es sich nun um die Bildung einer Schneeflocke, eines Kristalls, eines Organismus, eines Verhaltens, einer Erkenntnis oder eines Rituals handelt. Diese „morphische Resonanz“ findet nach Meinung Sheldrakes auch statt, wenn Menschen in Kontakt mit den Archetypen des kollektiven Unbewussten kommen: Sie schließen sich an eine Urform des Wissens an.

Folgen wir dieser These, dann würde manche Wirkung des Visionssuche-Rituals erklärlicher. Denn sie besagt, dass sich heutige Quester in ein uraltes rituelles Feld begeben, das in seiner Grundstruktur schon seit hunderttausenden von Jahren von Millionen von Menschen mit Bedeutung und Sinn gefüllt worden ist. Auch erklärt diese These, warum der Wechsel in eine andere Ebene der Wirklichkeit so überraschend leicht fällt. Sie würde zudem verständlich machen, wieso rituelle Strukturen in der Regel über lange Zeiträume unverändert beibehalten werden und eine umso stärkere Wirkung entfalten, je älter sie sind.

Indem das Ritual eine Kommunikation mit den sichtbaren und unsichtbaren Kräften ermöglicht, schafft es auf meist gar nicht durchschaubare Weise auch

Zugang zum Spirituellen. Der amerikanische Theologe Matthew Fox nennt es einen Akt der Teilhabe, der Partizipation, durch die sich die kulturelle Gemeinschaft auch heute noch mit dem größeren Ganzen verbinden kann: einen Akt der Lobpreisung, in dem wir auch für etwas Größeres sprechen können.[108] Weil Rituale in ihrem Mikrokosmos den großen Makrokosmos repräsentieren, sind sie auch als „Zwiesprache mit dem Universum“ bezeichnet worden. Die Teilnehmer erfahren im rituellen Drama der Visionssuche ihre Stellung in der Welt und im Universum, erleben sich als Teil des Ganzen, ehren und feiern die Energien des Universums in sich selbst und verbinden sich damit immer wieder mit der Natur, mit dem Leben und der dahinter wirkenden transzendenten Kraft.

All das passiert in Ritualen, auch ohne dass wir den ganzen theoretischen Hintergrund kennen. Im rituellen Raum verschmelzen die Innen- und die Außenwelt des Menschen, ohne dass wir uns bemühen müssen. Obwohl wir es nicht mehr gewohnt sind, scheint es kaum jemandem schwerzufallen, sich sicher im rituellen Raum zu bewegen. „Es ist“, hört man von vielen Questern, „als ob tief in uns ein alter Zeremonienmeister sitzt.“ Da werden Steine zum Symbol für die innere Stimme, alte Äste spiegeln den Tod, das Rauschen des Windes wird zur Allegorie für den Fluss des Lebens, und ein blauer Fleck am Wolkenhimmel repräsentiert plötzlich einen uralten Archetyp.

Mythologen wie Joseph Campbell haben deshalb das Ritual als eine Mechanik bezeichnet, mit der Mythen wieder real werden. Das Selbst kann sich in zeitlosen und unvergänglichen archetypischen Rollen wiederfinden oder diese neu entdecken. Dabei geht es weniger darum, eine andere Wirklichkeit zu betreten, als sich einen meist vergessenen Teil der einen Wirklichkeit wieder zu eigen zu machen.

All diese erstaunlichen Wirkungsmöglichkeiten eines Rituals sind nicht automatisch garantiert. Von einer Visionssuche hat man genau das, was man an Absicht, an Wille und Ernsthaftigkeit hineingibt. Das Ritual ist keine Zauberformel. Doch seine Struktur ermöglicht es, die Kraft von Symbolen und Archetypen zu wecken. Die rituelle Struktur ist das Werkzeug, mit dem der Visionssuchende seine eigenen Mythen und Zeremonien der Wandlung kreiert. Was zur Verfügung gestellt wird, ist die bloße Struktur, das Skelett des Rituals. „Die Visionssuche ist nichts als ein Kreis, der in den Staub gezogen wird, eine leere Form, die dann mit den Wahrnehmungen und Werten des Kandidaten gefüllt wird. Sie ist ein Spiegel, in dem man sich selbst entdecken kann.“[109]

Fassen wir zusammen: Rituale sind ein machtvolles Instrument der Wandlung. Sie zentrieren und konzentrieren unser Bewusstsein. Sie vermitteln Bedeutung. Sie können Übergänge im Leben markieren und dabei helfen, die eigene Identität neu zu definieren. Sie stellen einen Raum und die Mittel zur Verfügung, schwer vermittelbares oder Unsichtbares durch Symbole zum Ausdruck

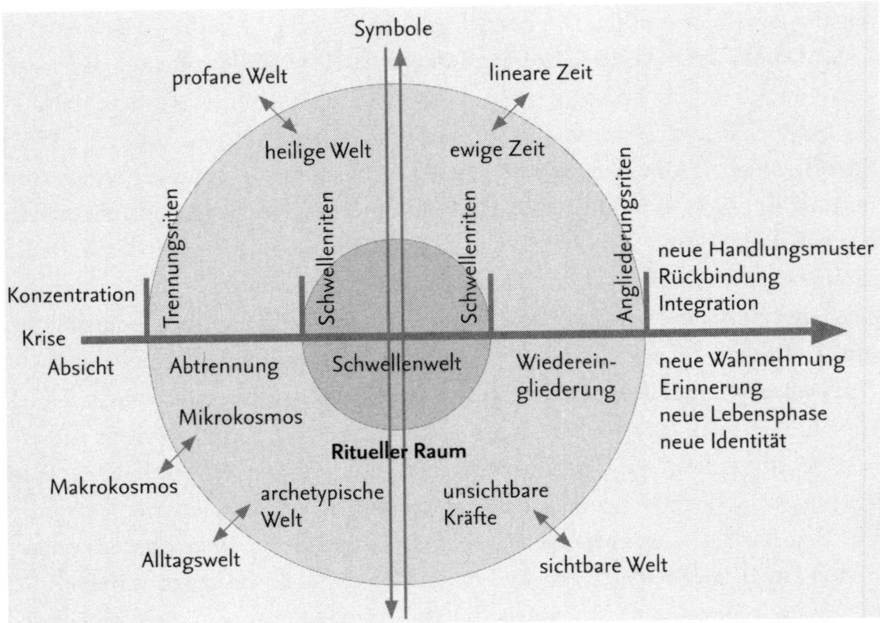

Die Abbildung zeigt den Aufbau des rituellen Raums während einer Visionssuche, die dem klassischen Schema der Initiationsriten entspricht. Der äußere Kreis grenzt den rituellen Raum vom Alltag ab. Der innere Kreis ist der Kernbezirk der Wandlung. Die horizontale Linie beschreibt den Weg des Initianden. Die vertikale Linie repräsentiert die Symbole, die die Erfahrungen im rituellen Raum mit dem Alltag verbinden.

zu bringen. Sie geben uns die Möglichkeit, in schwierigen und komplexen Situationen unsere Ohnmacht zu überwinden und kreativ zu werden. Und sie stiften Gemeinschaft, bewirken Zugehörigkeit und stellen den einzelnen in einen größeren Sinnzusammenhang. Weil Rituale auf die Tiefenstrukturen der Psyche wirken, sollte man ihnen mit Respekt begegnen. Sie müssen vorbereitet werden, um einen sicheren Rahmen bieten zu können. Den Teilnehmern sollte das Ziel klar sein, weil sonst der „Pfeil", von dem die Dagara sprechen, ein unerwünschtes Ziel treffen kann. Und Rituale brauchen – gerade in der modernen Welt – Begleitung durch Menschen, die ihre spezifische Wirkung erfahren haben und sichere Rahmenbedingungen für den Schritt in die „Anderswelt" des rituellen Raums herstellen und aufrechterhalten können.

Der Missbrauch von Ritualen gerade in der deutschen Geschichte macht deutlich, wie wichtig der bewusste Umgang mit ihnen ist. Viele Menschen empfinden eine tiefe Sehnsucht nach Ritualen, aber eine ebenso große Skepsis, weil sie sich von erstarrten und leeren Ritualen geschädigt oder missbraucht fühlen. Die Visionssuche bietet die Möglichkeit, die Kraft eines Rituals wieder bewusst für unser Leben zu nutzen.

Gibt es bei uns etwas Vergleichbares?

Die Mythologie, die religiöse Praxis, die mündlichen Überlieferungen und die Literatur aller Völker sind gespickt mit dem, was Visionssuche meint: die Suche nach dem Sinn, das Ringen um ein Gesicht, eine Offenbarung, eine Erleuchtung, die Lösung eines oder des Rätsels des Lebens.

In diesem Kapitel soll anhand einiger Beispiele, mit Hilfe von Assoziationen und Parallelen gezeigt werden, in welchen Formen die Visionssuche auch als Bestandteil unseres europäischen Kulturerbes praktiziert wurde.

Schamanische Wurzeln

Der Beginn dessen, was wir als europäisches Kulturerbe bezeichnen, verliert sich in den Tiefen der Vorzeit. Über die Rituale unserer Urahnen liegen keine schriftlichen Berichte vor, nur Mythen, Legenden und Märchen reichen zurück in die Jahrzehntausende vor unserer Zeitrechnung. Die Kulturforschung ist deshalb auf Spekulationen angewiesen. Und auf Vergleiche: Es scheint mittlerweile sicher, dass die Wurzeln aller heute existierenden Hochkulturen im Schamanismus liegen. Mindestens zu 90 Prozent ihres Daseins waren die Menschen als Jäger und Sammler über hunderttausende von Jahren in die Natur eingebettet.[110] In Mitteleuropa endete diese Phase wahrscheinlich erst vor ca. 4000 Jahren. „Wir selbst sind die Nachfahren jener Wildbeuter und tragen einen Teil deren Wildheit als evolutives Erbe in uns", sagt die Paläoanthropologin Inge Schröder.[111] Das schamanische Weltbild, so wie es heute noch in indigenen Kulturen in Asien, Afrika, Australien und auf dem amerikanischen Kontinent anzutreffen ist, ist in seinen Grundstrukturen unverändert geblieben und weist kontinentübergreifend große Ähnlichkeiten auf. Da es sich dabei um Traditionen handelt, die bis in die Altsteinzeit zu den Kulturen der Jäger und Sammler zurückreichen, liegt die These nahe, dass auch der Schamanismus der Ureinwohner Europas in seinen Hauptmerkmalen mit den überlebenden schamanischen Traditionen übereinstimmt.[112] Schamanismus bezeichnet eine Lebenshaltung und Wahrnehmungsform, die mit den Gegebenheiten und Gesetzen der Natur in ganz engem Zusammenhang steht. Eine zentrale, erfahrungsorientierte Praxis des Schamanismus besteht darin, während der „schamanischen Reise" in Form einer Trance oder Ekstase in einen veränderten Bewusstseinszustand einzutreten. Schamanische Kulturen verwandten einen Großteil ihrer Zeit darauf, unterschiedlichste Methoden der Bewusstseinsveränderung zu erforschen und in Ritualen anzuwenden. Dazu gehörte das Einnehmen halluzinogener Pflanzen, rhythmisches Trommeln, spezielle Körperhaltungen und Tänze, aber auch fast überall Fasten,

Isolation und verschiedene Formen von Bewährungsproben und Prüfungen in der Natur. Man kann also davon ausgehen, dass die Rituale, die wir heute noch bei den nordamerikanischen Indianern und anderen indigenen Kulturen finden, auch Teil unseres kulturellen Erbes sind, wenn wir nur weit genug zurückgehen. Die ersten entsprechenden Hinweise auf vergleichbare Praktiken finden sich bei den alten Germanen.

„Ich weiß, dass ich hing am windigen Baum …" – Germanische Initiation

Sagen, Legenden, Lieder und Gedichte sind oft die Quellen für altes Brauchtum und geben Hinweise über das Leben in der Vergangenheit einer Kultur. In der Edda, einer altnordischen Liedersammlung, die im 13. Jahrhundert in Island niedergeschrieben wurde, wird in einer Göttersage eine Form der Visionssuche beschrieben, bei der der höchste Gott der Germanen, Odin, seine Initiation an der „Weltenesche Yggdrasil" durchläuft. Dieser heilige Baum, eine gewaltige, immergrüne Esche, gliederte für unsere Vorfahren die Welt. Die Esche Yggdrasil hat ihre Wurzeln in der Unterwelt, im „Urdbrunnen", wo drei uralte Frauen, die drei Nornen, das Schicksal der Menschen und der Götter spinnen. Ihr Stamm erhebt sich über Idgard, die irdische Sphäre hinaus, ihr Dach überwölbt auch noch Asgard, die Wohnung der Götter. In ihrem Geäst trägt sie als Blüten die Sterne und als leuchtende Früchte Sonne, Mond und alle Planeten. Zwischen den Wurzeln und der Krone spielt sich das Werden und Vergehen der Welt, das Schicksal des gesamten Kosmos ab. An diesem Weltenbaum hängend, kommt Odin in Verbindung mit der Weisheit.

Odins Runenerwerbung

„Ich weiß, dass ich hing
am windigen Baum
neun Nächte lang,
mit dem Ger verwundet,
geweiht dem Odin,
ich mir selbst,
an jenem Baum,
da jedem fremd,
aus welcher Wurzel er wächst.

Sie spendeten mir
nicht Speise noch Trank;
nieder neigt ich mich,

nahm auf die Runen,
nahm sie fragend auf;
nieder dann neigt ich mich.“[113]

Odin hängt neun Tage und neun Nächte lang im Baum, um an geheimes Wissen zu gelangen, das in den „Runen“ verborgen ist, die er am Ende „aufnimmt“. Mit „Runen“ sind bedeutungsvolle Zeichen gemeint, die in Buchenholzstäbe[114] geritzt waren. Von den Eingeweihten wurden diese Stäbe geworfen, und je nachdem wie sie zueinander zu liegen kamen, enthielten sie die Botschaft. Sie waren damit eine Weissagungssprache der Natur, eine geheime Schlüsselschrift. Odin erhält die Einweihung in dieses Wissen des Orakelwerfens von den drei Nornen, den weisen Frauen Urd, Werdandi und Skuld, von denen es hieß: „Sie schnitten Stäbe; ... Sie legten Lose, das Leben bestimmten sie den Menschenkindern, der Männer Schicksal.“[115] Die drei alten Frauen sind ein Symbol für die dreifaltige Erdgöttin.

Odin zahlt für dieses Wissen einen hohen Preis. Er ist mit dem Ger (dem Speer) verwundet und sich selbst geweiht („ich mir selbst“). Für das Erringen der Weisheit bezahlt er mit einem Auge. Metzner erinnert das an Praktiken der Visionssuche aus dem asiatischen Schamanismus und an ähnliche mit Selbstaufopferung verbundene Prüfungen und Initiationen der nordamerikanischen Indianer und der australischen Ureinwohner.[116] Ein anderer Autor erzählt, dass bei verschiedenen Indianerstämmen ein Knabe, „der für die Schule des Medizinmanns auserwählt ist, zu seiner Vision geführt (wird), indem er, gut vorbereitet, neun Tage und Nächte auf einem bestimmten Baum zubringen muss. Der Knabe wird dabei angebunden. Er darf sich weder rühren noch bekommt er zu essen und zu trinken.“[117]

Auch Odin fastete diese neun Tage und Nächte: „Sie spendeten mir nicht Speis noch Trank“, bis er in den Besitz des spirituellen Wissens der Natur gelangt.

Die verschlungenen Wege der Einweihung – Das kretische Labyrinth

Im Labyrinth verliert man sich nicht
Im Labyrinth findet man sich
Im Labyrinth begegnet man nicht dem Minotauros
Im Labyrinth begegnet man sich selbst
(Hermann Kern)

An vielen Plätzen Europas wurden in den letzten Jahren Labyrinthe gebaut. Damit sind in diesem Zusammenhang nicht die Irrgärten gemeint, bei denen es um das Spiel geht, bis ins Zentrum zu finden. Diese gibt es eigentlich erst seit

Dargestellt sind die sieben Gänge des Labyrinths vom kretischen Typ, durchnumeriert in der Reihenfolge ihrer Begehung.

der Renaissance. Nein, es geht um den Nachbau einer sehr viel älteren Form, die uns in bronzezeitlichen Felsritzungen im ganzen Mittelmeerraum, England und Irland begegnet. Sie alle sollen auf das bekannteste Labyrinth zurückgehen, das des minoischen Kreta.

Dieses Labyrinthzeichen (siehe Abbildung) gilt als Symbol für das zyklische Leben, für den Kreislauf von Werden und Vergehen und für den Weg zur Mitte. Der Kreuzungspunkt stellt die Vermählung zwischen Himmel und Erde dar.

Die Sehnsucht, diesen verschlungenen Pfaden zu folgen und damit anzuknüpfen an eine tiefe symbolische Weisheit über den Menschen und seine Verbindung zur Natur, ist der Grund, warum dieses alte Zeichen heute allerorten wieder mitten ins Leben gerückt wird: als Platz für meditatives Gehen, als Tanzplatz, als Ort der Begegnung, des Nachdenkens und zur Entscheidungsfindung.

Was hat der Gang durch das Labyrinth mit der Visionssuche zu tun? Sehen wir uns diese Figur genauer an: Das Labyrinth hat – meist in Form einer kleinen Trennmauer – eine deutliche Begrenzungslinie nach außen, trennt also einen Innenraum deutlich von einem Außenraum ab. Es gibt nur einen Eingang und einen kreuzungsfreien Weg, der keine Wahlmöglichkeiten lässt und der direkt ins Zentrum führt.

Diese Weg wechselt pendelnd die Richtung und füllt mit einem Maximum an Umwegen den ganzen Innenraum aus. Von außen betrachtet ist die Wegführung verwirrend. Wie ein Hinweis auf eine schwierige, unübersichtliche und verworrene Situation liegt das Labyrinth vor uns. Einzutreten bedarf also eines Entschlusses, sich hineinzuwagen. Eine Schwelle wird symbolisch übertreten. Sie bedeutet den Eintritt in den „heiligen Raum". Man geht alleine. Mit einer Frage, einem Thema, einem Problem stellt man sich dem Prinzip Umweg. Den sieben Windungen folgend, entdeckt man die verschiedenen Ebenen seines Themas:

1 Was denke ich?
2 Was fühle ich?
3 Was sind die physischen, materiellen Auswirkungen meines Problems?
4 Wie beeinflusst das Thema mein höheres Selbst, mein spirituelles Ziel?

Beim Eintritt in jede neue Windung wechselt man die Richtung, muss sich neu orientieren, sich auf eine neue Fragestellung einlassen. Eine besondere Belastung kann in der Erfahrung liegen, dass man sich dabei immer wieder dem Ziel, der Mitte, zum Greifen nähert und doch immer wieder davon weggeführt wird: Ein Sinnbild für die Gesetzmäßigkeit von Entwicklungen.

5 Bei Belastungen besinnt man sich auf seine Ressourcen, seine Kraftquellen. Sie helfen, die Antworten auf die so drängenden Fragen zu finden.
6 Und dann öffnet man sich der „Eingebung", der „inneren Stimme", der Natur des Geschehens. Die erste Antwort gilt!
7 Wie lässt sich diese Antwort ins Leben tragen?
Wer so weit gekommen ist, gelangt zwangsläufig zur Mitte. Der Suchende ist alleine und zutiefst verbunden mit seinem Innersten. „Er begegnet sich selbst, einem göttlichen Prinzip, einem Minotauros, oder wofür auch immer Mitte stehen mag. Jedenfalls ist damit auch der Ort und die Möglichkeit für eine Erkenntnis gemeint, die so grundlegend ist, dass sie einen grundsätzlichen Richtungswechsel verlangt."[118]
Wer den Rückweg antreten will, muss sich um 180 Grad drehen. Man stellt sich die Frage: Der Vergangenheit den Rücken kehren? Einen Neubeginn wagen aufgrund der Erfahrung dieses Wegs zur Mitte, dieses Wegs nach innen? Und auf dem Rückweg besteht die Chance zur Überprüfung des Neuen.

Wer das Labyrinth verlässt, ist ein anderer. Eingang und Ausgang sind gleich. Dazwischen liegt die Wandlung. Wandlung von einer Existenzform in eine andere. Das Labyrinth ist ein Symbol für Tod, Transformation und Wiedergeburt und wirkt als ein dreiteiliges Ritual: Hinweg – Mitte – Rückweg. So kann das Labyrinth als vollkommene Verkörperung eines Initiationsvorgangs gesehen werden.

Und tatsächlich gibt es viele Hinweise, dass im minoischen Kreta, einer jungsteinzeitlichen matriarchalen Kultur, dieses Labyrinth als Kultplatz für die heiligen Handlungen und für die Einweihung der jungen Frauen und Männer in das religiöse und soziale Leben stand.[119]

Damit gilt es als ein Beispiel für die Praxis der Visionssuche und Initiation in unserem Kulturraum in der vorchristlichen Zeit. Die Spuren aus dieser noch viel früheren Zeit der Verehrung der weiblichen Erdgottheiten sind ziemlich verwischt, weil diese Kulturen zerstört wurden und mit ihnen ihre religiösen und sozialen Kulthandlungen. Wir halten es für möglich, dass diese Zerstörung nicht nur einherging mit der Entheiligung der Natur und der Unterdrückung der Frau, sondern auch mit dem schrittweisen Verfall von Initiationsriten. Um das zu zeigen, scheint es uns lohnend, sich die Überlieferungen, die mit dem kretischen Labyrinth in Zusammenhang stehen, noch näher anzuschauen.

Homer beschreibt das Labyrinth als den „Tanzplatz der Ariadne“, die dort mit blühenden Jünglingen und Mädchen den Reigen tanzte.[120] Für die Hypothese, dass hier ein Initiationsritual abgehalten wird, sprechen außer der Form noch viele andere Hinweise.[121] Einer davon könnten die sieben Jünglinge und sieben Jungfrauen sein, die dem Mythos zufolge jedes Jahr von Griechenland nach Kreta gebracht wurden, um „dem Minotauros geopfert zu werden“, was einem alten Brauch zufolge auch heißen kann: in die sakralen Handlungen des Stierkults eingewiesen zu werden. Sie werden aus ihrer gewöhnlichen Umgebung gerissen und in die Fremde gebracht. Verschiedene Bewährungsproben stehen an. Hier stoßen wir auf den Mythos einer Heldenreise, die viele initiatorische Züge trägt.

In unseren Geschichtsbüchern liest sich das so: Theseus, ein früher Königssohn des jungen patriarchalen Griechenlands, bricht auf nach Knossos auf Kreta, um den Minotaurus zu töten. Es wurde behauptet, dieses Ungeheuer fordere jedes Jahr Opfer: sieben Jungfrauen und sieben junge Männer, die Griechenland wegen eines alten Streits als Tribut an König Minos auf Kreta zu zahlen hatte. Auf Kreta wird Theseus von Ariadne, der Erbprinzessin, empfangen; sie verliebt sich in ihn und gibt ihm ein Wollknäuel, so dass Theseus mit Hilfe dessen roten Fadens den Weg aus dem Labyrinth, in dem sich der Minotauros versteckt halten soll, wieder herausfinden kann. Der Plan gelingt: Theseus dringt in das Labyrinth ein, erschlägt heldenhaft das Ungeheuer, kehrt zurück und segelt mit Ariadne, die er dann aber auf Naxos zurücklässt, und deren jüngerer Schwester zurück nach Griechenland. Die Geschichte endet jedoch traurig, weil der Held vergisst, das weiße Segel als Zeichen seines Siegs zu setzen. So stürzt sich sein Vater Ägaius ins Meer (und gibt diesem damit seinen Namen: Ägäisches Meer). Dennoch: Nach dieser Bewährungsprobe wird Theseus König.

Zwischen den Zeilen dieses Mythos einer Heldenreise lässt sich lesen, wie um ca. 1600 v. Chr. das hochentwickelte jungsteinzeitliche Matriarchat Kretas – durch einen Vulkanausbruch auf der Insel Santorin geschwächt – in mehreren Wellen von den frühpatriarchalischen Griechen erobert wurde. Kreta war eine friedliche Kultur und kannte keine Waffen. Es wurde von der höchsten Priesterin und dem Priesterkönig regiert. Minos, der Titel des Königs auf Kreta, ist zugleich Symbol für die männliche sakrale Kraft: für den Stier. Bei wichtigen sakralen Handlungen trugen Priesterkönigin und Priesterkönig Stiermasken. Kulthandlungen fanden auf dem heiligen Tanzplatz, dem Labyrinth, statt. Man kann davon ausgehen, dass der Priesterkönig auch bei Gefahr diesen energetisch intensivsten Platz, das Zentrum des Labyrinths, aufsuchte, um mit spirituellen Mitteln sein Reich zu schützen. Minotauros, der „Stierköpfige“, unterlag dort schließlich dem griechischen Eroberer.

Erst vor diesem Hintergrund kann eine sinnvolle Einordnung dieses sehr speziellen Symbols, wie es das Labyrinth darstellt, gelingen. Symbole sind immer Zeichen für transformierte Erlebnisse.[122] Dieses Zeichen des ewigen, immer wiederkehrenden Wandels enthält bildhaft lebenswichtige Nahrung für unsere Psyche. Das heutige Interesse an der Labyrinthfigur zeigt die große Sehnsucht nach sinnstiftender Einheit, nach Einswerdung durch Konzentration. Und im langsamen Gehen durch die Windungen dieser Figur knüpfen wir an einen alten, nur traumhaft nachzuspürenden Weg der Einweihung an.

Dabei wird der Weg zur Metapher für alles, was uns im Leben begegnet und geschieht. Wir wandeln Wege, und deshalb wandeln wir uns. „Dem geistigen und körperlichen Aufbruch entspricht der Aufbruch des Gefühls und der Seele: Das ganze Ich macht sich auf den Weg, äußert sich, sucht den Zugang zum anderen.“[123] Doch der Wandel zum Neuen erfordert Mut. Nicht ohne Grund haben die Wörter „Weg“ und „Wagnis“ die gleiche Wurzel.

Wolle die Wandlung. O sei für die Flamme begeistert,
drin sich ein Ding dir entzieht, das mit Verwandlungen prunkt;
jener entwerfende Geist, welcher das Irdische meistert,
liebt in dem Schwung der Figur nichts wie den wendenden Punkt.

Was sich ins Bleiben verschließt, schon ist's das Erstarrte;
wähnt es sich sicher im Schutz des unscheinbaren Grau's?
Warte, ein Härtestes warnt aus der Ferne das Harte.
Wehe –: abwesender Hammer holt aus!

Wer sich als Quelle ergießt, den erkennt die Erkennung;
und sie führt ihn entzückt durch das heiter Geschaffene,
das mit Anfang oft schließt und mit Ende beginnt.

Jeder glückliche Raum ist Kind oder Enkel von Trennung,
den sie staunend durchgehn. Und die verwandelte Daphne
will, seit sie Lorbeern fühlt, dass du dich wandelst im Wind.
(Rainer Maria Rilke)

Der Wandel, der sich im Labyrinth vollzieht, ist symbolischer Ausdruck eines Schwellenrituals, aus dem man wie bei einer Initiation verändert hervorgeht.

Der Gang in die Wüste – Christliche Visionssuchen

Weitere zahlreiche Hinweise darauf, dass die Praxis der Visionssuche in unserer Kultur bekannt war, legen Berichte von Prophezeiungen, Eingebungen, Auditionen (Stimmen) und Visionen (Bilder), wie wir sie in der Bibel finden, nahe. Wir beziehen uns im folgenden auf Textstellen, die erstaunliche Parallelen mit der modernen Praxis der Visionssuche aufweisen oder die aufgrund der Art ihres Ablaufs und ihrer Begleitumstände direkte Assoziationen zu der modernen Art der Visionssuche zulassen. Sicherlich lassen sich die die Kulturen und Zeitalter prägenden Visionen von ausgewählten Personen wie Moses, Elija, Esra, Jesaja oder Petrus nicht leichtfertig mit den Einsichten und Erkenntnissen gleichsetzen, die ein „Quester" der Neuzeit erfährt. Und es ist uns ebenso bewusst, dass es sich bei der Bibel nicht um ein Geschichtsbuch handelt, sondern dass wir hier eher mit Metaphern und Bildern spielen. Dennoch scheint es uns zulässig, die Texte so zu nehmen, wie sie im Heiligen Buch aufgeschrieben sind, und hier im Licht des Blickwinkels „Visionssuche" widerzuspiegeln: In der großen Mehrzahl der Berichte werden die Botschaften in der freien Natur empfangen, nicht selten in der Wüste, auf „Heiligen Bergen" oder – im Schoß der Erde – in Höhlen. Die Auserwählten, die sie erhalten, werden durch außerordentliche Ereignisse, existenzielle Krisen oder spirituelle Not dahin getrieben. Dann gibt der biblische Gott seine Zeichen oftmals in Form von Bildern und Symbolen aus der Natur: So zeigt er Jeremia einen „siedenden Kessel" (1, 13) oder „zwei Feigenkörbe" (24, 1), Moses einen „brennenden Dornbusch".[124] Mythische Figuren begegnen den Gottsuchenden, die als Engel beschrieben werden. Häufig offenbart sich Gott den Propheten während eines Zustands der Ekstase, die wir heute als „außergewöhnlichen Bewusstseinszustand" klassifizieren würden: So in der Apostelgeschichte („... kam über ihn eine Verzückung ..."), im zweiten Brief der Korinther („... in das Paradies entrückt wurde ...") und in der Apokalypse („Sogleich wurde ich im Geist entrückt ..."). Und in überraschend vielen Fällen kommt es zu diesem mystischen Kontakt mit Gott, nachdem die Propheten sich fastend in die Einsamkeit der Wildnis zurückgezogen hatten.

„So fastete ich sieben Tage", heißt es im zweiten Gesicht im vierten Buch Esra. „Als aber die sieben Tage um waren, begannen die Gedanken meines Herzens mich mächtig zu bedrängen. Da bekam meine Seele den Geist der Einsicht ..." Nach weiteren Fastentagen berichtet der Prophet im fünften Gesicht von einem visionären Traum, der sich kaum von indianischen Überlieferungen unterscheidet: „Da stieg ein Adler aus dem Meere empor, der hatte zwölf befiederte Flügel und drei Häupter. Und ich schaute, wie er seine Flügel über die ganze Erde ausbreitete und wie alle Winde des Himmels und die Wolken sich um ihn sammelten."[125] Ob in Moses Begegnung mit Gott auf dem Heiligen Berg oder während Jesus' Kampf mit den Dämonen in der Wüste – immer wurden dabei die drei Tabus eingehalten, die auch heute noch dem Sinnsuchenden mit auf den Weg gegeben werden: kein Essen, keinen menschlichen Kontakt, kein Schutz vor den Gewalten der Natur.

Sehen wir uns die Berichte im Buch der Bücher näher an: Auf dem Heiligen Berg, dem Berg Sinai, empfing Mose der Überlieferung nach die Zehn Gebote, womit der Bund zwischen Jahwe und Israel geschlossen wurde. Der „Mose-Berg" im Süden der Sinai-Halbinsel gilt seitdem als der Berg der Offenbarung. Noch heute pilgern jede Nacht hunderte von Menschen auf diesen Berg, um dort den Sonnenaufgang über der Wüste Sinai zu erleben und sich dabei an ein großes spirituelles Erlebnis anzubinden.

Im Alten Testament wird uns die Vision Moses, mit eindrucksvollen Naturerfahrungen verbunden, folgendermaßen erzählt:

„Die Wolke aber bedeckte den Berg, und die Herrlichkeit Jahwes ließ sich auf dem Berg Sinai nieder, und die Wolke bedeckte ihn sechs Tage lang. Am siebten Tage rief er den Mose mitten aus dem Gewölk. Die Herrlichkeit des Herrn aber erschien den Israeliten wie ein loderndes Feuer auf dem Berggipfel. Mose ging in die Wolke hinein, stieg den Berg hinauf und verblieb vierzig Tage und vierzig Nächte auf dem Berge."[126]

Im Kommentar dazu heißt es: „Hier atmet alles die Ruhe und Würde eines nach ehernen Gesetzen ablaufenden sakralen Vorgangs."[127]

Auch das klingt wie die Geschichte einer Visionssuche. Die Geschichte davon, wie in einer tiefen existenziellen („Auszug aus Ägypten") und spirituellen Krise („Tanz ums Goldene Kalb") eine neue Ausrichtung und Orientierung gefunden wird. Die Gotteserfahrung ist verbunden mit gewaltigen Naturprozessen, mit dem Rückzug in die Einsamkeit eines hoch aufragenden Berggipfels. Erst später sollen an diese zentrale Stelle der Sinaiüberlieferung die Zehn Gebote eingefügt worden sein.[128] Die Vision wird in Stein gehauen.

Auch vom Propheten Elija wird berichtet, dass er in seiner größten Verzweiflung darüber, dass er sein Volk nicht bekehren kann, alleine in die Wüste geht. Im Alten Testament wird beschrieben, wie wilde Raben den Propheten ernähren, ihm tagsüber Brot und abends Fleisch bringen (1. Kön. 17, 2–6), wie er Vertrauen bekommt, Demut lernt.

Mendelssohn-Bartholdy hat die gewaltigen Naturerscheinungen, die das Ringen des Propheten um eine Vision begleiten, in seinem Oratorium „Elias“ in einer ergreifenden Musik nachempfunden. Da wird erzählt, wie Elias (Elija) sich mit dem Gang in die Wüste auf das Sterben vorbereitet und unter einem Wacholderbusch einschläft. Der immergrüne Wacholder steht als Symbol für Tod und Wiedergeburt, für den Wächter vor dem Tor ins Jenseits, dessen Rauch reinigt und den Geist öffnet. Die Engel, die sich um ihn lagern, fordern Elias auf: „Hebe deine Augen auf zu den Bergen, von welchen dir Hilfe kommt ... Stehe auf Elias, denn du hast einen großen Weg vor dir! Vierzig Tage und vierzig Nächte sollst du gehen bis an den Berg Horeb.“ Und Elias bittet um eine Vision: „Herr, es wird Nacht um mich; sei du nicht ferne! Verbirg dein Antlitz nicht vor mir! Meine Seele dürstet nach dir wie ein dürres Land.“ Die Wüste, diese endlose Leere, das Ausgetrocknetsein, die Einsamkeit wird zum Spiegel der inneren Landschaft der Seele. Am Berg Horeb steigt Elias in die Eingeweide der Erde hinab und versteckt sich in einer Höhle. Er gibt auf, ist geschlagen, ausgebrannt. Er steigt hinab in die Unterwelt, unterzieht sich der Auseinandersetzung mit seinem Auftrag:

Wie könnte ich fliehen vor Deinem Geist,
wohin vor Deinem Angesicht flüchten?
Steige ich hoch hinauf in den Himmel, bist Du dort,
bette ich mich in der Unterwelt, bist Du zugegen.
(Psalm 139, 7–8)

Elias erwacht, begibt sich auf den Gipfel des Heiligen Berges. Und inmitten der rauhen Naturkräfte, mächtigen Winde, Blitze und bebender Erde begegnet er Gott. Mendelssohn lässt den Chor singen:

„Der Herr ging vorüber, und ein starker Wind, der die Berge zerriss und die Felsen zerbrach, ging vor dem Herrn her, aber der Herr war nicht im Sturmwind. Der Herr ging vorüber, und die Erde erbebte, und das Meer erbrauste, aber der Herr war nicht im Erdbeben. Und nach dem Erdbeben kam ein Feuer, aber der Herr war nicht im Feuer. Und nach dem Feuer kam ein stilles sanftes Sausen. Und in dem Säuseln nahte sich der Herr.“[129]

Mit dem Aufgang der Sonne, im Licht der Morgenröte bricht Elias auf, um seiner Vision zu folgen, „den Namen des Herrn (zu) predigen“. Ist das nicht die Geschichte von einem, der an seiner Aufgabe, seiner Rolle, dem Sinn seines Lebens gerade ganz verzweifelt und deshalb in die Wüste geht? Er weiß nicht mehr weiter. Dort muss er durch die Dunkelheit und Leere im Innen und Außen gehen, sich ganz dem Geleit Gottes überlassen und erhält dann eine neue Botschaft für seine Berufung.

Die Bibel ist voll von Visionssuche-Geschichten: Ismael, Esau, Samson und Amos machen ähnliche Erfahrungen. In der Figur von Johannes dem Täufer, der sich, in Kamelfell gehüllt und von Heuschrecken und wildem Honig lebend, im Jordantal aufhält, erscheint das Bild des Propheten aus der Wildnis erneut.[130] Jesus folgt dem Ruf, verlässt seine Hütte in Nazareth und tritt seine persönliche Heldenreise an. Bei einem erschreckenden Einweihungsritual taucht Johannes Jesus in die schmutzigen Gewässer des Jordan. Das griechische Markus-Evangelium (1, 12) bemerkt an dieser Stelle: „Danach warf der Geist Jesus in die Wüste." Er folgte dem Ruf.

Bei Lukas (4, 1–13) wird berichtet von den inneren Konflikten und schweren Prüfungen, durch die Jesus während seiner vierzigtägigen[131] einsamen Fastenzeit geht: von hungriger Leere, Ausgesetztsein, Gefahren, beständiger Machtlosigkeit einerseits und wachsender geistiger Freiheit und Vertrauen andererseits. „Und er lebte mit den (wilden) Tieren ..." (Mk. 1, 13), die aus den Wadi-Höhlen krochen und sich zu ihm legten. Die Wildnis, die menschenfeindlich und gefährlich schien, wird zur Zuflucht und zum geschützten Raum. An verschiedenen Stellen des Neuen Testaments wird davon berichtet, dass Jesus sich auch immer wieder alleine in den Garten Gethsemane, den wir uns wohl als einen weitläufigen Olivenhain vorstellen können, zurückgezogen hat, wenn er nach dem „rechten Weg" suchte. Er trennte sich von seinen Jüngern und überließ sich dort „den Mächten". Er kam zurück und handelte nach seinen Eingebungen: „Dein Wille geschehe."

Wildnis als ein Ort, in dem man Zugang zum Heiligen und zur Heilung findet, wird auch sehr deutlich beschrieben im Friedensevangelium der Essener, einer Sekte aus Qumran am Toten Meer. Auf alten Papyrus-Rollen aus dem 1. Jahrhundert n. Chr., die in einer Höhle gefunden wurden, finden sich Worte, die wie eine Aufforderung zur Visionssuche klingen:

„Wahrlich, ich sage euch, wenn ihr nicht fastet, werdet ihr euch nie aus der Macht des Satans befreien können und von allen Krankheiten, die Satan verursacht. Fastet und betet inbrünstig und sucht die Kraft des lebendigen Gottes für eure Heilung. Meidet die Menschensöhne während des Fastens und sucht die Erdenmutter, denn der Suchende wird finden.

Sucht die frische Luft der Wälder und Felder, und dort in ihrer Mitte werdet ihr den Engel der Luft finden. Zieht eure Schuhe und Kleider aus und erlaubt dem Engel der Luft, euren ganzen Körper zu umarmen. Dann atmet lang und tief, damit der Engel der Luft in euch hineingelangen kann. Wahrlich, ich sage euch, der Engel der Luft wird alle Unreinheiten aus eurem Körper ausscheiden, die ihn innerlich und äußerlich verschmutzen."[132]

Die Möglichkeit, über eine Vision Quest soziale Kompetenz, Selbsterkenntnis und Selbstfindung zu erlangen, ist offensichtlich. Die Angst vor Missbrauch oder „heidnischem" Brauchtum ist unberechtigt, denn die Inhalte der Visionen stehen immer im Zusammenhang mit den jeweiligen Wert- und Glaubensvorstellungen der einzelnen Menschen. Wer Animist ist, wird eine animistische Vision haben, wer Christ ist, wird seine Vision in seinem religiösen Kontext finden. Einsames Fasten in der Wildnis ist ein „Rezept", um sich für Eingebungen zu öffnen. Wie und mit welchem Inhalt diese Eingebung erfolgt, ist von Mensch zu Mensch sehr unterschiedlich. Dieser Vorgang entzieht sich allerdings auch jeglicher Kontrolle von außen. Das kann Angst machen.

Aber die Sehnsucht der Menschen nach spirituellem Wachstum ist groß, und auch für die christlichen Kirchen könnte es sinnvoll sein, sich dieser Tradition der Suche nach dem Weg in der Natur zu erinnern. Viele Christen haben begonnen, in ihrer eigenen Tradition nach den Wurzeln einer naturverbundenen Spiritualität zu suchen. Manchmal ein Weg voller Widersprüche und Hindernisse: Denn das transzendente Gottesbild macht es schwer, das Heilige in jedem Blatt, Baum und Stein zu erkennen. Doch die visionäre Schau der christlichen Mystiker – ob bei Meister Eckhart, Nicolas von Cues oder Hildegard von Bingen – spiegelt diesen Zugang. Und es ist doch wirklich aufschlussreich, dass die Gedanken und Visionen einer „Heiligen" wie Hildegard von Bingen, die vor 900 Jahren gelebt hat, in den letzten Jahren so ungeahnte Popularität und eine alltagspraktische Bedeutung erlangen konnten. Die Äbtissin Hildegard von Bingen verbindet sich mit der *Viriditas*, der „Grünkraft", die mit ihrer Gottesvorstellung verschmilzt. Physisches und seelisches Heil sind bei ihr eins. Die heilenden Kräfte der Natur, die Ausdruck der Energien des Universums sind, fließen mit dem Glauben und der spirituellen Kraft zusammen.

Genau diesem Bedürfnis entsprechen die modernen Visionssuchen in der Wildnis.

Die Suche nach dem Heiligen Gral – Die Queste der Ritter

Wenn wir in unserer europäischen Geschichte nach Vorläufern der Visionssuche suchen, müssen wir zurückgehen in die Zeit der Wende vom 12. ins 13. Jahrhundert und zu den zahlreichen Versionen der „Gralslegende", die damals in einem Zeitraum von wenigen Jahrzehnten aufgeschrieben wurden. Vieles weist aber darauf hin, dass Wurzeln dieser Mythen bis in die vorchristliche, keltische Zeit hineinreichten.

Die Gralslegende wird für eine der „ganz großen Geschichten des Mittelalters"[133] und für die „tiefgründigste europäische Sage"[134] überhaupt gehalten. Beim Heiligen Gral handelt es sich um ein Symbol für das Geheimnis des Lebens, eine Schale, einen Becher, einen Kessel, den Kelch des letzten Abendmahls Christi. Andere Quellen bezeichnen ihn als einen Diamanten aus der Krone des Teufels oder als einen Stein, den Stein des Weisen, der verlorenen gegangen ist und der im Lauf einer langen Suche wiedergefunden werden muss. Die Handlung der Legende spielte sich zur Zeit von König Artus und seiner

Tafelrunde ab, also historisch gesehen im 6. Jahrhundert n. Chr., vermischte sich aber mit Elementen der Kreuzzüge, die fünf Jahrhunderte später stattfanden. Die vielen Widersprüche und Varianten von Zeiten und Schauplätzen, die in den unterschiedlichen Gralslegenden auftauchen, weisen darauf hin, dass es sich um eine mythische Suche handelt, die in einer Traumlandschaft stattfand. Mit Sicherheit wanderten die Ritter durch fremde Wälder und öde Landstriche, stießen auf versteckte Burgen und fochten Kämpfe von Mann zu Mann. Aber die Häufigkeit, mit der sich in den Geschichten die natürliche Landschaft in eine magische Landschaft verwandelt, ist ein deutlicher Hinweis darauf, dass auch veränderte Bewusstseinszustände, visionäre und meditative Erfahrungen beschrieben wurden.[135]

Auf die Suche machen sich in der Gralslegende Helden wie Artus, Gawain, Galahad und Parzival. Sie brechen aus dem geschützten Raum ihrer Ritterburgen auf, lassen alles hinter sich und stellen sich den Abenteuern und Gefahren eines Wegs, dessen Ende unabsehbar und dessen Ziel vom Nebel eines großen Geheimnisses umhüllt ist. Die Suche wird ebenso wie das Gefäß, nach dem gesucht wird, sehr unterschiedlich beschrieben. „Doch die Suche ist individuell, und der Suchende muss der Leere alleine entgegentreten, will er das Recht erlangen, in direkten Kontakt mit dem letzten Geheimnis zu treten.“[136] Dieser Satz könnte auch in einer Beschreibung der indianischen Visionssuchen stehen. Es scheint deshalb lohnend, sich mit der Gralssuche noch etwas näher zu beschäftigen.

Es gibt einige Variationen der Gralsgeschichte, die jeweils unterschiedliche Wege bezeichnen, auf denen ein Mensch zur Erleuchtung gelangen kann: 1. Die Legenden des keltischen Zweigs, die sich mit der Sehnsucht nach den Ursprüngen beschäftigen. 2. Die Legenden des christlichen Zweigs, die die Suche und Läuterung zum vollendeten christlichen Ritter erzählen. 3. Die Parzivallegende des Wolfram von Eschenbach, die das Streben des Individuums nach dem Ganzen beschreibt.

Bei den Legenden des keltischen Zweigs geht es um die Rückkehr zu den Ursprüngen. Es wird erzählt, wie die Welt aus dem Ursprung der heiligen Ganzheit herausfiel: Für die Kelten waren Brunnen und Quellen Durchtrittspforten zwischen Erde und Himmel, dem Diesseits und dem Jenseits, und damit heilig. Eine Jungfrau, die diese heiligen Quellen hütet, wird durch einen groben Herrscher vergewaltigt, wonach die Quellen versiegen und das Land wüst und leer wird. Damit gehen auch die Verbindungen zum Himmel verloren. Der Held in den heidnischen Gralslegenden hat nun die Aufgabe, diesen Frevel zu sühnen, die Wunde zu heilen und damit das verlorene Paradies wiederzugewinnen. So muss der Ritter Owein (oder Iwein) den heiligen Baum finden, dort das heilige Wasser der versiegten Quelle mit Hilfe eines Rituals befreien und zahlreiche Kämpfe und Abenteuer bestehen, um am Ende die „Gräfin der Quelle" zu gewinnen. Es ist die Geschichte einer Schattenreise, der Suche nach der verlorenen Ganzheit, die wie jeder Mythos traumhaft ein Stück Menschheitsgeschichte erzählt. In dieser Geschichte spiegelt sich wider, dass seit dem 6. Jahrtausend v. Chr. im „Alten Europa" berittene Hirtenvölker die friedliebenden, einer Großen Göttin huldigenden Ackerbauern überfielen und nach und nach unterwarfen. Die Sehnsucht nach dem liebenden Schoß der Erdenmutter, symbolisiert in den sprudelnden Quellen, wird verstanden als die kollektive Sehnsucht nach diesen paradiesischen Zuständen der friedlichen Koexistenz im Zeitalter der Großen Mutter oder Erdgöttin. Damit wird in den keltischen Varianten der Gralssuche die symbiotische Verbindung mit Mutter Natur als Motiv deutlich, das sich in den heutigen Visionssuchen auch oft wiederfindet.

Der zweite Strang bedeutender Gralsromane ist der christliche Weg, der uns besonders interessiert, weil dort die Gralssuche explizit als „Quest" bezeichnet wird. Der „Vulgate-Gral-Zyklus", zwischen 1215 und 1225 entstanden, enthält eine Reihe von Prosaromanen, die vermutlich von Laiengeistlichen für den Zisterzienserorden geschrieben wurden. Diesem Zyklus zugeordnet wird der Roman der „Queste del San Graal". „In der ‚Queste' muss sich der vollkommene Ritter einer rigorosen geistigen Läuterung unterziehen, die von ihm Beichte, Kontemplation, Fasten, Beten und vor allem Keuschheit verlangt."[137] Die Helden der Geschichte sind Galahad, Lanzelot und Perceval, die sich in diesem Sinn allerlei Prüfungen unterziehen müssen, um zu beweisen, dass sie des Grals würdig sind.

Jeder dieser Ritter muss den Gral alleine suchen. Es heißt sogar, dass es für ehrlos gehalten wurde, die Suche „im Haufen" zu tun, und dass jeder für sich allein an einer von ihm ausgesuchten Stelle in den Wald eindrang, „dort, wo er ihn am finstersten dünkte und er weder Weg noch Steg fand".[138]

Die Gefahren und Abenteuer spielen sich im fremden Land, in dunklen Wäldern, an reißenden, unpassierbaren Flüssen und auf einer wilden Insel zwischen Löwen und Schlangen ab und stoßen den Helden auch immer wieder in die Auseinandersetzung mit den wilden Trieben der eigenen Sexualität, denen zu erliegen einer Todsünde gleichkommt. Die Frau als Versuchung der Natur wird als größte Gefahr auf dem Weg zur Erleuchtung dargestellt. Gleichzeitig begegnet dem Helden an vielen Kreuzungspunkten, an denen er sich entscheiden muss, als Wegweiserin eine Frau. Dieser seltsame Widerspruch kann so erklärt werden, dass die Gralssuche im Grunde die Suche des Mannes nach seinem verdrängten weiblichen Anteil symbolisiert. Oft geben auch Eremiten und Einsiedlerinnen, die in der Einsamkeit der Wildnis und in engster Verbindung mit der Natur leben, die entscheidenden Ratschläge und weisen dem Helden den Weg, wenn der nicht mehr weiterweiß. Auch hier weckt das Bild, dass die Weisheit aus dem Schoß von Mutter Natur kommt, die man in Stille und Einsamkeit erfahren kann, starke Assoziationen zu den heutigen Visionssuchen.

In vielen Passagen dieser Heldenreisen begegnen uns Elemente, Symbole und Metaphern, die an heutige Questerberichte aus der Wüste erinnern. Der Held fühlt sich „wie von Flammen durchlodert, am Boden verwurzelt und wie gelähmt". Und weiter: „Vierundzwanzig Tage schmachtet Lanzelot in diesem Zustand ... Sein Erlebnis der Entrückung hat ihn vollständig gewandelt."[139]

Mit der Quest verfolgen diese christlichen, mittelalterlichen Ritter das Ziel, sich durch den Prozess der Läuterung und Wandlung die reinen Tugenden wie Unberührtheit, Demut, Rechtschaffenheit und Barmherzigkeit zu eigen zu machen, um damit in das Reich Gottes zu kommen. Die Symbolik dafür in der Geschichte ist, dass die für würdig befundenen Ritter das Abendmahl aus dem Heiligen Gral, dem heiligen Kelch, entgegennehmen und eins werden mit dem Göttlichen. Joseph Campbell, vielleicht der bedeutendsten Mythenforscher des vergangenen Jahrhunderts, wirft die Frage auf, „warum irgendjemand im Mittelalter es für nötig befunden haben sollte, sich auf ein derart einsames und gefährliches Unterfangen einzulassen, wenn die heilige Messe mit Christus selbst auf dem Altar Tag für Tag gleich nebenan gefeiert wurde."[140] Die Antwort gibt er gleich selbst: Im Gegensatz zur stellvertretenden Erlösung durch eine offenkundig korrupte Geistlichkeit besteche der Mythos um den Heiligen Gral durch die Klarheit und Untadeligkeit aller Beteiligten. Er beinhalte somit den Ruf nach moralischer Reinigung und Erneuerung.

Ein Schatten dieser mythischen Reise in äußere und innere Welten findet sich auch in den Ritualen, die im Mittelalter vor einem Ritterschlag abgehalten wurden. Viele Knappen verbrachten die Nacht davor meditierend in der freien Natur oder einer verschlossenen Kapelle, um sich mit dem spirituellen Aspekt ihrer Mission in Verbindung zu bringen.[141]

Es gibt noch einen Vorläufer unserer heutigen Visionssuchen, der uns als Geschichte über das Streben eines Individuums nach dem Ganzen vielleicht etwas nähersteht. 1220 schrieb Wolfram von Eschenbach aus dem fränkischen Städtchen Wolframseschenbach in der Nähe von Ansbach ein 25 000 Zeilen langes Gedicht über die Suche eines Menschen – Parzival – nach der Wahrheit.

Europa befand sich in dieser Zeit in einer lebendigen, rebellischen, geistig-spirituellen Aufbruchsphase, in deren Verlauf zahlreiche Zweifel und Fragen aufgeworfen wurden.[142] Es war eine Phase heftigster Richtungskämpfe in der katholischen Kirche und die der beginnenden Inquisition, aber auch die Zeit eines Franz von Assisi, der Entfaltung der Liebeshöfe und den Gesängen der Troubadoure. Im Gefolge der Kreuzzüge kamen völlig neue Gedanken aus den Kulturen des Ostens und Vorderen Orients nach Europa. Sufi-Meister wie Shams-Y-Tabriz oder Mevlana Rumi trugen mit ihren islamischen Liebesgedichten zur Konfrontation zweier Kulturkreise bei. Im Epos des Wolfram von Eschenbach geht es um Gegensätze und deren Verbindung: den Gegensatz zwischen der höfischen

Welt eines König Artus und der spirituellen, weltabgewandten Geisteswelt, wie sie die Kirche vertrat; den Gegensatz zwischen Individuum und Gemeinschaft oder dem Widerspruch zwischen dem Gewissen und der Ethik des Einzelnen gegenüber den Regeln einer Gesellschaft; den Gegensatz zwischen der Einteilung in Gut und Böse der europäischen Denkweise und dem „Sowohl-als-auch" des chinesischen Dao; und nicht zuletzt um den Gegensatz zwischen Körper und Geist.

So ist es nicht verwunderlich, dass der Name des Helden der Geschichte, Parzival, auf *Perce à val* zurückgeführt wird, was etwa heißt „das Tal zwischen zwei Gipfeln durchqueren"[143], oder wir lesen in einer anderen Übersetzung: *per-ce-val* = „mittenhindurch".[144] Dabei muss der Held drei Stadien durchlaufen: „Zuerst erwacht er langsam aus dem dumpfen, unbewussten Zustand der Erstarrung, dann erfährt er das Leid, das der Zweifel mit sich bringt, und gelangt schließlich zur Erleuchtung."[145]

Der junge Parzival ist anfangs ein einfältiger Held, und erst als er den Roten Ritter besiegt, bekommt er seine Rüstung. Er muss alles verlassen, was ihm lieb ist. Nach Lektionen über Liebe und Treue, nach seiner Abtrennung von der Mutter und nach Erfahrungen mit dem Tod gelingt es ihm, seine eigenen Regeln zu finden. Als er, hin- und hergerissen von widerstreitenden Gefühlen, auf seiner Heldenreise „quer durch die höchsten Berge"[146] die Zügel seines Pferdes schleifen lässt, gibt er die Kontrolle auf, folgt einem inneren Impuls und überlässt sich auf der Suche nach dem richtigen Weg der Macht der Natur. Dabei ist das Pferd, das den Pfad im Wald sucht, eine Metapher für seine eigene innere Natur. „Er gibt dem Pferd die Zügel frei. Traditionell verkörpert das Pferd den Willen in der Natur, der Reiter die Vernunft und die Beherrschung."[147] Und das Pferd trägt ihn auf seinen Weg. Jetzt findet er nicht nur seine wirkliche Liebe, sondern auch die gesuchte Gralsburg und stellt dort die richtige Frage, mit der er sein Herz öffnet und Mitgefühl zeigt.

Eine Botschaft des Dichters: Niemand wird die Gralsburg – oder die eigene Wahrheit – finden, wenn er zwanghaft danach sucht. Entscheidend ist die innere Offenheit, „die Zügel mal loslassen" zu können. „Obgleich Erleuchtung nicht durch Anstrengung erzwungen werden kann, muss sich der Suchende fortwährend bemühen, um bereit zu sein, sie als ein unerwartetes Geschenk entgegenzunehmen."[148]

Die Helden der heidnischen und christlichen Gralslegenden können, sei es in der Nachahmung von Naturgesetzlichkeiten oder in der Befolgung der göttlichen Vorsehung, den Regeln einer archetypischen Wiederholung der Heldengeschichte folgen. Im Gegensatz dazu muss der Parzival Wolframs von Eschenbach lernen, „dass er für seine Handlungen selbst verantwortlich ist. Um dies zu erfahren, muss er sich auf eine Suche begeben, und dabei kann er nur einen Weg einschlagen, der nie zuvor beschritten worden ist, seinen eigenen."[149]

Er muss wagen, seinem Inneren zu vertrauen, wir würden heute sagen, auf seine innere Stimme zu hören und ihr gemäß zu handeln. Dies ist eine der schönsten Parallelen dieser Gralsgeschichte zu den Visionssuchen der heutigen Zeit.

Wer mehrere Tage alleine in einem Wald, einer Wüste, in den Bergen verbringt, ohne das wachsame Auge einer äußeren Instanz auf sich ruhen zu haben, die vorgibt, was zu tun ist oder was richtig und falsch ist, wird sehr bald Zwiesprache mit seinen inneren Instanzen halten. Und ob einer über den Berg geht oder sitzen bleibt, ob eine die Plastikfolie aufspannt oder sich nach einem natürlich Schutz gegen Sonne oder Regen umschaut, entscheidet er oder sie spontan, intuitiv und absolut selbstbestimmt. Die Wahrheit muss jeder ganz alleine für sich finden. Und genau wie für Parzival entstehen die Antworten auf die Fragen der Suchenden oft völlig unerwartet. Im Gesicht eines Felsens, im Besuch eines Tiers, beim Stolpern über eine Wurzel wird die Antwort symbolisch erfahren und dadurch die Verbindung zum eigenen Inneren und den inneren Bildern hergestellt.

Malcolm Godwin, der sich intensiv mit den Hintergründen der Gralslegende befasst hat, kommt zu dem Schluss: „Der Weg zu jedem heiligen Berg, Jungbrunnen, Baum des Lebens oder verwunschenen Schloss ist stets gefährlich und mit großen Mühen verbunden. Die Schwierigkeiten auf diesem Weg sind dieselben, denen der Suchende bei seiner Selbstfindung begegnet. Dieser dornenreiche Pfad versteht sich als Durchgangsritus vom Profanen zum Heiligen, vom Vergänglichen und Illusorischen zur Realität der Unendlichkeit, vom Tod zum Leben, vom Menschen zum Göttlichen."[150]

Von „Allerleirauh", „Hänsel und Gretel" und dem „Eisenhans" oder: Wie man erwachsen wird

Was die indianischen Völker für uns mit der Vision Quest lebendig gehalten haben, ist ihre Form des Übergangsritus in der Natur. Die Struktur, das nackte Knochengerüst, das Ritual selbst ist universell. Auch in unserer mitteleuropäischen Kultur hat es vergleichbare Riten der Initiation und des Übergangs gegeben. Unsere Märchen[151] sind voll davon. Viele Einzelheiten entstammen der Fantasiewelt der Kelten[152] oder noch älteren Quellen. Sie enthalten in komprimierter Form alle dem menschlichen Leben innewohnenden Erfahrungen und erzählen, dass es auch in unserer Kultur den einsamen Gang in eine sehr fremde Welt gegeben hat: in die Wildnis, die Wüste, den Wald, den hohen, gläsernen oder hohlen Berg, in ein unbekanntes Land. Oft begleitet eine Prüfung mit einer schier unlösbar erscheinenden Aufgabe das Erwachsenwerden eines Menschen. Wir begegnen jugendlichen Figuren, Mädchen oder Jungen, die nach verschiedensten Prüfungen, bei denen sie oft von wunderlichen Gestalten aus der Natur

– Elfen, Zwergen und allen möglichen Geistern – unterstützt werden, als „Veränderte“ zurückkommen und einen neuen Lebensabschnitt beginnen. Denken wir an das arme Mädchen „Aschenputtel“, das von der Stiefmutter gequält wird, die Erbsen aus der Asche klauben muss (Krise), und das – unterstützt von einem Baum, dem Haselstrauch auf dem Grab der Mutter, von dem es das Kleid für den königlichen Ball bekommt – am Ende die Hochzeit mit dem Prinzen feiert, die für das Ende ihrer Kindheit steht.

„Hänsel und Gretel“, wohl unsere bekanntesten Märchenhelden, werden wegen einer Teuerung und großen Hungersnot von den Eltern mehrfach im Wald ausgesetzt, bis sie sich schließlich verirren. „... sie gerieten immer tiefer in den Wald, und wenn nicht bald Hilfe kam, mussten sie verschmachten. Als es Mittag war, sahen sie ein schönes schneeweißes Vöglein auf einem Ast sitzen, das sang so schön, dass sie stehen blieben.“ Das Vögelein wird zum Führer in das Land der Prüfungen. Die Wildnis fordert sie nun in Gestalt einer bösen Hexe, der Wanderin zwischen den Welten, heraus. Mit viel List gelingt die Befreiung. Und wieder hilft ein Tier, diesmal eine weiße Ente, über den unüberbrückbaren Teich nach Hause. Joseph Campbell, der große Mythen- und Märchenforscher, fasst den dahinter stehenden Mythos zusammen: „Kurzum: das vom Schicksal ausersehene Kind hat durch eine lange Periode der Finsternis hindurchzugehen, eine Zeit äußerster Gefahr, Behinderung oder Missachtung. Es wird nach innen geworfen, in seine eigenen Tiefen, oder nach außen ins Unbekannte, aber beide Male berührt es unerforschte Dunkelheit. Und diese Zeit ist voll unvermuteter Wesen, wohlwollend ebenso wie übelwollend: es erscheint ein Engel, ein hilfreiches Tier, ein Fischermann, eine Hexe oder ein Bauer.“[153]

Im Märchen „Allerleihrauh“ schlüpft das Mädchen, das sich den Übergriffen ihres Vater ausgesetzt sieht, selbst in die Haut „aller Tiere des Reiches“, in einen Mantel „von tausenderlei Rauhwerk gemacht.“ „Als nun die Königstochter sah, dass keine Hoffnung mehr war, ihres Vaters Herz umzuwenden, so fasste sie den Entschluss, zu entfliehen.“ Sie nimmt ihre „drei Kleider von Sonne, Mond und Sternen“ mit, „... zog den Mantel von allerlei Rauhwerk an und machte sich Gesicht und Hände mit Ruß schwarz. Dann befahl sie sich Gott und ging fort und ging die ganze Nacht, bis sie in einen großen Wald kam. Und weil sie müde war, setzte sie sich in einen hohlen Baum und schlief ein.“ Der Wald ist das Symbol für das Unbewusste, für das Fremde, denn sie verlässt die Stätte ihrer Kindheit, die gewohnte Welt im Vaterhaus. Hier findet sie aber gleichzeitig auch Schutz und Hilfe bei einem Baum. Am nächsten Tag wird sie von Jägern gefunden und kommt in den Dienst eines fremden Königshofes. Sie „... kehrte die Asche und tat alle schlechte Arbeit“. Unter dem Schutz dieser ganzen Tierseelen ihres Mantels und mit Hilfe der Gestirne, der Kleider von Sonne, Mond und Sternen, gelingt es ihr, zum Frau-Sein zu gelangen: durch die Hochzeit mit dem von ihr selbst gewählten Mann und der gleichzeitigen Ablösung vom Vater.

Als klassisches Märchen für männliche Initiation in der Wildnis gilt „Der Eisenhans". Es ist die Geschichte einer Initiation, die die dunklen Seiten der Männlichkeit heilen soll.[154] Eisenhans, der wilde haarige Mann, ruht auf dem Grund des dunklen Sees der Psyche, der Eimer für Eimer geleert werden muss, um das vom Wasser Verdeckte ans Tageslicht zu bringen. Der haarige Mann löst Furcht aus, sein Aussehen symbolisiert Sexualität und Primitivität. Eingesperrt im Käfig am Königshof rollt ihm der goldene Ball des Prinzen zu, Symbol für die Ganzheit, die unschuldige Kindheit, die innere Energie. Als der Prinz den Ball zurückhaben will, fordert der wilde Mann ihn auf, ihn freizulassen. Der Schlüssel aber ist genau dort, wo Freud ihn vermutet hätte: unter dem Kopfkissen der Mutter. Dort klaut ihn der Prinz und befreit sich damit von den Erwartungen und der Rolle des Kindes. Er folgt dem Eisenhans und geht das Wagnis der Wildheit, der Irrationalität, des Instinkts, der Emotionalität, des Körpers und der Natur ein und reitet auf den Schultern des Wilden Mannes, des männlichen Urahnen, hinaus. Der Wilde Mann wird zum Ältesten, zum Mentor, zum Leitbild.

Draußen in der Natur wird der junge Mann alleine gelassen und sitzt am heiligen Brunnen, in dem das Wasser des Seelenlebens liegt, ein Platz der Inspiration und Weisheit. Die Verletzung, die er dort pflegt, führt zur Vergoldung seines Fingers und ist wie ein Versprechen seiner kreativen Fähigkeiten. Sein Haar, Symbol der Sexualität, des Körpers, des Instinkts, der Wildheit, Jagd und des Unzivilisierten, wird vergoldet, als er sich am dritten Tag am heiligen Brunnen im Wasser der Seele direkt in die Augen sieht und seine Haare ins Wasser fallen: Erleuchtet? Die Suche nach dem anderen Gesicht im Spiegelbild, nach dem Verborgenen, ist der Zweck der Initiation. Und der Spiegel des jungen Mannes ist hier nichts anderes als: die Natur. Und die Natur – in Gestalt des Wilden Mannes – schickt ihn hinaus in die Welt, wo er beginnen muss, sie mit Leben zu füllen, bis er sich und seinem Volk dienen kann.

Ein Beispiel für weibliche Initiation ist das bekannte Märchen „Frau Holle". Die Mädchen müssen zu Beginn ihrer Reise, um zu ihrer Weiblichkeit zu finden, in den tiefen Brunnen springen. Ein Bild für äußerste Lebensgefahr, Konfrontation mit dem Unterbewussten und Übertritt in die Anderswelt. Sie kommen in den Dienst der wilden Frau Holle, die mit ihren Raubtierzähnen Angst macht, die ihnen aber auch den Umgang mit den Elementen, das Schneeschütteln, beibringt. In der russische Version der gleichen Geschichte „Vasalisa die Weise"[155] werden die Wildniselemente, die dem Mädchen bei den verschiedenen Reifeprüfungen begegnen, noch drastischer beschrieben: Vasalisa muss, nachdem die Mutter gestorben war (Trennung), „in den großen, dunklen Wald" und „das Dickicht des Waldes wurde immer dichter und immer undurchdringlicher, und das Knistern und Knacken zwischen den Bäumen wurde ihr allmählich immer unheimlicher, bis sie sich wirklich zu fürchten begann …" Da lernt sie sich auf die Hilfe ihrer Puppe in der Schürzentasche, die für ihre Intuition steht,

Schreiender Baum.

zu verlassen. So findet sie den Weg zur bedrohlichen Hexe Baba Yaga, von der sie das Feuer will. Die Hexe, eine Medizinfrau des Waldes, eine wilde Frau, die mit Donnerstimme brüllt, über den Sternenhimmel fliegen kann und in einem Haus mit gruseligen Totenschädeln wohnt, stellt sie mehrfach auf die Probe und vor scheinbar unlösbare Aufgaben, die Vasalisa auf wunderliche Weise mit Hilfe ihrer Intuition löst. Die Intuition ist die Eingebung, die Kraft aus dem Bauch, die Kraft aus den Eingeweiden. Wahrlich etwas Tierisches, Naturhaftes und zugleich zutiefst Menschliches. Vasalisa erwirbt für sich das Feuer des Lebens. Mit ihrer neu erworbenen Scharfsicht, symbolisiert durch einen leuchtenden Totenschädel, kehrt sie nach Hause zurück und trägt diese Energie in ihr Leben.

Wie in den Märchen erfährt man auch auf den Visionssuchen wundersame Dinge. Man trifft sprechende Raben, singende Steine, hört den Wind flüstern, wird von einer Blume gerufen oder von einem knorrigen Weinstock weggeschickt. Solche Erlebnisse kennen wir aus unserer Kindheit, in der wir auch noch ganz selbstverständlich mit Tieren und Bäumen gesprochen haben. Da gab es auch noch nicht diese sprachlose Spaltung zwischen dem Ich und den anderen Wesen in der Natur. Da gab es noch diesen gemeinsamen See von Bewusstsein, aus dem bedeutungsvolle Bilder mit Fragen und Antworten aufstiegen.

Weil es in der Natur immer Antworten auf existenzielle Fragen gibt, ähnelt die Struktur des Rituals auch der Struktur des Märchens: Am Ende steht die Einsicht. So muss es nicht verwundern, dass in vielen Märchen Visionssuchen erzählt und Visionssuchen nicht selten wie Märchen empfunden werden.

Bilanz

1995 zeigte der Anthropologe Desmond Morris in einer Fernsehdokumentation, dass in abgelegenen Gebieten rudimentäre Formen der Initiation in der Wildnis auch in Europa bis heute erhalten worden sind. In einem Teil der Schweiz besteht bis zum heutigen Tage ein alter Brauch, der Teil eines Initiationsritus gewesen sein könnte, darin, dass zwölf- oder dreizehnjährige Jugendliche von ihren Großeltern an eine einsame Stelle im Wald geführt werden. Dort wird ein junger Baumstamm in der Länge gespalten, der Junge zieht sich aus und wird nackt vom Großvater durch die aufgebogene Öffnung des Baumes der Großmutter gereicht. Dann wird die Pforte wieder verschlossen und der Stamm sorgfältig umwickelt, denn der Baum, der jetzt der „Lebensbaum“ für den Initiierten ist, soll mit ihm weiterwachsen.[156]
Bei der Visions-Spuren-Suche in unserem Kulturraum sind wir – wie unsere Ausführungen gezeigt haben – auf eine Fülle von Beispielen gestoßen. Einige haben wir hier vorstellen können. Viele warten darauf, entdeckt zu werden. Unser Streifzug dürfte jedenfalls deutlich gemacht haben, dass es uns nicht darum geht, mit den Visionssuchen ein exotisches, „fremdländisches Ritual“ einzuführen. Selbst

wenn an der einen oder anderen Stelle in der Praxis Elemente oder Gesichtspunkte aus anderen Kulturen einfließen, ist es deshalb noch lange kein „indianisches" Ritual.

Ähnlichkeit und Gleichzeitigkeit von Verhaltensweisen, Ritualen oder spirituellen Praktiken weisen eher darauf hin, dass es sich dabei um ein archetypisches Muster handelt, das in allen Kulturen vorkommt. Seine Wirksamkeit, die sich überall auf der Welt in jahrtausendalter Nutzung dieses Rituals ausdrückt, kann von jedem selbst ausprobiert werden.

„Wenn wir zurücksehen auf das, was versprochen hatte, unser ureigenes, unbestimmbares und gefährliches Abenteuer zu werden, so finden wir schließlich eine Reihe fast standardisierter Verwandlungen, wie sie Männer und Frauen in jedem Winkel der Erde, in allen geschichtlichen Jahrhunderten, unter der dünnen Verkleidung aller besonderen Kulturen durchgemacht haben."[157]

Wer sich einem Initiations- und Schwellenritual in der Wildnis aussetzt, muss anerkennen, dass er sich nicht wesentlich von seinen Urahnen unterscheidet. Die kulturellen Bedingungen, in denen eine Visionssuche heute stattfindet, mögen sich grundlegend geändert haben, die menschliche Erfahrung aber dürfte im Wesentlichen dieselbe sein.

Die Wiederentdeckung der Visionssuche für die moderne Welt Europas wird leichter nachvollziehbar, je mehr die zahllosen Quellen aus der eigenen Kulturgeschichte aufgearbeitet und in die rituelle Praxis eingebracht werden. „Wir dürfen nicht die Mythen anderer Völker übernehmen, sondern sollten unsere eigenen Mythen wieder einfordern", sagt der englische Psychologe und Schriftsteller James Cowan. „Sie sind manchmal nur zwei Generationen entfernt und werden sichtbar, wenn wir unsere Großeltern, die Weisen unserer Kultur, fragen."[159]

Im Kreislauf von Himmelsrichtungen und Jahreszeiten: Das Medizinrad

Rad und Kreuz

*Alle Kräfte der Welt wirken in Kreisen.
Der Himmel ist rund, und wie ich höre,
ist die Erde rund wie eine Kugel,
und ebenso alle Sterne.
Wenn der Wind am heftigsten weht, bildet er runde Wirbel.
Die Vögel bauen ihre Nester kreisrund,
denn sie haben die gleiche Religion wie wir.
Die Sonne geht in einem Kreis auf
und wieder unter.
Der Mond macht es ebenso,
und beide sind rund.
Sogar der Wechsel der Jahreszeiten
bildet einen großen Kreis
und kehrt immer wieder dahin zurück, wo er begann.
Das Leben der Menschen ist ein Kreis
– von Kindheit zu Kindheit –
und so ist es mit allem,
worin sich die Kraft der Welt regt.
(Black Elk, Medizinmann vom Stamm der Lakota Sioux, um 1930/31)*

„Das Medizinrad ist ein magischer Kreis, der die ganze Welt in sich einschließt. Während du ihn umwanderst, wirst du in ihm und außerhalb auf unzählige Wunder stoßen."[160]

Vor einigen Jahren bewegte der sensationelle Fund des Ötzis, der Mumie eines Mannes, der vor 5300 Jahren im Eis des Tiroler Ötztals ums Leben kam, die gesamte Öffentlichkeit. Auf besonders eindrückliche Weise wurden wir an unsere Vorfahren und an die Frage, wie sie wohl gelebt haben, erinnert. Dieser Bote aus der Vergangenheit trug ein tätowiertes gleichschenkliges Kreuz auf seinem Arm.

Das Kreuz war wahrscheinlich Ausdruck dafür, dass er sich in seinem Weltbild an den vier Himmelsrichtungen orientierte und ausrichtete. Mit diesem universellen Symbol haben sich zu allen Zeiten Menschen mit dem „Tanz des Universums"[161] verbunden: Einer Weltsicht und Kosmologie, die dem archaischen Bewusstsein über den Zusammenhang von Natur und Kosmos und der Stellung des Menschen darin entsprach. Diese Symbolik finden wir auch im Kreuz, das von einem Kreis umschlossen ist, dem „Rad des Lebens".

Wir finden dieses Zeichen in Wüsten oder Höhlen, in Felsen geritzt, gehämmert oder gemalt. Die Indianer nennen es den „Medizinkreis" oder das „Medizinrad". Sie haben für uns lebendig gehalten, was in unserer Kultur auch im „Keltischen Rad" oder im „Hexenrad" symbolisiert war und längst vergessen schien. Und doch schlummert es auch in der Kultur der Gegenwart: der im Kreuz aufgespannte Mensch und Gott umgibt uns täglich – Christus am Kreuz, das ebenso für den Weltenbaum stehen kann wie für das Schicksal des Menschen zwischen Himmel und Erde. Der Weltenbaum oder Axis Mundi wird in den meisten Kosmologien der Welt als Zentrum, als Nabel der Welt gesehen, als die Verbindung zwischen Himmel und Erde, als Punkt, von dem alle Himmelsrichtungen ausgehen. In der Mythologie der Germanen erhält ihr Gott Odin seine Initiation und den Zugang zu allem Wissen, das er braucht, an diesem Weltenbaum hängend, der Weltenesche Yggdrasil (s. o.). Auch für den Mensch der Gegenwart ist der Kreis ein wichtiges Symbol geblieben: Für malende Kinder ist es ein Zeichen für sich selbst, Erwachsenen gilt es als Metapher der Ganzheit, in der Form des Kompasses liefert es uns räumliche Orientierung, als Uhr zählt es die Zeit unseres Lebens.

Wenn wir uns hier mit dem „Rad des Lebens", dem Medizinrad und seinen Möglichkeiten beschäftigen, dann geschieht es deshalb, weil die Bilder und Vorstellungen, die mit diesem Symbol verbunden sind, helfen können, uns selbst und unsere Einbettung in ein größeres Ganzes zu verstehen. Wir dürfen das zu einem guten Teil auch als Rückbindung an das Wissen unserer Vorfahren begreifen. Diese Rückbindung ist bei einer Wildniserfahrung wie der Visionssuche ständiges Thema. Die Arbeit mit dem Medizinrad kann dabei auch einfach als Griff in den großen Werkzeugkasten unseres kulturellen Erbes betrachtet werden. Ein Werkzeug, um uns in Beziehung zu setzen zu allem, was lebt und um uns ist. Ein Koordinatensystem für innen und außen.

„Von allen symbolischen Hilfsmitteln, die beim Visionsfasten in der Wildnis verwendet werden, ist der Kreis das wichtigste. Alle anderen Riten und Symbole sind seiner alles in sich vereinigenden Bedeutung untergeordnet."[162]

Das Medizinrad ist erst einmal ein Kreis, der symmetrisch durch eine zentrale und eine horizontale Achse in vier Teile unterteilt ist. Wo diese Achsen auf die Kreislinie treffen, sind die vier Himmelsrichtungen eingetragen: Süden und Norden, Westen und Osten. Was für uns wie ein Kompass aussieht, ist für Hyemeyohsts Storm, einen Medizinmann und Schriftsteller indianisch-deutscher Abstammung, das „Zeichen des Universums" und „die Spiegelung des großen Geistes unter den Menschen".[163] Die vier Himmelsrichtungen sind überall auf der Welt bekannt. Sie sind Ordnung und Richtung, geben Orientierung.

In einer Welt des Wandels sind sie wie ein stabiles Koordinatensystem, in dem wir uns bewegen, drehen und wenden. Aber sie sind auch „Plätze" innerhalb des Kreises mit bestimmten Qualitäten. Nimmt man oben und unten noch hinzu, hat man alle sechs Richtungen zusammen, die den Raum bilden.

Die vier Himmelsrichtungen sind in unseren Breiten auch Symbol für die vier Jahreszeiten im Kreislauf: im Norden der Winter, im Osten der Frühling, im Süden der Sommer, im Westen der Herbst. Die Jahreszeiten beinhalten den Wechsel. Der Rhythmus der Natur vom Frühling zum Sommer zum Herbst und zum Winter und wieder zum Frühling folgt immerzu diesem ewigen Kreislauf. Mit den Jahreszeiten werden die Plätze des Kreises mit allem, was diese Jahreszeiten ausmachen, belegt. Das frisch sprießende, neu hervorquellende Leben des Frühlings im Osten, die heiße, wachstumsfördernde Glut des Sommers im Süden, die fruchtbare, aber auch windbewegte Rückzugszeit des Herbsts im Westen und die klare, beständige, kalte, ja manchmal eisige Gewissheit des Winters im Norden. Die vier Himmelsrichtungen entsprechen den vier Tageszeiten: Die Sonne geht im Osten auf, steht im Süden im Zenit des Mittags, geht im Westen unter und leitet damit die dunkle, stille Nacht ein, die so lange dauert, bis die Morgenröte den neuen Tag ankündigt. Jede dieser Richtungen beinhaltet so eine einfache Beschreibung der Natur. Den vier Richtungen werden auch die vier Elemente zugeordnet – Feuer, Erde, Wasser, Luft. Sie bekommen Farben wie – zum Beispiel bei vielen Ureinwohnern Amerikas oder Australiens – Gelb, Schwarz, Rot und Weiß, entsprechend den Farben ihres Getreides oder den Farben ihrer Böden.[164] Bei der Zuordnung können zwar kulturelle Unterschiede auftreten, die Himmelsrichtungen werden aber einheitlich als ein Symbol für das Rad des Lebens, für Wandel und natürliches Wachstum gedeutet. Weil das Rad die Ganzheit des Lebens spiegelt, gilt es auch als Instrument der Heilung. Die Prärieindianer des amerikanischen Südwestens gaben ihm den Namen, der durch die Bücher von Sun Bear und Wabun auch in die westliche Zivilisation Eingang fand: das Medizinrad.

Für denjenigen, der sich in der Natur und ihrem Kreislauf selbst wiedererkennt, ist das Medizinrad auch eine Metapher für die Lebensphasen eines Menschen: beginnend mit der Geburt im Osten, fortgesetzt mit der Kindheit und Jugend im Süden, dem Erwachsensein im Westen und dem Altern und Reifen im Norden. Der Tod schließlich steht wie die Geburt im Osten, womit dieser als Platz beides gleichzeitig hält: das Kommen und Gehen eines Menschen auf der Erde. An die Lebensphasen sind wiederum Entwicklungen des Körpers, des Geistes, der Seele geknüpft, die diese Lebensphasen prägen.

In der griechischen Mythologie wurden die verschiedenen Gefühlszustände verschiedenen Göttern und Göttinnen zugeteilt. Die traditionellen und indigenen Kulturen haben sie im Außen den Himmelsrichtungen zugeordnet und dann in sich selbst „verortet". „Im Süden zu sein" bedeutete dann z. B., all die Qua-

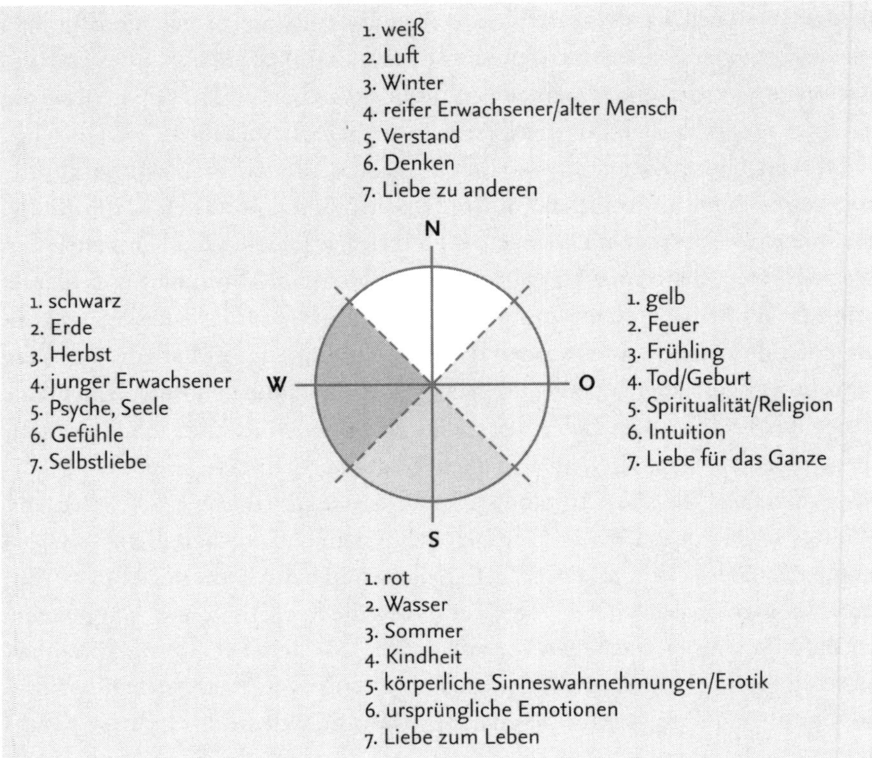

Das Medizinrad mit Zuordnungen zu den einzelnen Himmelsrichtungen.

litäten des Sommers, der Fülle, des Wachstums zu leben. Himmelsrichtungen wurden verstanden als eine Art innere Räume, die man betreten konnte, Rollen, in die man schlüpfen konnte, Zustände, die man sich wie ein Wappen auf einen Schild malte und damit nach außen zeigte.[165]

Obenstehendes Schaubild, das wir nach Arbeiten von Steven Foster und Meredith Little zusammengestellt haben, veranschaulicht die verschiedenen Zuordnungen. Das eigentliche Geheimnis, welches das Medizinrad für uns bereithält, ist die Bewegung und Veränderung. „Wir erkennen darin eine Möglichkeit, die Menschen dazu anzuhalten und anzuleiten, sich stetig zu verändern, zu wachsen, sich dem Leben und all ihren Verwandten auf dieser Erde zu öffnen."[166]

Um zu verstehen, wie das funktioniert, ist es ratsam, sich nacheinander mit den Eigenschaften und Bildern der einzelnen Himmelsrichtungen zu verbinden. Um das Weltbild zu vermitteln, das sich im Symbol des Medizinrads ausdrückt, wollen wir nun Übungen aus der Vorbereitung auf die Visionssuche vorstellen und Assoziationen aufzeigen, die Visionssuchende häufig mit den Qualitäten des Südens, des Westens, des Nordens und des Ostens verbinden (in den folgenden Abschnitten grau unterlegt). Wir haben hier ganz bewusst innere Bilder, kulturelle Assoziationen, Gefühle, Metaphern und szenische Beispiele gewählt, weil sie zusammen am ehesten geeignet scheinen, aufzuzeigen, wie mit den Himmelsrichtungen gearbeitet werden kann.

Der Süden – der Sommer

Du suchst dir einen schönen, ebenen Platz, irgendwo, wo du dich wohlfühlst, und legst beispielsweise aus Steinen, Zapfen oder Muscheln einen Kreis, oder du ziehst mit dem Fuß einen Kreis in den Sand, so groß, dass du sitzend gut hineinpasst. Du orientierst dich an den Himmelsrichtungen und legst in den Süden etwas Rotes, ein rotes Tuch, einen roten Stein ..., setzt dich davor und beginnst diesen Platz in dich aufzunehmen.

Es ist Sommer, heiß, das Leben gedeiht in seiner Fülle; schnelles Wachstum, warme Erde, feucht dampfend, Wasser perlt warm über die Haut, die Sinne sind offen; Riechen, Hören, Berührung, du nimmst deinen Körper wahr, deine Körperlichkeit, du spürst dich auf der Erde, spürst dich im Raum, hier bist du Kind, unschuldig, liebesbedürftig, hier bist du sinnlich, das ist das Reich der Erotik, der Platz der chemischen Anziehung und Abwehr, hier ist der Ort deiner Instinkte. Wenn etwas passiert, fühlst du als erstes: „Gefahr! Pass auf! Sei bereit!“ Angst entsteht, und die spontanen Reaktionen darauf sind: Flucht, Kampf und Erstarren. Das Überlebensprogramm ist hier zu Hause, die ursprünglichen Emotionen und Verhaltensweisen, auch die Gewalt gehört hierhin, die Liebe zu Heiß und Kalt, zur Aktion, zum puren Leben, zum Spielen, zum neugierigen Herumschnüffeln mit weiten, offenen Augen. Hier sind Adam und Eva im Paradies, Lebenskraft ist überall.

„Das Geheimnis der Kraft des Südens lautet: Es ist immer Sommer, und wir sind immer Kinder.“[167]

Wenn du dich mit diesem Platz des Südens in dir verbinden willst, nimm dein inneres, kleines Kind an die Hand, gehe hinaus mit ihm und lass dich von ihm an eine schöne Stelle führen, lass dich von ihm leiten, spiele, was es spielen will, spüre, was es spüren will, gib dich deinen Sinnen hin, was immer dies auch heißen mag, lass dich treiben, schau, was dein Kind dir zeigt, werde ängstlich, sei erotisch, was immer für dich stimmt.

Und was passiert an diesem Sommerplatz?

„Ich wusste sofort, wo mein kleines Mädchen hinwollte: an diesen stürmischen Wildbach, da gibt es eine Stelle, mit einer sanften Sandbank, die zum Spielen einlädt und von der aus ich in ein knietiefes Wasserbecken schlüpfen konnte, welches von einem quer in den Bach hineingefallenen Baumstamm vor den laut dahinschießenden Fluten geschützt war. Ich zog mich aus und begann, auf der sonnigen Sandbank nach schönen Steinen zu suchen. Der Kontrast zwischen dem eiskalten Wasser an meinen Füßen und Händen und der prickelnd heißen Sonne auf meinem Rücken ließ mich immer wieder kleine Schlenker ins Wasser machen. Der Baumstamm lockte mich. Er war gerade so breit, dass ich gut darauf liegen konnte, und während ich mit meinen Blicken im grünen Blätterdach der lebendigen Zweige dieser Pappel versank, wurde mein Körper warm und weich auf dem im Wasser vibrierenden Baumstamm. Ab und zu spritzten Wassertropfen aus der Gischt auf meinen Bauch. Ich verfolgte die Tropfen mit meinen Fingern …" (Petra, 42 Jahre)

Und wie der Sommer, wenn er am höchsten Punkt seiner Reife steht, langsam die ersten Anzeichen des Herbsts ankündigt, so ist es auch im Leben eines Menschen. Das Kind wächst heran, geht durch das Tor der Pubertät und wird zum Teenager, zum jungen Erwachsenen.

Der Westen – der Herbst

Fallende Blätter sind das Zeichen des Herbsts und zeigen an, dass ein Baum sich darauf vorbereitet, sich nach innen zu wenden; Jugendliche ziehen sich in sich selbst zurück und beginnen Fragen zu stellen.

Als Symbol für den Westen suchen wir etwas Schwarzes, vielleicht einen schwarzen Stein oder ein dunkles Stück Glas, als ein Symbol für den Schatten, für den Tod, für die „dunkle Nacht der Seele", und legen es in den Westen des Kreises.

Die Tage werden kürzer, Nebel wallen, Regen fällt, Erntezeit. Vorbereitungen auf einen kalten Winter stehen an; weil der Herbst da ist, wird auch der Winter kommen. Es ist die Zeit des langsamen Rückzugs nach innen, der Trennung von der Fülle. Adam und Eva werden aus dem Paradies verjagt, sie müssen Kleider tragen, sie müssen arbeiten, sie fallen aus der Welt der Sinne, und sie müssen herausfinden, was gut und böse ist. Es ist eine Zeit der Verwirrung, die Zeit zu erkennen, was deine eigenen Werte sind. Hier ist der Ort der Dunkelheit, der Zweifel, der Scham, der Schuldgefühle, hier gehören die Schatten hin, das Wissen um den Tod, das Gefühl des Sterbens, hier ist der Schmerz, die Depression, die Trauer. Wir müssen uns trennen von unserem menschlichen Vater und unserer menschlichen Mutter und müssen das Wissen aushalten, dass wir sterblich sind. Teenager tragen Schwarz, sie drücken damit ihre Stimmung aus und halten ihrer Umwelt den Spiegel vor: „Seht her! Die Welt ist dunkel, ich zeige mit dem Finger auf die Probleme, die ihr nicht ansehen wollt!" Sie tragen den Schatten, sie schauen an, was eine Kultur unterdrückt. Aber wie in allen Märchen liegen auch in der Schattenwelt des Westens die Schätze direkt neben dem Drachen. Oder anders ausgedrückt: Wo die Angst ist, ist der Weg. Die Ernte einer Passage durch das Dunkle ist reich. Die Dunkelheit, die die verborgensten Gefühle, Erinnerungen und Ängste bereithält, ist gleichzeitig der Platz der Heilung. Hier im „Schwarzen" können die Gefühle der Selbstakzeptanz und der Selbstliebe gelernt werden. Der Weg durch den Schmerz ist ein Geschenk, der dich zu dem macht, was du bist. Die Schatten sind das Land für tiefes Lernen.

„Das Geheimnis der Kraft des Westens lautet: Es ist immer Herbst, *und wir stehen immer in unserer Reife."*[168]

Um dich mit diesem Platz des Westens in dir zu verbinden, gehe hinaus in die Natur und finde etwas, was tot ist, was immer du als tot definierst. Es kann ein Ding oder eine Person symbolisieren, etwas, was dir Schmerzen bereitet, oder eine Person, mit der du nicht so glücklich bist. Setz dich mit diesem Symbol, diesem Teil einfach nur hin, sei mit ihm über ein paar Stunden zusammen, du kannst mit ihm sprechen, du kannst es halten, du hast nichts zu lösen.

„Während ich mich ziellos treiben ließ, dachte ich an meinen Freund und daran, was er mir bedeutet. Sein Tod vor einem Jahr schien mir alles genommen zu haben, woran ich hing. Ich sah eine Wolke über mir schweben und fühlte ihn so unendlich weit weg. Plötzlich stolperte ich über einen scheinbar trockenen Kaktus. Einzelne kugelförmige Teile lagen verstreut herum. So ausgetrocknet und verstreut fühlte ich mich angesichts des Todes. Ich hob eines dieser runden Teile als Symbol für Tom auf und setzte mich damit unter eine Kiefer. Ich war so verzweifelt über die Endgültigkeit des Todes. Irgendwann begann ich, dieses pickelige Ding hin und her zu bewegen, und siehe da, es begann zu rasseln, es machte Töne, es begann mit mir zu sprechen. Ich hatte ein sehr langes Gespräch mit Tom, und ich fühlte mich ihm sehr nahe. Er forderte mich auf, wieder in mein Leben zu treten. Was da Geräusche machte, waren die Samen dieser Pflanze, die Samen für ein neues Leben." (Maggy, 24 Jahre)

„Ich ging lange auf und ab, und ich konnte nichts Totes finden. Alles enthält Leben. Jede scheinbar tote Wurzel ist voller Leben von Pilzen, Bakterien, kleinen Würmchen oder Käferlarven. Selbst die Steine sind nicht tot. Ihre Lebenszeit wird nur in ganz anderen Dimensionen gerechnet als unsere. Also kann ich nehmen, was ich will. Es soll aber schwarz sein, so schwarz wie die Schatten, die ich in der Beziehung zu meinem Vater fühle. Ich fand einen trockenen, glänzend schwarzen Kothaufen, Fuchsscheiße. Das war es: so viel Scheiße in unserer Beziehung. Ich saß lange damit auf einem Felsen. Irgendwann pinkelte ich darauf, und dabei brachen meine Gefühle aus mir heraus: große Wut, die mich laut schreien ließ, und dann auch tiefe Trauer. Unter Tränen packte ich das Häufchen auf einen Stein und dachte über die Beziehung nach. Kot. Es gibt nichts Fruchtbareres in der Natur. Mein Vater hat mir mit seiner Fruchtbarkeit mein Leben geschenkt, und damit hat sich's. Manchmal muss dieses eine große Geschenk eben für ein ganzes Leben reichen ..." (Andrea, 38 Jahre)

Genauso wie die Sonne nicht im Westen bleibt, sondern nach einer Nacht im Osten wieder auftaucht, sind auch wir nicht dauerhaft an einem Platz der vier Richtungen, sondern bewegen uns ständig durch das Rad.

Wer kennt nicht folgende Situation: Man hat sich verliebt, alles ist wunderbar, man fühlt sich jung, spürt seinen Körper, kurz, man ist „im Süden". Aber irgendwann gerät man zwangsläufig in „den Westen" und fällt hinunter in die tiefsten Tiefen seiner Zweifel und Ängste, und nichts scheint einem mehr zu helfen. Am liebsten verkriecht man sich im Bett und badet in Selbstmitleid und Depression. Aber irgendwann, eines Tages, ganz plötzlich, steht man auf und geht wieder zur Arbeit; man hat gemerkt, dass man gebraucht wird, dass die Gemeinschaft einen benötigt. Das ist der Schritt in den Norden des Medizinrads.

Der Norden – der Winter

Lege direkt gegenüber dem roten Symbol des Südens in deinen Kreis etwas Weißes. Vielleicht einen Bergkristall, einen Gegenstand aus weißem Marmor, ein weißes Blatt Papier ... Die exakte Richtung des Nordens kannst du nachts mit Hilfe der Stellung des Polarsterns finden. Die hintere Achse des Sternbilds „Großer Wagen", etwa fünfmal nach oben verlängert, bringt dich zu einem besonders funkelnden Stern, der genau im Norden steht. Wenn du dich auf diesen Platz des Medizinrads einlässt, denke daran, es ist der Platz des Winters.

Alle Blätter sind gefallen, alles um uns herum scheint tot zu sein. Ruhe im Außen: glasklares Eis, glitzernde Kälte, Erstarrtheit, Durchsicht durch die kahlen Äste der Bäume, Klarheit, Struktur. Der Norden steht für Verantwortung, denn man muss für die langen dunklen Tage und Nächte vorgesorgt haben. Es ist der Platz des reifen Erwachsenen, der das tut, was notwendig ist, was die Gemeinschaft braucht, der Ehemann, die Ehefrau, der Partner, die Eltern, die Arbeiter. Er sorgt für das Überleben, für die Gesundheit, gibt den Kindern Feuer und Nahrung, schafft Gesetze, Schrift, Regeln, eine Sprache und damit alle Wissenschaften, Psychologie, Soziologie ... Es ist der Ort des Verstands, der Rationalität, hier ist Kirche als Form (nicht der Glaube) zu Hause und Disziplinen wie z. B. Yoga (nicht der spirituelle Hintergrund); hier ist die Liebe für andere, die Rücksichtnahme, die Verantwortung für die Gemeinschaft, der Rat der Ältesten. Es ist aber auch der Platz der Rituale, der Rhythmen, der immer wiederkehrenden Dinge des Alltags, wie Wäsche und Abwasch und Staubsaugen. So hat er auch viel mit Routine zu tun, dieser Norden. Er verlangt Selbstkontrolle und Selbstdisziplin.

„Das Geheimnis des Nordens lautet: Es ist immer Winter, und wir befinden uns immer in den späten Jahren."[169]

In „den Norden zu gehen" kann also einfach heißen: Räum dein Zelt oder Zimmer auf! Mach eine Einkaufsliste und hake ein Teil nach dem anderen ab, nachdem du es erledigt hast! Es kann aber auch heißen: Nimm deine Liebe und Verantwortung für andere wahr.

Denke an eine Person, mit der du Probleme hast (Westen), aber jetzt gehe weiter und denke darüber nach, was dieser Person helfen könnte in ihrem Leben. Versuche dich möglichst gut in diese Person hineinzuversetzen und finde heraus, was sie brauchen könnte, damit es ihr besser geht. Gestalte eine Heilungszeremonie für diese Person (Norden). Das könnte auch ein Gebet sein, dem du einen bildlichen Ausdruck gibst. Was immer dir an Handlungen und Symbolen einfällt, die diese Person unterstützen und ihr Kraft geben können, ist gut.

„Ich hatte am Tag zuvor als Symbol für die traurige Beziehung zu meiner Mutter eine vertrocknete Wurzel gefunden. Jetzt reinigte ich die Wurzel sorgfältig von allen Fasern, Erd- und Pflanzenresten, die dranhingen, und begann sie zu glätten. Ich dachte darüber nach, was meine Mutter alles an Bürden getragen hat in ihrem Leben ... die fünf Kinder, ein Mann, der ihr viel Schwierigkeiten machte, und dass es ihr guttun würde, die ganze Last einmal abzustreifen und nur bei sich selbst zu sein. Später ritzte ich Zauberzeichen in das glatte, helle, matt glänzende Holz, für all ihre Stärken und ihre Schönheit. Nach zwei Stunden war die ganze Wurzel mit Symbolen, von denen jedes seine eigene Bedeutung hatte, bedeckt und sah so schön aus, dass ich ganz ergriffen war. Ich werde meiner Mutter diese Wurzel mitbringen." (Marie, 46 Jahre)

„Ich dachte darüber nach, was meinem Vater helfen könnte, während ich am Rand eines über die Steine hüpfenden Wildbaches saß. Mehr Durchlässigkeit, loslassen können, durch sich durchlassen können, weich, biegsam und beweglich sein und geschaukelt werden auf den Wellen, das könnte ihm guttun. Aber ich konnte mein Symbol für ihn nicht einfach ins Wasser schmeißen, dann wäre er an Steine geprallt und hin- und hergerissen worden. Also packte ich die kleinen schwarzen Teile sorgfältig zwischen zwei Rindenstücke, die ich mit Grashalmen so verschnürte, dass sie ein sicheres Boot abgaben. Und mit allen guten Wünschen für seine Gesundheit setzte ich „ihn" in seinem Boot aufs Wasser. Aber anstatt gleich davongetragen zu werden, trieb eine Welle sein Boot energisch unter einen überhängenden Grassoden am Ufer, wo es die nächsten vierundzwanzig Stunden, wenige Meter von meinem Zelt entfernt, von der Strömung sanft gewiegt wurde. Es war wie ein Wunder." (Andrea, 38 Jahre)

Im Norden heißt es, angemessen zu reagieren, in die Kommunikation zu gehen, Vereinbarungen zu finden, Verträge zu schließen, diplomatisch zu sein. Doch oftmals gehen wir erst durch den Süden und Westen, bevor wir in der klaren Qualität des Nordens landen.

Man stelle sich folgende Situation vor: Du entdeckst bei deinem Partner Hinweise auf eine Liebesaffäre. Zuerst wird dir heiß, vielleicht kommt Wut hoch und Angst, vielleicht rennst du weg, schlägst dabei die Tür zu (Süden); dann beginnst du zu weinen, Trauer steigt auf, Eifersucht vermischt sich mit Selbstzweifeln, du ziehst dich zurück (Westen). Nach einer Weile triffst du dich mit deinem Partner und sagst: „Komm, lass uns zusammenkommen und darüber reden. Was ist los?“ Und ihr setzt euch zusammen und redet (Norden). Der Osten könnte dann ein „Aha!“ sein.

Eine andere Situation: Du kommst zu einer frischen Unfallstelle – qualmendes Auto, ein blutiger, lebloser Körper auf der Straße. Zuallererst kommt wieder der Süden: mit Angst, Herzklopfen bis zum Hals, Schweißausbruch und Fluchttrieb. Dann der Westen: Wer weiß, ob ich überhaupt helfen kann? Vielleicht ist es besser, ich frage jemanden? Am liebsten würde ich auf das Gas drücken und so tun, als ob ich nichts gesehen hätte. Der Norden ist: Anhalten, aussteigen und das Angemessene und Mögliche tun, die verletzte Person von dem Autowrack wegziehen, mit dem Handy Hilfe holen usw., und wenn ich nicht mehr weiterweiß, folge ich meiner Intuition, der inneren Stimme, die mich leitet. Vielleicht spüre ich großes Mitgefühl mit dem Verletzten und setze mich zu ihm und halte seine Hand ... Die Intuition oder das Aha-Erlebnis, das sind Qualitäten, die mit dem Osten, dem vierten Platz in unserem Kreis, in Verbindung stehen.

Der Osten – der Frühling

Du setzt dich mit dem Gesicht nach Osten, dorthin, wo die Sonne aufgeht. Als Symbol für diesen Platz wählst du dir etwas Gelbes, ein Stück gelbes Glas, ein ockerfarbenes Stück Erde oder ein gelbes Seidentuch ...

Der Osten: Frühling, Beginn eines neuen Jahreslaufs, frisches Grün, junge Zicklein auf der Wiese, überwältigender Aufbruch der Natur, schwellende Knospen brechen auf, ein zarter Wind streicht übers Land, der Blick geht weit, dorthin, wo das Morgenrot den neuen Tag ankündigt, dorthin, wo im Märchen der Regenbogen auf die Erde trifft und die Alchemisten ihr Gold gefunden haben. Geburt, Anfang deines Lebens. Und der Ort, zu dem du am Ende deines Lebens zurückkehrst: Tod, Transformation und Wiedergeburt. Dies ist der Platz der Intuition, des Hellsehens und der Vorhersage, der Spiritualität, die mit allen Sinnen wahrgenommen wird, und der deines Glaubens. Der Platz des Magiers und der Hexe, der Verrückten und der Zauberer. Das Unerwartete und das Auf-den-Kopf-Gestellte blitzen hier immer wieder durch. Und damit auch das Profane, die immanente Kehrseite der Heiligkeit. Hier atmest du den Lebensatem, den Atem der Unendlichkeit und Unsterblichkeit. Hier sind die Künstler zu Hause, die Kreativität, die Inspiration; deine innere Stimme, die von innen und außen kommt, weil es an diesem Platz keinen Unterschied zwischen diesen beiden Orten gibt. Hier lebt der Moment der Ekstase, der Moment, der dir den Atem wegreißt, und der Moment der Erleuchtung: „Oh! Ja!“, oder: „Das ist es!“

„Das Geheimnis der Kraft des Ostens lautet: Es ist immer Frühling, und wir werden immer in eine neue Erleuchtung hineingeboren.“[170]

So geh hinaus in die Natur und bring ein Symbol für Spiritualität mit, für dein höheres Selbst, für etwas, das heilig ist, und wenn es Fragen bei dir aufwirft, frage weiter, nimm die Fragen auf, die dich in deinem Leben bewegen. Nutze deine Intuition. Die meisten von uns sind so aufgezogen worden, dass sie dieser Fähigkeit misstrauen. Aber jeder hat sie, und auf der Suche nach einem Symbol für Spiritualität kannst du sie wahrnehmen. Wenn du ein Symbol gefunden hast oder wenn dich ein Symbol gefunden hat, verbringe einige Zeit mit ihm, stelle ihm einige Fragen.

„Ich habe als Symbol für den Osten Rabenfedern mitgebracht. Sie stehen für mich für eine tiefe Weisheit. Wenn diese Vögel mit so kräftigen Flügelschlägen davonfliegen, spüre ich, dass sie sich ihrer Einsamkeit mit tiefer Freude stellen. Ich wollte mitfliegen …“ (Steve, 45 Jahre)

„Ich fand einen Kaktus in Herzform, Ich hob ihn auf, und obwohl sich die Oberfläche ganz weich und flaumig anfühlte, waren meine Hände sofort voll mit unendlich vielen kleinen Stacheln. Während ich über Stunden damit beschäftigt war, diese Stacheln wieder herauszuziehen, dachte ich darüber nach, was mir dieses Kaktus-Herz sagen wollte. Und plötzlich war die Antwort da: Du kannst ein Herz eben nicht pflücken oder aufsammeln, es muss wachsen!“ (Sabine, 28 Jahre)

„Noch vor Sonnenaufgang brachen wir auf, um diese ‚Vergessene Schlucht‘ in einem Seitental des Death Valley zu finden. Wir wanderten an der östlichen Hangkante eines großen Geröllbergs entlang, als wir vor einer tiefen Auswaschung fast über einen siebzig Zentimeter großen Steinblock stolperten, der über und über mit alten Felszeichnungen der Indianer bedeckt war. Zuerst konnte ich gar nicht glauben, dass diese orangefarbenen Bilder von Menschen, Sonnen und einer großen Klapperschlange vor rund 1000 Jahren aus diesem dunklen Felsblock herausgehauen worden waren. Halb benommen machte ich ein Foto, und wir nahmen unseren Marsch wieder auf. Doch der Stein mit seinen sonderbaren Zeichen ließ mich nicht mehr los. Zwei Stunden später trennte ich mich von der Gruppe und machte mich alleine auf den Rückweg, mit dem Ziel, ihn wiederzufinden. Es war nicht einfach, und ich musste das Gelände sehr genau absuchen. Eine innere Stimme spornte mich an, nicht aufzugeben, und als er schließlich vor mir lag, wie eine Schwelle in eine andere Welt, da wusste ich: Ich war meiner Wahrheit und meiner Wertschätzung gefolgt, ich hatte meine eigenen Zeichen und Symbole gefunden. Von Zeit und Raum entrückt, übertrug ich die Felsbilder mit Kohle und Kreide in mein Tagebuch …“ (Iris, 44 Jahre)

Der Osten zeigt sich hier mit dem Moment der Entdeckung, mit Kreativität oder dem Gefühl des tiefen Verstehens auf einer Ebene, die sich Worten entzieht. Und es gibt keinen Zweifel, dass es, wenn Menschen hinausgehen in die Wildnis und dort für vier Tage und Nächte alleine sind und fasten, irgendwann einen Moment gibt, der wie eine Ewigkeit wirkt und niemals vergessen wird. Das ist der Frühling, der Osten.

Wir wünschen uns alle, möglichst oft oder lange in diesem Zustand zu verweilen. Aber das kann nicht das Ziel sein. Das Medizinrad lehrt uns, dass die Entwicklung darin besteht, das Rad ständig zu durchwandern. Steven Foster erzählt den Teilnehmern an seinen Visionssuchen immer wieder gerne die kleine Geschichte eines Zen-Meisters, der einen schweren Krug mit Wasser trägt. Er wandert damit einen steilen Pfad nach oben, atmet dabei heftig. Sein Schüler, der neben ihm geht, fragt ihn, wie er eigentlich wissen könne, wann er erleuchtet sei. Der Zen-Meister stellt sein Wasser ab. Der Schüler stellt sein Wasser auch ab. Der Meister nimmt seinen Krug wieder auf. „Wirkliche Erleuchtung ist", sagt er, „wenn wir unsere Bürden erneut aufnehmen."

Das ist harte Arbeit. Und es fühlt sich meist alles andere als „heilig" an. So ist die Visionssuche, die oft als Prozess des Ostens gesehen wird, sicherlich gut geeignet, um die, die gerne in höheren Sphären schweben, mit ihrem Körper, sprich mit dem Süden, in Verbindung zu bringen. Wenn sie fasten, die körperliche Schwäche spüren, unter Hitze oder Kälte leiden, dann sind ganz profane Dinge plötzlich sehr wichtig. Entwicklung und Veränderung findet gerade und nur dadurch statt, dass von einem dieser Plätze zum nächsten gegangen wird.

Durch das Rad gehen – Erstarrungen lösen

„Es war in den alten Tagen wesentlich,
sein Leben so zu führen,
dass man beständig den Kreis umwanderte."[171]

Bei der Wanderung durch das Rad ist die Richtung festgelegt. Um vom Westen in den Osten zu kommen, muss man durch den Norden gehen: Um z. B. aus einer Phase tiefer Depression oder Selbstzweifel zu dem Platz der Erleuchtung und der tiefen inneren Ruhe zu gelangen, den wir in so einem Moment am meisten leugnen, kann die Entscheidung, eine Arbeit aufzunehmen, etwas Sinnvolles für andere zu tun, zu putzen oder Wäsche zu waschen, ein wirksamer Schritt sein, um wieder in Bewegung zu kommen, um aus dem „Steckenbleiben an einem Platz" herauszutreten. „Wenn Jugendliche sich in sich selbst vergraben", rät Steven Foster deshalb, „dann gib ihnen ein Tier zu pflegen oder konfrontiere sie mit Ungerechtigkeit oder Leid. Die Verantwortung, die sie übernehmen, kann sie weitertragen." Das Steckenbleiben in einem der Plätze, das Festgefahrensein in einer bestimmten Haltung kennen wir alle. Im Norden stecken geblieben ist der Workoholic oder die „perfekte Frau", die rigide auf die Erfüllung der

Arbeit ausgerichtet sind. Festgefroren in den Beurteilungen eines kühlen Verstands wird die Beziehung zu den anderen Plätzen geleugnet. So ein Norden ist nicht verbunden mit dem Osten, Süden und Westen. Ein wirklich erwachsener Vater trägt sich in seinen Terminkalender freien Raum ein, um mit seinen Kindern zu spielen. Das heißt, auch wenn er im Norden agiert, hat er seinen Süden integriert.

Das bedeutet: Jeder Platz ist in jedem anderen Platz enthalten. Balance wird so definiert, dass jeder Platz eine Verbindung hält zu den anderen und es immer wieder gelingt, sich angemessen von einem zum anderen zu bewegen.[172]

Im Osten zu stecken kann sich in Realitätsferne ausdrücken, in diesem immer positiven Lächeln, in Körperfeindlichkeit oder der Arroganz, etwas Besseres zu sein, weil man ja „viel weiter" ist in der spirituellen Entwicklung als die anderen. Dazu gehört die Frau, die zur Visionssuche kam und dann aus der Überzeugung heraus, dass sie „eins" sei mit der Natur und den Elementen, minutenlang in die Sonne schaute und vorübergehend erblindet ins Basislager zurückkehren musste. Oder die Geschichte des Mannes, der in tiefer Überzeugung seiner Angepasstheit und Verbundenheit mit der Natur ohne Sonnenschutzmittel und Hut in der Wüste fastete und halb verbrannt einen Hitzschlag erlitt.

Mutter Natur erteilte die Lektionen, die jeweils nötig sind. Wer mit so einer Erfahrung umgehen muss, wird zwangsläufig auch im Westen sein und sich dort mit seinen Gefühlen herumschlagen. Dann können Osten und Westen in ein Gleichgewicht miteinander kommen.

Beispiele für eine übermächtige Bedeutung des Südens können sein: ein Mann, der Angst vor dem Wandel hat, eine Frau, die vom Materiellen besessen ist, ein Vater, der die Kinder schlägt, eine Mutter, die in Krisensituationen in Panik gerät, eine Frau, die in der Dunkelheit Angst hat, eine Person jenseits der Lebensmitte, die sich immer und immer wieder verliebt.[173]

Das sind alles sehr bekannte Phänomene, die damit zusammenhängen können, dass die Bedürfnisse des Südens, des kleinen Kindes, in der Kindheit und Jugend nie richtig befriedigt wurden und der erwachsene Mensch diesen Teil wieder und wieder für sich reklamiert. Einem übergroßen Süden steht meist ein „unterfütterter" Norden entgegen. Leicht kann es dann passieren, dass in Beziehungen der jeweilige Partner dafür herhalten muss, Qualitäten des „mageren" Platzes im Übermaß in die Partnerschaft einzubringen und umgekehrt. In unserer Gesellschaft kommt es häufig vor, dass auf der Ebene der Beziehung Männer eine starke Position im Norden ausfüllen, die Frau dagegen den Süden hält und sie sich gegenseitig das Leben schwermachen, weil sie sich nicht aus diesen Positionen weiterbewegen. Dem Partner wird so die Chance genommen, in der Beziehung auch den jeweils anderen Platz einzunehmen. Und dann bleibt es, wie es ist: Der Mann ist für den rationalen, die Frau für den emotionalen Teil zuständig.

Da ein Platz sich jeweils aus vielen verschiedenen Zuschreibungen und Kombinationen von Emotionen, Erinnerungen und Handlungen, Fähigkeiten, Mustern, Identifikationen usw. zusammensetzt, kann auch ein und derselbe Platz in einer Hinsicht stark entwickelt, in anderer Hinsicht unterentwickelt sein. So entsteht für jede einzelne Person an jedem Platz des Ostens, Südens, Westens und Nordens eine Art vielfarbiges, vielgestaltiges Netz von Fühl-, Denk- und Handlungsmöglichkeiten, das mit den Netzen der drei anderen Plätze in Verbindung steht. Darin gleichen sich keine zwei Personen. In Beziehungen werden Saiten, Fäden oder ganze Muster in Schwingung gebracht.

Beziehungsschleifen drücken sich darin aus, dass es immer wieder die gleichen Muster sind, die schwingen, ohne dass sich etwas verändert, weil jeder an seinem bevorzugten Platz bleibt. Neue Entwicklungen in Beziehungen basieren darauf, dass beide Partner über den jeweils vollständigen Kreis ihres Medizinrads verfügen und bereit und in der Lage sind, im Rad in allen Fragen immer wieder von Platz zu Platz zu gehen. Wie lange eine Person im Süden, Westen usw. jeweils bleibt, spielt keine Rolle und kann sehr unterschiedlich sein. Wichtig ist nur, in jeder Situation jeden dieser Plätze nacheinander zu betreten, zuzulassen, zu leben, erlauben und zur Kenntnis zu nehmen.

Medizinleute arbeiten zum Teil so, dass sie erkennen, welcher Platz unterernährt, verletzt oder unentwickelt ist oder welcher „Schild“, wie sie es auch nennen, übergewichtig oder aufgebläht ist, jedenfalls nicht in Balance mit den anderen steht. Sie heilen in diesem Fall dann einen „Schild“ und bringen damit die gesamte Person wieder in ein neues Gleichgewicht. Ein solcher Heiler weiß, dass hinter einer Person, die im Osten stecken geblieben ist, auch viel Dunkelheit steht, die sie nicht zulässt. Dementsprechend braucht die Person vielleicht etwas, was mit ihrem kleinen Kind, mit dem Körper, mit den fünf Sinnen zu tun hat, so dass sie natürlich werden kann.

Visionssuchen: Heilung mit dem Medizinrad

Erfahrungen in einem Initiationsprozess wie der Visionssuche bringen Turbulenzen und Veränderungen in das System der vier Plätze eines Menschen. Der Initiand geht durch eine Krise und wird dabei mit allen vier Gesichtern der Wildnis konfrontiert. Dem Süden begegnet er in Kälte und Hitze, vielleicht Regen und Sturm, Donnergrollen, im Knurren seiner Gedärme oder in Gestalt eines Wildschweins. Sein gesamtes „Habacht-System“ wird durch die Begegnungen in der Wildnis hochgradig sensibilisiert. Wer schon einmal atemlos in die Nacht gelauscht und auf jedes leise Rascheln mit einem Adrenalinstoß reagiert hat, der weiß, wovon die Rede ist.

Der Gang in den Westen bleibt keinem erspart. Die Einsamkeit, die Angst, die Zweifel entzünden sich an vielerlei Gelegenheiten: Wenn es nicht gelingt, die flatternde Plane so zu befestigen, dass man bei Regen nicht dauernd nass wird, wenn man den Weg zu seinem Platz nicht zurückfindet, wenn man sich damit auseinandersetzt, ob man früher ins Basislager zurückkehren soll, wenn die unendliche schweigende Weite eines Trockentals oder kahlen Bergrückens den Raum öffnet für die existenziellen Fragen des eigenen Lebens. Schlangen, Eulen, Spinnen oder umgebrochene Bäume legen bildhaft den Finger auf innere Wunden.

Auch den Norden zu meistern wird immer und immer wieder vom Menschen in der Wildnis abverlangt: adäquate Kleidung, sinnvolle Krafteinteilung, angemessene Vorsicht und Rücksicht, Verantwortung für den Mitfaster, Denken an die Wasserflasche, das Mitnehmen der Trillerpfeife, einen passenden Platz finden, mit jedem Wetter und verschiedensten Tieren oder einem unwegsamen Gelände zurechtkommen. Gerade in der Vorbereitungsphase nehmen Gedanken und Überlegungen zur Bewältigung des Nordens bei dieser Art Wildniserfahrung breiten Raum ein. Die Liste der Ausrüstungsgegenstände ist der meistgelesene Teil eines Handbuchs. Aber auch im Planen und Durchführen von Zeremonien ist der Norden immer wieder präsent. Der Suchende hat beständig die Möglichkeit, sein Rad zu durchwandern.

Bei der Festlegung der Bedeutung seiner Zeremonien betritt er den Osten. Er lässt etwas zurück und beginnt neu. Leben und Tod kann er vielleicht – in überwältigender Dankbarkeit dafür, einfach am Leben zu sein oder im Ringen mit Todesängsten und Abschieden – in nie zuvor gekannter Intensität fühlen.

Mit jedem Sonnenaufgang, mit jedem Mondaufgang nimmt ihn das lächelnde Gesicht des Ostens an die Hand. Ein Bruchteil der Ewigkeit kristallisiert sich zu einem tiefen Glücksgefühl. Der Osten zeigt sich in der Rabenfeder, die vor die Füße schwebt, in einem glitzernden Kristall, der sich finden lässt, oder einem mit Strahlen übersäten Sternenhimmel.

Vor dem Hinausgehen in die Wildnis wird in der Vorbereitung, wie sie von Foster/Little konzipiert wurde, besonderer Wert darauf gelegt, zu prüfen, ob ein Teilnehmer in der Lage ist, seinen Kreis zu durchwandern und jedem dieser vier Plätze in seiner Psyche angemessenen Raum zu geben. In einer Art Befragungsrunde wird anhand der Geschichten, die ein Teilnehmer über sich und seine Erlebnisse erzählt, festgestellt, ob jeweils alle vier Plätze vorkommen. Wer sich offensichtlich weigert, sich seinen Schatten zu stellen, z. B. mit einer Aussage: „Ich habe keine Angst!“, wird eher als Sicherheitsrisiko bewertet und in besonderer Weise angeleitet oder auch überwacht. Mit Hilfe von verschiedenen Übungen werden die Teilnehmer darin unterstützt, diese vier Seiten ihres Selbst in Fluss und in Verbindung zu bringen, um während der Visionssuchezeit möglichst gut für sich sorgen zu können.

In der Wildnis baut sich jeder ein Medizinrad als „Wandlungskreis“ (siehe Teil 1: Im Kreis der Wachnacht) meist aus Steinen, gerade so groß, um darin

Kleines Medizinrad.

zu sitzen. Süden, Westen, Norden und Osten werden bedeutungsvoll markiert. Üblicherweise wird darin wachend die letzte Nacht der Visionssuchezeit zugebracht. Das ist ein starkes Symbol für die Bereitschaft, sich den einzelnen Himmelsrichtungen auszusetzen und zu widmen, die innere Wandlung zuzulassen und bewusst die Herausforderung und die Geschenke dieser einzelnen Plätze für sich selbst wahrzunehmen und anzunehmen. Hier ist der Kraftplatz, hier bittet der Suchende um eine Vision, hier ist der Kreis der Wandlung. Der Kreis ist damit auch ein starkes Symbol für die ausbalancierte Psyche, für das runde, ganze Selbst, das sich am Ende dieser Nacht aus diesem Steinkreis erhebt. Das Sitzen im Zentrum dieses Kreises ist wie das Sitzen im Zentrum des Universums.

„Dein Kreis wird dich umgeben, dich schützen und dich erwecken. Er wird dir durch die Wildnis deines Lebens folgen.“[174]

Warum in die Wildnis gehen?

„Wenn wir wieder in die Wälder gehen, werden wir
zittern vor Kälte und Furcht.
Doch wir werden Dinge erleben,
so dass wir uns selbst nicht mehr kennen;
kühles, wahres Leben wird sich auf uns stürzen,
und Leidenschaft wird unseren Körper mit Kraft erfüllen.
Mit neuer Kraft werden wir aufstampfen,
und alles Alte wird abfallen.
Wir werden lachen, und Gesetze werden sich kräuseln
wie verbranntes Papier."
(D. H. *Lawrence*)[175]

„Die zivilisatorische Schicht, die uns von der Wildnis trennt, ist nicht dicker als drei Tage", sagt der amerikanische Psychologe und Wildnisforscher Robert Greenway. Wer länger in der Wildnis bleibt, träumt anders, denkt anders, nimmt anders wahr. Was passiert da? Warum findet Vision Quest nicht in der Einsamkeit eines Klosters oder in der Abgeschlossenheit eines Kellers statt, sondern in der Wildnis?

Das Wort Wildnis löst die verschiedensten Assoziationen aus. Während manche unter Wildnis schon einen verwilderten Garten verstehen, sehen andere „wahre" Wildnis nur noch dort, wo der Mensch nichts am ursprünglichen Gesicht der Natur verändert hat. Wildnis unter diesen Voraussetzungen ist in Europa rar geworden. Worum es geht, ist ein Stück Natur, dem die Eingriffe der Zivilisation nicht oder nur wenig anzusehen ist. Eine Landschaft, die sich von der gezähmten Natur, in der wir uns normalerweise bewegen, dem „Begleitgrün", deutlich unterscheidet. Da geht es um Einsamkeit, um den weiten Blick, um endlose Wälder und ein intaktes Netz von Lebensgemeinschaften zwischen Tieren und Pflanzen in einer von den Veränderungen durch den Menschen möglichst ungestörten Landschaft. Das heißt aber auch gleichzeitig: Unberechenbarkeit, es kann Überraschungen geben, die auch gefährlich sein können. Wildnis bedeutet schlicht: Ihre Bewohner dürfen noch wild sein. Die Bäume stehen da, wohin ihre Samen einst fielen, die Wildschweine graben nach Wurzeln, wo sie sie riechen, Bäche hüpfen ursprünglich die durch die Jahrtausende gegrabenen Bachbette herunter, und wer darin herumläuft, hat das Gefühl von Ungebundenheit.

Denn für den Quester kommt es darauf an, die Anbindungen an die Zivilisation hinter sich zu lassen. Nur wenn man sich von seiner gewohnten Umgebung trennt, wenn man nicht durch gewohnheitsmäßiges Handeln abgelenkt wird, entsteht der Raum für neue Wahrnehmungen, für eine neue Aufmerksamkeit. Unbekannte Landschaften wie Wüsten, einsame Berggegenden, überhaupt fremde Gebiete, schaffen Platz für ein neues Sich-Erleben und -Erfahren. Kein Dach über dem Kopf, das bedeutet einen wesentlichen Eckpfeiler dessen, was Zivilisation seit etwa 10 000 Jahren ausmacht, hinter sich zu lassen und anzuknüpfen an die Erfahrungen unserer Vorfahren vor der Sesshaftigkeit. Ohne Wohnung, das ist wahrlich ungewohnt. Aber zusätzlich heißt es noch, die „Horde" zu verlassen, alleine zu sein und auf den Trost und die Ablenkung der Nahrung zu verzichten. Alleine und völlig eigenverantwortlich in der Wildnis zu sein: damit begibt man sich außerhalb des Schutzes der Menschengemeinschaft. Das macht Angst. Ausschluss aus der Zivilisation löst offensichtlich sofort lebensfeindliche Assoziationen aus. In vielen Berichten von Questern spiegeln sich diese Ängste vor der Wildnis wider. Ausweichen ist unmöglich. Man muss sich ihnen stellen.

Nach einer durchwachten Nacht, in der man mit angehaltenem Atem jedem Geräusch gelauscht hat und nach der man am Morgen immer noch so lebendig in seinem Schlafsack sitzt wie am Abend zuvor, muss man sich meist eingestehen, dass man Opfer seiner Fantasien geworden ist. Denn wie vielfältig die angstbesetzten Vorstellungen auch sein mögen, uns ist nicht bekannt, dass es bei den zahlreichen Tierbegegnungen während hunderter von Visionssuchen irgendwelche ernsthaften Zwischenfälle gab. Trotzdem sind die Vorstellungen manchmal übermächtig:

> „Hinter mir am Hang brüllte ein Hirsch. Ein Geräusch, das mir völlig fremd war, und von einer Art, das tief in die Knochen fuhr. Ein Riesenschreck war das für mich. Der Klang dieses Brüllens ist von einer ungeheuren Wildheit, eine Mischung aus Aggressivität und Melancholie und Not, und es hat mich wirklich in eine Urangst gestoßen." (Gerhard, 40 Jahre)

Auch ist kein Bericht bekannt, in dem ein Quester vom Blitz erschlagen, vom Wasser weggespült, vom Wind weggeweht wurde. Trotzdem ist eine Nacht unter grauenhaft lauten Donnerschlägen und rechts und links einschlagenden Blitzen eine große Herausforderung und kann Todesangst auslösen. Sich der Wildnis aussetzen heißt, sich den Elementen anpassen, sich höheren Gesetzen beugen zu müssen. Wärme oder Kälte können nicht mehr auf Knopfdruck geregelt werden. Da wird gefroren und geschwitzt. Ein Engländer in der Wüste erzählt:

> „Ich verließ das Basislager unter Tränen. Die Insekten waren meine Kameraden, denn die Hitze warf mich auf die Erde. Ich wurde zur Eidechse. Anders konnte ich nicht überleben." (Steve, 45 Jahre)

Wir spüren den Körper und unsere Körperlichkeit. Da sind wir unserer eigenen Natur sehr nahe. Der Sumpf in Kopf und Bauch unterscheidet sich kaum mehr vom Matsch, den Zecken und Insekten in der Außenwelt. Die Wiederentdeckung der Wildnis findet auch statt in der Wiederentdeckung des Körpers. Unser Körper ist Natur, ebenso unsere Sinne und Triebe, Tränen und Gefühle. Und die Wildnis ist nicht „da draußen", sondern in uns drinnen. Die wilde Natur, die wir in der äußeren Welt zerstören und in Reservate einzäunen, spiegelt sich in der Zähmung der eigenen Wildheit. Die Wildnis, von der die moderne Zivilisation immer sehnsüchtiger träumt, ist nichts anderes als die Sehnsucht, zur eigenen Natur zurückzukehren.

Was da ruft, ist die eigene Wildnis. Und auch die steht für das Unbekannte, Chaotische, Ungezähmte. Da werden Ängste wach, die Kontrolle zu verlieren, verrückt zu werden, Ängste vor der Macht des Unbewussten. Die eigene Wildnis beginnt da, wo die persönliche und kulturelle Sicherheit aufhört. Sie zu erforschen und sich auf sie einlassen zu können ist eine große Chance in diesen vier Tagen und Nächten.

Verwandlung im Wald

In den Wald schlüpf ich wie ein Tier,
Kühles Laub schließt sich grün hinter mir,
Licht und Tag sind schon fern, sind verhallt,
O es rauscht über mir dunkler Wald.

Aus dem Grund wächst der Pilz nackt und bleich,
Beeren glühn, unverwandt, augengleich,
Spürst du wohl, wie sie schaun, wie sie starrn
Rot und blau aus dem Moos, aus dem Farn.

Dürres Laub raschelt auf vor dem Schuh,
dunkler Raum tut sich auf, tut sich zu,
wogt wie Flut rings heran, über mir,
ich bin längst schon gebannt im Revier.

Mich umschlingt das Gewirr rankenfest,
Schon vertraut spür ich Nachbargeäst,
Wie Gezweig ist gestreckt meine Hand.
Rindengleich ist die Brust mir umspannt.

Und das Herz hüpft empor auf dem Ast,
Ist als klopfender Specht nun zu Gast,
Flattert auf, schwingt sich kreisend vorbei,
Flieht hinweg mit dem seltsamen Schrei.

Hallend geht dieser Schrei durch den Wald,
Bis er fremd hoch in mir widerhallt,
bis die Sinne mir träumend vergehn
In des Windes unendlichen Wehn.
(Hans Leifheim, 1891–1947)

Viele reden während dieser Zeit kein einziges Wort. Wann hatten wir das letzte Mal die Gelegenheit, so lange zu schweigen? Wo die Sprache, die wir in der Menschengemeinschaft sprechen, keine Bedeutung mehr hat, kann sich eine andere Sprache entwickeln. Die Sprache unserer Seele. Wir alle kennen diese Sprache aus unseren Kinderzeiten. Jetzt liegen wir unter dem Sternenhimmel und staunen. Ein ins Morgenrot getauchter Berggipfel reißt unser Herz auf. Ein gaukelnder Schmetterling erhält lange Zeit unsere ungeteilte Aufmerksamkeit. Immer wieder aufs Neue bewundern wir die Schönheit eines Tals oder eines Höhenzugs. Wir entdecken Wolkengesichter und hören den Bach murmeln. Sanft wiegende Gräser überraschen uns mit ihrer Anmut. In Zwiesprache mit dem Mond teilen wir ihm unsere größten Ängste oder geheimsten Wünsche mit. Angelehnt an einen Baum, genießen wir, dass er uns still zuhört und uns seine Nähe schenkt. Mehrere Tage in Gemeinschaft mit den Wesen der Natur zu leben, lässt wieder genau hinhören, hinsehen, hinfühlen. Da es keine Pläne, kein Programm gibt, nichts zu gestalten ist und nichts verändert werden muss, kann man alles so lassen, wie es ist. Man wird offen, für das, was ist. Die Tiere, die Pflanzen, die Steine, sie sind in Ordnung, wie sie sind. Und sie nehmen diesen Menschen, der zwischen ihnen sitzt, wie er ist.

Das Zeitgefühl passt sich im Erleben von Sonnenaufgang bis Sonnenuntergang, von Mondaufgang bis Monduntergang ebenfalls an: was zählt ist das Hier und Jetzt. Das Geschenk der Wildnis für den, der sich ihr mehrere Tage überlässt, kann sich dann so zeigen: auf der Erde sitzen, den Körper spüren, ganz in der Gegenwart sein und mit offenem Herzen aufmerksam und wach sich und seine Umgebung wahrnehmen.Es kann auch heißen: Ich kann spüren, dass ich lebe und dass es völlig ausreichend ist, dass ich hier und jetzt bin und lebe.

„Wie einfach kann das Leben sein! Wenn ich Durst habe, gehe ich zum Bach hinunter, wenn es dunkel wird, lege ich mich schlafen.“ (Reinhold, 33 Jahre)

An die hundert Stunden in der freien Natur ist eine gute Zeit, um ganz elementare Weisheiten zu lernen. Zum Beispiel die, dass jeder Tod den Raum für neues Leben schafft.

„Gestern im Wald bin ich bei einem umgestürzten Baum gesessen. Er muss wohl viele Jahre schon daliegen. Auf dem morschen Holz haben sich verschiedene Pilze angesiedelt. Der Baum-

> rumpf hatte ein moosiges Überkleid bekommen. Die brüchige Rinde des Stamms beherbergte zahllose Käfer, die wunderschöne Ornamente im Holz hinterlassen hatten, und in den feuchten Räumen, die von den Wurzeln gebildet werden, sah ich unzählige kleine Kiefernsämlinge hervorsprießen. Majestätisch daliegend hat dieser tote Baum seine Fruchtbarkeit in vielfacher Weise dem Leben zur Verfügung gestellt." (Angelika, 63 Jahre)

Meist entsteht ein sehr enger Bezug zu einem natürlichen Platz, seinen Lebewesen und ihrer natürlichen Ordnung. Und man kann auf die Idee kommen, dass, was immer die Luft zu Luft, die Erde zu Erde, diese Pflanze zu dieser Pflanze, diesen Wassertropfen zu diesem Wassertropfen macht, auch ein Teil von uns selbst ist, von unserem Körper und vielleicht sogar von unserer Seele. Von diesem Gefühl, mit all diesen Dingen der Natur und ihrem „Geist" verbunden zu sein, wird bei Visionssuchen immer wieder berichtet. Die anfängliche Angst, sich ausgeliefert zu haben, weicht dem Erlebnis, sich wie auf einem Netz sichtbarer und unsichtbarer Fäden getragen zu fühlen. Und wohin man auch blickt, überall erscheint die Natur wie eine Fortsetzung oder Abwandlung von einem selbst. In immer neuen Variationen webt sie Zeichen und Geschichten für denjenigen, der sie sehen will.

Die Natur wird zum Spiegel der Seele. Tief verborgene Antworten finden endlich Zeit und Raum, an die Oberfläche zu kommen. Wer oder was spricht da oder antwortet? Sind es Projektionen unserer Psyche, oder kommunizieren wir wirklich mit den anderen Wesen der Natur bzw. sie mit uns?

Die Natur hält Zeichen bereit: Ein Stein, der aufgenommen wird, kann das Verhältnis zu den Eltern repräsentieren, eine Eidechse, die auf den Fuß krabbelt, eine Gedankenkette zum Thema Vertrauen lostreten, eine Taubnessel, d. h. eine Nessel, die aussieht, als ob sie sticht, dies aber nicht tut, kann zum Anstoß werden, das eigene Selbstbild zu überprüfen.

Die Wildnis als Lehrerin birgt einen großen Schatz von Erfahrungen. Folgende Geschichten zeigen, wie die Sprache der Natur ins menschliche Bewusstsein dringt und wie viel intensives Erleben, verbunden mit tiefer Weisheit und Einsicht, dabei entstehen kann.

Eine gelbe Flechte als Platz des Ostens

Eine Frau geht hinaus in die Wüste, um ihre Verbindung mit dem Göttlichen, dem Geist der Natur und mit dem Leben zu finden. Sie hatte vor acht Jahren schon einmal alleine auf dem Gipfel eines Bergs gefastet und sagte, dass ihr diese Erfahrung nach Jahren tiefster Depressionen wahrscheinlich das Leben gerettet habe. Jetzt, wo sie das Leben liebt, beschäftigt sie sich immer wieder mit der Bedrohung durch den Tod, und die Auseinandersetzung mit dieser Angst war ein bestimmendes Thema während der Vorbereitung auf ihre zweite Quest.

„Wie kann ich angesichts des Todes leben und lieben und mich dabei mit dem unendlichen Geist, der in allen Dingen schwebt, verbunden fühlen?“ Das war ihre große Frage, und der Widerspruch, den sie empfand, stürzte sie immer wieder in Verwirrung. Als sie von ihrer zweiten Quest zurückkam, erzählte sie:

> „... Schließlich fand ich meinen Platz. Er fühlte sich gut an. Ich bemerkte diesen gelben Fleck aus Flechten auf einer Felsplatte vor mir, und ich baute einen Altar mit den vier Himmelsrichtungen mit dieser gelben Flechte als Symbol für den Osten ...“

Eine gelbe Flechte auf einem Felsblock – und ausgerechnet diese Stelle erwählt sie, ohne weiter darüber nachzudenken, zu ihrem Symbol des Ostens in ihrem Medizinrad. Wie lange brauchte es, bis diese Flechten auf einem Stein gewachsen sind? Diese Flechten sind tausende von Jahren alt – viele tausend Jahre, in denen das Sonnenlicht auf diesen Fleck schien.

Ein Hauch von Ewigkeit hat sich hier verdichtet, und eine unendliche Geduld wird offenbar. Auch jede Vision wächst langsam. So viel Geduld ist nötig, um Visionen ins Leben zu tragen.

An diesem Fleck ist eine Gemeinschaft entstanden, die sich in einer einzigartigen Farbe, einer besonderen Struktur und einer intensiven Ausstrahlung ausdrückt. Die Flechte ist eine Symbiose zwischen Algen und Pilzen. Zwei sehr unterschiedliche Organismen haben sich da zusammengetan. Sie schaffen gemeinsam eine neues wundersames Lebewesen, das nun Plätze besiedeln kann, die sowohl Algen als auch Pilzen jeweils einzeln verwehrt sind und an denen sie nicht überleben würden. Algen sind in den Meeren, überhaupt im Wasser vorhanden, und sie sind diejenigen, von denen sich viele andere Lebewesen ernähren, ja, die sie füttern. Sie stehen am unteren Ende der Nahrungskette und sind so am Aufbau von Leben elementar beteiligt. Algen kommen in den verschiedensten Formen überall auf dem Erdball vor.

Pilze sind Organismen, die auf die unterschiedlichsten Arten am Sterben beteiligt sind. Pilze zersetzen organisches, d. h. ehemals lebendiges Material und zerkleinern es zu Humus oder den kleinsten Bausteinen des Lebens. Sie sind die Müllwerker der Biosphäre. Sie sind die niemals müde werdenden Putzkolonnen, die mit großem Eifer am großen Recycling des biologischen Abfalls mitwirken und damit den Boden für neues Leben bereiten. Sie arbeiten an einer Transformation. Auch sie sind über die Welt verstreut, reichen bis in die entlegensten Winkel unseres Körpers und kommen in unzähligen Variationsformen vor.

Algen könnten so als ein Symbol für Leben und Pilze als ein Symbol für den Tod gelten. In der Flechte sind beide vereint. Tod und Leben sind eins. Und ausgerechnet diese Flechte wird von einer Frau, die sich um ihre spirituelle Verbundenheit sorgt, wegen ihrer gelben Farbe als Symbol für den Osten, für die Spiritualität, ausgewählt. Diese Frau, die hin- und hergerissen wird vom Widerspruch, den sie zwischen ihrer Sehnsucht zu leben und ihrer Angst vor dem Tod spürt, findet in dieser gelben Flechte Antwort auf ihre Fragen. Dieser gelbe Fleck, aufgebaut aus einer sehr alten Zweckgemeinschaft zwischen Pilzen und Algen, symbolisiert, dass es nicht wirklich einen Unterschied zwischen Leben und Tod gibt, dass beide sich im Spirituellen vereinigen. Die Flechte kann so zum Zeichen für die Heilung des Bruchs zwischen diesen beiden sich scheinbar ausschließenden Polen sein.

Gleichzeitig ist die Flechte auch ein Symbol für die Heilung der Spaltung zwischen dem Heiligen und dem Profanen, nach der wir normalerweise unsere Wahrnehmung einteilen: eine simple, rauhe Erhöhung auf einem Felsen, gebildet von „niederen" Lebewesen, wird zum „heiligen" Ort des Ostens auf dem Altar der vier Himmelsrichtungen erklärt.

Flechten breiten sich in Lebensräumen aus, die für Pilze und Algen unerreichbar sind. Wir finden sie beispielsweise an der Rinde der ältesten Bäume der Welt, den mehrere tausend Jahre alten „Fuchsschwanzkiefern" (Bristlecone-Pines), in über 4000 Metern Höhe der Inyo-Mountains von Kalifornien. Sie trotzen dort eisigen Stürmen und großer Hitze in einem der unwirtlichsten Lebensräume und sind allein durch ihre Existenz ein starkes Symbol für Leben. Diese Lebenskraft drückt sich bei Flechten mitunter in einer unglaublichen Farbenpracht aus: grelles Warnfarben-Gelb, leuchtendes Orange, Eisblau oder Türkis – da kann man nur staunend davorstehen. Gleichzeitig vermitteln Flechten immer auch den Eindruck, sie seien tot. Unbeweglich, trocken, hart, spröde, struppig, allesamt nicht gerade vitale Impulse. Diese widersprüchlichen Eigenschaften scheinen in ihrer Kombination den Weg zu den unzugänglichsten Gefilden auf dieser Erde zu ermöglichen. Welch starkes Symbol für dieses Frau, die mit der Frage nach ihrer Verbindung zum Spirituellen auszog, um dann nach drei Tagen festzustellen, dass dies gar nicht die eigentliche Frage war, sondern es für sie darum ging, diese Verbundenheit in ihrem Alltag zu leben, in der Liebe zu ihrem Mann, zu ihrem Sohn und zu sich selbst. Als sie ihr Lager abbrach, warf sie die Steine ihres Altars in die jeweiligen Himmelsrichtungen. Die gelbe Flechte aber, die fest mit dem Felsen verbunden war, die hat sie zum Abschied geküsst.

Wenn Steine sprechen

„Ich überschreite bewusst die Schwelle in die andere Welt. Bin unruhig, kann mich kaum hinsetzen und gehe von Felsen zu Felsen am Meer entlang. Irgendwann setze ich mich aber doch hin. Ein kleiner Stein hat es mir besonders angetan. Mir werden die Kontraste so klar: Ich, die ewig weitermuss wie ein Nomade, und der Fels, der starr am Platz bleiben muss. Innerlich bedauere ich den Felsen.

‚Warum bedauerst du mich?', spricht er zu mir.

‚Weil du dich nicht verändern kannst. Du musst ewig hierbleiben.
Wenn ich ewig hierbleiben müsste, würde ich eingehen.'
‚Ja, das meinst du', antwortet der Fels, ‚dem ist nicht so. Ich verändere mich tagtäglich, stündlich, genau genommen in jedem Moment ... Ich spiele und arbeite täglich mit dem Meer, es formt mich nach seinem Bild.'
‚Ja, Felsen, aber das geht mir zu langsam. Soll ich wie du Jahrmillionen zubringen?'
‚Höre, es geht nicht um Zeit. Du bist ruhelos und suchst und suchst, während ich der Brandung trotze. Ich halte dem Meer mit seiner Kraft und seiner Brandung stand, weil ich in der Tiefe mit der Erde verbunden bin. Ich gehe bis ins Herz der Erde.'
Damit traf der Fels genau den Kern. Ich saß dort und weinte bitterlich, ich beneidete den Felsen, der mir, mit seinem Bewusstsein, seiner Verbindung bis ins Herz der Erde, weit voraus war. Und gleichzeitig zeigte er mir damit den Weg." (Marie, 24 Jahre)

Ein Gespräch mit einem Stein. Ist uns das nicht sehr fremd? Aber jeder Mensch kann eine Reihe von Sprachen: die Sprache, die jemand in seiner Arbeitswelt spricht; die Sprache in der Familie, mit dem Partner und den Kindern; die Sprache mit der besten Freundin; die Sprache in der Kirche oder beim Meditieren; dann die Sprache mit sich selbst. Gehen wir in unsere Kindheit zurück, erinnern wir uns, dass es da auch selbstverständlich die Sprache mit einem Tier, einem Baum, einer Blume oder mit scheinbar unsichtbaren Wesen gegeben hat.

Warum nicht auch mit Felsen sprechen? Felsen besitzen eine tiefe Weisheit. „Von allen Kreaturen in diesem Universum haben Felsen die größte Begabung, an ihrem Platz festzuhalten. Das heißt nicht, dass sie sich nicht bewegen, denn das tun sie, manchmal sogar über unglaubliche Entfernungen. Sie tun das eben in einer anderen Zeitspanne als wir. Manchmal fallen sie zurück ins Erdinnere, manchmal steigen sie tausend Meter über den Erdboden auf."[176] In einem Zeitrahmen von 10^{65} Jahren, so der Kosmologe Freeman Dyson, verhält sich jedes Felsstück sogar wie eine Flüssigkeit. Das heißt, Steine sind nur scheinbar starr und leblos, eben lediglich aus dem zeitlichen Blickwinkel von Menschen gesehen. Sie haben die Erfahrung von Jahrmillionen gespeichert.

Steine speichern und übertragen verschiedene Energien, die in den verschiedensten Kulturen zur Heilung, zum Weissagen, zur Erdung, zur Herstellung von Verbindungen und zu anderen Zwecken benutzt werden. Oft werden Steine befragt, wenn etwas verloren gegangen oder verschwunden ist. Oder sie dienen als heilige Stätten.

Außer ihrer Beziehung zu ihrem Platz lehren uns Steine Geduld und Ruhe. Wenn jemand verwirrt und angespannt ist, traurig ist oder sich abgehoben und leer fühlt, ist es eine gute „Medizin", sich auf einen Felsen zu setzen oder auch ganz hinzulegen und das Gewicht und die Bezogenheit dieses Platzes zu fühlen. Gleichzeitig relativiert er unsere Sichtweise, wie und in welchen Zeiträumen Veränderungen stattzufinden haben.

Bei fast allen Visionssuchen spielen Steine und Felsen eine große Rolle. Ein bisschen hängt es natürlich von der Gegend ab. Während eine Teilnehmerin, die zwischen fetten Wiesen und moosigen Wäldern umherstreift, mit einem „kleinen weißen Beziehungsstein" zufrieden ist, den sie fortan in ihrer Hosentasche trägt, weil er „beständige Wärme auszusenden scheint", spiegelt ein Mann, der in einer baumlosen Gegend seine Solo-Zeit verbringt, sich und seine innere Welt fast ununterbrochen in Felsen wider:

> „Ich umkreiste die Felsengruppe, die mir Schatten gab, und schaute sie mir genauer an. Ich sah mir die einzelnen Felsen an. Den Felsbrocken, der meinen Ruheplatz überdachte, und auch all die anderen. Mir kam der Gedanke, vielleicht ist das ein Bild von mir. Der eine Teil ist meine ruhige, meditative Seite. Dann gab es einen Felsen, auf dem bereits einige Grasbüschel wuchsen. Dies ist meine nährende, unterstützende Seite. Der Teil, der anderen Menschen hilft. Der größte Stein in der Mitte war Vernunft und Gefühl – nicht mehr gespalten. An diesen Felsen lehnte sich ein sehr vielgestaltiger Felsbrocken. Ich dachte: Das ist meine kreative Seite. Auf der anderen Seite der Felsengruppe lehnten zwei mannshohe Figuren, die meine Beziehung symbolisierten. Wieder hatte ich das Bedürfnis hinaufzuklettern, und ich setzte mich auf seine Spitze. Der Schatten, den dieser Felsen warf, hatte eine perfekte Form. Er sah aus wie eine Buddha-Figur, so wie ich sie aus Nepal kannte." (Walter, 50 Jahre)

Die Steine im Außen, ihre Form, Farbe, die Art, wie sie liegen, das Material, Sonne und Schatten auf ihrer Oberfläche, die Spuren, die Wind und Regen, Sonne und Eis zurückgelassen haben, ihre Position zu anderen Steinen, alles hilft mit, um nach innen zu sehen und zu fühlen. Dieser Mann konnte im Kontakt mit seiner Felsengruppe die inneren Anteile seiner Persönlichkeit in Ruhe und Neugier betrachten. Eine Teilnehmerin sah in einer Steingruppe sich, ihre Familie und nahe Beziehungen etwa wie bei einem Familienstellen[177]:

> „Während ich den Mittag über im Schatten saß, schaute ich immer wieder zu einer Anordnung von verschiedensten Felsen und plötzlich kam mir der Satz in den Kopf: ‚Das ist ja wie meine Familie!' Ich sah mich selbst in einem großen Steinhaufen, wie eine liegende Schwangere, den Bauch dunkel hervorgehoben, ‚Big Mama' inmitten ihrer Sippe, ‚mir' gegenüber saß mein Mann, ebenfalls mit deutlichem Kopf und Leib, er schaute mich an; seitlich zwischen uns standen vier jeweils ganz verschieden gestaltete Steine, die in der Größe von oben nach unten unseren dem Alter nach nebeneinander aufgestellten Kindern glichen. Der größte hatte das ernste Gesicht unserer ältesten Tochter, der nächste das Schmunzeln unserer Zweiten, der dritte Stein drückte mit seinen Rundungen und seiner Fülle die Ruhe und Bequemlichkeit unseres dritten Kindes aus, und der kleinste Stein war wie unser Kleinster mit seinen kindlichen Zügen, die mich so anrührten. Seitlich hinter ‚mir' lag ein Stein, abgewandt von allen, mit einem tieftraurigen Gesicht. Das war mein Freund, der gehen musste. Ich starrte die Steine lange an und fühlte, was diese ‚Aufstellung' in mir bewirkte. Freude darüber, dazuzugehören zu dieser Fami-

lie, Rührung über die Zugewandtheit meines Mannes und unserer Kinder. Und die so hinworfenen Steine warfen Fragen in mir auf: Welche Position nehme ich in meiner Familie ein? Ist sie so zentral, und will ich das überhaupt? Was löst das traurige Gesicht meines Freundes in mir aus? Ist es okay., dass er geht? Jeden Tag kam ich an diese Stelle zurück und betrachtete die Gruppe. Irgendwann konnte ich spüren, dass der Platz von ‚Big Mama' eine große tragende Ruhe und Kraft in mir freisetzt." (Brigitte, 39 Jahre)

Die Felsen als stumme Zeugen gewähren dieser Frau einen offenen Raum, in dem sie über sich sprechen kann. Und während sie das tut, bekommt sie Zugang zu ihren Gefühlen.

Eine andere Frau findet beim Herumgehen einen großen herzförmigen Stein. Sie hebt ihn auf und nimmt ihn mit.

„Am Abend fragt der Stein: ‚Wie geht es deinem Herzen?' Ich wusste keine Antwort, fühlte nur ein sehnsüchtiges Ziehen in der Brust. Ich dachte daran, wie ich immer, wenn mir jemand näherkam oder eine vertraute Situation entstehen konnte, auswich und schnell das Thema wechselte. Der Stein lag da und fragte mich jeden Tag erneut: ‚Wie geht es deinem Herzen?' Er ließ nicht locker. Er stellte diese Frage ernst und unerbittlich. Ich sagte: ‚Mein Herz ist zu.' ‚Warum verschließt du dich?', fragte das Herz. ‚Wenn jemand merkt, wie ich wirklich bin, wird er mich verachten.' Ich heulte lange, und irgendwann fing ich an, dem Herz zu erzählen, wie ich wirklich bin. Ich schämte mich, als ich ihm genau beschrieb, wie ich scheinheilig anderen gute Ratschläge gebe, um sie kleiner und mich größer wirken zu lassen ... Es war wirklich schwer, über das alles laut zu sprechen. Das Herz sagte nichts und lächelte. In der letzten Nacht hielt ich es lange in meinen Händen und schaute es an. Endlich lächelte ich zurück. ‚Danke', sagte ich zu meinem Herz." (Jana, 35 Jahre)

Immer wieder sind Steine auch Begleiter bei Zeremonien.

„Ich wollte den eiskalten Teil in mir zurücklassen. Ich buddelte ein kleines Loch in den Sand und fand einen flachen, etwa zwei Zentimeter dicken schwarzen Stein. Er hatte schon kleine Risse. Ich nahm einen anderen, größeren Stein in die Hände und begann damit, diesen schwarzen Stein zu zerschmettern. Zu meiner Überraschung war der Stein innen weiß, wie Eis, und nach einer bestimmten Zeit waren nur noch kleine Stückchen weißen Steins übrig. Ich vergrub sie. Dies passierte ganz nah bei meiner Felsengruppe." (Walter, 50 Jahre)

So wird eine Erfahrung mit einem Stein zu einer Art Fenster, um nach innen zu blicken und um die Qualität eines Teils des Selbst näher zu erforschen. Er hat uns nicht verraten, wie er sich dabei fühlte. Aber man kann vermuten, dass er diese ungeliebte, „eiskalte" Seite angeschaut hat. Er hat eine Heilungszeremonie für sich geschaffen, die ihn in Zukunft vielleicht wie ein Anker an seine Absicht, diese Seite hinter sich zu lassen, erinnert, wenn dieser Teil wieder die Macht in

Maus aus Stein mit erhobenem Zeigefinger.

ihm zu übernehmen droht. In der Geschichte dieses Mannes über seine Erlebnisse bei der Visionssuche kommt das Wort „Fels" immer wieder vor. Und ganz am Schluss entdeckt er sich selbst als „rollenden Felsen". Er entdeckt, dass jede Eigenschaft in ihm auch ihr Gegenteil enthält: Ein gespaltener Fels ist beim näheren Hinsehen doch ganz, die abweisende Struktur der Felslandschaft bietet ihm einen geschützten Platz in einer Felsspalte, die Erstarrtheit zerspringt in Splitter und kommt in Bewegung.

Ist das die Weisheit der Ahnen, die in der Tradition vieler indigener Kulturen in den Steinen „wohnt"? Wir fassen es nicht mit dem Verstand, wie uns die Felsen und Steine mit einem „höheren Wissen" verbinden können, aber die Erfahrung lehrt, dass sie es tun, wenn wir mit ihnen sprechen. Sie geben uns ihr „Steinwissen" und können Lehrer sein, um in die Tiefe der Seele zu schauen.

„Die Schönheit von dir hat zu tun mit der Schönheit der Felsen ..."

Der Mann kam zurück aus der Wüste und erzählte eine Geschichte, in der das Wort „Fels" 54-mal vorkam. Einer der Ältesten aus dem Kreis antwortet ihm:

„Ich will ein Wort erwähnen, Walter, ich will ein Wort in all den verschiedenen Zusammenhängen erwähnen, in denen du es verwendet hast – während du deine Geschichte erzähltest. Das Wort ist – Fels. Ich weiß nicht wie oft du dieses Wort ausgesprochen hast. Schwarze und weiße Felsen, Schatten inmitten der Felsen ... ‚Ich saß auf einem Fels', öfter als einmal bist du auf einem Fels gesessen ... ‚Da war ein Riss in einem Fels', der sich dann doch nicht als Riss entpuppt hat. Du könntest diesen Fels Illusionsfelsen nennen. Raben auf einem Felsen. Auf einem Fels sitzend, schauend, in die Ferne schauend. Auf einem Felsen sitzen und beten. ‚Im Schatten meines Felsens, ich kletterte auf meinen Fels, ich machte eine Schale im Felsen, und das half mir, das Herz im Felsen zu finden.' Ein Dach aus zwei Felsen geformt, unter dem du schliefst. Ein Kokon aus Felsen. Du gingst nackt unter die Felsen. Du suchtest nach Bildern auf den Felsen. Du hast dich für eine Weile zwischen den Felsen verlaufen. ‚Was ich suche, ist tief in der Wüste aus Felsen und in meinem Herzen.' Erdbeben unter Felsen. ‚Gott sei Dank gab es kein Erdbeben.' Eiskalte, zerschlagene, weiße Felsbrocken. ‚Ich ging um meinen Felsen herum.' ‚Der Fels, der ein Bild von mir war.' Da war ein andersartig geformter Fels und ein Beziehungsfels. Und da waren vier Felsen, die zusammenhingen wie einer. Da war ein Stupa-Fels und Felsen, die wilde Tiere waren, und ein Eichhörnchen-Fels. Zwei Vögel sangen auf einem Felsen. Und da war ein Sterbeplatz unter einem Felsen. Es gab vermutlich noch mehr, aber das sind die, die ich mir gemerkt habe.

Es erscheint mir sehr, sehr ungewöhnlich, dass du so eine starke Beziehung zu den Felsen entwickelt hast. Ich möchte fast sagen, nachdem ich die Geschichte gehört habe, dass diese Felsen Spirits (Geistwesen) waren. Die Felsen haben eine Seele, genauso wie die Indianer das immer behaupteten. Und dass du dort draußen warst unter all diesen Geistern, dich mal hierhin und dorthin bewegt hast, dass du tatest, was immer du tatest, und die Felsen etwas mit dir gemacht haben zur selben Zeit. Sie haben dich gelehrt. Ich will sagen, dass dies ein wunderschönes Bild ist, und wenn ich darüber nachdenke, was ein Felsen eigentlich ist, und wie er so ein großer Teil deiner Wahrnehmung wurde, dann sehe ich sogar eine noch größere Entfaltung dieser Schönheit. Ich müsste eigentlich sagen, dass diese Schönheit nicht nur in der natürlichen Welt um dich herum ist, sondern sie ist in dir. Die Schönheit von dir hat zu tun mit der Schönheit der Felsen. Und es stimmt, dass du – wie du sagtest – ein andersartig geformter Fels bist. Ich sehe dich wie einen Fels dort draußen in der Wüste sitzen wie du darauf wartest, dass die Nacht hereinbricht, oder wie du wartest, dass der Mond aufgeht, und ich glaube, das hat lange gedauert, einfach dazusitzen, einfach dazusitzen wie ein Buddha.

Und dann sehe ich einen anderen Teil deiner Geschichte und sehe, dass da nicht nur der geduldige Fels ist, der nur dasitzt. Da ist auch der „rollende Stein", wie wir das nennen. Der Stein, der kein Moos ansetzt, der herumzieht, der dies und das erforscht, der seine Nase in verschiedene Dinge steckt und der viele verschiedene Abenteuer hat. Da ist der bewegungslose, dem Buddha ähnliche Fels, und dann ist da der sich bewegende Fels. Diese beiden existieren simultan in dir, und in vier Tagen und Nächten des Fastens haben sie sich beide ausgedrückt.

Ein Felsen ist schwer, oder die meisten Felsen sind schwer, und er hat diese Qualität: ‚Weil er schwer ist, ist er da.' Er ist solide. Er ist an die Erde gebunden außer bei Erdbeben oder Erdrutschen und solchen Dingen. Und dieser Fels, verankert in der Erde, hat eine große Fähigkeit, auf der Erde zu sein. Von allen Kreaturen in diesem Universum haben Felsen die größte Begabung, an ihrem Platz festzuhalten. Das heißt nicht, dass sie sich nicht bewegen im Lauf von Jahrmillionen, denn sie bewegen sich schon, sie bewegen sich tatsächlich manchmal sogar um unglaubliche Entfernungen. Manchmal fallen sie zurück ins Erdinnere, manchmal steigen sie tausende Meter über den ursprünglichen Erdboden. Das heißt, sie bewegen sich, aber sie schaffen es, ihren Platz zu behalten, ihr Gewicht, ihr Zentrum.

Es hat eine Menge Unternehmungslust gebraucht, dort hinauszugehen und so viel herumzulaufen, dich zwischen den Felsen zu bewegen, dein Zentrum zu behalten, sorgfältig darauf bedacht, wo du hintrittst und was dir begegnet.

So sehe ich in dieser Geschichte eine Person, und dies ist mir wichtig zu sagen, die zurückgehen kann zu ihrem Heim, lösen kann, was immer nötig ist, dass es gelöst wird zu Hause; die eine Unternehmung beginnt, das Abenteuer einer Unternehmung, die sich mit dieser Arbeit in die Welt bewegt, damit diese Arbeit gesehen, gefühlt, gehört wird überall auf der Erde. Und ich stelle das nicht als eine Herausforderung in den Raum, sondern als ein Gefühl: „Dass es so sein wird!"

Das einzige, was vielleicht zwischen dir und dem Erreichen deines Ziels steht, könnte in dir selber gefunden werden, mitten unter den Felsen deines Herzens, in dem Teil von dir, der sagt: ‚Ich bin nicht gut genug.' Oder dazu tendiert, zynisch zu dir zu sein. Gib diesem Teil in dir nicht nach! Du bist ein Fels."

Die mit den Vögeln fliegt

„Als ich meinen Platz fand, war es, als ob ich mich verliebte. Aber er war sehr offen, und ich ging noch weiter und fand einen Platz, der mehr Sicherheit bot. Dort sah ich bald einen sehr großen Vogel, der war weiß unter den Schwingen und hatte einem kahlen Hals. Er saß auf dem Boden und pickte etwas. Zuerst sah er mich an, dann pickte er weiter, und dann flog er davon."

So beginnt die Geschichte einer Frau, die in die Wildnis geht, um sich radikal mit ihrer Vergangenheit auseinanderzusetzen. Ihr Ziel ist, wieder offen und frei zu sein für das, was ihr das Leben bringt. Und als erstes begegnet ihr an dem gewählten Platz ein großer Vogel, nach ihrer Beschreibung ist es ein Geier. Ein günstiges Vorzeichen, würden die Römer[178] sagen, ein heiliges Tier nennen ihn die Inder. Der Geier ist ein Aasfresser. Dies wurde ihm zu früheren Zeiten hoch angerechnet: Da er sich nicht am Leben schuldig machte und seine Jungen unter seinen weiten Schwingen beschützte, galt er schon im alten Ägypten als Sinnbild mütterlicher Liebe und königlicher Milde.[179] Meilenweit wittert er, wenn ein Wesen gestorben ist. Man sagte ihm nach, sogar über die Meere hinweg könne er Leichname riechen. Er kommt, wenn es gilt, dieses verwesende Fleisch abzupicken, bis die Knochen weiß und blank daliegen. Der Geier, der das Skelett freilegt, der die Struktur reinigt von all dem, was vorbei ist, tot ist, gestorben ist, schaut diese Frau an und zeigt ihr, was es zu tun gibt. Der Geier ist der Wegweiser zum Beginn ihrer Visionssuche. Er zeigt ihr, wie eine sorgfältige Reinigung funktioniert: Stück um Stück wird das alte Fleisch, der Ballast, der nicht mehr gebraucht wird, angeschaut und abgetragen. Er zeigt dies einer Frau, die dazu bereit ist; die 500 Holzstückchen in ihrer Tasche mitgebracht hat, für jeden Monat ihres Lebens eines, die sie verbrennen will. Aber zuerst gibt es etwas zu tun. Sie baut sich eine „Sterbehütte" und setzt sich Nacht für Nacht hinein.

„Zuerst rief ich meine Eltern. ‚Warum hast du mich nicht beschützt?', fragte ich meine Mutter. Es dauerte lange zu verstehen, was sie gehindert hat; dann kamen meine Großeltern und auch mit ihnen verbrachte ich viel Zeit, bis alles gesagt war, was gesagt werden musste; wenn ich nicht mehr weiterkam, nahm ich die Rassel, bis es wieder Raum gab, so ging es zwei Stunden mit meiner Familie, danach war ich müde, sehr müde. In dieser Nacht schlief ich nur eine oder zwei Stunden, wachte auf und schlief wieder nur wenig, am Morgen hörte ich eine Eule sehr nahe bei mir. Sie rief ‚Uuhh' immer wieder."

Eine Eule als Todesbotin. Ihr Ruf in verschiedensten Modulationen erweckt unheimliche Vorstellungen. Sie gilt als lichtscheu, kann aber ausgezeichnet sehen. Sie fliegt fast lautlos. Das macht Angst, und die Ansicht, dass sie mit den „finsteren Mächten" im Bunde steht, ist weit verbreitet. Doch im nordischen Altertum galt die Eule als Lieblings und Schutzvogel der germanischen Göttin Frigga. Wird die Eule einerseits für einen Unglücks- und Todesvogel gehalten, glaubt man andererseits, dass sie eine Geburt oder Kindstaufe ankündigt. In jedem dieser Fälle gesteht man ihr die Weisheit zu, in die Zukunft zu sehen. Eine Eule also, die den Tod und das Geborenwerden ankündigt, besucht diese Frau, die mit den Leichen ihres Lebens aufräumt, und lässt ihren Ruf ertönen.

„Danach war es ein sehr schwieriger Tag für mich. Es war heiß, und ich war sehr müde. Ich wollte weinen, aber ich konnte nicht weinen, ich wollte gegen den Tod schreien, aber ich fühlte nichts. Und ich dachte: keine Gefühle kommen, und ich sitze hier, und all der Scheiß kommt. Und ich war sehr unglücklich. Nach einer Weile kam so eine Stimme in mir und sagte: „Nimm dein Kind!", und ich dachte: ja, und ich ging ein bisschen herum und nahm mein inneres Kind an die Hand, zeigte ihm dies und das und berührte alle Dinge, die Blüten; ich roch, ich tastete und fühlte, dass langsam Leben in mich kam. Ich machte kleine Bündel aus süß riechenden Pflanzen, und plötzlich kamen an meinen Platz fünfzig oder sogar sechzig Vögel, flogen über mich wieder und wieder mit viel Lärm. Zwischendurch war es still, dann hörte ich wieder etwas von ihnen und schaute in die flache Ebene: da waren viele, viele Vögel, sie waren alle blau, sie flogen auf, setzen sich wieder hin, flogen auf, schrien, und es war so stark ihnen zuzuschauen."

Was sie da beobachtet hat, war ein Schwarm von Scrub-Jays, blauen Hähervögeln, die wie ein Trupp von Kindern lärmend über den Himmel zogen. Auch wenn sie auf dem Boden herumhüpfen, gleichen sie lebhaften, unruhigen Kindern: Spielkameraden für ihr inneres Kind. Die Hähervögel sind für ihr lautes Kreischen und Schreien bekannt. Heimlichkeiten sind in Gegenwart eines Hähers unmöglich, manche Jagdaussichten wurden schon durch ihren heiseren Ruf zunichtegemacht. Dieser erstaunlich sprachbegabte Vogel hat mindestens neun ganz verschiedene, vererbte Laute zur Verfügung, wie Klappern und Zischen, Locken, Betteln und Zwitschern, Zorneskreischen und Alarmrufe, und er ist ein Meister im Nachahmen verschiedener anderer Vogelstimmen. Sprühende Lebendigkeit geht von diesen Vögeln aus. Sie zeigen eine faszinierende Neugier, Verspieltheit, Tatkraft, und eine nie versiegende Aufmerksamkeit. Sie führen dieser Frau, die sie beobachtet, vor, was es heißt, so quicklebendig wie ein Kind zu sein. Wenn sie ihr kleines Kind an die Hand nimmt, kommt sie in Kontakt mit ihren Gefühlen und dem Leben.

> „Als ich mit meinem inneren Kind am nächsten Tag wieder unterwegs war, fand ich ein Stück Holz, das aussah wie ein Vogel, und ich dachte, ich möchte mit dem Holz arbeiten. Als Kind hatte ich das gerne gemacht, und ich begann zu schnitzen. Die ganze Zeit über hörte ich Raben. Vier Raben kamen und kreisten über mir in Spiralen. In diesem Moment kam mir: ‚Ich fliege mit den Vögeln', das ist mein Medizinname[180], das kam so stark."

Als die Raben über ihr kreisen, lassen sie ein Bild in ihr Herz segeln. Das Bild einer Frau, die sich aufmacht und mit den Vögeln fliegt. Die Raben galten bei unseren nordischen und germanischen Vorfahren als Orakelvögel, als Symbol der Allwissenheit. Man achtete auf ihre Stimme und auf ihren Flug und las Botschaften daraus. Zusammen mit den Wölfen überliess man ihnen die Toten auf dem Schlachtfeld. Hier taucht also noch einmal ein Todesvogel auf, ein Unglücksbote, der einst Krieg, Tod, Folter, Hexenverbrennungen, Brände, Stürme oder Fluten ankündigte. Dieser kluge und weise Todesvogel überbringt einen Namen, einen Namen mit einem Auftrag. Folgen wir der Geschichte weiter:

> „Am späten Nachmittag ging ich zum ersten Platz, in den ich mich verliebt hatte, und dachte, dies ist der Platz für diese Nacht, und ich war sehr glücklich, dort zu sein. Ein Stein vor mir sah von einer Seite aus wie eine nackte Frau mit dem Gesicht einer ganz alten Frau, von der anderen Seite war es ein Vogel. Am Abend saß ich da, rasselte und ließ mich zu diesem kleinen Licht in meinen Augen reinziehen, um dort nach meinem Kind zu sehen. Ich kam zu dem Platz in mir, wo ich mein inneres Kind fand, und ich sagte: ‚Komm mit mir!', und es sagte: ‚Nein, ich komme nicht, du hast mich vor langer Zeit verloren, schon in der Kindheit.' Es sagte mir, wann das passiert war: ‚Das war in der Zeit, in der ich drei Monate im Krankenhaus war. Ich schrie jede Nacht, um wieder nach Hause zu kommen, und niemand kam.' Ich sagte: ‚Ich werde nach dir sehen, komm mit mir.' Und dann kam das Kind mit mir, und ich ging zurück und saß wieder auf meinem Platz vor dem Vogel-Frau-Stein. Ich rasselte weiter, und plötzlich kam ein Laut aus

mir heraus: ‚Ohaho', und ich dachte, das ist nicht meine Stimme, das ist die Stimme des Leidens, das von überall aus der Welt kommt. Es war sehr stark, und nach einer Weile sagte mein Kind: ‚Du kannst schreien', und ich probierte es. Erst war es nur leise, aber nach einer Weile schrie ich ganz laut in die Wüste hinein, und es war so gut, es kam zu mir zurück, meine Tränen flossen, und ich fühlte mich gut. In der Mitte der Nacht machte ich ein Loch und verbrannte alle meine 500 Schnipsel aus Holz. Einen nach dem anderen. Als der Morgen graute, dachte ich zuerst, ich könne nicht tanzen, aber dann kam ich in Bewegung und tanzte, tanzte ... und ein Vogel umrundete meinen Kreis."

Das also haben die Raben angekündigt. Denn fliegen zu können und Spielkameraden zu finden, ist nicht alles, was das Leben ausmacht. Wer wie die Vögel fliegen kann, wird von einer großen Höhe, von einer höheren Warte aus das Leiden der Welt sehen. Sie hat die Stimme des Leidens in der Welt gehört, und hat dabei ihre Tränen wiedergefunden. Und es war gut, weinen zu können. Die Geschichte erzählt, dass sie nicht alleine ist, dass sie Helfer hat, die immer für sie da sind. Als sie sich mit ihrem inneren Kind verband, als sie kreativ war, als sie schnitzte oder spielte, hat sie diese Helfer hereingerufen, und sie informierten sie über die „Medizin", über die sie verfügt. Die Vögel rufen ihr zu: „Du bist diejenige, die mit den Vögeln fliegt, und du kannst uns hereinrufen, damit wir dir etwas lehren über das Leben und über den Tod, über die Freude und über das Leid. Der Teil von dir, der kreativ und intuitiv ist, der muss Raum in deinem Leben haben."

Der Geist des Bären

Die Angst hatte sich auf uns gelegt wie ein schweres nasses Tuch. Und niemand in der Gruppe konnte noch richtig unterscheiden, ob die Angst von innen kam oder „real" war.

Visionssuche im slowenischen Dragonja-Tal: kaum dreißig Kilometer südlich der italienischen Großstadt Triest. Ein einsames tiefes Tal, dicht bewaldet, durchzogen von engen Trampelpfaden, die sich durch Wald, Buschwerk und Gestrüpp schlängelten. Am Grund des unbewohnten Tals lag unser Basislager in einer alten Mühle, oben am Rand der Bergrücken waren die Dächer von Bauernhöfen und Kirchtürme zu sehen. Europäische Wildnis eben, in die das Läuten der Kirchen herüberwehte, das Motorengeräusch der Passagierflugzeuge oder das Kreischen einer entfernten Kreissäge zu hören war. Wildnis schien hier zu heißen: Fuchs, Rotwild, Hasen, allenfalls noch Wildschweine und Vipern. Immer noch ausreichend Grund für einen Stadtmenschen, um Angst zu haben vor der Wildnis. Das leere Tal schien wie geschaffen für das einsame Fasten. Das Basislager in der alten Mühle ohne Strom und fließend Wasser war ein romantischer Fleck, der wie ausgeschnitten wirkte aus der Zivilisation, die außerhalb des Tales tobte. Ein sicherer Platz, wie es schien, um einen Blick auf die innere Wildnis zu werfen.

Doch dann änderte sich alles. Eine unserer Leiterinnen hatte sich entschieden, während der Vorbereitungszeit auf die Visionssuche für vierundzwanzig Stunden alleine zu fasten. Wir hatten sie am Morgen verabschiedet und abends, als es stockfinster wurde im Tal, gemeinsam

um den Eisenofen gesessen, der in der Küche des alten Hofes stand, an sie gedacht und darüber gesprochen, wie es ihr wohl ginge. Plötzlich stand sie im Raum mit all ihren Sachen und berichtete uns, was geschehen war: Nach einem Tag der Stille und Erforschung ihres Platzes hatte sie sich in der Dämmerung ihren Schlafplatz unterm Sternenhimmel eingerichtet und war raschelnd in ihren Biwaksack geschlüpft, um sich vor der Kälte der Herbstnacht zu schützen. Es war wohl dieses Geräusch, was die beiden Wildhüter auf ihre Spur brachte. Die beiden bewaffneten Männer machten ihr unmissverständlich klar, dass sie an diesem Platz nicht bleiben könne: In unmittelbarer Nähe waren zwei ausgewachsene Braunbären gesichtet worden. „No good place here to sleep!“, bekam sie in brüchigem Englisch zu hören.
Zwei Bären in unmittelbarer Nähe! Nicht als putzige lebende Teddys jenseits des Wassergrabens im Zoo, sondern möglicherweise gleich neben dir, dort hinter den Büschen, im Gestrüpp der Brombeeren, hinter jedem Baum. Galgenhumor kam auf, Bärengeschichten aus Alaska und Kanada machten die Runde. Und die Präsenz der unsichtbaren Bären ließ uns das Lachen vergehen. Der Weg zum Plumpsklo wurde zum Risiko. Die Dunkelheit zum Feind. Die Geräusche der Nacht zur akuten Bedrohung. Die Schatten der Bäume im Wind zum huschenden Raubtier. Wir gingen nur noch zu zweit zum Pinkeln. Und uns wurde klar, dass wir nicht mal im Ansatz wussten, was zu tun war, wenn ein Braunbär plötzlich im Wald vor uns stände.
Plötzlich war sie da, die ersehnte Wildnis, doch in einem ungeahnten und nie erwarteten Ausmaß. Plötzlich wurde die Natur, mit der wir uns rückverbinden wollten, zur möglichen Lebensgefahr. Wie stirbt es sich in den Klauen eines Raubtiers? Der Tod, der bislang in der Vorbereitung auf die Visionssuche nur eine Metapher war für das Ende von Lebensabschnitten, wurde zum ständigen Begleiter, der jeden verfolgte, wie ein Schatten. Die Visionssuche selbst – gedacht als herausfordernde Begegnung mit den inneren Ängsten, Dämonen und Schätzen – wurde zum akuten Risiko. Was ist, wenn ... Das heimische Reihenhaus, Familie und Kinder liefen wie ein Film vor dem inneren Auge ab und wurden dankbar aufgegriffen, um der wachsenden Angst eine Begründung zum Abbruch der Visionssuche zu geben. „Das wäre doch verantwortungslos, ein solches Risiko einzugehen“ ... Andererseits: Wo waren sie denn, die Bären? Es gab keine Spuren, keiner von uns hatte sie gesehen. Konnte das denn sein, so nah an der Zivilisation? Hatte man uns „einen Bären aufgebunden“?
Wir waren es, die sich einen Bären aufbanden. Wir trugen ihn bei uns während der kurzen Ausflüge in die Natur in der Vorbereitungszeit. Wir trugen ihn durch unsere Träume. Wir trugen ihn unsichtbar, die ganze Zeit. Und er wog schwer. Der Bär wurde zur Projektionsfläche, zur Leinwand, auf die das Unterbewusstsein in grellen Szenen blutige Fantasien malte. Der Bär wurde zum verkörperten Fremden, zum unbekannten Schicksal, zur gnadenlosen Brutalität der Wildnis, zum Sensenmann, der immer wartet. Der Bär wurde zum Spiegel der Angst vor dem Tod und der Furcht vor dem Leben, er warf uns alle ungelebten Wünsche und Ideale vor die Füße. Hinausgehen und wirklich sterben? Ging es darum, sich diesem Risiko, jenseits der Initiationsmetapher von Tod und Wiedergeburt, zu stellen? War das denn früher für unsere Vorfahren anders gewesen, die alleine in den dunklen Wald gegangen waren? Hatten wir uns „Wildnis light“ gewünscht, die „Mildnis“ als Spielplatz für Erwachsene? Wir hatten nach Wildnis gesucht. Wir hatten Wildnis bekommen.

Innere Beschwichtigungen – der Wald ist voller Nahrung, der Bär hat mehr Angst als wir, vielleicht ist er längst weg – wechselten mit akuten Attacken von Panik. Er ließ sich nicht mehr vertreiben aus unseren Gedanken. Er ließ sich nicht wegdiskutieren, nicht wegrationalisieren. Er wehrte sich gegen alle Verdrängungsstrategien. Er hatte sich in unserem Bewusstsein eingenistet, wie zum Winterschlaf. Der Geist des Bären hatte uns im Griff. Und unser Geist machte aus dem Bären das, was wir am meisten fürchteten: das Sterben, die Angst, das Unbekannte. Da wurde Sehnsucht nach der führenden Hand von Mutter und Vater wach; das tiefe Bedürfnis, andere entscheiden zu lassen über die eigenen existenziellen Fragen, die Sehnsucht, sich klein zu machen und wegzulaufen. Vor dem großen zottigen, wilden Wesen da draußen schrumpfte das Selbstbild von Stärke und Mut. Der kleine ängstliche Junge, das hilflose Mädchen meldete sich unmissverständlich in jedem und jeder. Das Vertrauen ins Leben, das alle Teilnehmer in dieses einsame Tal geführt hatte, wurde brüchig: Wie weit darf die Hingabe gehen? Abgründe von Unsicherheit, Feigheit, inneren Debatten taten sich auf. Zahllose Fragen ohne Antworten. Die Vorbereitungszeit wurde – mit jedem Tag, an dem wir die Entscheidung, hinauszugehen, verschoben – zum großen Spiegel der kleinen alltäglichen Ängste: Ganz wie zu Hause, wo Entscheidungen anstanden, die der Konfrontation und des Risikos bedürfen.

Wofür stand der Bär in der indianischen Tradition? Für Westen, Rückzug, Innenschau, Selbstbeobachtung. Im inneren Raum des Wissens, der „Traumhütte", sitzen die Ahnen und beraten die Wege zu unseren Zielen. Das ist die Bärenkraft. Eine weibliche, empfangende Energie. Der visionäre Blick nach innen. Der Bär ist im Westen, der intuitiven rechten Gehirnhälfte, die zu anderen Ebenen der Vorstellungskraft führt. Der Bär lädt dazu ein, die innere Höhle, den Raum des Schweigens zu betreten, damit die Ziele Wirklichkeit werden können.

Eine machte den Anfang und erklärte eines Morgens, sie wolle die Schwelle übertreten. Am Nachmittag zog ich meinem Buddy nach, überschritt die Grenze in die Schwellenwelt, gebückt unter regennassen Büschen, wie durch einen Geburtskanal. Der gewählte Platz am Dragonja, dem Drachenfluss, spiegelte die Gefühle aus Sehnsucht und Flucht, aus Offenheit und Ängstlichkeit wider. Die steile Felswand wirkte dunkel und bedrohlich, die Höhlen im Fels wie das Zuhause aller Bären. Ich sitze an meinem Platz wie in einem Käfig meiner Ängste, die Ohren gespitzt, und zucke bei jedem ungewohnten Geräusch zusammen. Ich fühle mich richtig hier und doch nicht Zuhause. Aufgeben? Zurückkehren? Versagen? Das Thema, mit dem ich zur Visionssuche gekommen war, war im Schatten des Bären scheinbar verblasst: Ich wollte mein Maß finden. Meine Werte und meine Wahrheit, anstatt mich zum Abziehbild der Erwartungen anderer zu machen. Hier saß ich nun, und mein selbst gesetztes Maß schien viel zu hoch. Als die Dämmerung der ersten Nacht mit Regen einsetzt, gebe ich auf, schultere meinen Rucksack und gehe angstvoll und mir Mut zusingend durch den schon dunklen Wald zurück zum Basislager. Als ich „geschlagen" in die Küche des Hauses trete, reicht man mir mit den Worten „Willkommen, Bruder" eine Tasse Tee. Die Anspannung bricht auf, Tränen fließen. In der Anerkennung der Kapitulation vor dem Bären berühre ich den Kern und sehe die Welt mit neuen Augen: Die Schönheit des Kerzenlichts im geschlossenen Raum bedeutet uralte Sicherheit, das klappernde Geräusch des Kochlöffels im Suppentopf wird zum Inbegriff von Freundschaft, Familie und Zuhause. Nie war ich so glücklich, zu Hause zu sein, geschützt vor den Bedrohungen der Welt. Es ist, als würde ich begreifen, warum Menschen sesshaft wurden, erkennen, welche Urangst vor dem Wilden am Grunde der Zivilisation verborgen ist. Trotzdem schlafen wir draußen, zusammen unter einem Tarp, und üben erneut: draußen sein.

Wenn wir die innere Kraft des Bären verloren haben, sagen die alten Traditionen, dann ist unsere Wahrnehmung verwirrt. Dann haben wir die inneren Ziele aus den Augen verloren und die eigenen Gefühle vernachlässigt. Dann ist es Zeit, in der Stille und im Schoß von Mutter Erde die eigene Autorität zurückzugewinnen. Am nächsten Morgen schultere ich mein Gepäck erneut, kehre zurück zu meinem Platz, will Ruhe und suche doch den Bären. Den Allesfresser. Der den Menschen eigentlich ausweicht, aber seinen Nachwuchs wütend bewacht. Bärengeschichten gehen durch meinen Kopf: In die Bäume gehängte Essenstüten auf kanadischen Campingplätzen, zerstörte Campingbusse, weil auf dem Tisch noch eine Wurst lag. Werde ich, weil ich faste, selbst zur duftenden Nahrung? Wer einem Bären begegnet, soll ihm nicht direkt in die Augen schauen und zur Seite treten, sagen die Wildhüter. Wegschauen? In der Stille des Tals lausche ich den undeutlich schweren Schritten eines großen Lebewesens hinterher und begreife erst nach Minuten, dass ich den Schlag meines eigenen Herzens für das Tapsen des Bären hielt. „Der Bär ist in dir und nur dort!" Das innere Monster will gesehen, die Schatten ausgeleuchtet werden. Der Zustand permanenter Wachsamkeit überfordert mich. Ich setzte mich an den Fluss, um die bedrohlichen Geräusche der Umwelt zu überhören, schaue in den Fluss wie in den Fernseher und begegne in Gestalt eines ängstlichen Flusskrebses wieder nur mir selbst. Wo fühle ich mich wohl? Wieso verweigere ich mich der Freude, der Ruhe, dem Loslassen? Wieso überfordere ich mich? Am Abend kehre ich erneut zurück und schlage in Sichtweite des Basiscamps allein mein Nachtlager auf. „Finde dein Maß!"

Der Schrei in der Nacht fährt mir ins Mark. Was nach brüllendem Bär klingt oder nach einem Mitquester in höchster Not, ist der urtümliche heisere Ruf einer Hirschkuh. Die inneren Bilder haben sich längst wie dunkle Filter auf die Schönheit des Tals gelegt. Ich sehe, höre, denke, was ich fühle. Wie kann ich anders fühlen? Tun, was mir Freude bereitet, was mich den Raum spüren lässt hinter der Angst? Am Morgen lege ich mich in den glasklaren „Drachenfluss", tauche unter und trinke in vollen Zügen. Innere und äußere Reinigung. Als am dritten Tag die Schwäche zunimmt und die ständige Umzieherei zur Überforderung wird, weicht die Angst dem Vertrauen. Der Körper zieht die Gedanken aus dem Kopf. In einem ersten tiefen Schlaf zieht im Traum der Bär an mir vorbei, hält kurz inne, um mich anzusehen, und geht seiner Wege. Er muss mich nicht fressen, wenn seine Anwesenheit ausreicht, mich selbst zu verzehren. Er wird zum strengen Ratgeber, zum respektierten Begleiter, zum kritischen Freund. Am letzten Tag entdecke ich das Tal als Paradies: Schmetterlinge lassen sich nieder auf mir, der Fluss erzählt murmelnd Geschichten, das die Felsen umfließende Wasser wird zum Inbegriff von Harmonie, die im Westen versinkende Sonne vergoldet seine Oberfläche. In der Wachnacht lege ich den größten Stein als Vertretung des Bären in meinen Rücken. Vom dunklen Wald, der hinter mir liegt, geht keine Angst mehr aus. Ich fühle mich beschützt und bin überrascht, dass ich mich gerade an diesen Stein lehne, als ich immer tiefer in der Schönheit der Nacht versinke. (Bernd, 39 Jahre)

Der Eichelhäher als Bote

Eine überaus gepflegte Frau im Pensionsalter entscheidet sich, in die Wildnis zu gehen, die ihr fremder ist als vieles in der Welt. Niemals zuvor hat sie draußen geschlafen, doch die Sehnsucht danach verspürte sie seit langem. Dann aber wurde der Ruf der Natur so stark, dass sie beschließt, ihm nachzugehen. Also begibt sie sich auf eine Medizinwanderung und begegnet dabei neben vielen anderen Feld-, Wald- und Wiesentieren auch einer kleinen Wespe, die sie den ganzen Tag begleitet, ohne aufdringlich zu sein. Sie nennt sie zärtlich „Gelbstreifling" und gewinnt durch den einsamen Tag in der Natur neues Vertrauen, sich der Herausforderung einer Visionssuche in der Wildnis zu stellen.

Sie tritt die Reise an, nimmt begierig alles auf, was ihr in der Vorbereitungszeit vermittelt wird, und hört gar nicht auf zu staunen über die Fremdheit der Welt, in die sie sich begeben hat. Dann kommt der Tag, an dem sie wie alle anderen über die Schwelle tritt und im Wald verschwindet.

In der ersten Nacht erkennt sie, dass sie sich immer bedroht gefühlt hat. Als sie sich am nächsten Morgen zum Bad an den kleinen Bach begibt, wird sie immer wieder von einer schwarzen Fliege umkreist. Sie schreit das Insekt an, sie bittet um Aufenthaltsrecht – und die Fliege folgt ihr den ganzen Tag in gebührendem Abstand. Die Frau nimmt Abschied von ihrer Trauer, ohne Kinder und Familie geblieben zu sein. Sie betritt die Sterbehütte und erkennt, dass sie seit dem frühen Tod ihres Vaters ihr Leben lange ohne Liebe war, sie weder von der Mutter noch von der Großmutter erhalten hat. Sie bittet die Feen und Engel des Waldes um Schutz für die zweite Nacht. Am nächsten Tag wartet die Fliege auf sie und lässt ihr nur wenig Platz auf engem Raum, ohne sie zu attackieren.

Das erzählt die weißhaarige Frau im Kreis nach der Rückkehr, und die Erinnerung an die Aufregung der vier Tage und Nächte treiben ihr den Schweiß auf die Stirn. Plötzlich, während die Gruppe still und aufmerksam ihrer Geschichte lauscht, taumelt ein verletzter Eichelhäher, der schon lange auf dem Dach des kleinen Hauses saß, dicht über den Kopf der Frau und landet in der Mitte des Sitzkreises im Gras. Er blickt die Frau mit schräg liegendem Kopf an und scheint zuzuhören. Da erinnert sich die Frau an einen lang zurückliegenden Moment:

> „Es war, als ich sechzehn war oder siebzehn. Ich war alleine im Wald spazieren gegangen. Ich blickte nach oben und sah am blauen Himmel einen Falken, der hinter einem Eichelhäher herjagte, ihn in der Luft mit seinen Krallen schlug. Doch dann rutschte ihm der Eichelhäher tot aus den Fängen und stürzte vom Himmel herab, schmerzhaft direkt in meinen Schoß."

Als die Gruppe betroffen schweigt, hüpft der Eichelhäher, der bislang still im Gras gesessen hatte, zum Medizinrad, das aus vier Steinen in der Mitte des Kreises ausgelegt worden war. Er pickt sich den roten Stein heraus, nimmt ihn in den Schnabel, hüpft zur Feuerstelle und wirft den Stein in die Asche des Feuers der vergangenen Nacht. Eine der „Ältesten“ geht zum Feuerplatz, nimmt den roten Stein des Südens, der die Kindheit symbolisiert, die Unschuld, das Erwachen der Gefühle, die bedenkenlose Lust, das Spiel und Vertrauen, und legt ihn zurück an seinen Platz. Doch der Eichelhäher reagiert sofort, hüpft zu der „Ältesten“ hin, die sich wieder am Boden niedergelassen hat, und schlägt seinen Schnabel scharf in ihren Zeh, so dass sie blutet. Während die Gruppe fassungslos das Geschehen verfolgt, hüpft der Vogel erneut zum Medizinrad, ergreift den roten Stein und schleudert ihn trotzig erneut in die Asche. Und diesmal erinnert sich der Bruder der Frau, der mit im Kreis sitzt:

> „In meinen Träumen gab es ihn immer wieder, diesen Falken mit seinen starren harten Augen und dem bedrohlich scharf gebogenen Schnabel. Und dieser Vogel hatte das Gesicht unserer Mutter, die immer streng und hart war. Immer glaubte ich, sie wollte mich töten oder mir die Augen aushacken. Immer und immer wieder habe ich das geträumt und geschrien und geschrien.“

Da flattert der Eichelhäher mit seinem verletzten Flügel mühsam zurück auf das Dach und hinterlässt die Gruppe wie in einem Zustand der Trance.

Was war da geschehen? Hatte der Vogel verstanden, wovon die Rede war? Niemand wollte das glauben. Und doch war offensichtlich, dass der Vogel durch irgendeine geheimnisvolle Kraft mit dem verbunden war, was dort in Zeit und Raum passierte. Als gäbe es ein darunter liegendes Energiefeld, das sich nicht nur im Menschen und seiner Sprache, in Erinnerungen und Geschichten manifestierte, sondern ebenso in diesem Vogel. Es schien den Teilnehmern, als hätte sie für diese kurze Szene einen Blick erhascht auf ein geheimnisvolles Netz vieler miteinander verbundener Wirklichkeiten.

Der Psychologe C. G. Jung hat für derartige Phänomene den Begriff „Synchronizität“ geprägt: das sinnvolle parallele Auftreten von scheinbar getrennten Ereignissen, die ein kausal nicht vorhersehbares Gesamtmuster in Raum und Zeit formen. Viele Menschen kennen derartige Erfahrungen, in denen eine bestimmte Situation völlig „stimmig“ ist und einen unvermuteten tieferen Sinn bekommt. Synchronizitäten verweisen auf eine viel tiefere Bewegung am Grunde der Existenz, in denen sich die Grenzen zwischen Innen und Außen, zwischen Materie und Sinn, zwischen Traum und Realität auflösen und scheinbar Unzusammenhängendes eins wird. Unsere schamanischen Vorfahren haben dieser Synchronizität vertraut und aus den Rissen aufgesprungener Schildkrötenpanzer geweissagt oder aus den „zufällig“ fallenden Runenstäben die Zukunft gelesen. Auch das Gedankengebäude der Astrologie oder der Glaube an den Stern von Bethlehem während der Geburt Jesu verweist auf eine Weltsicht, in der menschliche und kosmische Rhythmen sich überlagern und netzartig verknüpfen können. Die moderne Naturwissenschaft ist diesem Phänomen auf der Spur, ohne es bislang entschlüsseln zu können. Akausale Zusammenhänge finden sich auch in der Chaosforschung und der Quantentheorie. Sicher aber scheint zu sein, dass wir in einer Welt leben, die nicht von linearer Kausalität beherrscht wird, sondern von komplexen Kausalnetzwerken, die wir in der Regel übersehen. „Synchronizitäten sind die Joker im Kartenspiel der Natur", sagt der theoretische Physiker F. David Peat, „denn sie weigern sich, sich nach Regeln zu richten, und deuten darauf hin, dass wir bei unserer Suche nach einer eindeutigen Erklärung der Welt bedeutende Fingerzeuge übersehen haben."[181] Synchronizitäten galten immer als geheimnisvoll und heilig, weil sie einzigartige Erfahrungen darstellen und uns einen kurzen Blick werfen lassen auf einen Urgrund, in dem Geist, Natur und Sinn zusammenfließen.

Die moderne Psychologie hat herausgefunden, dass Synchronizitäten in Phasen tiefer Wandlung auftreten: bei Geburten, Todesfällen, tiefem Verliebtsein, bei therapeutischen Prozessen oder in Phasen intensiver schöpferischer Arbeit. Daraus hat man geschlossen, dass es sich bei ihnen um Energieaktivierungen handelt, die tief in der Psyche stattfinden und in der äußeren, materiellen Welt eine Art Echo hervorrufen. Zudem wurde entdeckt, dass bei Synchronizitäten Ereignisse aus früheren Räumen und Zeiten mit etwas korrespondieren, was im Hier und Jetzt passiert. Also scheinen sich in solchen Momenten tatsächlich unsichtbare Muster der physikalischen Welt mit unbekannten geistigen Energien zu verbinden, die wir bislang „psychische Tiefenschichten" oder das „kollektive Unterbewusste" genannt haben. Die in solchen Grenzsituationen auftretenden verbindenden Muster führen häufig zu einem grundlegenden Wandel im Leben der betroffenen Personen.

Ein Übergangsritual wie die Visionssuche ist eine inszenierte Grenzsituation, in der die Tiefenschichten des Bewusstseins aktiviert werden. Es ist eine Erfahrung, in der Menschen an den Rand ihrer Kräfte geraten können und festgefügte Weltbilder Risse bekommen. Die Quester bewegen sich ständig in einer Welt, in der scheinbar unzusammenhängende Dinge plötzlich zu sinnvollen Mustern zusammenfinden: Steine und Gedanken, ein Selbstbild und die Form einer Wolke, eine Zeremonie und eine lang vergangene traumatische Erfahrung. Manche der kaum glaubhaften Erfahrungen und Ereignisse, die während einer Visionssuche stattfinden können, ließen sich mit diesem Phänomen erklären. Ebenso ist es denkbar, dass Menschen, die in einen heiligen, rituellen und mythologischen Raum eintreten und die normale Kausalität „bewusst" hinter sich lassen, sich in einer synchronistischen Welt wiederfinden, die immer und allgegenwärtig existiert, die wir nur im Alltag dauernd übersehen.

Der Eichelhäher unserer Geschichte war zum Boten einer lang zurückliegenden Erfahrung geworden, die wachgerufen werden musste, um die Geschichte dieser Visionssuche zu verstehen. Er spiegelte die Verletzung der Frau, er zeigte ihr, als er den roten Stein in die Asche warf, dass die Traumata der Kindheit im Licht der Erkenntnis verbrannt werden mussten, wollte sie zu ihrer körperlichen Kraft und Liebe zurückkehren. Er zeigte der Frau, die an keinem Platz willkommen war, eine viel größere Wirklichkeit. So wie die Welt für diese Frau durch die lästige Fliege, den „Brummi" begrenzt wurde, so öffneten sich ihre Grenzen dadurch, dass sie den Schritt ins Unbekannte tat. Der unbekannte Raum des Schattens aber liegt in der eigenen Geschichte einer jeden Person.

Die Häherfeder

Ich bin, wo der Eichelhäher
zwischen den Zweigen streicht,
einem Geheimnis näher,
das nicht ins Bewusstsein reicht.

Es presst mir Herz und Lunge
nimmt mir schier den Atem fort,
es liegt mir auf der Zunge,
doch gibt es dafür kein Wort.

Ich weiß nicht, welches der Dinge
oder ob es der Wind enthält
Das Rauschen der Vogelschwinge
begreift es den Sinn der Welt?

Der Häher warf seine blaue Feder in den Sand
sie liegt wie eine schlaue Antwort
in meiner Hand.
(Günther Eich)

Trickster – Füchse, Raben und Kojoten

Der heulende Kojote griff in den Dreck
und schleuderte ihn an den Himmel.
Da verwandelte sich der Dreck
in die Sterne und den Regenbogen.
(Indianischer Liedtext)

Ein Mann geht hinaus, voll der besten Absichten und erfüllt von ernsthaftem Willen, auf die Zeichen der Natur zu achten. Er träumt von der großen Vision, die sein Leben wandeln wird. „Vielleicht wird ein Adler neben mir landen", denkt er sich, „oder eine Eule, die mir etwas zuflüstert." Er ist pflichtbewusst, achtsam, meditiert an seinem Platz aus tiefster Überzeugung. Ein Visionssuchender wie aus dem Bilderbuch. Und dann das:

> „Ich bin runtergegangen zum Weg, habe mir einen Stein geholt, um das Tarp zu befestigen und bin dann zurückgekehrt, um Tagebuch zu schreiben. Als ich mich hinsetze, riecht es unangenehm, und dann sehe ich, dass ich an beiden Schuhen und an der Hose Scheiße habe. Ich habe es tatsächlich fertiggebracht, in diesem großen, wilden Wald in einen Haufen Scheiße zu treten. So was Verrücktes." (Gerhardt, 36 Jahre)

Immer wieder passiert es, dass Visionssuchende sich in absurden Situationen wiederfinden, in denen das völlig Unerwartete in ihr Leben einbricht und die verfahrene Situation und Fixierungen plötzlich aufbrechen. Aus der modernen Psychologie sind solche Konfrontationen als „paradoxe Interventionen" bekannt: geeignet, um zwanghaftes Verhalten und erstarrte Muster erfolgreich zu knacken. Im großen Arsenal therapeutischer Tricks, die Mutter Natur bereithält, ist der *Trickster* einer der erfolgreichsten.

Fast alle traditionellen Kulturen kannten ihn als möglicherweise älteste archetypische Figur: den unberechenbaren Gaukler, den weisen Narren, den hinterlistigen Schwindler, den unmoralischen Heiligen, den respektlosen Kasperl. Bei den indianischen Kulturen war es der Kojote, von Alaska über Sibirien bis nach Skandinavien der Rabe, der diesen Aspekt der Wirklichkeit repräsentierte. In der südeuropäischen Mythologie findet er sich in der Figur des ewig geilen Gottes Pan oder im unberechenbaren und mächtigen Faun. In der Märchen- und Tiersymbolik ist es der listige „Reinecke Fuchs", der voll gesundem Egoismus und Schläue jeden austrickst. Aus den Kartenspielen kennen wir die Figur des *Jokers*, der als offene Karte jede Rolle übernehmen kann, sich außerhalb der Regeln bewegt und gerade deshalb als Trumpf alles auf den Kopf stellen und das Spiel wenden kann. Allen diesen Charakteren ist gemeinsam, dass sie besondere Kräfte haben, unberechenbar und gefährlich, heilig und profan sind. Sie spiegeln den ewigen Zwiespalt der Menschen, nach oben zu streben und sich doch immer wieder im Chaos der Welt zu verheddern oder an der Kraft ihrer eigenen Triebe zu scheitern.

Nicht jede Botschaft von Mutter Natur ist leicht zu entschlüsseln. Und oft können jene, die überhaupt nicht in unser Konzept und unseren Erwartungshorizont passen, die tiefsten Wirkungen erfahren. Visionssuchen sind nicht dazu da, festsitzende Überzeugungen zu bestätigen, sondern Grenzen der Selbst- und Welt-Wahrnehmung aufzusprengen. Immer wenn eine tiefe Überzeugung brüchig wird und aus einer anderen Perspektive plötzlich in neuem Licht erscheint, ist der Trickster am Werk.

> „Mich hat eine heilige Wut ergriffen auf diesen ganzen Kleinkrieg meines Alltags, auf die Verletzungen in der Ehe, auf dieses ganze geduldige Aushalten. Ich habe einen Stein genommen und ihn mit voller Wucht auf einen Felsen geschmettert. Er sprang auf. Vor mir lag eine wunderschön gemusterte natürliche Steinschale, wie geeignet, um darin in meinen kleinen Zeremonien hier draußen den heiligen Salbei zu verbrennen. Ich stand verblüfft vor der Tatsache, dass aus meiner Wut so etwas wie ein Gebet geworden war.“ (Tom, 39 Jahre)

Im Raum der Schwellenwelt vermischen sich „Heiliges“ und „Profanes“. Wer auf esoterische Höhenflüge hofft, mag mitten im Wald ein Pornoheft finden. Doch der profane Fund kann den Betroffenen nichtsdestotrotz zurück auf die Erde holen und eine wichtige Botschaft über den gestörten Umgang mit der Sexualität enthalten. Die paradoxe Energie des Tricksters steht für Transformation, Umwandlung, Versuch und Irrtum. Die Natur kann durch Humor lehren oder Einsichten vermitteln, indem sie die Dinge auf den Kopf stellt. Ob als Fuchs, als Rabe oder Kojote – der Trickster oder Joker repräsentiert das Unerwartete bei der Visionssuche. Er lehrt die Teilnehmer, über ihre Probleme zu lachen, er wandelt durch den heilsamen Schock, er repräsentiert die hinterlistige Absurdität des Lebens, die allzu menschliche Doppelmoral, den Wechsel zwischen Hell und Dunkel, die Verrücktheit, die eigentlich weise ist.

Kultur und Wildnis

*Die Auseinandersetzung mit der Wildnis ist wie ein verschlungenes Netz,
das aus der europäischen und amerikanischen Kulturgeschichte gewoben ist.
Wildnis hat gleichzeitig romantische, politische, dualistische,
abstrakte und sicher auch heilende Aspekte.
Wildnis ist ebenso ein Ort wie eine Geschichte,
ebenso gut ein Gebilde der Illusion und Fantasie
wie ein Gegenstand innerer und äußerer Wirklichkeit.
(Robert Greenway)*[182]

In einem etwa 250 Jahre alten Lexikon der Frühaufklärung ist Wildnis als die Wohnstätte des Wildes definiert: „Wohlanständige Sittsamkeit kann dort keine Wohnung aufschlagen." Wildnis bezeichnete also das Unmoralische, Gefahrvolle, Ungemütliche, die Naturkatastrophe, die es abzuwenden galt. Der bedrohlichen Wildnis stand die gefahrlose, heimische Kulturlandschaft gegenüber.[183] Wenn wir heute von Wildnis sprechen, dann assoziieren wir damit unberührte Natur, Dschungel, Einöde, ein scheinbar regelloses Gebilde und Chaos. Oder aber im Gegenteil: den Asphaltdschungel, die städtische Wildnis. Als zivilisationsgeprägtes Ideal umgibt uns die Wildnis täglich: auf Plakatwänden, in Reiseprospekten und in den Traumbildern der Kinofilme. „Wildnis" scheint im scharfen Gegensatz zu „Kultur" zu stehen, doch tatsächlich verkörpert sie einen festen Bestandteil derselben: Kultur braucht Wildnis als Gegenpol, um sich zu definieren. Und in dieser Polarität spiegeln sich die zwei Seelen des Menschen als Naturwesen und als Kulturwesen. Wildnis ist das Unbeherrschte, Unberechenbare, das freie Naturgeschehen, was sich Regeln und Gesetzen entzieht und sich nach eigenen Regeln souverän organisiert. Das Wort „wild" ist mit dem Wort „Willen" verwandt: Die wilde Kreatur gilt als autonom und ungezähmt und handelt nach eigenem Willen. Wildnis ist die „funktionierende Anarchie", in der ohne äußere Kontrolle das Leben fließt. Deshalb wird Wildnis auch mit persönlicher Freiheit gleichgesetzt. In ihr kann man sich dem Reglement der ordnungswütigen Zivilisation entziehen. Damit hat „Wildnis" immer eine Licht- und eine Schattenseite. Diese Auffassung zieht sich, mit unterschiedlichen Schwerpunkten, wohl durch die gesamte Kulturgeschichte.

Das doppelte Gesicht der Wildnis

Einerseits repräsentierte die Wildnis die gefährliche, unberechenbare Natur, vor der man sich schützen musste, andererseits war sie heiliger Raum und Wohnort der Götter, den man verehrte. Einerseits symbolisierten die „wilden Männer" in den Mythen tierhafte Unzivilisiertheit, ungebremste Sexualität und unkontrollierte Gewalt, andererseits stand schon das älteste mythische Urbild in diesem Kontext, Enkidu im babylonischen Gilgamesch-Epos, für ein psychisch feinfühliges Wesen, das prophetische Träume deuten konnte und der Natur heiligen Respekt entgegenbrachte.[184] Einerseits war der mittelalterliche Wald ein bedrohlicher, gefährlicher Ort mit wilden Tieren und giftigen Pflanzen, die Zuflucht für „Vogelfreie" und Verbannte, andererseits der Nährboden für Ideen, Philosophien, heilkundliches Wissen, Widerstand und Rebellion.[185] Auch die modernen Bilder der „edlen Wilden" verkörpern immer eine traumartige Doppeldeutigkeit: Denn sie gelten einerseits als zurückgeblieben, abergläubisch und unzivilisiert; andererseits attestiert man ihnen unverdorbene Würde und reine Moral, Tapferkeit und Zähigkeit. Gestalten wie der letzte Mohikaner, Winnetou, Robinson Crusoes Begleiter Freitag und Tarzan genießen bis heute eine große Popularität, die deutlich macht, welche Bedeutung diese Tugenden, die der Zivilisation zum Opfer gefallen sind, für uns nach wie vor haben.[186] Und auch die romantische Verklärung der Wildnis in Kunst und Literatur seit dem 18. Jahrhundert lässt sich nur vor dem Hintergrund erklären, dass die wilde Natur im Zuge der beginnenden Industrialisierung zur selben Zeit zum geistlosen Rohstoff erklärt und erstmals systematisch geplündert wurde. Wer heute in die „Wildnis" geht, hat alle diese Bewertungen, Widersprüche, Sehnsüchte, Ängste und Konzepte im kulturellen Gepäck. Sie prägen unser Erleben und unsere Wahrnehmung.

Manch einem mag es fast absurd erscheinen, dass die Menschen der modernen Zivilisation nun die Wildnis als Ort der Heilung wiederentdecken, nachdem sie sie eben aufgrund dieser Kultur in den letzten dreihundert Jahren immer mehr zurückgedrängt und auf kleine eingezäunte Reservate reduziert haben. Aus der Hassliebe des modernen Menschen zur wilden Natur scheint es kein Entrinnen zu geben: Je mehr die Wildnis verschwindet, desto größer wird unser Bedürfnis nach ihr. Und je mehr das Bedürfnis nach Wildheit kommerziell befriedigt wird, desto mehr zerstören wir die Wildnis endgültig. Wer sich entschließt, auf Visionssuche zu gehen, muss anerkennen, dass er ein Teil dieses Problems wird. Zwar bemühen sich alle Leiter von Visionssuchen, den Platz des Rituals so wenig wie nur irgend möglich durch die Anwesenheit von Menschen zu verändern und keine Spuren zu hinterlassen. Das ändert jedoch nichts an der Tatsache, dass Gruppen, die eine der wenigen wilden Regionen Europas für ihr Ritual nutzen, allein durch ihre Gegenwart Einfluss nehmen auf das Ökosystem und damit die Grenze des menschlichen Reviers noch ein Stückchen weiter in die „unberührte Wildnis" hinein ausdehnen. Und auf einer subtilen Ebene wiederholt sich beim Gang in die Wildnis ein Grundmuster der modernen Kultur gegenüber der Natur: Wir gehen hinaus, um uns etwas von der Natur zu holen – die Erfahrung von Ganzheit, von Stille, von frei fließendem Leben, von Einfach-so-Sein. Wer die Wildnis für seine Heilung „nutzt“, sollte sich darüber im Klaren sein, dass auch die Zivilisation, aus der er sich für ein paar Tage zurückzieht, mit all ihrem Überfluss auf der Verringerung und Zerstörung des größten Teils der natürlichen Welt basiert. Und es wäre im wahrsten Sinne des Wortes „scheinheilig“, wenn man bei der Visionssuche die Heiligkeit der Natur entdeckt und dann im Alltag ein Verhalten fortsetzt, das mittelbar die unberührte Natur weltweit weiter zerstört.

Wenn aber der kurze Ausflug in die Wildnis dazu beitragen kann, die Vorstellung der Trennung zwischen Mensch und Natur aufzubrechen und bei den Teilnehmern eine nachhaltige Veränderung ihrer Beziehung zur Natur auszulösen, dann besteht die Chance, dass „die Wildnis“ auch vom Prozess der Visionssuche profitiert. Deshalb ist es wichtig, die Visionssuche auch in ihrer ökologischen Problematik und im Kontext der europäischen Kulturgeschichte zu betrachten.

Die Geschichte der Spaltung von Mensch und Natur

Es gehört zu den grundlegenden Mythen der westlichen Zivilisation zu glauben, dass die Gattung Mensch sich über die Natur erhoben habe und das Recht besitze, sie zu kontrollieren, auszubeuten, zu verändern oder zu „verbessern“. Der Psychologe Ralph Metzner spricht in diesem Zusammenhang von einem krankhaften „Überlegenheitskomplex“ der modernen Kultur[187], Steven Foster nennt die Trennung zwischen Mensch und Natur die „große Lüge“[188], auf der die moderne Zivilisation ruht. Und tatsächlich ist es unter Anthropologen unumstritten, dass die Menschheit zu 99 Prozent ihrer Existenz als Jäger und Sammler existierte und traditionell in einer engen Symbiose mit der natürlichen Welt lebte, von der sie sich getragen und durchdrungen fühlte. Die Abtrennung, Kontrolle und Beherrschung der Natur, wie wir sie heute kennen, ist kaum älter als zweihundert Jahre.

Aber sie ist das Ergebnis eines langen historischen Prozesses, der hier kurz dargestellt werden soll, um deutlich zu machen, welche kulturellen Glaubenssätze bei der Rückkehr in die Wildnis überwunden werden und an welches tiefe evolutionäre Wissen wir uns wieder anbinden, wenn wir uns der Wildnis aussetzen.

Der amerikanische Philosoph und Ökologe Paul Shepard sieht den Ursprung der Spaltung zwischen Mensch und Natur in der beginnenden Sesshaftigkeit des Menschen vor zehn- bis zwölftausend Jahren. Mit der Entwicklung des Ackerbaus begannen sie Güter anzuhäufen, deren Schutz und Pflege wichtiger wurden als die traditionellen Initiationsriten, mit denen sich die Kultur immer wieder mit der sie umgebenden Natur verband. Unter den siedelnden Kulturen breitete sich über die Jahrtausende schrittweise die Überzeugung aus, stärker sein zu müssen als die Natur. Man nimmt an, dass klimatische Veränderungen 4000 Jahre vor unserer Zeitrechnung zu gigantischen Überschwemmungen (Sintflut, Untergang des legendären Atlantis) führten und Hungersnöte auslösten. Nicht auszuschließen ist deshalb, dass diese traumatische Erfahrung dazu beitrug, dass der Kampf gegen die Natur als Bedingung für das Überleben begriffen wurde.

Doch der Schutz vor der als übermächtig empfundenen Natur wandelte sich Schritt für Schritt in eine Ideologie des Krieges, der Unterwerfung und Beherrschung, die die ganze Kultur prägen sollte. Während in den frühen Gartenbaugesellschaften, deren erste Spuren vor rund 9000 Jahren in Anatolien auftauchen, Frauen den Boden noch mit der einfachen Hacke bearbeiteten und weibliche Natur-Gottheiten das Verhältnis zur Natur prägten, änderte sich die Einstellung mit der Einführung des Pfluges. Als die Männer in den Ackerbaugesellschaften die schwereren Arbeiten übernahmen, veränderte sich auch die Götterwelt: Aus den weiblichen Schöpfergöttinnen wurden männliche Götter, aus den partnerschaftlichen Kulturen wurden – so die Historikerin Riane Eisler – „dominatorische Kulturen“[189]. An diesem kulturhistorischen Wendepunkt begann also dreierlei: die Abwertung des Weiblichen, die Entheiligung der Natur und die Dominanz des Menschen über die Natur sowie des Mannes über die Frau. Die Kultur der menschlichen Frühzeit war von dem Bewusstsein durchdrungen, dass „das weibliche Geschlecht in besonderem Maße magische Kräfte besitzt, was mit der Fruchtbarkeit der Frau in Zusammenhang steht“[190]. Die Göttinnen wurden meist mit ausgeprägt weiblichen Formen oder schwanger dargestellt. Frauen wurden wegen ihres Körpers, der an den Rhythmus des Mondes gebundenen Periode und der Fähigkeit, Kinder zu bekommen, der Natur näher zugeordnet als der Mann.[191] Kultur aber bedeutete in den entstehenden Siedlungen und Städten, sich über die Natur zu erheben. „Wenn man das Weibliche mit der Natur und dem Unbewussten gleichsetzt und das Männliche mit Bewusstwerdung und Geist, so wird das Weibliche zwangsläufig zu etwas, dass überwunden und überhöht werden musste.“[192]

Der damit aufbrechende Geschlechterkonflikt war eng verbunden mit dem Konflikt zwischen den nomadisierenden Jäger- und Sammlerkulturen und der Ackerbaugesellschaft. Jäger und Sammlerinnen waren traditionell der Verehrung der Muttergottheiten verpflichtet, während sich bei den Ackerbaugesellschaften immer deutlicher patriarchale Gottheiten durchsetzten. Vor rund 6000 Jahren begannen zudem berittene kriegerische indo-germanische Stämme, die matriarchalen Kulturen in der Türkei, dem Iran und Indien zu überrennen, und führten ein partriarchales System mit männlichen Himmels- und Kriegsgöttern ein, welche die ganze Bronze- und Eisenzeit prägten. Der Konflikt zwischen beiden Kulturformen prägt die Geschichte über Jahrtausende. Er spiegelt sich auch im Streit zwischen Kain und Abel und dem Sieg des Bauern über wandernde Hirten wider, von dem das Alte Testament erzählt. Die ganze biblische Schöpfungsgeschichte, die wahrscheinlich rund 3000 Jahre vor unserer Zeitrechnung entstand, ist ein deutlicher Ausdruck dieser Entwicklung: In den nächsten Jahrtausenden wurde sie als göttlicher Auftrag an den Menschen verstanden, die Natur und ihre Lebewesen zu beherrschen. In der Beschreibung von der Vertreibung aus dem Paradies werden die Symbole der alten Religion – Frau, Schlange und Erde – entheiligt, während der männliche Schöpfergott zum Alleinherrscher wird. Je mehr sich die sesshaften Ackerbaukulturen ausbreiten und städtische Zivilisationen entstehen, desto öfter wird die weibliche Natur entheiligt. Mit der Verbreitung der monotheistischen christlichen Religion wurden die animistischen Religionen der Naturverehrung immer mehr unterdrückt oder überdeckt und der Natur alle spirituellen Qualitäten aberkannt.

Ab dem 11. Jahrhundert n. Ch. schließlich wurde nicht-christliche Religiosität lebensgefährlich, vom 14. Jahrhundert an exekutierte die kirchliche Obrigkeit zwischen zwei und neun Millionen Menschen unter dem Vorwurf der heidnischen Hexerei. Mit der Ausrottung der weisen Frauen und Männer der Wälder entfernte sich die christliche Kultur noch weiter von der Natur. Die protestantische Reformation, die gegen die Korruption des Vatikans angetreten war, verstärkte diese Tendenz, indem sie sich auch gegen die Überreste naturreligiöser Traditionen, wie sie im Marienkult sichtbar sind, gegen die Verehrung alter Gottheiten unter dem Deckmantel christlicher Heiliger und gegen heilige christliche Schreine in der Natur engagierte.

Religiosität war himmelwärts orientiert, im Gegensatz dazu galt die natürliche Welt der Erde, der Pflanzen und Tiere, des Fleisches, der Gefühle und Sinne als sündig und teuflisch. Aufgabe des nach Gottes Ebenbild erschaffenen Menschen aber war es, nicht nur seine eigene Naturhaftigkeit zu bekämpfen, sondern auch die sündige Natur zu bändigen. Die bald darauf einsetzende wissenschaftliche und industrielle Revolution, in der die Natur zu einer großen leb- und geistlosen Maschine erklärt wurde, verfestigte die Trennung des „geistbegabten Menschen" von der „sinnlosen Natur" bis in die heutige Zeit. Ihr Begründer, René Descartes, baute sein Weltbild auf der Grundüberzeugung auf, dass Natur und Geist gespalten seien, und erklärte sein Menschsein mit dem Satz: „Ich denke, also bin ich." Und Francis Bacon, der mit seinem „Neuen Organon" nicht nur das erkenntnistheoretische Gerüst für die moderne Naturwissenschaft schuf, sondern auch als Staatsanwalt in Inquisitionsprozessen auftrat, erklärte schlicht: „Wissen ist Macht!" An der Person Francis Bacons wird deutlich, wie eng die Entheiligung der Natur, die Naturbeherrschung und die Unterdrückung des Weiblichen zusammenhängen: Er wollte die Natur „auf ihren Irrwegen mit Hunden hetzen", sie sich „gefügig" und zu seiner „Sklavin" machen „wie eine Frau und ihre Kinder" und sie schließlich, ganz nach der Methodik der Inquisition, „auf die Folter spannen, bis sie ihre Geheimnisse preisgibt"[193].

Die Entheiligung der Natur lieferte so die Basis für die technologisch-industrielle Zerstörung der natürlichen Welt. Mit deren Folgen sind wir heute konfrontiert. Die religiöse wie wissenschaftliche Argumentationskette, die aus der scheinbaren menschlichen Überlegenheit das Recht ableitete, andere Gattungen zu beherrschen, die Natur zu kontrollieren und auszubeuten, prägte auch den zwischenmenschlichen Umgang. Weil der Mensch der Natur überlegen und der Geist höherwertiger schien als der Körper, sahen sich auch Männer berechtigt, Frauen zu beherrschen, Weiße sich legitimiert, Farbige zu besitzen, Adlige im Recht, Bauern zu beherrschen, etc. Was die Unterdrückten gemeinsam hatten, war ihre „Nähe zur Natur". Jahrhunderte waren so von Rassismus, Klassenherrschaft und Sexismus geprägt. Zugleich wurden Dominanz, Kontrolle und Ausbeutung zu den tragenden Werten des westlichen Humanismus gegenüber der Natur, mit der keine psychische oder spirituelle Verbindung mehr möglich war.

Die Heilung der Spaltung

Die Beziehung des modernen Menschen zur Natur ist also alles andere als „normal", sie trägt vielmehr krankhafte Züge: „Der Zustand der Welt ist Ausdruck unserer Beziehung zu derselben", sagt der Psychologe und Visionssuche-Leiter Wernher Sachon: „Ist diese Beziehung krank, dann ist auch unsere Welt krank, dann sind auch wir selbst krank."[194] Wer auf Visionssuche geht, begibt sich auch auf dieser Ebene auf einen Weg der Heilung. Für die meisten Teilnehmer gehört es zu den tiefsten Erfahrungen ihrer viertägigen Rückkehr in die Wildnis, sich auf völlig neue Art und Weise als integraler Teil der Natur zu erleben. Da die Evolution des Menschen sich ganz überwiegend in einer natürlichen und nicht vom Menschen gestalteten Umwelt abgespielt hat, sind wir an entsprechende Umgebungen angepasst, und zwar nicht nur physisch, sondern auch psychisch.[195] Manchen scheint es, als ob sie sich schon kurz nach dem Abschied aus der Zivilisation rückverbinden mit einer uralten Form der Wahrnehmung, die wie ein evolutionäres Wissen tief in ihrem Wesen gespeichert ist.

Doch die Spaltung, die eine lange kulturhistorische Tradition hat und in der modernen Welt täglich bestätigt zu werden scheint, ist tief verinnerlicht. Sie kommt zum Ausdruck in unserer Spaltung von der Wildheit des eigenen Körpers, dem Erschrecken über den Verlust an sinnlicher Wahrnehmung, dem Misstrauen gegenüber der eigenen Intuition. Da sind Jahrhunderte von Gehirnwäsche und Schichten kultureller Muster zu überwinden. Und manchmal erleben Teilnehmer an einer Visionssuche, wie ein Schmerz aus ihnen hervorbricht, der weit älter ist als ihr Körper.

„Plötzlich ein Knallen in der Ferne: drei, vier Gewehrschüsse und das aufgeregte Bellen einer Horde Hunde. Es ist weit entfernt, und mein Kopf weiß, dass es sicher eine für die Toskana gewöhnliche Wildschweinjagd ist und dass es keinen Grund gibt, Angst zu haben. Und doch gehen diese Geräusche bis tief unter die Haut, und mein Körper ist wie erstarrt. Ich bin unfähig weiterzugehen, und Übelkeit steigt in mir auf ... damit verbundene Bilder von Hetzjagden, von Männern auf Pferden, Bluthunden, von gejagten Tieren, gejagten Frauen. Ich erwache aus meiner Erstarrung, und meine Schritte werden schneller, bis ich schließlich zu rennen beginne. Mein Ziel ist der kleine Bach.

Ich setze mich auf einen großen Stein und schaue in die Wellen: Es ist, als ob ich ein Meer von Blut sehe, alles rot. Dazwischen schmerzverzerrte Gesichter von Frauen, die sich verändern, verschwinden und neu auftauchen, lodernde Feuer, johlende Menschenmassen und gellende Schreie von Kindern. Die Schreie der Kinder sind wie Messerstiche direkt ins Herz, und es ist, als ob mein Herz zu bluten beginnt ... und ich weine und weine. Ein unendlicher Schmerz nimmt mich mit – ein Strom von Tränen ohne Ende. Ich weiß nicht, wie lange ich so sitze und wie viele Wellen der Verzweiflung über mir zusammenschlagen. Irgendwann ist alles vorbei, das Wasser scheint ruhiger geworden, die Gesichter sind verschwunden ... nur das Leuchten der roten Steine im Wasser ist noch Zeuge des Gewesenen. Ich habe keinerlei Zeitgefühl mehr. Beim Weg zurück spüre ich eine große Müdigkeit in mir, fühle mich jedoch gleichzeitig ruhig und getröstet. Es ist, als ob die Vögel nur für mich singen. Seit diesem Tag sind mir diese Frauen Wegbegleiterinnen, die mir immer wieder Mut machen und mir den Rücken stärken. Ich möchte diese Erfahrung weder geschichtlich noch psychologisch einordnen. Was ich weiß, ist, dass ich nicht alleine dastehe, vielmehr das Schicksal und das Leben vieler Frauen in mir trage und weitergebe.“ (Laura, 36 Jahre)

Diese dramatischen inneren Bilder sind nichts anderes als ein traumatisches Wiedererleben der Wurzeln der Spaltung, die das Selbstverständnis von Frauen, das Verhältnis zwischen den Geschlechtern und den Umgang mit der Natur bis heute prägen. Diese – in der Regel heilende – Wirkung der Erinnerung fand aber nicht statt, indem sich die betroffene Frau theoretisch mit dem Thema beschäftigte, sondern indem sie sich während der Visionssuche tief mit der Natur identifizierte und sich selbst als einen Teil von ihr erfuhr.

In der Wildnis findet Rückverbindung statt: mit dem Feuer, mit dem Wasser, der Erde, der Luft und mit dem eigenen Körper als Vermittler dieser Elemente. Und der Blick „von außen“ – aus der Wildnis auf die Zivilisation – verändert unsere Abhängigkeit von dieser, fördert ökologische Verantwortung und soziale Kompetenz. Wir können nur dann wissen, wer wir sind, sagt der Anthropologe und Wildnisforscher Hans-Peter Duerr, wenn wir unsere Grenzen erfahren und damit überschritten haben:

„Entgegen dem, was heutzutage Philosophen ‚kritische Selbstreflexion‘ nennen, hatten die archaischen Menschen noch die Einsicht, dass man seine Welt verlassen musste, um sie erkennen zu können, dass man nur ‚zahm‘ werden konnte, wenn man zuvor ‚wild‘ gewesen war, oder dass man nur dann in der Lage war, im vollen Sinn des Wortes zu leben, wenn man die Bereitschaft gezeigt

Schreiben trägt zur Klärung bei.

hatte zu sterben. Um also innerhalb der Ordnung leben zu können, musste man in der Wildnis verweilt haben, man konnte nur wissen, was drinnen bedeutete, wenn man draußen gewesen war. (...) Dies bedeutet jedoch gerade nicht, dass wir unsere Grenzpfähle immer weiter in die Wildnis hinein vortreiben, dass wir das ‚Draußen' ohne Ende roden, bearbeiten, kategorisieren. Es bedeutet eher, dass wir selber wild werden, um unserer eigenen Wildheit nicht ausgeliefert zu sein und um dadurch erst ein Bewusstsein unserer selbst als zahmes kulturelles Wesen zu gewinnen."[196]

Wildnis und Spiritualität

Realität ist das, was bleibt, wenn du aufhörst, daran zu glauben.
(Phillip K. Dick)

„Als die Sonne aufging, überkam mich eine große Ruhe, und doch war es mehr als nur Ruhe. Es war Freude, Entzücken, Schönheit, Liebe. Das Gras zu meinen Füßen war wie verzaubert, die Vögel, die ihr Frühstück suchten, über alle Maßen schön. Das Universum war großartig geworden. Das Göttliche schien überall. Ohne Anstrengung und Kampf war plötzlich der Geist über mich gekommen. Da gab es keine Trennung mehr. Ich war Teil des Göttlichen, ich war das Göttliche. Und meine Wahrnehmung war ganz anders als sonst. Sie war weit und alles umschließend, traumähnlich, und trotzdem konnte ich mich mit erstaunlicher Klarheit jeder Einzelheit meiner Umgebung widmen. Ich hörte auf zu beten, weil ich selber Gebet war. Ich redete laut mit dem Geist und dem Göttlichen, als wären wir alte Freunde. Ich lachte, wir lachten. Und irgendwann fiel mir auf, dass die Sonne schon hoch am Himmel stand. Ich muss rund sechs Stunden in diesem Zustand gewesen sein." (Selma, 39 Jahre)

Die moderne westliche Kulturgeschichte beschreibt, wie sich der Mensch mehr und mehr von der Wildnis abtrennte. Doch immer gab es auch jene andere Seite: das Gefühl der Verehrung, der Faszination, des Romantischen, Mysteriösen und Mystischen, das Menschen zu allen Zeiten mit der wilden Natur verband. Auch wenn die Kirche alles Wilde verteufelte, war die unberührte Natur, der dunkle Wald oder die Wildnis der Berge doch immer wieder auch ein Ort Gottes, ein Heiligtum und Symbol des Lebensnetzes, das auch den Menschen trägt. Zu allen

Zeiten und in fast allen Kulturen dieser Welt war die Wildnis das „ganz Andere": der geografische Raum für Initiation, Selbst-, Sinn- und Gottsuche.

Wenn heute ein Jesus aus der Wüste zurückkäme und mit leuchtenden Augen berichten würde, er habe mit Dämonen gekämpft, Stimmen gehört, Engel gesehen und mit Gott kommuniziert, dann würde man ihn wahrscheinlich in die Psychiatrie bringen und mit Psychopharmaka ruhigstellen. Tiefe mystische Erfahrungen, in denen archetypische Gestalten auftauchen oder ähnlich ungewöhnliche Dinge passieren, gelten der Medizin als Krankheit des Geistes. Einheitserfahrungen, in denen sich die trennende analytische Wahrnehmungsweise auflöst, werden pathologisiert. Alle veränderten Bewusstseinszustände, außer dem Traum, gelten als unnormal: Die klassische Psychologie differenziert nicht zwischen mystischen und psychotischen Erfahrungen.[197] Was jenseits der zivilisierten Normen der Erfahrung liegt, gilt als Projektion, die Auflösung der Grenzen zwischen „Wirklichkeit" und „Schein" ist der Medizin ein Zeichen für seelische Krankheit. Trotzdem ist zu allen Zeiten die ganzheitliche, mystische Erfahrung eine zutiefst menschliche Erfahrung gewesen. Bewusstseinsforscher verweisen immer wieder darauf, dass alle Kulturen zahllose Techniken entwickelt und – außer der modernen westlichen – über Jahrtausende tradiert haben, mit denen das Alltagsbewusstsein überschritten wurde.

„Bei Zeremonien und Ritualen, die den traditionellen Rahmen einer Kultur aufrechterhalten, spielen alternative Bewusstseinszustände eine große Rolle; sie wirken in Zeiten sozialer Krisen stabilisierend, sie dienen zur Verankerung der Stammestradition während der Initiations- und Übergangszeremonien; sie befähigen zu einer erhöhten Kontrolle körperlicher und psychischer Funktionen; sie dienen zur Beeinflussung von Menschen und Tieren; sie dienen zur Kontaktaufnahme zu nicht-irdischen, extra-sensorischen Wirklichkeiten."[198]

Dazu gehörte neben pflanzlichen Drogen, physischem Schmerz, Reizentzug, Tanzen, Rasseln und Trommeln eben auch das Fasten, verschiedene Formen der Isolation in der Natur und der Schlafentzug. Immer ging es dabei auch darum, die engen Begrenzungen des kulturell definierten Selbstbilds zu überschreiten und sich mit einer größeren Wirklichkeit zu verbinden. „Die Basis aller Spiritualität", hat der amerikanische Kulturwissenschaftler Gregory Bateson einmal gesagt, „ist die Beziehung des Teils zum Ganzen."[199] Indem die Visionssuche diese alten Traditionen der Bewusstseinsveränderung nutzt, schwächt sie unsere kulturellen Muster der Wahrnehmung und führt uns zurück ins unmittelbare Erleben des reinen Seins.

„Auf der religiösen Ebene stellt das einsame Fasten in der Natur einen einzigartigen Raum zur Verfügung, sich vom großen Geheimnis des Lebens wieder anrühren zu lassen. Viele Menschen lernen in diesen Tagen wieder, eine Instanz in ihr Leben zu nehmen, die für sie im Alltag nicht mehr erfahrbar war. Sie erleben Einheit und Zugehörigkeit, spüren, dass alles von einem tiefen Sinn durchwoben ist, auch wenn sie es nicht verstehen oder erklären können. Viele Menschen lernen in dieser Zeit wieder zu beten."[200]

Wenn solche Erfahrungen in einer Welt der Schnecken, Schnaken und Spinnen gemacht werden, sind sie meist sehr weit entfernt von romantisch verklärter New-Age-Esoterik. Dafür ist in der Regel kein Platz. „Der einzige direkte Zugang zum Göttlichen, den wir haben", sagt der amerikanische Psychologe John Perry, „geht über das Unbewusste. Auf seinem tiefsten Grund liegen die archetypischen mythischen Bilder."[201] Indem die Visionssuchenden auf diese Ebene hinabsteigen, können sie sich einen Zugang zum Transzendenten eröffnen, der dann als sehr persönlich und einzigartig erlebt wird. Das kann in Form eines stillen Staunens geschehen, wenn die ganze Welt von Leben und fließender Intelligenz zu pulsieren scheint, aber auch als überwältigende „reale" Erfahrung. Die Erfahrung hat gezeigt, dass Menschen dem Transzendenten immer in der Form ihres persönlichen Gottesbilds begegnen: Ein Indianer mag seinen Ahnen oder *wakan tanka* begegnen, ein Christ Jesus erleben, eine Atheistin vielleicht auf eine archetypische Muttergottheit treffen.

> „Auf einmal ein atemberaubender Anblick: die feurige, ekstatische Göttin, ganz in Gold gekleidet, die Arme hoch erhoben, den Kopf in den Nacken geworfen. Das Gesicht schaut zur Seite. Sie lacht, freut sich unglaublich. Über und über ist sie mit Sternen geschmückt, so dass sie von innen und außen glüht, leuchtet, sprüht. Es sieht aus, als tanze sie fortwährend über den Himmel. Sie liebt ihren Körper, sich selbst, die Liebe, die Männer, das Leben. Ihr Anblick ist überwältigend schön. Die Göttin der Liebe." (Bärbel, 36 Jahre)[202]

Derartige Erlebnisse sind weit entfernt von dem, was wir aus Kirchen als religiöse Erfahrung kennen. Sie mögen „verrückt" klingen, *far out*, wie die Amerikaner so treffend sagen. Doch für den Betroffenen sind sie *deep within*, in einem inneren Raum des Bewusstseins, wo eine tiefe Rückbindung geschieht. Die meisten „spirituellen Erfahrungen" in der Wildnis werden als ganz unspektakulär und normal erlebt, erst im Rückblick wundern sich viele, was sie da erlebt haben. Auch hier scheint so etwas wie eine evolutionäre Erinnerung wach zu werden, die uns mit Formen religiöser Erfahrung verbindet, die viel älter sind als unsere moderne Kultur. Denn wer in freier Natur dem Göttlichen begegnet, belebt eine Erfahrung neu, die offenbar an der Wurzel aller Religiosität liegt. Das gilt nicht nur für indianische oder eingeborene Kulturen in aller Welt, sondern auch für die europäische Kultur vor der Christianisierung. In solchen Erfahrungsräumen fallen wir also nicht zurück in eine schamanische Naturverehrung, sondern öffnen uns für eine Religiosität, aus der sich auch alle moderne Religiosität schrittweise entwickelt hat.

„Schamanentum ist die unmittelbare psychische Erfahrung des Heiligen, es ist die Grundlage jeder Religion", sagt der Ethnopsychologe Holger Kalweit.

„Schamanen sehen eine andere Welt, arbeiten mit nicht-physischen Energien, sprechen mit Tieren und Geistern, erfahren archetypische Symbole und Visionen."[203] Und die Einheitserfahrung sei bei Schamanen ebenso weit verbreitet wie bei christlichen Mönchen und asiatischen Heiligen.

Die Erfahrung des Heiligen in der Natur

Wesentliches Kennzeichen der Erfahrung des Heiligen in der Natur ist das Erleben einer durch und durch beseelten Welt. Diese Wahrnehmung zieht sich durch die frühe Religionsgeschichte. Die religiöse Bilderwelt der jungsteinzeitlichen Kulturen Alteuropas war eng verbunden mit der Pflanzen- und Tierwelt.

Die Muttergöttinnen sind in den Höhlenmalereien von Vögeln, Schlangen, Fischen, Bären, Schmetterlingen begleitet und neben Bäumen und Blumen dargestellt. Man stellte sie sich als mächtige spirituelle Wesen vor, die mit den Urkräften der Natur, der Erde, dem Himmel, dem Wasser, den Bergen, der Sonne, dem Mond, den Winden und dem Donner in Verbindung standen und über Leben und Tod herrschten. Es gab jahreszeitliche Feste und Zeremonien und zahllose heilige Stätten wie Bäume, Brunnen, Haine, Felsen, Steine, Berge und Flüsse.

Als Ausdruck ihrer Sehnsucht zur Natur und um sich immer wieder mit ihr zu verbinden, schufen sich die Menschen Götter und Göttinnen der Wildnis, welche die Anteile des „Wilden" personifizierten. Artemis, eine der sechs weiblichen Göttinnen im griechischen Pantheon, galt als unabhängige, durch die Wildnis streifende Jungfrau und Schutzgöttin der Tiere. Oder Diana, die römische Göttin der wilden Tiere; Dionysos, der Gott der Ekstase und des wilden Weins als männlicher Aspekt des Wilden. Spiritualität war nicht von der Natur getrennt: Das Natürliche war das Spirituelle.

Diese Weltanschauung war animistisch, pantheistisch und polytheistisch: Im Animismus sind alle Lebensformen beseelt, im Pantheismus ist alles heilig und von Göttlichkeit durchdrungen, im Polytheismus gibt es nicht einen Gott, sondern viele Gottheiten. Zwar wurde – wie oben beschrieben – im Lauf der Kulturgeschichte den natürlichen Lebensenergien die Göttlichkeit abgesprochen. Doch die unsterblichen Götter starben nicht, sie sind immer noch da. „Wir könnten sagen, sie fielen in einen Schlaf oder entfernten sich aus der menschlichen Sphäre, als die Menschen aufhörten, mit ihnen zu sprechen oder zu ihnen zu beten. In den Begriffen der Jungianer würden wir sagen, dass die Archetypen, die das Empfinden unserer Vorfahren, lebendig mit der ganzen Natur verbunden zu sein, unterstützten, in die dunkle, unbewusste Unterwelt der kollektiven Psyche abtauchten."[204]

Dort ruhen sie bis heute und sind jedem verfügbar, der sich – ob durch Meditationen, schamanische Reisen oder Visionssuchen – tief genug herablässt. Manchmal zeigen sich diese alten Götter auch heute noch an ganz überraschenden Stellen, wo man nicht mit ihnen rechnen würde: In den gotischen Kathedralen, die oft auf alten Naturheiligtümern erbaut worden waren, begegnet man neben steinernen Kobolden, Drachen, Dämonen und Tieren immer wieder auch der geheimnisvollen Gestalt des Grünen Mannes[205] und seinem blätterumrahmten Gesicht, das versteckt aus Fensterstürzen schaut oder als Schlussstein am Deckengewölbe das Kirchenschiff zu halten scheint. In ihm spiegeln sich die Überreste des Pflanzengottes alter Zeiten: Er ist ein Mischwesen aus Mensch und Natur, er erinnert, woher wir kommen und wozu wir gehören. Er heiligt die Natur, denn seine Worte sind wie Blätter, die aus seinem Mund quellen. Die symbolische Übernahme des heiligen grünen Pflanzengeists taucht wiederum bei den visionären Schriften der rheinländischen Äbtissin Hildegard von Bingen auf. Ihre Metapher der *Viriditas*, der „Grünkraft", ist der Begriff für die schöpferische Kraft Gottes in der Natur: Jesus nennt sie „inkarniertes Grün", Maria ist für sie die Viridissima Virga, das jungfräuliche Grün.[206] Franz von Assisis Liebe zu Bruder Sonne und Schwester Mond, seine Freundschaft mit Wölfen und Vögeln, die ihn bis heute zu einem Heiligen der Ökologiebewegung macht, verweist ebenso auf animistische und pantheistische Zweige im Christentum. Aus diesem Überblick wird deutlich, dass die Verbindung von mystischer Einheitserfahrung, Spiritualität und Natur, die manche Visionssuchende so intensiv erleben, eine tief verwurzelte und sehr menschliche Form der Wahrnehmung ist. Sie stellt sich bei dem Menschen ein, der sich offen dieser Erfahrung aussetzt. „Ein Mensch, der ohne Hilfsmittel alleine in der Natur steht", sagt der Ethnopsychologe Holger Kalweit, „entwickelt früher oder später ein schamanisches Bewusstsein."[207]

Die Sehnsucht nach Spiritualität in der modernen Gesellschaft ist ungebrochen. Die Visionssuche bietet da einen authentischen und individuellen Zugang zu einer ganz persönlichen Spiritualität, die jeder anders erlebt, versteht und in sein Leben einbringt.

Trance und Traumzeit

Der Ökopsychologe Robert Greenway greift genau auf diese Traditionen zurück, wenn er die Wirkung der Wildnis auf den Menschen als „religiöse Erfahrung" bezeichnet und als „eine Öffnung des Bewusstseins für eine Form der Information" beschreibt, „die zwischen allen Lebensformen vibriert".[208] Für ein Bewusstsein, das durch Nahrungsentzug, wenig Schlaf und Einsamkeit hochempfindlich geworden ist, kann diese „vibrierende Information" in der Visionssuche sehr bildhafte Formen annehmen.

Die Teilnehmer können Halluzinationen erleben, Trancezustände, lebhafte Wachträume, außerkörperliche Erfahrungen, tiefe meditative Zustände, intensive Rückblenden in die Vergangenheit, aber auch Erfahrungen von Hellsichtigkeit, Hellhörigkeit, Telepathie, medialen Erlebnissen und mystischen Visionen haben.[209] Auch wenn solche Erfahrungen nicht das eigentliche Ziel der Visionssuche sind, können sie sich wie ein Geschenk ergeben und für den Betroffenen Schlüsselerlebnisse in seiner persönlichen Entwicklung sein.

Weil Erfahrungen außergewöhnlicher Bewusstseinszustände in der modernen Kultur nicht anerkannt und pathologisiert werden, kann eine solche Erfahrung Angst machen: Angst vor dem Verrücktwerden, Angst vor Kontrollverlust, Angst, die Intensität des Erlebten nicht verarbeiten zu können.

> „Ich höre den Fluss. Und plötzlich wird für einen Moment alles ganz groß. Der Fluss und sein Geräusch hatten Bedeutung, waren wirklich das brüllende Rauschen der Schöpfung. Alles lebte, alles war voll mit Geist. Das fühlte sich an wie eine Riesenwelle, die heranrollt und mich nur streift, wie ein Kratzen an der Erleuchtung, wie eine Ahnung von der Größe des Raums, vor dem ich mich verschließe. Es schien zu bedrohlich und in bedrohlicher Schönheit. Ich hatte Angst und war in Staunen. Es war das Gefühl, dass mir diese große Ganzheit meine Identität raubt, dass ich zwar verschmelze, aber gleichzeitig weggerissen werde, dass ich zwar ganz werde, aber nicht mehr weiß, wer ich bin. Dass es einfach zu groß ist und ich es noch nicht tragen kann. Und dass ich Angst habe, mich diesem heiligen Raum zu überlassen und meine Rationalität zu verlieren.“ (Paul, 41 Jahre)

In aller Regel öffnen sich diese Räume nur in dem Maß, in dem sie der Betroffene auch annehmen kann. Es ist wichtig anzuerkennen, dass es sich dabei nicht um krankhafte Zustände handelt, sondern um intensive Grenzerfahrungen. Denn jeder Mensch hat das Potenzial in sich, in umfassendere Bewusstseinsräume einzutreten. Je intensiver unser Bewusstsein wird, desto eher können „paranormale“ Erfahrungen auftreten, die der Betroffene dann aber meist als ganz „normal“ wahrnimmt. Und doch können sie unser Weltbild auf den Kopf stellen. So ist es kein Zufall, dass viele Quester von dem Eindruck berichten, draußen „von Bewusstsein umgeben zu sein“. Wir wissen noch wenig über die Natur des Bewusstseins. Mystische Erfahrungen können den Eindruck vermitteln, dass es sich beim Bewusstsein nicht um etwas handelt, was nur von unseren Gehirnzellen produziert wird, sondern was wie ein Feld die ganze Natur durchzieht, und dass sich in solchen Momenten innen und außen verbinden. Andere Teilnehmer berichten davon, dass ihr Bewusstsein nicht mehr auf das „hautumschlossene Ich“ beschränkt war, sondern schlicht größere Räume umfasste.

Weil außergewöhnliche Bewusstseinszustände nicht zu leugnen sind, hat sich auch die moderne Forschung für dieses Phänomen interessiert. „Wenn das Gehirn mit seinem Zusammenspiel von 100 Milliarden Neuronen wirklich die Bedeutung hat, die ihm in der Neurowissenschaft zugewiesen wird, dann kann es mindestens 10 hoch 2 hoch 11 mögliche (Bewusstseins-)Zustände annehmen“, sagt der Philosoph Franz-Theo Gottwald. Und tatsächlich lassen sich heute unterschiedliche Bewusstseinszustände physikalisch nachweisen. Die Messung von Gehirnwellen hat ergeben, dass intuitive und visionäre Erfahrungen auftreten können, wenn das Gehirn im Zustand tiefer Entspannung bei 4 bis 8 Hertz der „Theta-Wellen“ schwingt, während die „Beta-Wellen“ des normalen Wachbewusstseins 13 bis 30 Hertz aufweisen.[210] Solche Zustände können auftauchen, wenn das analytische Denken aussetzt und durch eine hohe Präsenz der Gegenwart ersetzt wird.[211]

„Wenn man zu denken aufhört, (kommt) man nach einer gewissen Zeit unterhalb oder jenseits des Denkens zu einer Bewusstseinsregion, die sich in Beschaffenheit und Charakter vom gewöhnlichen Denken unterscheidet, einem Bewusstsein von quasi-universaler Qualität. Dadurch erwacht ein umfassenderes Selbst als jenes, an das wir uns gewöhnt haben. Man muss im gewöhnlichen Sinne sterben, doch in einem anderen Sinne gilt es, aufzuwachen und zu entdecken, dass das Selbst, unser wirkliches, intimstes Wesen, das Universum und alle Wesen erfüllt – dass die Berge, das Meer und die Sterne Teil unseres Körpers sind und unsere Seele in Verbindung mit den Seelen aller Kreaturen steht. Und es ist gewiss: Kommt ein Mensch nur einmal damit in Berührung, wird, wie abertausende von Fällen zeigen, sein folgendes Leben und seine Weltschau vollkommen revolutioniert.“[212]

Der Visionssuchende pendelt zwischen verschiedenen Zuständen hin und her. Immer wieder ist er in einem gedankenlosen Zustand reinen „Seins“, dann wieder reflektiert und analysiert er. Er wandelt zwischen den Welten der Rationalität und dem alles beseelenden Animismus.

„Der Animismus endet in dem Augenblick, in dem ich anfange zu denken. Denn in dem Moment, in dem ich denke, trenne ich mich davon ab. Wenn ich verbunden bin mit dem Ganzen, kann ich nicht denken. Denken ist sozusagen eine abstrakte Form des Handelns – ein Mich-etwas-Gegenüberstellen. Wenn ich in der Einbettung bin, bin ich passiv. Aber diese Erfahrung ist nicht in dem Sinn intellektuell erfassbar, sprachlich ausdrückbar. Nur hinterher in der Erinnerung kann man versuchen, sie metaphorisch einzufangen.“[213]

Diese Aussage des Quantenphysikers Hans-Peter Dürr macht deutlich, wie schwer das Phänomen außergewöhnlicher Bewusstseinszustände wissenschaftlich zu greifen ist. Dabei sind leichte Trancezustände jedem bekannt: wenn einen die Musik davonträgt, man verliebt tagträumt, ein Buch uns regelrecht in sich einsaugt, wenn man reglos aus dem Zugfenster schaut, wenn man kurz vor dem Einschlafen surreale Bilder wahrnimmt. In einer Visionssuche werden diese Erfahrungen lediglich intensiviert.

Für Dieter Vaitl, den Leiter des Instituts für Psychobiologie und Verhaltensmedizin an der Universität Gießen, ist die Trance ein Schlüssel zum Verständnis veränderter Bewusstseinszustände. Er fand heraus, dass sich in der Trance der Gehalt an Stresshormonen wie Adrenalin, Noradrenalin und Cortisol im

Blut verringert, der Blutdruck absackt und der Puls sich erhöht. Die Medizin spricht von einem „paradoxen Erregungszustand", weil der Körper diese Prozesse sonst nur in lebensbedrohenden Krisen wie hohem Blutverlust entwickelt. Auch die Wissenschaft erkennt heute an, dass Halluzinogene ebenso wie Fasten, Abgeschiedenheit, Schlafentzug, monotone Reize oder die konzentrierte Aufmerksamkeit zu ähnlichen Ergebnissen führen. Die Zusammenfassung der Forschungsergebnisse durch die Wissenschaftsjournalistin Hania Luczak liest sich wie eine Beschreibung all der subjektiven Eindrücke, von denen Teilnehmer an Visionssuchen berichten:

„Bei Trancezuständen kommt es zu einer Veränderung des Denkens mit subjektiven Konzentrationsstörungen oder dem Gefühl, klarer und schneller zu denken als sonst. Tiefe Entspannung, ein ‚Sich-gehen-Lassen', ist oft zu beobachten. Widersprüche bestehen konfliktfrei nebeneinander. Es herrscht eine Art ‚Zeitlosigkeit', das Körperschema verändert sich, Empfindungen zu fliegen oder zu zerfließen werden beschrieben. Ein Gefühl des Verlusts der Selbstkontrolle tritt auf. Die Stimmungen schwanken stark und sind durch intensive Emotionalität gekennzeichnet. Es kommt zu einer Auflösung der ‚Subjekt-Objekt-Grenze' und somit zu einem Einswerden des Ichs mit der Umwelt. Am Extrempol der Trance erfolgt eine Veränderung der Wahrnehmung. Die optischen Erscheinungen reichen von einem lebhaften Spiel der Farben und Formen bis hin zu szenischen Abläufen, sogenannten komplexen Halluzinationen und Visionen. Gefühle von Erneuerung und Wiedergeburt sind nicht selten."[214]

Die Entdeckung biochemischer Vorgänge und die Bestätigung der Trance durch die Wissenschaft als eine normale Form menschlichen Erlebens nimmt diesen Erfahrungen nichts von ihrer Intensität und psychologischen Wirkung. Doch sie kann die Unsicherheit des modernen Menschen dämpfen, der derartige Zustände als abnormal empfinden könnte.

Wildnis und Sinnlichkeit

„Die letzten 3000 Jahre waren ein Ausflug in die Welt der Ideale,
der Körperlosigkeit und der Tragödie,
jetzt geht der Ausflug zu Ende.
Wir müssen wieder in eine lebendige
und erfüllende Beziehung zum Kosmos treten,
in ein Wissen der Zusammengehörigkeit von Körper,
Sex, Gefühl und Leidenschaft mit der Erde,
der Sonne und den Sternen.“
(D. H. Lawrence)[215]

Die kulturhistorische Spaltung zwischen Mensch und Natur, zwischen dem Heiligen der nach oben orientierten, reinen Spiritualität und dem Profanen der nach unten ziehenden, geistlosen Erde bekommt eine ganz andere Dimension, wenn wir sie auf unseren eigenen Körper beziehen. Denn auch hier trennt der moderne westliche Mensch in der Regel zwischen der Welt der Triebe, der Sinnlichkeit, der Sexualität und der Hingabe einerseits und der Welt der Ratio, der Gedanken, der kulturellen Kontrolle andererseits. So, wie wir den „wilden“ Teil unseres Seins durch unseren „kulturierten“ Teil kontrollieren, so verhalten wir uns auch – nach außen gewandt – unserer Umwelt gegenüber. Wer der äußeren Wildnis wieder mehr Raum in seinem Leben einräumt, indem er sich ihr aussetzt, begegnet auch seinem Körper und seinen Empfindungen auf neue Weise.

„Erster Tag, Monstertag. Ich vergleiche mich und die uralte Angst: Das Gefühl, nicht genug zu sein, kriecht durch meine Zellen. Mein Gesicht der Morgensonne zuwendend, sitze ich nackt und sehe zwei Berghügel, die sich an die Erde schmiegen wie zwei Brüste. Ich bewundere ihre Schönheit. Sonnenstrahlen malen auf meiner Haut. Mit den Händen streiche ich sanft kreisend über die zwei Hügel an meinem Körper. Mit geschlossenen Augen spüre ich Hügel dort und hier. Mein Herz öffnet sich weit, Lust durchströmt mich. Heilende Sinnlichkeit.“ (Uta, 34 Jahre)

Fast jeder hat die Erfahrung schon gemacht, dass in der freien Natur der Körper erwacht und die Sinne die umgebende Welt plötzlich viel klarer wahrnehmen. Man beginnt, die Luft zu schmecken, der Wind streichelt über die Haut, deren feine Haare stellen sich auf, die Farben leuchten intensiver, Wiesen können zu einer Orgie aus Farben und Gerüchen werden. In der modernen technisierten Welt, in der wir zum überwiegenden Teil innerhalb von Steinmauern und klimatisierten Räumen leben oder die wir mit Hilfe mechanischer Hilfsmittel bereisen, bearbeiten und verändern, sind die Sinne oft zu sekundären Instrumenten und Anhängseln des abstrakten Geistes verkümmert. Tatsächlich aber vermittelt sich uns die Welt nur über die Sinne. Je sensibler unsere Wahrnehmungsorgane sind, desto komplexer wird unsere Wahrnehmung, unsere Beziehung zur Welt und unser Weltbild. Die ganze Natur ist ein dynamisches, lernendes Netzwerkmuster aus Reaktionen auf Sinnesreize. Sinnesorgane nehmen in unterschiedlicher Form Sinnesreize aus der Umwelt auf und verarbeiten sie. Was wir den „Geist der Natur" nennen, wurzelt in der Vielfalt der Sinnlichkeit des Lebendigen.[216]

Die Visionssuche ist immer auch eine intensive körperliche Erfahrung. Es ist eine Zeit, in der wir hungern, schwitzen und frieren, das Wetter ungeschützt mit allen Sinnen erleben, instinktiv und sehr körperlich auf unbekannte Geräusche reagieren. Es ist eine Zeit, in der wir in unmittelbarer Beziehung mit dem Stoff sind, aus dem wir gemacht sind: Erde und Natur.

„Die Quester befinden sich durch das Fasten in einem Zustand sensibilisierter körperlicher Bewusstheit: In vielen Menschen erwacht dabei das tiefe Bedürfnis, sich ganz körperlich auf den Körper der Erde einzulassen, sich mit ihm zu vereinigen, ihn zu schmecken, zu riechen, zu tasten und hautnah zu spüren. Immer erfahren Menschen dabei eine tiefe Erleichterung und Befreiung, endlich wieder leibhaftig Teil dieser Erde zu sein."[217]

Die sinnliche Kontaktaufnahme zur natürlichen Welt ist immer ortsgebunden. Während unser Geist auf Reisen gehen kann, ist es der Körper, der sich vor Ort verwurzelt. Unsere Körperrhythmen, unsere Stimmungen, der Wechsel von Aktivität und Ruhe korrespondieren mit dem Muster der Landschaft, in der wir uns befinden. Dabei ist die Haut, die uns umschließt, eine durchlässige Membran. Der atmende Körper erhält sich, indem er den Sauerstoff der ihn umgebenden Pflanzen inhaliert. Das Wasser, das der Quester zu sich nimmt und das durch ihn hindurchfließt, gibt er zurück an die Erde, die alles aufnimmt, kompostiert, verwertet. All diese Kreisläufe und Rhythmen können dem Teilnehmer draußen deutlich werden und ihn intensiv mit der „Mitwelt" verbinden. Wer die rauhe Rinde eines Baums berührt, ist sich oft plötzlich nicht mehr sicher, ob er nur seinen eigenen Tastsinn wahrnimmt oder nicht auch gleichzeitig vom Baum berührt wird. Wer in die Welt hinausblickt, hat oft das Gefühl, dass die Welt ihn anblickt. Er kann sich wiederfinden in einem Feld gegenseitiger Wahrnehmung und sich fühlen wie ein Organ dieser sinnlichen Erde.

Wir sind die Erde

Wer Mensch und Natur trennt, ignoriert die Wirklichkeit. 92 Prozent der Materie, aus der sich der Mensch und die Erde zusammensetzen, wurden vor viereinhalb Milliarden Jahren in der Supernova einer explodierenden Sonne geschmiedet. Alles, woraus der Mensch wächst, ist mineralischer, pflanzlicher und tierischer

Herkunft. Unsere Knochen sind gebildet aus dem Kalk der Gesteine, die sich wiederum aus dem Panzer prähistorischer Muscheltiere zusammensetzen. Als jüngstes Produkt der planetaren Evolution trägt der Mensch die gesamte Geschichte des Lebens in sich. In seiner Entwicklung von der befruchteten Zelle bis zum Erwachsenen wird diese Geschichte der Evolution immer wieder nachvollzogen: Wir müssen Fisch und Amphibie sein, um Mensch zu werden. Wir sind Wesen mit vielen Körpern: In uns leben Einzeller, Bakterien, Mikroorganismen, die das Ökosystem Mensch funktionieren lassen. Wir sind Teil eines zeitlosen Kreislaufs: Der Kohlenstoff unseres Körpers war schon 600-mal Biomasse, der Phosphor gar 8000-mal. Mit jedem Atemzug inhalieren wir Sauerstoff vom Anfang der Zeit, zigtausendfach geatmet von Mikroorganismen, Pflanzen, Bäumen, Tieren, Menschen. Wir bestehen, wie die Oberfläche des Planeten, zu 70Prozent aus Wasser, unser Salzgehalt entspricht dem der Meere. Unser Körperwasser war einmal Gletschereis der Anden, Wasser des Pazifiks, Regen eines Hurrikans, Blut eines Dinosauriers, Grundwasser in der Tiefe der Erde. Jedes Molekül unseres Körpers war schon einmal Stein oder Grashüpfer oder Baum oder Blume. Was wir Steine, Luft und Ozeane nennen, sind die Knochen, der Atem und das Blut unserer Ahnen, ebenso wie unserer Nachkommen. Wir sind die Erde.

Wenn wir uns wieder unseres atmenden Körpers bewusst werden, verändert sich die Wahrnehmung der Welt. Es öffnet sich eine wortlose Dimension sinnlicher Teilhabe, in der die Bedeutung der menschlichen Zivilisation und ihrer künstlichen Produkte immer weniger wichtig werden. Stattdessen rücken andere Elemente der belebten Welt vom Rand unserer Wahrnehmung ins Zentrum. Die Vögel am Himmel, die summenden Insekten, die Wolken, der Wind.

> „Die Nacht begann mit Stille, Schönheit der Sterne, tiefem Staunen, Ehrfurcht, Sternschnuppen. Dann kam dieser machtvolle Wind, der die ganze Wüste zum Tönen brachte, sich in jedem Stein anders brach. Überall waren Stimmen, die wie zu einem großen heiligen Strom zusammenflossen und überall flüsterten. Mein Gefühl war Staunen und Angst. Das Gefühl, gleich mitgenommen zu werden von diesem Strom des Lebens, diesem machtvollen Sog." (Gerhardt, 43 Jahre)

Mit offenen Sinnen kann die Welt auf neue Weise lebendig und das Zusammenspiel zwischen innerer und äußerer Welt wie ein komplexer, undurchschaubarer Tanz erlebt werden. Selbst Felsen und Steine sprechen dann ihre eigene Sprache, weil ihre Form und ihr Schattenwurf Botschaften enthalten und den Körper zu einer stillen Kommunikation herausfordern. Und im zunehmenden Kontakt mit all den ursprünglichen Formen der belebten Erde werden die Sinne immer weiter geweckt und energetisiert und reagieren in einem dynamischen Wechselspiel mit den sich dauernd wandelnden Mustern der natürlichen Welt.[218]

Je mehr die Mitwelt als lebendig erlebt wird, desto mehr wird auch die eigene Lebendigkeit geweckt. Und so entspricht die Wiederentdeckung der äußeren Wildnis tatsächlich auch der Wiederentdeckung des eigenen Körpers, den viele in der Natur als schmerzempfindlich, sensibel und sehr lustvoll erleben.

„Ich dachte an das, was ich hier draußen bestätigen will: ‚Ich bin eine Frau, die sich daran erinnert und weiß, wie tief sie mit dem Leben und dem Geist verbunden ist.' Und während ich darüber nachdachte, was ich tun könnte, um mich dieser Einsicht zu öffnen und sie in mich hineinzunehmen, begann ich ganz wie von selbst erst meine Beine und dann den ganzen Körper zu streicheln. Ich holte mir einen kleinen Spiegel aus dem Rucksack und betrachtete mein Geschlecht. Was für ein Geheimnis! Weiche dunkle Falten feuchter Haut, die in der Sonne glitzern und sich wie eine Blüte öffnen. Ich habe noch nicht viele Yonis gesehen, aber diese hier war fraglos wunderschön. Ich begann, diese Blume zu erforschen, indem ich mich über Stunden von Stein zu Stein bewegte, sie berührte und mich an ihnen rieb. Ich spürte, dass meine Lust ein Weg war, mich mit dem Geist zu verbinden. Und dass es darum in diesen vier Tagen ging – um die Hingabe an den Geist. Hier war ich – offen, gebend, antwortend. Nach einem süßen, aber explosiven Orgasmus, den ich dem Land um mich herum schenkte, hatte ich das Gefühl den ersten Schritt in die Hingabe vollzogen zu haben." (Elisa, 38 Jahre)

In einer solchen Erfahrung, in der ein Mensch buchstäblich in Liebe mit der Welt verschmilzt, geschieht nicht nur tiefe Rückbindung. Hier kann auch die Dämonisierung der eigenen Instinkte, Triebe und Gefühle überwunden werden.

Sigmund Freud hat in diesem Zusammenhang vom „Es" gesprochen, das durch das rationale Ich und das kulturelle Über-Ich kontrolliert wird: In einem berühmten Vergleich beschreibt er das „Es" wie eine Wildnis als sumpfiges, morastiges Gebiet, das erst durch die Ich-Entwicklung urbar gemacht und „gezähmt" wird. Er verglich das Ich mit einem Reiter, der sich damit abmüht, ein bockendes Wildpferd zu bändigen.[219] In diesem Bild ist nicht nur die Spaltung zwischen Wildnis und Kultur enthalten, sondern auch die Anerkennung der Tatsache, dass Pferd und Reiter eigentlich eins sind. „Unser heutiges Ich-Gefühl", gesteht der Begründer der modernen Psychotherapie einerseits ein, „ist also nur der eingeschrumpfte Rest eines weit umfassenderen, allumfassenderen Gefühls, das einer innigeren Verbundenheit des Ichs mit der Umwelt entsprach."[220] Das hält ihn aber nicht davon ab, das Es für ein gefährliches, beutegieriges Raubtier zu halten, das in den Dschungeln des Unbewussten ständig auf der Lauer liegt. Nur der instinktiven kindlichen Psyche gestand er einen derart archaischen Zustand zu. Doch der Gang in die Wildnis entspricht nicht einer regredierenden Rückkehr auf die symbiotische Ebene des Kleinkindes. Vielmehr wird das Es als Fundament der ganzen Bewusstseinsentwicklung wieder entdeckt. Man kehrt zurück auf das Fundament der Psyche, auf der alles andere aufbaut. „Das Es ist der pro-

Das Geschlecht der Natur: Die Baum-Yoni.

tomenschliche psychische Kern, den die Evolution in Millionen von Jahren so geformt hat, dass er in die planetare Umwelt integrierbar ist. Das Es ist sehr alt und daher hervorragend an die Umwelt angepasst; die zivilisierte Gesellschaft, die sich anmaßt, ihm Anordnungen zu erteilen, ist in diesem Zusammenhang das jüngere, das zuletzt dazugekommene Produkt vieler fehlgeschlagener Versuche."[221]

Wenn das Es in der Wildnis wie von alleine durchbricht, geschieht alles andere als der von Freud befürchtete Ausbruch des menschlichen Raubtiers oder des auskeilenden Wildpferds. Auch versinkt der Mensch, der dies zulässt, nicht im „Morast seiner Triebe". Vielmehr wird der Bezug zur Welt körperlich, sinnlich und erotisch. Die Formen des eigenen Körpers werden in der Natur wiederentdeckt. Das pulsierende Leben in der Natur ringsherum wird zum Spiegelbild der eigenen Lust. Sexualität wird wieder zutiefst natürlich.

> „Ich habe mich geräuchert und mich nackt oben auf einen Stein gesetzt, der wie ein riesiger Phallus aus der Erde ragte. Die rauhe Haut des warmen nackten Steins war aufregend und ließ mein eigenes Geschlecht ebenso aufstehen. So auf diesem Stein zu sitzen und seine Bewegung ganz lebendig fortzusetzen hat mich mit einer ganz tiefen Anerkennung meiner Lust und Männlichkeit erfüllt. Erst habe ich noch unsicher und verschämt die glitzernde Feuchtigkeit rundherum verrieben und dann sehr zärtlich und wild und weit sichtbar unter freiem Himmel onaniert. Es war frei und wahr, so zu handeln. Und als ich nach langer Zeit kam, war alles beteiligt – der Wind, die Sonne, der Stein, der ganze Platz. Mit dem Samen habe ich auf dem Stein einen Kreis mit den vier Himmelsrichtungen gemacht. Dann habe ich meinen Samen geehrt, was mir nicht leicht fiel, ihn im Gesicht und auf meinem Körper verteilt und in ihm die lebendige Kette gesehen, die mich in eine Reihe stellt zwischen die heiligen Vorfahren und die heiligen Nachfahren. Der Samen ist ein Weg, sich wieder zu verbinden." (Andreas, 39 Jahre)

Für zahllose Männer ist ihr Sperma alles andere als eine heilige Substanz. Es wird – oft insgeheim – als schmutzig, verboten und unanständig versteckt und entsorgt. Doch in obigem Bericht wird die Anerkennung der eigenen Sexualität zur Brücke zu den Ahnen, aus denen wir entstanden sind, und erinnert den Quester daran, dass er für zukünftige Generationen selber einmal ein Ahne wird, der das Leben weitergegeben hat. Eros steht für die Liebe zum Leben und ist die Quelle der Lebensenergie. Und Sexualität kann wiedererkannt werden als ein heiliger Akt der Natur. Deshalb spricht der amerikanische Theologe Matthew Fox auch von der Notwendigkeit, unser Verständnis von Sexualität von der rein menschlichen Definition zu befreien. „Wir müssen verstehen, dass es eine viel größere Sexualität gibt, dass wir mit der Erde, den Bäumen oder dem Regen in einer sinnlichen und sehr erotischen Form verbunden sind. Da geht es um mehr als nur etwas, was zwischen Zweibeinern passiert. Eros führt zur Weisheit und ist ein Teil dieser neuen Beziehung, in der wir lernen, uns als Wesen eines Kosmos

Zeit, bei sich zu sein.

zu erkennen. Denn wenn das ganze Universum göttlich ist, ist Sexualität eine Form, Gott zu entdecken.“[222]

Die intensiven körperlichen Erfahrungen während einer Visionssuche tragen in vielerlei Weise dazu bei, Spaltungen zu überwinden und Ganzheit zu erfahren. Der Gegensatz zwischen sinnlicher Wahrnehmung und dem Denken kann sich auflösen, Teilnehmer erfahren die Intelligenz des Körpers, in der der Kopf nicht länger getrennt vom Rest des Körpers agiert. Das schwierige Verhältnis zwischen Sinnlichkeit und Heiligkeit kann Heilung erfahren, wenn die Spiritualität als sinnlicher Bezug zu einer sinnlichen Welt erfahren wird.

Wieso wird die Visionssuche heute wiederentdeckt?

Es ist in den letzten Kapiteln deutlich geworden, dass wir über zahlreiche kulturell überlieferte Methoden verfügen, um die Tradition der Visionssuche auch heute wieder aufzunehmen. Dabei ist es wichtig anzuerkennen, dass sich zwar die Lebensbedingungen der Menschen grundsätzlich gewandelt haben, seitdem vor vielen tausend Jahren die Visionssuche als Ritual entstand, dass der Mensch selbst sich aber kaum geändert hat. „Der Punkt ist, dass wir nach wie vor die gleichen menschlichen Wesen sind. Die Leute sagen immer, man könne nicht zurückgehen. Aber wir sind seit 50 000 Jahren die gleichen Menschen.

Und weil es mindestens 40 000 Jahre dauert, bis ein grundlegender genetischer Wandel eintritt, haben wir dafür noch gar nicht die Zeit gehabt. Wir sind dieselben, wir gehen nicht zurück, sondern entdecken nur den wirklichen Menschen wieder.“[223]

Was sich fraglos verändert hat, ist das, was wir Wildnis nennen. Die Wildnis, die unsere Vorfahren kannten, ist unwiederbringlich verloren. Heute tritt uns die ungebändigte Natur in Form von ökologischen Krisenphänomenen entgegen: mit Hochwasserkatastrophen, Dürren und Lawinen, Hautkarzinomen infolge erhöhter UVB-Strahlung und in Gestalt des „Rinderwahnsinns“, in dem sich der Wahnsinn industrieller Massentierhaltung spiegelt: „Krisenphänomene, von denen wir nicht mehr sagen können, ob es sich um Naturkatastrophen oder um ‚Kulturkatastrophen‘ handelt.“[224] Mit der fortschreitenden ökologischen Zerstörung ist die „Wildnis“ einerseits zur Metapher für zunehmend chaotische Verhältnisse in den Städten geworden: Wir sprechen vom „Großstadt-Dschungel“ und „Straßen-Schluchten“, von „Finanz-Haien“ und „Korruptions-Sümpfen“. Andererseits ist die „Wildnis“ zum Synonym für die heile, von der Zerstörung durch die Zivilisation unberührte, ursprüngliche Natur geworden.

Romantisiert worden ist die wilde Natur schon seit dem 18. Jahrhundert. Im 20. Jahrhundert aber wurde sie zum lebendigen Beispiel für die sich selbst organisierende natürliche Welt und zum Museumsstück einer frei fließenden Evolution. Das machte sie auf ganz neue Weise zum schützenswerten Gut. Naturschutz wurde nicht länger in dem Sinn verstanden, dass der vernunftbegabte Mensch der „dummen“ Natur in entsprechenden „Naturparks“ dabei helfen müsse, sich selbst zu erhalten. Biologen und Forstwissenschaftler entdeckten vielmehr, dass der Wildnis eine eigene Intelligenz, eine erstaunliche Selbstheilungs- und Regenerationskraft innewohnt, dass – um es kurz zu sagen – die Wildnis auch ohne den Menschen wertvoll ist. Im Naturpark Bayerischer Wald hat der Borkenkäfer deshalb seit knapp zwei Jahrzehnten freie Bahn und darf seine Schneise in den neu entstehenden Urwald schlagen, von dem der Mensch die Finger lässt. Wo Natur – zumindestens in Reservaten – wieder sich selbst überlassen wird, spricht man neuerdings nicht mehr von Umweltschutz, sondern von „Prozessschutz". Die „wilde Evolution" wurde zum Wert an sich. Damit hat sich das Verhältnis zwischen Kultur und Wildnis an einem wichtigen Punkt geändert. Nachdem sich Kultur ursprünglich durch die Abgrenzung von der Wildnis entwickelt hatte und sich immer im Gegensatz zum Wilden definiert hatte, ist die Wildnis jetzt zu einem Kulturgut geworden.

Zeitgleich ist die Sehnsucht der Menschen nach der Natur enorm gewachsen. Je reglementierter der Alltag in der Zivilisation wurde, desto mehr wurde die Wildnis zum Symbol für Selbstbestimmung, Freiheit, Authentizität, für Heilung vom Stress und anderen Zivilisationskrankheiten. Die Werbeindustrie machte sich dies zunutze: Raucher entdecken die „Mildnis", Biertrinker das Segeln auf einem alten Dreimaster. Urlaubsprospekte bieten Wildnistrips und Abenteuerreisen „in die letzten Paradiese" an. Die Umweltbildung, die angesichts der ökologischen Krise immer wichtiger wurde, entdeckte die wilde Natur als Lehrerin für ökologisches Bewusstsein. Seit Mitte der neunziger Jahre wurden in Deutschland, Österreich und der Schweiz rund 70Naturschulen gegründet, die allesamt ein gutes Auskommen haben.[225] Mit der modernen Erlebnispädagogik und dem Boom der Natursportarten hat die Grenzerfahrung in der Natur wieder eine pädagogische und soziale Anerkennung bekommen. Die Schlussfolgerung, dass die zunehmende Sehnsucht nach der Wildnis unmittelbar mit ihrem Verschwinden zu tun hat, liegt nahe.

Damit bekommt auch die Wiederentdeckung der Visionssuche einen sehr aktuellen pädagogischen und politischen Aspekt. Denn die Wiederentdeckung der Visionssuche ist unmittelbar mit der drohenden Zerstörung der Wildnis und der gesunden Lebensgrundlagen in der Biosphäre verbunden. Erst mit der Erkenntnis, dass unser Verhältnis zur natürlichen Welt deutlich krankhafte Züge trägt, begann die ernsthafte Suche nach therapeutischen und rituellen Heilungsansätzen, die einer pathogenen Kultur helfen könnten. Die Diagnosen für den Zustand der modernen Welt sind zahlreich: Der Psychologe Theodore Roszak spricht von einer „dissoziierten Entfremdung" – wir wüssten von der Zerstörung, könnten sie wahrnehmen, aber handelten nicht.[226] Erich Neumann spricht von einer „Besessenheit des Ich-Komplexes", mit der die Wahrnehmung wider alle Erfahrung in eine psychische Innenwelt und eine physische Außenwelt getrennt werde.[227] Der Philosoph Paul Shepard vergleicht den Zustand der Kultur mit einer „Entwicklungshemmung", die einer Jugendpsychose ähnele, bei der man sich die Welt einverleiben wolle, um sie zu besitzen.[228] Der Geologe und Ökologe Thomas Berry bezeichnet unser Verhältnis zum Lebendigen als „Autismus", weil wir unfähig seien, eine wechselseitige Beziehung und Kommunikation zur Natur aufzunehmen. Dolores LaChapelle diagnostiziert eine „suizidale Abhängigkeit", die sich darin zeige, dass wir ein Verhalten nicht ändern, obwohl wir wüssten, dass es zerstörerisch wirkt. Ralph Metzner schließlich spricht von einer „kollektiven Amnesie": Wir hätten vergessen, was unsere Vorfahren längst wussten – Wissen über Wahrnehmungsformen, Initiationsriten, natürliche Kreisläufe, Ehrfurcht vor der Natur.[229]

Allen diesen Diagnosen ist gemeinsam, dass sie sich im Gegensatz zur traditionellen Diagnostik der Psychopathologie nicht auf Individuen beziehen, sondern auf ganze Kulturen. Sie erkennen Krankheitsbilder, die wir aus der modernen Zivilisation kennen, in unserem Verhältnis zur ganzen belebten Welt. All die oben erwähnten Autoren eint die Überzeugung, dass eine Psychotherapie unvollständig bleibt, solange sie nicht die existenzielle Grundlage unserer biologischen Existenz und der Beziehung zur Natur mit berücksichtigt. Und sie sind der Überzeugung, dass man in einer kranken Kultur keine gesunden Menschen findet. Aus dieser Grundüberzeugung entwickelte sich das, was man heute „Ökopsychologie" nennt. Und von diesem Ansatz ausgehend hat man vor rund dreißig Jahren begonnen, sich auf die Suche nach Erfahrungsformen zu machen, mit der die psychischen Krankheiten der Zivilisation aufgebrochen und geheilt werden können. Dabei stießen Pioniere wie Steven Foster und Meredith Little auf die alte Tradition der Visionssuche.

Die Grundannahme der Ökopsychologie besteht darin, dass jedes äußere Ereignis auch ein inneres Ereignis ist und jedes innere Muster seinen Niederschlag in der äußeren Welt findet. Um also unser Verhalten gegenüber der Natur zu verändern, müssen wir die Wurzeln der Entfremdung erkennen und dort mit der Heilung ansetzen. Theodore Roszak spricht dabei von der „Rückkehr zum ökologischen Unbewussten" und meint die Wiederentdeckung der menschlichen Wurzeln in der natürlichen Welt. Um das zu erreichen, wendet sich die Ökopsychologie vielen Quellen zu, unter anderem den Heilungstechniken traditioneller Gesellschaften, der Naturmystik, der unmittelbaren Erfahrung der Wildnis und den Einsichten der Tiefenökologie. All diese Ansätze nutzt sie, um Menschen dabei zu unterstützen, sich mit der nichtmenschlichen Natur zu identifizieren, mitzufühlen und entsprechend ethisch-verantwortlich zu handeln: „Was die Erde braucht, muss in uns fühlbar werden; wir müssen es so spüren, als seien es unsere persönlichsten Bedürfnisse."[230]

Die Wiederentdeckung der Visionssuche entstand also aus dem Bedürfnis, einen therapeutischen Ansatz zur Heilung einer kranken Kultur zu finden. Und aus der Einsicht, dass unsere moderne Kultur sowohl der Auslöser als auch der Weg ist, der uns aus der Krise herausführen kann. Und im Gegensatz zu allen psychotherapeutischen Schulen nahm man die Entfremdung des modernen Menschen von der mehr als menschlichen Natur nicht als etwas Gegebenes und Irreversibles hin.

Die Heilung, die die Visionssuche bietet, liegt darin, sich auf einer körperlichen, psychologischen und spirituellen Ebene wieder als Teil des Ökosystems und der Biosphäre erleben zu können. Wenn die Trennung zwischen Mensch und Natur auch nur einmal aufgehoben wurde, ändert sich das Weltbild. Die Wiederanbindung ist ein Sprung auf eine andere Ebene der Erfahrung, auf eine andere Ebene, die Wirklichkeit wahrzunehmen, und auf eine andere Ebene des Verhaltens in der Welt. Sie bedeutet, sich auf eine neue Art im Netz des Lebens zu verorten und Teil von etwas Größerem zu sein, das alles Lebendige umfasst. Und sie ist ein Übergang von festen ideologischen Glaubenssystemen zur Authentizität der eigenen Erfahrung.

Damit ist die Visionssuche auch eine sehr politische Antwort auf den Zustand der Welt: Ihre Wiederentdeckung hing unmittelbar mit der ökologischen Krise und der Suche nach therapeutischen Ansätzen zur Heilung eines pathologischen Umgangs mit der Natur zusammen. Die moderne Praxis der Visionssuche ist neben allen ihren erwähnten Wirkungen auch eine Arbeit am ökologischen und politischen Bewusstsein. Wer sich selbst in einer so existenziellen Form als Teil der Erde und die Erde als Teil seiner selbst erlebt hat, wer die Angst vor der Wildnis in Liebe verwandelt hat und die Chance hatte, seine eigene innere Vielfalt in der Vielfalt der lebendigen Natur zu entdecken, der wird sich für eine ökologisch nachhaltige Gesellschaft engagieren – nicht aus ideologischen Gründen, sondern aufgrund seiner unmittelbaren Erfahrung.

Teil 3

Die Vision

Das Wort „Vision" gehört zu jenen Begriffen, die wie ein Fass ohne Boden sind. Und wie in einem Fass ohne Boden kann in ihnen gähnende Leere herrschen oder endlose Tiefe. Das Wort leitet sich ab vom lateinischen *visio*, das „Gesicht" und wird in der Regel mit „Erscheinung" übersetzt. Was das Wort „Vision" in unserem Bewusstsein auslöst, basiert auf all jenen Visionen, die wir aus der Religions- und Kulturgeschichte kennen: von Ezechiel, Isaias, Moses, Johannes, Jesus, Paulus, Hildegard von Bingen, die heilige Theresa, Meister Eckhart ... Ihre weltverändernden und religionsstiftenden mystischen Erfahrungen verliehen der „Vision" eine magnetische Kraft.

Nicht ohne Grund begegnet uns der Begriff fast täglich in der Werbung: Bank-Imperien haben Visionen für ihre Geschäfte, neue Autos wollen Visionen der Freiheit vermitteln, und Persönlichkeitstrainings bieten Visionen gegen fette Honorare. „Vision" ist ein *Catchword*.

„Jeder Manager braucht heute eine Vision, wenn er zeitgemäß sein will. Von Visionen spricht der Kühlschrankhersteller wie der Turnschuhverkäufer. Im Ausverkauf der Trendworte ist Vision eins der Sonderangebote. Aber wer hat eine Vision? Mehr als den Impuls zum täglichen Überleben, Durchhalten, Weitermachen? Eine Vision, mächtiger als die Notwendigkeit, Geld zu verdienen, gesellschaftlich anerkannt zu sein, eine unangreifbare Stellung im Schachspiel einzunehmen? Eine Vision, stärker als der Wunsch, wohlhabend, schön, faszinierend, erfolgreich, anerkannt, von allen bewundert, wahrgenommen zu sein?"[231]

Schlägt man hingegen ein beliebiges Lexikon auf, dann werden Visionen schlicht als „anschauliche Bilder" definiert, die „als Sinnestäuschung im äußeren Raum gesehen werden". Sie werden automatisch mit Halluzinationen gleichgesetzt und zudem als Symptom der Schizophrenie bezeichnet. Zugestanden wird ihnen allenfalls, künstlerische Inspirationen zu fördern und unbewusstes Material zu Tage zu fördern.[232] Gleichzeitig gehören Visionen zu den wenigen „übernatürlichen" Ereignissen, die – zumindestens als historische Besonderheiten – in der modernen Welt Anerkennung genießen. Die Theologie hat sich ausgiebig mit ihnen beschäftigt. Im Christentum werden sie meist mit „Prophezeiungen" gleichgesetzt. „Sie treten in Form von prophetischen Bildern und Visionen auf oder als Sagen, Ahnungen, Vorgeschichten, religiösen und politischen Voraussagen", schrieb der Theologe Theodor Beykirch in seinem 1849 erschienen Buch „Prophetenstimmen": „Alle Welt sucht sie, viele glauben sie, keiner kann sich ihres Einflusses erwehren."[233] Die christliche Theologie erklärt Visionen als Offenbarungen des persönlichen Gottes, die sich in Bildern, Symbolen oder Worten vollziehen. Diese alttestamentarischen Offenbarungen in Form einer

„prophetischen Vision" hatten für Christen immer einen hohen Stellenwert und richteten sich über die Propheten stets an eine größere Öffentlichkeit. In der Literatur werden sie von den „mystischen Visionen" unterschieden, deren alleiniger Zweck die geistige Vervollkommnung des jeweiligen Visionärs ist.[234] Es hat also innerhalb der Kirche eine intensive Beschäftigung mit außergewöhnlichen Bewusstseinszuständen gegeben. Um gottgewirkte Visionen von dämonischen Halluzinationen unterscheiden zu können, wurden überaus komplizierte Kriterien entwickelt, die wohl nur von den Theologen selbst verstanden wurden. Für den einfachen Gläubigen stand fest: Zwar gibt es Visionen, doch sind sie Sache der Kirche, die ihrerseits in der Regel nur Visionen anerkannte, die von Kirchenführern oder Heiligen stammten. Ein derartig persönlicher Zugang zu Gott war offenbar auch gefürchtet, weil er kirchliche Autorität in Frage stellen konnte. Damit war dem einfachen Menschen im Christentum die Welt der Visionen verschlossen. All dieses kulturelle Erbe wird wach, wenn der Begriff „Visionssuche" fällt. Das Wort weckt Assoziationen mit dem „brennenden Busch" auf Moses heiligem Berg oder erinnert an die grandiosen Visionen der heiligen Theresa.

„Ich erblickte zur Linken neben mir einen Engel in leiblicher Gestalt ... sein Angesicht so feurig, dass er zu den höchsten Engeln zu gehören schien. In seiner Hand erblickte ich einen langen goldenen Speer ... es war mir, als ob er mir den Speer mehrmals durch das Herz stieße, der bis in die Eingeweide hineindrang und sie beim Herausziehen mit sich nahm, und er ließ mich ganz entbrannt von großer Liebe zu Gott ..."[235]

Das ist manchen verständlicherweise eine Nummer zu groß. Auch deshalb kann der Begriff „Visionssuche" bei einem gläubigen Christen mit einem Beigeschmack von Größenwahnsinn und Blasphemie besetzt sein. Bringen wir diese religiösen Beschreibungen mit der Definition des Lexikons zusammen, so spiegelt sich im Begriff „Vision" die ganze Gespaltenheit der modernen Zivilisation: Sie wird einerseits als krankhaftes Trugbild, andererseits als exklusive göttliche Botschaft verstanden. Für die Authentizität normaler Erfahrungen des Heiligen ist dazwischen kaum Platz. Zwar knüpft die moderne Form der Visionssuche an einen Visions-Begriff mit langer kultureller Tradition an, möchte sich an ihr jedoch nicht messen. Es gilt also, den Begriff neu zu definieren.

Nach all dem, was wir ethnologisch, psychologisch und kulturhistorisch über Visionen wissen, sind sie in allen Kulturen aus einem Raum der Stille und der Einsamkeit entstanden. Wer lange genug in der Einsamkeit ist, läuft leer, Gedanken und Gefühle werden immer seltener, Zeit und Raum werden unwichtig. „Und wenn ich leer bin", sagt der Ethnopsychologe Holger Kalweit, „komme ich zu meinem wahren Wesen."[236]

„Die Nacht. Ich habe einfach dagesessen und in dieses Seitental hinaufgeschaut. Die Dunkelheit von außen hat sich immer mehr zur Dunkelheit im Innern verwandelt. Es war ganz unspektakulär. Ich war still und leer und saß im Dunkeln. Ich habe ganz wenig gedacht in dieser Nacht, Gedanken kamen wie Tiergeräusche. Sie waren kurz da und dann wieder weg. Ansonsten große tiefe Dunkelheit, Emotionslosigkeit, Leere. Als der Morgen endlich kam, war tiefe Erleichterung da. Da ging endlich die Sonne auf. Die ganze Zeit hatte ich das Gefühl, es war eine schöne Nacht, aber eine ‚Vision' hatte ich nicht. Erst im Rückblick stelle ich fest, was alles passiert ist." (Hans, 51 Jahre)

Die Vision in der letzten Nacht einer Quest kann gewaltig sein und unser Lebensmuster aus den Angeln heben. Doch sie kann ebenso aus vielen kleinen Einsichten bestehen, die sich über die ganzen vier Tage der Einsamkeit nach und nach einstellen. In den indianischen Traditionen, über deren Visionen es umfangreiche Literatur gibt, wird über intensive, als „Träume" übersetzte Erfahrungen berichtet, in denen die Kandidaten mythologischen Figuren ihrer eigenen Kultur begegnen[237] – auch diese Quellen sind für europäische Visionssuchende also wenig hilfreich.

Doch eins wird auch in Lame Deers Buch „Taca Ushte" deutlich: „Die wirkliche Vision kommt aus deinen eigenen Säften, und sie ist kein Traum, sie ist wirklich. Sie trifft dich scharf und klar wie ein Elektroschock. Dafür musst du arbeiten und dein Gehirn leermachen."

Oft ist es einfach die Suche nach Klarheit in Lebenskrisen, die Männer und Frauen in die Einsamkeit der Wildnis treibt. Sie wollen sich selbst im leuchtenden Kern von etwas Bedeutsamen, etwas Realem wiederfinden und ihre eigene Würde entdecken, sagt der amerikanische Visionssuche-Leiter Loren Cruden.

„An der Formulierung ihrer Motive für diese Suche arbeiten die Leute meistens, als müssten sie drei Wünsche formulieren, deren Erfüllung ihnen von einem Flaschengeist gewährt würde. Und doch wissen sie, dass sie die Vision mit sich hinaus in die Wildnis, den Ort ihrer Suche nehmen – sie wird nicht dort heraufbeschworen. Das Fasten, die Gebete und die Einsamkeit der Natur enthüllen die Vision eher, als dass sie sie hervorbringen. Der Visionssucher selbst ist die Flasche, aus der sich der Geist materialisiert."[238]

Der Suchende räumt den ganzen Müll beiseite, der ihn in der Regel hindert, das Heilige zu sehen. Dabei verschiebt sich die Wahrnehmung, und es kann zu Erfahrungen kommen, die sich erst einmal nicht einordnen lassen in die Schubladen unserer kulturellen Vernunft. Wissenschaftliche Untersuchungen haben gezeigt, dass der Körper auf Schlafentzug und Fasten regiert, indem er körpereigene Morphine, so genannte Endorphine, freisetzt.[239] Doch der Quester ist weder berauscht, noch tritt er aus aller Vernunft heraus und verliert sich im mystischen Nebel oder esoterischen Träumereien. Vielmehr ist sein Geist sehr klar, und er eröffnet sich zusätzliche Ebenen der Wahrnehmung und Erfahrung[240] – er steht zwischen den Welten des beschränkten kleinen Ego und des höheren Selbst und kann in beiden leben.

„Dann kam der Moment, wo der Horizont ganz wenig anfing, sich aufzuhellen. Ich fühlte mich im Mittelpunkt von Sonne und Mond. Die Sonne war genau vor mir, der Mond stand genau hinter mir im Westen und schien durch den Wald von hinten auf mich drauf. Es war ein In-der-Mitte-Sein und Ganz-tiefes-verbunden-Sein mit Himmel und Erde. Und dann fing ich an, Fragen zu stellen in diesen Himmel hinein, und die Antworten schienen mir so entgegenzupurzeln, gar nicht kompliziert, fast profan, so als wüsste ich sie längst." (Bernhardt, 38 Jahre)

In der Vorbereitung auf die Visionssuche werden die Teilnehmer aufgefordert, nicht um das zu bitten, was sie wollen, sondern um das, was sie brauchen. In diesem Zusammenhang bekommt die Vision eine andere Bedeutung: die von Weisheit, Einsicht in die Natur der Dinge, die der Fähigkeit, sich die Zukunft auszumalen, zu träumen. Vision hat dann zu tun mit der noch schlummernden Lebensaufgabe und einer Verbindung zur eigenen Kreativität, mit der sie sich umsetzen lässt. Sie besteht in einem tiefen Gefühl des Wissens, der Anerkennung, was ist, und der Erkenntnis, was möglich wäre.

Einen Medizinnamen bekommen

Während einer Visionssuche kann man um einen „Medizinnamen" bitten. Das ist ein neuer (und sehr persönlicher) Name, der einem entsprechend der Wandlung, die geschieht, oder der Erkenntnis, die man über sich selbst gerade gewonnen hat, zufällt. Dabei geht es nicht darum, sich einen neuen Namen für sich selbst auszudenken. Stattdessen ist er plötzlich da, „springt einen an". Er lässt sich nicht erzwingen und wird oft als Geschenk empfunden, weil er tiefe symbolische Wirkung hat. Nicht selten ist es ein längerer Prozess, bis man so einen Medizinnamen für sich annehmen kann. „Der Medizinname lehrt uns, wer wir sind. Es ist ein privater Name. Man sollte ihn für sich behalten."[241] Er kann aus einer Begegnung mit einem Tier entstehen oder enthält oft ein Bild aus der Natur, das als Metapher für das neue Selbstbild steht. Manchmal verbirgt sich im Medizinnamen der Kern der Geschichte, die in der Wildnis passierte. Und manchmal kann er auch einen Auftrag für die Zukunft enthalten. Folgende Beispiele von Medizinnamen, mit denen Teilnehmer nach Visionssuchen zurückkamen, mögen das verdeutlichen: „Die mit den Vögeln fliegt", „Wildwasser-Bären-Frau", „Sitzt in der Stille", „Sieht zwei Tode", „Kommt vom Fluss", „Weinender Stern", „Wüsten-Ratte", „Rollender Stein", „Zwei Raben-Gipfel". Sie sind Zeichen einer neuen Identität, die vielleicht nur dem Teilnehmer selbst bekannt ist, und können ihn mit dem tieferen Sinn seiner Erfahrung rückverbinden.

Die Vision kann aus einer Reihe von tiefen und klaren Aha-Erlebnissen bestehen und trotz allem als transzendentes, mystisches, kosmisches Bewusstsein empfunden werden, von dem der Quester schlicht ein Teil ist. Wer aber nur letzteres erwartet, wird meist enttäuscht und schon in der Vorbereitung wieder auf die

Erde zurückgeholt. Mystische Visionen sind nicht der Zweck, sondern eher eine mögliche Begleiterscheinung, ein Geschenk. Sie bedeuten nicht automatisch Veränderung und sind kein Ersatz für ehrliche innere Arbeit, für die Bewältigung persönlicher Traumata oder mangelndem seelischem Gleichgewicht. „Visionen sind nur Vehikel", sagt Steven Foster, „und Vehikel müssen gelenkt werden."[242] Wer mit seinem Gesäß auf dem nackten Boden sitzt, friert und durch unbekannte Geräusche irritiert wird, verabschiedet sich meist recht schnell von den Superlativen seiner Erwartungen und spirituellen Sehnsüchte, die meist nur den Leistungsdruck des „besser, höher, mehr" spiegeln, den die Zivilisation uns mitgegeben hat. Die Visionssuche-Leiter Verena und Haiko Nitschke definieren Vision deshalb ganz bewusst schlicht als ...

„... die Schau auf das eigene Leben. Nicht mehr und nicht weniger. Keine Flammenzungen, die vom Himmel runterstürzen, keine Engelschöre, die einschweben, um Erkenntnisse zu verdichten. Auch keine Höllen, die sich auftun, sondern einfach nur eine ruhige, ausgewogene, ungestörte Innen- und aus dem Selbst aufsteigende Schau des eigenen Lebens – ein Bild davon zu gewinnen und zu erkennen, wofür es ist."[243]

Das ist mehr, als die meisten von sich wissen. Und selbst diese eingeschränkte Definition kann nicht als „einmalige Dosis Weisheit" verstanden werden, sondern eher als Aufforderung, mit dem neuen Wissen an die Arbeit der Umsetzung zu gehen. Ohne dass sie im Alltag an Wert gewinnt, bleibt die Vision „nur eine Art spiritueller Selbstbefriedigung".[244] Und doch hat die „Vision", welche die Teilnehmer auf die eine oder andere Art aus der Wildnis zurückbringen, eine Kraft, die von nun an zum persönlichen Potenzial gehört und nicht wieder genommen werden kann.

„Visionen sind die subversivste Kraft des Universums überhaupt. Alles kann dir geraubt werden, deine Kraft, dein Besitz, deine körperliche Beweglichkeit, die Menschen, die du liebst, sogar deine Hoffnung. Aber wenn du einmal zu deiner visionären Kraft, das heißt zu diesem gemeinsamen Tanz aller Teilchen im Universum, gefunden hast, kann dir keine Macht wo auch immer dieses Wissen, diese Erinnerung, diesen Hauch von Glückseligkeit wegnehmen. Im größten Schmerz, in der wildesten Wut, der unerträglichsten Bedrängnis steigt sie auf, diese visionäre Heiterkeit, zieht dich aus dem schon unvermeidlich geglaubten Absturz, baut dich auf und gibt dir deine Lebenskraft zurück."[245]

In der Wildnis allein auf dem Weg zu sich selbst.

Klassische Themen der Visionssuche

Wer sich, wie beschrieben, auf den Boden seiner Psyche begibt, wird dort in der Regel mit den Grundthemen des Menschseins konfrontiert werden. „Wo stehe ich in meinem Leben?" – „Was ist meine Aufgabe?" – „Zu welcher Gemeinschaft gehöre ich?" Andere Fragen können sich stellen, wenn Sie in die Stille der Nacht hinaushorchen und über sich nur den glitzernden Sternenhimmel eines endlosen Kosmos haben: „Woran glaube ich?" – „Hat das alles einen tieferen Sinn?" – „Welche Rolle spiele ich in diesem riesigen Universum?" Wenn ein Teilnehmer frierend und verängstigt unter seinem Tarp sitzt und auf das Ende eines Wolkenbruchs oder Gewitters wartet, kann sich von ganz allein die Frage ergeben: „Wovor habe ich Angst?" – „Was gibt mir Vertrauen?" – „Was ist wichtig, was unwichtig?" Wer spielenden Schmetterlingen zuschaut, mag sich Fragen nach Partnerschaft und Liebe stellen, wer vom Fasten und der Hitze ermattet auf seiner Isomatte liegt, mag beginnen, sich mit dem Thema „Leistung und Schwäche", „Krankheit und Tod" zu beschäftigen. Doch keines der Themen, die die Quester mit hinaus in die Wildnis nehmen, stellen eine Verpflichtung, ein Programm oder eine Aufgabe dar. Auch wenn ein Teilnehmer die Schwelle mit einer ganz konkreten Frage übertritt, kann in der Wildnis, die seine Sinne öffnet, etwas ganz Eigenes passieren.

Die Vorbereitung dient dazu, sich zu öffnen, die Visionssuche selbst gibt die Möglichkeit, die Gnade der tieferen Einsicht zu erhalten. Auch hier gilt wieder: Man erhält nicht, was man will, sondern was man braucht. Und damit gilt es dann umzugehen.

Die Fragen und Themen, die sich „draußen" stellen, mögen tief und grundsätzlich sein, aber eigentlich geht es immer um die „einfachen Dinge des Herzens". Niemand gibt ein Thema vor, niemand sagt einem die Meinung, niemand spricht ein Verbot aus. Der Raum ist offen. Und doch geht es in der Regel immer wieder um die gleichen Dinge: die Rückbindung an die Natur, die Einsamkeit und Angst, die Erfahrung des All-ein-Seins, die Suche nach dem Platz im Leben, nach Liebe und Partnerschaft, nach Sinn, Ganzheit und Heiligkeit. Immer auch geht es um die Schritte im Lebenszyklus und um die eigene Identität im gegenwärtigen Moment: Um Fragen des Mann-Seins und Frau-Seins, um Beruf und Berufung, um Leben, Krankheit und Tod. All diese Themen können berührt werden in den vier Tagen und Nächten, einige können in den Mittelpunkt geraten oder eines kann den ganzen Prozess beherrschen. Doch die erkennbare Ähnlichkeit der Grundthemen heißt nicht, dass jeder das Gleiche erlebt. Jeder lauscht anders auf die Botschaften, die die Welt ihm schenkt, jeder versteht sie anders. Wenn nach der Rückkehr aus der Wildnis für jeden die Zeit kommt, seine Geschichte zu erzählen, wird deutlich, dass eine gänzlich andere Erfahrung an einem ähnlichen Ort zur gleichen Zeit gemacht wurde, die zahllose Botschaften für die eigene Auseinandersetzung enthält. Und doch drehen sich alle Geschichten um die gleichen grundsätzlichen Fragen.

Um deutlich zu machen, welche Räume sich für die Teilnehmer öffnen können, welche grundlegenden Antworten entstehen können und welches Potenzial die Methode der Spiegelung für das Verständnis des „Geschauten" besitzt, wollen wir im folgenden noch einmal näher darauf eingehen, wie die Visionssuche

- die Entwicklung der geschlechtlichen Identität von Mann und Frau,
- die Einstellung zum Thema Liebe, Beziehung und Sexualität,
- das zentrale Thema der beruflichen Orientierung und schließlich
- die Auseinandersetzung mit dem Tod beeinflusst:

Was heißt es, ein Mann zu sein?

In der Vergangenheit kamen die Ältesten, holten den Jungen aus den Armen seiner Mutter, nahmen ihn hinaus in die Wildnis mit und lehrten ihn, was es heißt, ein Mann zu sein. Er lernte, Verantwortung für sein Handeln zu übernehmen, er lernte, seinem Körper zu vertrauen, er lernte, seine Gemeinschaft zu schützen, er erfuhr alles über die Sexualität, er lernte das alte Wissen, die Traditionen und Symbole kennen. Er starb in der alten Rolle des Kindes und kehrte zurück als Mann. Niemand bezweifelte den Wandel.

Und heute? Niemand markiert den Übergang, kein Junge weiß, wann er erwachsen ist, und den wenigsten wird gesagt, was damit verbunden ist. In der „vaterlosen Gesellschaft" der Moderne, in der die Väter primär abwesend sind, ist die Bindung zur Mutter stärker als je zuvor. Bis weit ins Erwachsenenleben hinein fühlen sich Männer von der Nabelschnur eingeschnürt, bewusst oder unbewusst. Junge Männer existieren in der Regel wie abgetrennt von ihrem Körper und seinen Bedürfnissen: „Cool sein" ist der oberste Maßstab. Gleichzeitig verlangt die Gesellschaft einen Mann der Entscheidungen, der im Leistungskampf besteht und den kühlen Kopf bewahrt. Die meisten Männer tun heute so, als ob sie lebten und glücklich wären, doch in Wirklichkeit erfüllen sie blindlings Erwartungen und jagen einem Glück hinterher, dessen Beschaffenheit sie nicht kennen. Die Medien liefern ihnen heldenhafte Rollenvorbilder, die sie im Alltag vergeblich suchen. Väter, die Kinder geblieben sind, geistern haltlos als ewige Kontrolleure durch das Selbstbild der Söhne. Auf Schritt und Tritt begegnen jungen Männern die stilisierten Frauenkörper der Werbung, wo Weib und Ware eins werden. Doch die traditionellen Rollen von Männern und Frauen stimmen nicht mehr, und keiner sagt, wie es anders gehen soll. Und gleichzeitig gilt der Mann als Täter: als Vergewaltiger der Erde, als Patriarch und Aggressor gegenüber Frauen. Als „Softie" orientiert er sich an den diffusen Erwartungen der Frauenbewegung, als „Macho" mauert er sein eigenes Herz ein; Kopf, Herz und Geschlecht scheinen unterschiedlichen Regeln zu gehorchen. Tatsächlich ist der moderne Mann in der Regel nichts anderes als ein groß gewordenes Kind, das innerlich den Schritt ins Erwachsenwerden nie vollzogen hat. Er bewegt sich in einem Hamsterrad aus Isolation, Selbstzweifel, Überforderung, Selbstzerstörung und unterdrückter Wut. Männer basteln heute nach dem Heimwerker-Prinzip „Versuch und Irrtum" an ihrer Identität. Dabei scheitern die meisten: unter den Drogenabhängigen, den Kriminellen, den Gewalttätern und Selbstmördern ist der Anteil der Männer weit höher als der der Frauen.

Stellt sich ein Mann in der Wildnis seinem eigenen Selbst, das von allen Erwartungen und Rollenklischees entkleidet ist, wird er auch mit allen seinen Lebenslügen konfrontiert. Fast jeder Mann arbeitet deshalb „da draußen" auch an einer neuen Definition seines männlichen Selbstbilds, sucht nach authentischen Werten und strebt – unabhängig vom Alter – nach Beendigung der Kindheit.

> „Manchmal erscheint mir das Thema ‚Mann-Sein' viel zu läppisch, dann wieder denke ich, es beinhaltet alles, was unklar ist, und hat mehr in sich, als ich tragen kann. Wie in einem Mikrokosmos begegne ich hier allen Fragen, die mich umtreiben und mit denen ich auch zu Hause immer wieder konfrontiert bin: Verantwortung und Verspieltheit, Selbstzweifel und Hingabe, Ängste und Sicherheit, Angst vor Bestrafung, Angst vor der Konfrontation mit den dunklen Seiten, von denen ich hier lerne, dass sie mich bewegen und weiterbringen und Klarheiten in sich haben."

Männer begegnen den „Wunden", die sie sich selbst geschlagen haben, und denen, die ihnen von Beruf und Gesellschaft zugefügt wurden, auf unterschiedliche Weise.

> „Es sind zwei Stimmen in mir. Die eine ist negativ, sie will mich fesseln, urteilt über mich, macht mich runter. Sie sagt mir: ‚Das schaffst du sowieso nicht, kannst gleich aufgeben! Du hast ja nie was auf die Reihe gekriegt: Deine Ehe ist gescheitert, dein Sohn ist gestorben, in der Arbeit lässt du dir den ganzen Mist aufladen.' Aber das ist nicht meine einzige Stimme. Da ist eine andere, die voller Liebe spricht, die aus dem Bauch kommt und mit allen Gefühlen verbunden ist, die mir Kraft gibt und die es gut mit mir meint. Doch sie ist zu schwach. Diese beiden Stimmen kämpfen in mir, und die Wildnis scheint mir ein guter Ort zu sein, um den Kampf auszufechten." (Stefan, 43 Jahre)

Der Mann geht hinaus und wird mit seiner Schwäche konfrontiert. Die Sonne nagelt ihn an den Boden, und er fühlt sich wie ein Insekt, wie ein kleines schwaches Stückchen Leben, das langsam zugrunde geht. Er entscheidet sich, den Tod zu nehmen, wie er auch immer kommt. Eidechsen werden sein Vorbild: Wie sie bewegt er sich nackt von Schatten zu Schatten und kommt so dem inneren Schatten näher.

Doch der Wind streicht über seinen Körper, er erinnert sich seiner Kraft, erklimmt einen Berg, erkennt in der Weite der Landschaft sein ungelebtes Potenzial, lässt die leise Stimme laut werden und schreit seinen Wunsch nach Leben heraus. Am Boden findet er einen Stein in Form eines Herzens und verbindet sich so mit seiner Partnerin, seinen Kindern und Freunden. Die Schwäche wird stärker, er hat Angst vor dem Tod und isst einen Müsliriegel, den er heimlich mitgenommen hat. Alle negativen Urteile scheinen sich zu bestätigen, die innere gehässige Stimme schimpft ihn einen Versager. Und doch erkennt er:

> „Das Stark-sein-Wollen hat mich fertiggemacht, die Schwäche, die ich fühlte, hat mich dazu gebracht, mich um mich selbst zu kümmern und hat mich wiederhergestellt. Die Schwäche, die ich habe, ist meine Stärke."

Am folgenden Tag sammelt er rund um seinen Platz den Kot der Wanderratten auf und gestaltet eine Zeremonie, die sich wie von selbst entwickelt.

> „Ich machte einen Mann aus dieser Scheiße wie ein Strichmännchen: Augen, Nase, Mund, Hoden ... Ich entzündete ein Feuer und schnitt etwas von meinem Haar ab und verbrannte das Haar und die Scheiße, und ich stieß mit dem Fuß den Mann in Stücke. Ich sah, wie er über den Boden verteilt wurde, und fühlte, wie meine Stärke zurückkam."

In der verbleibenden Zeit der Quest erinnert er sich an seine tiefe Liebe, die er viel zu selten zum Ausdruck gebracht hat, und versinkt in einer staunenden Leere. Er wartet auf die Wiedergeburt des neuen Mannes, bis er in der Wachnacht einnickt und von einem springenden Reh träumt und eine Stimme hört, die sagt: „Ist das für ihn? Nein, nur wenn er es will."

Als er seine Geschichte in der Runde erzählt, erinnern ihn die Leiter an die Momente des Wandels: wie er durch die Schwäche zu einer authentischen Kraft kam, wie er inmitten des Zerfalls seiner alten Überzeugungen das Symbol des Herzens entdeckt und dass der innere Kampf darin bestanden hatte, sich selbst in aller Zerrissenheit kennenzulernen und anzuerkennen. Einer der Ältesten bemerkt: „Dank dem geheiligten Wanderrattenscheiße-Männchen. Das ist genauso wahr, wie alles andere, was ich je gehört habe: Die Scheiße, die zerstoßen wird, um sich in Liebe zu wandeln, die sich in viele Richtungen verteilen kann und ins Leben gebracht wird, ‚wenn der Mann es will'."

Ein anderer Mann entscheidet sich zur Visionssuche, um nach Jahren einer konfliktreichen Ehe, in der er immer abhängiger und kleiner geworden war, seinen eigenen Wert und seine Autonomie wieder zu finden, um Heilung in die Familie zu tragen. Schon in der Vorbereitung auf das einsame Fasten begegnet er dem angstvollen inneren Kind, das bei der Mutter nach Halt sucht. Das feste Bild des Machers, des Ernährers, des Retters und Helden zerfällt in tausend Stücke, zahllose Verwundungen und Zweifel brechen auf, und er erfährt sich in all seiner Bedürftigkeit und Schwäche. Nachdem er die Schwelle überschritten hat, gibt er sich einer tiefen Erschöpfung hin, die wie eine Reinigung wirkt und ihm, als er aufwacht, die Schönheit seines Platzes immer deutlicher werden lässt. In der Hingabe an die Erschöpfung entdeckt er seinen Körper neu und beginnt ihn und seine Männlichkeit in Zeremonien zu feiern. Er stößt dabei auf eine tiefe Wut in sich und einen nagenden Zweifler, den er symbolisch verbrennen will, dann aber anerkennen kann als Schutz vor einfachen Lösungen.

Schritt für Schritt macht er sich daran, seine Schattenseiten und verdrängten Anteile anzuschauen, die ihm in der Natur in zahllosen Symbolen begegnen. Mit schlechtem Gewissen verweigert er sich dem Leistungsdruck, es richtig machen zu müssen, und denkt dabei immer wieder an seine Mutter. Er wartet wie immer auf das rettende Zeichen, während er in eine große innere Stille und Zeitlosigkeit fällt. Langsam wächst aus der Leere neue Kraft und Selbstbezug, die ihn zur nächtlichen Zeremonie führen.

„Ich habe Mutter für ihre Gaben gedankt und die geistige Nabelschnur, die mich an sie bindet, die immer fordert, alles gut und richtig zu machen, die immer den eigenen Weg ausbremst und gut oder falsch als Werte setzt, die jede Frau zur neuen Mutter werden lässt, von der ich mich befreien will, diese Nabelschnur habe ich in Dankbarkeit verbrannt. Unsere Verbindung ist anders. Nicht mehr der kleine Junge, der die Liebe zurückgeben will, um sie zu verdienen. Jetzt liebt der Mann, der sich sucht und in der Liebe findet. Meinem Herzen folgen heißt, Risiken einzugehen. Die Bereitschaft wächst, die Risiken anzunehmen.“ (Tom, 38 Jahre)

Der Abschied von der Mutter beinhaltet, nun dem inneren Kind als Mann die Hand zu bieten und als Mann eigene Ziele, Verpflichtungen und Werte zu entwickeln, die unabhängig sind von der Zustimmung durch die mütterlichen Frauen. Er beginnt, seine Liebe mit ihrer Lust, ihren Verantwortungen und den erlittenen Verletzungen als Weg zur Ganzheit anzuerkennen, und ehrt, als er sich den Kreis zur Wachnacht auslegt, mit jedem Stein die Lieben seines Lebens, das ihm trotz allen Widersprüchen voll und rund erscheint.

„Mann-Sein heißt auch, Prioritäten zu setzen, mich um meine Bedürfnisse zu kümmern, mich nicht in Schwäche bedürftig zu machen, um zu bekommen, was ich brauche, aber mich in Schwäche zu zeigen, wenn ich schwach bin. Mann-Sein heißt, meine Schatten zu entdecken und mit ihnen zu tanzen. Mann-Sein heißt auch, auf die Liebe zu mir selbst zu vertrauen und Nein sagen zu können, wenn das, was andere von mir wollen, mich herausbringt aus meiner

Mitte, meinem Rhythmus, meinem Heilsein. Und Mann-Sein, so wie ich es sehe, heißt auch, meinem Herzen zu folgen, mit allen Risiken, die darin stecken. Das heißt dem Ruf der Liebe zu folgen, mich nicht in Angst zu verweigern und mich nicht süchtig zu verteilen und aufzugeben. Sondern die Liebe als Weg zur Ganzheit anzuerkennen und all die Zwischentöne zu erforschen, die es zwischen Liebe, Freundschaft, Erotik und Sexualität gibt. Da ist für mich ein Potenzial, das weiter befreit sein will, trotz aller Ängste und Sorgen."

Als diese Geschichte in der Runde erzählt wird, verstärken die Leiter der Visionssuche in ihrer Spiegelung die fast archetypischen Elemente der Erfahrung, die fast jeden Mann betreffen: Immer ging es in Initiationsriten darum, Abschied von der persönlichen Mutter zu nehmen und sich mit der größeren Mutter Erde zu verbinden, um Verantwortung und Eigenständigkeit, aber auch eine erwachsene Beziehungsfähigkeit zu erreichen: Bei den australischen Aborigines wird der heilige Raum der Initiation sogar Yugurdi, „Mutter", genannt.[246] Der Älteste sagt:

„Und es ist wahr, dass im Laufe der Jahre viele Männer hier über ihre Beziehung zur Mutter gesprochen haben. Sie alle berichten von dem, was du als ein Muster beschreibst: Sie alle verwechseln die Mutter mit der geliebten Frau. Und es gibt die Notwendigkeit, zur Mutter früher oder später zu sagen: Ich habe meine eigenen Werte und Regeln. Eine der wichtigsten Dinge, die du getan hast, war das Durchtrennen der Nabelschnur und dass du diese Verbindung erkannt hast. Indem du die Nabelschnur durchtrennst, trennst du dich auch davon, dich immer nach den von dir wahrgenommenen Erwartungen der Frauen an dich zu richten. Stattdessen beanspruchst du dein eigenes Mann-Sein und die Ganzheit, die darin liegt, damit einer Frau zu begegnen."

Auch in dieser Visionsgeschichte spiegelt sich eine Erfahrung, die viele Männer machen: die Anerkennung der eigenen Schatten, sei es das „innere Kind", seien es Projektionen in der Partnerschaft, die aufgestaute Wut und Aggressivität, der allgegenwärtige Leistungsdruck oder die verdrängten Anteile des Vaters. Indem die Natur die Möglichkeit eröffnet, all diese Schatten und Wunden zu betrachten, ohne sie zu bewerten, werden sie nicht „abgehakt", überwunden oder weiter verdrängt, sondern als Bestandteil des Mann-Seins anerkannt. Was widersprüchlich war, wird ganz. Statt sich als Opfer zu fühlen, entsteht die Möglichkeit, mit den neu entdeckten Bestandteilen des Selbstbilds zum Handelnden zu werden. Immer aber konfrontiert das einsame Fasten in der Wildnis die Männer mit der Tatsache, dass im Spiegel der Natur zahlreiche Facetten ihrer bisherigen Identität ihren vordergründigen Glanz verlieren: Status, Leistung, Macht, Kontrolle zerfallen im Angesicht der Schwäche; Rationalität, Aggression, Kälte und erweisen sich im nächtlichen Gewitter als Instrumente von begrenztem Nutzen. Mangelndes Körpergefühl und abgeschnittene Sinnlichkeit erfahren Heilung, ob der Teilnehmer will oder nicht. Doch immer gilt: Die Visionssuche ist nur ein Anfang.

Das Frau-Sein entfalten, bestätigen, leben, feiern

> *„Nicht nur die wilden Tiere, auch die wilden Frauen dieser Erde*
> *sind vom Aussterben bedroht. Im Lauf mehrerer Jahrtausende*
> *wurden die weiblichen Urinstinkte systematisch platt gewalzt,*
> *abgeholzt, ausgeplündert, unterdrückt ...*
> *Es ist durchaus kein Zufall, dass wild wuchernde Naturgebiete*
> *auf der Erde mit der gleichen Geschwindigkeit dezimiert werden,*
> *wie die Erinnerung an unser eigenes inneres Wildwesen nachlässt ...*
> *Nichts von dem Urwissen ist endgültig verloren gegangen.*
> *Durch Träume, gelegentliche Ausflüge in außergewöhnliche*
> *Bewusstseinszustände, durch intuitive Forschungen und direktes Sehen*
> *und Lernen sammeln wir die alten Knochen wieder zusammen.“*[247]

Wo besser als in der Wildnis könnten Frauen sich wieder mit ihrem weiblichen Urquell, ihrer grundlegenden Seelenkenntnis und ihrem weiblichen Urwissen verbinden? Wo besser als im Schoß von „Mutter Natur“ könnten sie die jeder Frau innewohnende Schönheit und Eigenwilligkeit entdecken, dem Gesang ihrer Seele lauschen oder auf der Suche nach ihrem wilden, instinktiven Selbst mutig und neugierig einem unbekannten Horizont entgegengehen? Die folgenden Beispiele zeigen, dass das Eintauchen in die Natur und die Bereitschaft, die tiefen Geheimnisse der Seele zu ergründen, die Tür zur eigenen Mitte öffnet.[248]

Eine junge Frau geht mit einem Rucksack voller Abneigung gegenüber ihrem Körper hinaus in die Wildnis. Sie findet ihren Busen zu klein, die Hüften zu breit und den Po nicht richtig geformt. Bei ihrer Kleidung achtet sie immer peinlichst darauf, diese „Missstände“ zu kaschieren. Dann lebt sie vier Tage, ohne die „Gefahr“, von irgendjemandem gesehen zu werden, in der Wildnis. Also zieht sie sich aus, erfährt, wie der kühlende Wind ihre Haut streichelt, wie das weiche Gras ihren Po bettet, spürt sich leichtfüßig wie eine Gazelle und fühlt sich einfach gut. Und nicht nur das. Sie erlebt sich schön wie eine Göttin. In der letzten Nacht verbrennt sie symbolisch ihre Abwertungen, eine nach der anderen, und formt sich eine kleine Frauenfigur aus Ton. Als die Zeit gekommen ist, ins Basislager zurückzukehren, entschließt sie sich, völlig nackt zu gehen. Sie will zeigen, was sie für sich bestätigt hat: Ich stehe zu meinem Körper!

Ich muss ihn nicht mehr verstecken! Der Gang in die Wildnis hilft ihr, das Selbstbild zu heilen, ihre Achtung vor sich selbst zu stärken und mit einem mutigen Schritt nach außen zu gehen. Viele Frauen schlagen sich mit einem Gebirge von Negativurteilen über sich selbst herum. Vier Tage und vier Nächte alleine in der Wildnis sind eine sehr gute Gelegenheit, hinter dem ganzen kulturellen Müll das eigene, eigentliche Frau-Sein und das, was wirklich wichtig ist, zu entdecken.

Für Frauen in den mittleren Lebensjahren ist der Übergang von ihrer fruchtbaren körperlichen Phase in eine neue Situation, die erst einmal durch viele „Nicht-mehrs" geprägt zu sein scheint, oftmals mit vielen körperlichen und seelischen Veränderungen verbunden. Keine Kinder mehr bekommen zu können kann für Frauen, die noch keine haben, ein sehr schmerzlicher Abschied von einer wichtigen Möglichkeit sein, sich als Frau zu erleben, und oft Jahre der Trauer auslösen. Auf einer Visionssuche kann ein solcher Abschied rituell bestätigt und durch die zeremonielle Anerkennung der Tatsachen ein heilender Abschluss gefunden werden. Der Eintritt in die Wechseljahre ist meistens mit Abwertungen (unfruchtbar, unattraktiv, alt, launisch, depressiv) verbunden und wird zudem noch in vielen Fällen wie eine Krankheit behandelt, die man möglichst lange hinauszögern sollte. Mit diesem Thema in eine Visionssuche zu gehen, bedeutet den Reife- und Entwicklungsschritt in eine neue Phase des Frau-Seins zu würdigen:

> „Ich hatte schon ein Jahr meine Periode nicht mehr und habe als Zeichen meines Abschieds von diesen mehr als dreißig Jahren, in denen ich geblutet habe, einen Tampon in einem kleinen Feuer zu Asche verbrannt. Danach fühlte ich mich frei. Jetzt kann ich den Blick nach vorne richten." (Elisa, 47 Jahre)

Die neue Freiheit kann darin bestehen, sich nicht mehr den monatlichen körperlichen Rhythmen beugen zu müssen, dem jahrzehntelangen Thema Geburtenkontrolle keinen Gedanken mehr zu opfern, die Zeit „nach" den Kindern der Entfaltung einer beruflichen Arbeit zu widmen oder sich mehr Zeit für die Entwicklung der eigenen Kreativität nehmen zu können. Und wo besser als unter dem offenen Himmel könnten Frauen den Wechsel von einer körperlichen Orientierung hin zu einer Ausrichtung in den weiten ungebundenen Bereich des Geistigen feiern.

Eine andere Frau eroberte sich während ihrer Visionssuche in einer ihr ganz eigenen Weise ihre Weiblichkeit:

> „Habe einen kleinen Platz in einer Bucht am Meer. Der Mond versinkt langsam wie ein Orangenschnitz am Horizont. Ich schaue in eine kleine Flamme und in mein zentrales Thema: Wie kann ich die massiven männlichen Werte in mir loslassen, wie kann ich meine weiblichen Aspekte stärken und schätzen lernen? Symbolisch halte ich meine ausgeprägten männlichen Anteile, denen ich mehr Wert zuschreibe als meinen weiblichen, als einen Stein in meiner Hand. Es ist mir nicht möglich, ihn einfach ins Meer zu werfen. Ich fühle mich mit ‚nur' weiblichen Qualitäten wie ein Putzlumpen. Völlig übermüdet bitte ich immer wieder eine mir völlig unbekannte Kraft um Hilfe. Mitten in der Nacht beobachte ich das Schattenspiel meiner kleinen Flamme an den Felsen. Darin erscheint eine kleine Frau, vielleicht eine Afrikanerin, die etwas auf dem Kopf trägt. So wie sie mit Grazie und Würde einfach dasteht, vermittelt sie mir ohne Worte einen einzigen Satz: Die Urkraft geht von den Frauen aus! Ich fühle gleichzeitig, wie ich

> an ein riesiges Kraftfeld angeschlossen werde. Im Bewusstsein dieser Stärke ist es eine leichte Aufgabe, meinen symbolischen Stein im Rahmen eines kleinen Rituals dem Meer zurückzugeben.“ (Margit, 42 Jahre)

Das Frau-Sein kann aber auch in einer ganz überraschenden Weise zum Leben erweckt werden: Eine 42-jährige Frau geht auf Visionssuche mit der erklärten Absicht: „Ich möchte meine Sexualität umarmen und in meiner Arbeit für die Kleinen, die Kinder da sein.“ Während der Vorbereitung spricht sie darüber, dass sie als Kind immer lieber ein Junge gewesen wäre und wie sie sich von ihrer Weiblichkeit abgewendet hat, weil sie die Rolle, die ihre Mutter in der Familie übernommen hatte, nicht akzeptierte. Jetzt möchte sie ihrem Frau-Sein den gebührenden Platz einräumen und sich mit ihrer Sexualität verbinden. Die Geschichte, die sie nach dem Zurückkommen erzählt, beginnt erstaunlicherweise damit, was ihrer Freundin Eva, die in der Nähe fastete und der sie ihren Platz in der Wildnis gezeigt hatte, dort auffiel:

> „Eva sagte: ‚Schau, vor was wir hier stehen!‘ Und es war ein Felsen, der aussah wie eine Mutter mit einem Kind. Ich sah es nicht, aber Eva sah es. Dies begleitete mich all die Tage.“

Als sie alleine ist, nimmt sie zuerst Kontakt zu ihrem weiblichen Erbe auf. Sie erzählt:

> „An diesem Morgen hatte ich plötzlich das Foto von meiner Großmutter vor mir. Sie lebte, bis ich fünfzehn Jahre alt war. Ich denke, sie war die allerwichtigste Person in meinem Leben. Und ihr Foto fiel aus meinem Tagebuch, und sie schien auf diesem Foto sehr lebendig zu sein. Durch die Schatten wirkte es dreidimensional. Es hat mich sehr berührt.“ (Irene, 42 Jahre)

Dann würdigt sie die Weiblichkeit ihres Körpers:

> „Am nächsten Tag habe ich mich wieder schwach gefühlt, deshalb war ich vorsichtig mit meinen Schritten, als ich zum Steinhaufen ging. Ich begann meine Monatsblutung zu bekommen, und ich war sehr dankbar dafür, weil mein Gefühl war ja, dass ich hinausging, um zu bestätigen, dass ich eine Frau sei, und so war es ein Geschenk in diesem Moment, zu bluten anzufangen. Und ich räucherte mich und machte einen kleinen Kreis mit meinem Blut auf den Stein, der an meinem Platz war, mit einem Kreuz in die vier Richtungen. Ich betete zu meiner Mutter, zu meiner Großmutter und ihrer Mutter, und ich bat sie, mich in ihrer Gemeinschaft zu umarmen.
> Das war sehr stark, und ich war wirklich froh darüber. Was ich fühlte, war, dass ich nichts ändern muss mit meiner Sexualität oder dass ich mehr Lust haben müsste oder so ... ich bin okay, wie ich bin. Und ich muss mich nicht ‚pushen‘. Das bin ich. Und auf irgendeine Art weiß ich, dass ich meinem Körper trauen kann und dass ich mich öffne, wenn die Zeit da ist, um aufzumachen.“

Eine der Ältesten spiegelt ihr, was sie sieht: „... eine Frau, die blutet und die Heiligkeit fühlt und die das Blut ihres Frau-Seins heilig macht ... Und eine Frau, die in Verbindung mit ihrem Frau-Sein auch die Verbindung mit all ihren weiblichen Vorfahren fühlt. Sie fühlt die Verbindung den ganzen Weg zurück im Blut ihrer Weiblichkeit ... Eine Frau, die weiß, dass es da nichts zu ändern gibt in ihrer Sexualität und dass sie nichts ändern muss in der Art, wie sie ist. Dass sie okay ist, wie sie ist. Sie ist eine Frau, die wirklich ihrem Körper trauen kann. Ihr Körper wird ihr sagen, wann es angemessen ist, verletzlich zu sein in ihrer Sexualität, und wann nicht."

Die Älteste macht sie auf einen anderen Aspekt ihrer Geschichte aufmerksam: „Du sagtest, du willst deine Sexualität umarmen. Umarmen heißt, in den Arm nehmen, so als ob deine Sexualität irgendwie getrennt sei, und du nimmst sie in den Arm und bringst sie zurück, so dass sie Teil von dir selbst wird. Es war fast so, als ob du nach etwas suchtest, das bereits in dir war. Und als ob du um das Geschenk gebeten hättest, das dir bereits bei deiner Geburt gemacht worden war. Ich möchte dies besonders deutlich ausdrücken, weil es so wichtig für uns alle ist: Wir haben alle diese Tendenz, nach dem zu suchen, was bereits ein Teil von uns ist. Wir suchen und suchen, und es ist längst in uns, die ganze Zeit schon."

Nach der Visionssuche hat sich diese Frau verliebt und mit einem Mann ihre Sexualität umarmt. Sie wurde schwanger. Das überraschte sie total, denn sie war davon überzeugt, dass dies niemals passieren würde, weil es all die Jahre nie passiert war, obwohl sie niemals mehr aufgepasst hatte. Zunächst war sie sehr irritiert, weil sie kein Kind wollte und weil dies ihre gesamten Zukunftspläne durcheinanderwarf. So viel Weiblichkeit hatte sie sich dann doch nicht vorgestellt. „Seid vorsichtig mit dem, was ihr hereinruft", die Worte des Visionssuche-Leiters klangen ihr noch im Ohr, „prüft, ob ihr dafür bereit seid!" Was da draußen in unseren Eingeweiden geschieht, sollte man also keinesfalls unterschätzen.

Beziehung, Liebe und Sexualität

Viele Menschen, die auf Visionssuchen gehen, tragen Fragen zu ihren Beziehungen mit hinaus in die Wildnis. Oftmals befinden sie sich im Umbruch, zweifeln am Bisherigen oder suchen nach Antworten oder Lösungen für immer wieder auftauchende Muster in ihren Beziehungen, die sie leiden lassen. Sie suchen nach Zeichen und Eingebungen, die ihnen helfen, verworrene Beziehungen zu ordnen, Entscheidungen zu treffen oder Erfahrungen zu verarbeiten.

Auffallend viele Teilnehmer befinden sich gerade in ihrer Lebensmitte. Nach oft langjährigen Partnerschaften sind sie mit tiefen Beziehungskrisen konfrontiert. Sie sehnen sich nach neuen partnerschaftlichen Strukturen, die jenseits der bislang gelebten scheinbaren Sicherheiten eine Beziehung zulassen, in der jeder die Freiheit für seine eigene Entfaltung hat. Die Tatsache, dass sie während der Visionssuche ganz alleine sind und ihre Selbständigkeit und Kraft, alleine zurechtzukommen, sehr deutlich erfahren, lässt Abhängigkeiten und die Vorstellung, dass man den Partner als Schutz bräuchte, in den Hintergrund rücken. Der autonome Mensch, der sich selbst als heil, ganz und völlig ausreichend erlebt, kann plötzlich seine wahre Liebe, das, wo seine Seele ihn hinzieht, erkennen. Er kann auch erkennen, dass er Liebe in sich trägt, die nicht an die Bestätigung durch einen Partner gebunden ist, sondern einfach „da ist". Für andere kann die Erfahrung der Schwäche oder die intensiv erlebte Einsamkeit ohne den Partner den eigenen Anteil an den Beziehungsdramen ans Licht bringen und zu einer neuen Auseinandersetzung mit den eigenen Abwertungen und Ängsten führen, anstatt diese weiterhin dem Partner unterzuschieben. Beides hat zur Folge, dass die Rückkehrer mehr auf das schauen, was wirklich ist, als auf das, was sie sich vorstellen, dass sein müsste.

Viele Beziehungen leiden heute an einer eingefahrenen, sinnlich entleerten Sexualität. Durch die Erfahrungen des eigenen Körpers und seiner Sinnlichkeit in der freien Natur – viele gehen nackt und entdecken die natürliche Lust des eigenen Körpers neu – wird der Wunsch frei, dies auch zu Hause zum Teil ihres Lebens zu machen. Auch die Tatsache, dass man während der Vision Quest durch alle vier Plätze des Medizinrades geht (siehe Kapitel: Das Medizinrad) und Erotik, Depression, Kampf oder Erleuchtung als Schritte der Veränderung und Reifung erlebt, lässt die Sehnsucht wachsen, auch in den Beziehungen alle diese Qualitäten zu leben, Erstarrungen aufzulösen und die Wandlung zuzulassen: Das kann bedeuten, sich nicht länger nur auf pure Lebensfreude, Spaß und Unterhaltung (Süden) zu fixieren, sondern sich stattdessen den unterschwelligen Schattenseiten der Beziehung (Westen) zuzuwenden. Es kann auch heißen, aus der reinen Organisation des familiären Alltags (Norden), auf den sich viele Partnerschaften im Laufe der Jahre reduzieren, auszubrechen, um die gemeinsame Spiritualität (Osten) oder die verloren gegangene Sinnlichkeit (Süden) wieder zu beleben. All dies hat zur Folge, dass viele Teilnehmer mit der Absicht nach Hause zurückkommen, ihre Beziehungen zu heilen. Was nicht ausschließt, dass bei einigen die Beziehung nach der Visionssuche zerbricht. „Diese Gefahr besteht in jedem Fall", sagt die Psychologin und Visionssuche-Leiterin Bärbel Kreidt. „Sie besteht ja auch schon bei konventionellen Psychotherapien einfach dadurch, dass man sich so sehr öffnet und seine eigenen Grenzen erweitert. Die Welt kann auf einmal ganz anders aussehen."[249]

Oftmals basieren Partnerschaften auf unsichtbaren Mustern, in denen die Ängste des einen die Neurosen des anderen stabilisieren und eine Struktur gegenseitiger Abhängigkeit schaffen, die vordergründig stabil wirkt. Wenn einer der Partner sich im Prozess der Visionssuche seinen Schattenseiten stellt und sein Selbstbild wandelt, kann das labile Gleichgewicht einer Partnerschaft zerbrechen. Auf Visionssuchen sollten aber keine Entscheidungen gefällt werden wie:

„Soll ich mich von meinem Partner trennen oder nicht?" Sie können aber dazu dienen, anstehende Entscheidungen deutlich zu machen, so dass der Rückkehrer seine neuen Ideen und Impulse in seine Partnerschaft hereintragen kann, um damit die Basis für eine gemeinsame Entscheidung zu schaffen. In der Auseinandersetzung mit den Gedanken und Gefühlen, die aufkommen, wenn man sich fern der täglichen Verstrickungen mit sich selbst und den Beziehungen zu den Menschen auseinandersetzt, die einem am wichtigsten sind, besteht die Chance, von der Natur mit seltener Klarheit den Spiegel vorgehalten zu bekommen.

Da geht eine junge Frau hinaus, die nicht damit zurechtkommt, dass sie Männer dazu bringt, sich für sie zu interessieren, und sie dann, wenn es ernst wird, zurückweist. Sie findet die schillernde Feder eines Spechts, die sie an ein Geschenk ihres Vaters erinnert. Genau so eine Feder hatte er ihr als Kind geschenkt. Sie nimmt die Feder mit. Die ganzen drei Tage erinnert die Feder sie an die Zeiten, die sie mit ihrem Vater verbracht hat. In der letzten Nacht wirft sie sie ins Feuer zum Zeichen, dass sie jetzt frei sein will für andere Männer.

Manchmal kommen Menschen wegen Verstrickungen in Liebesbeziehungen zur Visionssuche und landen dann bei der Auseinandersetzungen mit ihrem körperlichen Selbstbild und ihrer sexuellen Identität. Dieses Bild lässt sich in der Natur gut überprüfen. Das fängt bei der Einstellung zum eigenen Körper an: Wenn Männer, die ihren Körper eher als einen Apparat begreifen, den man eben anwerfen muss und der dann zu funktionieren hat, bei der Visionssuche mit ihrer Fastenschwäche, der Hitze und Kälte konfrontiert sind, erleben sie ebenso eine Korrektur ihres Körpergefühls wie Frauen, die sich körperlich vielleicht nicht viel zugetraut haben und sich jetzt stabil und stark erleben. Das heißt, Vorstellungen und Zuschreibungen über die eigene Natur und Körperlichkeit werden einer neuen Prüfung unterzogen. Die Ärztin, Psychotherapeutin und Visionssuche-Leiterin Bärbel Kreidt, die sich mit ihren Gruppen draußen in der Natur besonders mit dem Thema Sexualität befasst, berichtet von ihren Erfahrungen:

„Wenn man hinausgeht an einen Platz, der dem eigenen Körper gut gesinnt ist, der freundlich und sinnlich einlädt zu bleiben, dann kann man dort heilsame Botschaften bekommen. Ich fordere die Leute auf, das Sinnliche, Körperliche zu verstärken, es sich dort gutgehen zu lassen, also mal den ganzen Körper zu streicheln und sich Komplimente zu machen. Und wenn man das selber nicht so gut kann und anfängt negativ zu werden, dann kann man die Umgebung, die Natur bitten, einem Komplimente zu machen. Und es war immer wieder fantastisch, was da kam. Das war so freundlich und auch so gut beobachtet, dass man sagen kann: Der Instinkt tickt noch richtig! Die Natur ist körperfreundlich, da kann gar nichts schiefgehen. Es kann zwar sein, dass man manchmal taube Ohren hat, aber wenn nicht, dann kriegt man eigentlich immer etwas Heilsames zu hören."

Die Auflösung der traditionellen Geschlechterrollen hat auch in der Liebe und Sexualität klare Orientierungen und Selbstbilder in Frage gestellt. Bärbel Kreidt berichtet auch, dass zunehmend Menschen in ihren Gruppen sind, die „wirklich nicht mehr wissen, ob sie Männlein oder Weiblein sind, oder was man darunter verstehen soll. Sie haben das Bedürfnis, neben diesen ganzen kulturellen Normen selber noch einmal gucken zu müssen, was richtig für sie ist. Ich finde, der beste Ort, um klarzustellen, ‚Was bin ich eigentlich?', ist die Natur."

Wer hinausgeht in die Wildnis mit Fragen – Wer oder was bin ich eigentlich? Was ist denn meine Sexualität? Wie lebe ich meine Sexualität? Was bevorzuge ich? Was ist meine Moral? Was ist meine Ethik? Was ist meine Vorstellung von Partnerschaft? –, der kann aus einem Füllhorn von möglichen Antworten schöpfen.

Was lehrt die Natur zum Thema Sexualität? Zunächst, dass sie mehr als nur zwei Geschlechter kennt. Wenn wir in die Natur hinausgehen, stoßen wir auf die verschiedensten Erscheinungsformen des weiblichen und des männlichen Geschlechts. Allein wenn wir uns Bäume anschauen, gibt es solche, auf denen die männlichen Blüten und die weiblichen Fruchtstände wie beim Wacholder auf verschiedene Pflanzen verteilt sind. Linden haben beide Geschlechter in eine Blüte integriert, bei Eschen gibt es männliche und weibliche Exemplare oder auch Zwitterwesen. Die Schnecke, die vor uns kriecht, ist ein Zwitter. Das hält die Tiere nicht davon ab, ein komplexes Liebesspiel zu praktizieren, in dessen Verlauf mal der eine, mal der andere Partner einen Liebespfeil aus Kalk zur Stimulation in den Fuß des Gegenübers schießt.

Ein faszinierend bunter Bilderbogen eröffnet sich auch bei der Betrachtung der Vielfalt, wie Geschlechterrollen ausgelebt werden. Angefangen damit, dass es Fische gibt, die im Laufe ihres Lebens ihr Geschlecht wechseln, finden wir Alleinerziehende auf beiden Seiten, brutfürsorgende Väter wie Mütter, mit allen nur denkbaren Übergängen bis hin zur Großfamilie. Von der lebenslangen Paarbeziehung wie bei den Graugänsen, über Haremshalter und Ehen mit regelmäßigen Seitensprüngen wie bei Enten, Drosselrohrsängern oder Heckenbraunellen, in deren Nester man regelmäßig Eier von verschiedenen Vätern findet, können wir unbeschwerten Unterricht in Beziehungsfragen bekommen. Das bedeutet, dass alles, was auch immer in unseren Körpern und Seelen schwingt, in der Natur seinen Spiegel finden kann. Von daher hat die Natur auch auf unsere Sexualität einen heilsamen Einfluss.

„Da gibt es tausendmal mehr zu entdecken als bei den Menschen. Da findet man die tollsten Sachen und Perversionen und ich weiß nicht was. Man findet ein freundliches Klima und eine weit gefächerte Bandbreite für Sexualität und Sinnlichkeit, Erotik und Körperlichkeit. Da ist ja alles unglaublich fleischlich und sinnlich und im Übermaß. Es gibt nicht wenig, sondern viel. Das erinnert mich an die Blackfood Indianer, die in ihrer Sprache sechs oder acht verschiedene Artikel für das Geschlecht haben, das man dann im Laufe seines Lebens wechseln kann."

Die große Chance bei einer Visionssuche sei der weite Raum, der für die Sexualität ganz selbstverständlich zur Verfügung stehe: „Von der Pflanze oder einem Tier kriegst du auch sexuelle Antworten. Bei einer Frau war das deutlich. Es ging darum, ob sie lesbisch oder heterosexuell oder bisexuell ist. Es war das totale Chaos. Sie hatte die ganze Zeit als einzige in der Gruppe innere und äußere Begegnungen mit Schlangen. Und nun wird die Schlange sowohl von Männern als auch von Frauen als ihr Symboltier vereinnahmt. Das fand ich passend. Diese Schlange tauchte dann auch mal mehr als männliches, mal mehr als weibliches Symboltier auf, es war eine ganz schillernde Geschichte. Und das war für sie auch hilfreich: Warum sich entscheiden? Sie war eben beides und musste schauen, was jeweils angesagt war. Aber es erfordert dann eben auch den Mut, nach außen hin auch dazu zu stehen, das auch wirklich zu leben, weil wir das eben nicht als Norm vorfinden."[250]

Wir stellten verschiedenen erfahrenen Visionssuche-Leitern die Frage, ob Frauen und Männer bei Visionssuchen unterschiedlich reagieren. Es waren ihnen wenig signifikante Unterschiede aufgefallen. Beim Erzählen der Geschichten nach der Rückkehr war aufgefallen, dass Frauen sich mehr Zeit nehmen, besonders genau und detailliert von Beobachtungen in der Natur zu berichten, die auch während der Zeit in der Wildnis viel Zeit beanspruchten, während Männer mehr erlebnisorientiert erzählen. Doch neben diesen Unterschieden scheint zu gelten, dass die Visionssuche die Teilnehmer unabhängig von ihrem Geschlecht mit einer tiefen Ebene des Menschseins konfrontiert, in der klischeehaftes oder „klassisches" Geschlechterverhalten keine Rolle spielt bzw. in seiner ganzen Fragwürdigkeit deutlich wird.

Die Herausforderungen, die während einer Vision Quest an einen Menschen gestellt werden, sind ganzheitlich. Das führt dazu, dass bei den Teilnehmern – ob Mann oder Frau – auch die unterentwickelten Seiten, ja gerade diese, in den Mittelpunkt der Aufmerksamkeit kommen können. Männer mögen ihre vernachlässigte emotionale und intuitive Ader entdecken, Frauen ihren Mut und ihre Selbständigkeit, mit der sie den Kontakt verloren hatten. Das fördert die Integration der nicht wahrgenommenen oder ungelebten Seiten.

Leben – Krankheit – Tod

„Ich betete nur noch, dass die Sonne aufging …"

In einer Visionssuche ist die Auseinandersetzung mit Sterben und Tod fast unvermeidlich, auch wenn sie von jedem Teilnehmer sehr unterschiedlich erlebt wird:

Alle setzen sich einer Situation aus, die ihnen potenziell gefährlich erscheint; alle sind alleine und müssen im Fall eines Unfalls eventuell einige Zeit auf Hilfe warten. Alle erleben die lange, dunkle und einsame Wachnacht, in der man auf sein Leben zurückblickt und die vielen wie ein Vorgeschmack auf die letzten Stunden des Lebens erscheint. Die Erfahrungen während einer Visionssuche haben viele Parallelen mit dem, was die meisten Menschen mit Sterben und Tod assoziieren. Der Psychotherapeut Wolf Büntig, der viel mit Todkranken gearbeitet hat, hat seine Patienten gefragt, was Sterben für sie bedeutet. „Sie identifizieren den Tod mit Finsternis, Dunkelheit, Verlassenheit, der Angst des Nichts-mehr-in-denHänden-Haben, des Kontrollverlusts, des Verlusts des Bildes von sich selbst, mit einem Verlust an Würde, Angst vor Emotionalität, Angst vor ungelebtem Leben und insgesamt Angst vor dem Unbekannten."[251]

In diesem Zusammenhang kann man die Erfahrung der Visionssuche also durchaus als eine „Sterbe-Übung" vor dem eigentlichen Tod bezeichnen. Die Teilnehmer können dabei psychische und physische Grenzerfahrungen machen. Sie mögen – wie der folgende vollständige Bericht einer Teilnehmerin – auf den ersten Eindruck abschreckend wirken, bieten aber gleichzeitig die Möglichkeit, mit der Verdrängung von Endlichkeit, Verletzlichkeit und Sterblichkeit aufzuhören und den Tod als einen Bestandteil des Lebens anzuerkennnen.

> „Als ich mich für die Richtung entschied, in der ich nach meinem Platz suchte, war das die Richtung, die nur wenige andere Teilnehmer auswählten. Ich weiß nicht, ob dafür mein Wunsch nach Einsamkeit oder der nach Abtrennung entscheidend war. Ich fühlte einen starken Wunsch, alleine zu sein in diesen dunklen Bergen. Vielleicht zog es mich auch in den ‚Westen'[252]. Ich wollte so weit wie möglich von anderen Leuten entfernt sein. Als ich in den Canyon einstieg, war ich sehr aufgeregt. Ich sah erst einen Platz, aber der war noch nicht gut genug, so ging ich, etwas oberhalb, zu einem nächsten und dann noch weiter. Irgendwann legte ich meine Sachen an einem Platz ab, der mir gut erschien, aber dann wollte ich noch zur nächsten Schlucht schauen. Die war wirklich sehr tief; ich realisierte an diesem Punkt, dass ich keine Lust hatte, jedes Mal diesen Hang hochsteigen zu müssen, wenn ich zum Sicherheits-Treffpunkt[253] musste. Also ging ich zu dem Platz zurück, an dem ich meine Sachen hatte. Ich legte meinen Steinkreis nahe einem Creosote-Busch auf die Erde und wandte mich in jede Himmelsrichtung, um für Aufnahme an diesen Platz zu bitten. Ein Eselshase schoss vorbei, und irgendwann tauchten Raben an meiner Seite auf, sie blieben die ganze Zeit.
> Ich erinnerte mich daran, dass ich an diesem Morgen, als ich den gemeinsamen Steinkreis im Basislager verlassen hatte, in Tränen ausgebrochen war, ich weiß gar nicht, womit ich so voll war, aber ich war voller starker Gefühle, und auch als ich dann später meinen Buddy verließ, hatte ich das Gefühl, ihn zu verlieren. Es war so viel Bewegung in mir, und ich fühlte, dass der Schritt in Richtung meines Canyons wie eine Entscheidung war, die ‚Straße des Todes'[254] zu gehen, ja, den ersten Schritt dazu zu machen. Okay, ich fällte diese Entscheidung, und sie fiel mir in diesem Moment sehr schwer.

Jetzt betete ich für jeden aus unserer Gruppe und für ihre Absichten, die mit diesem Visionsfasten verbunden sind. Dann wanderte ich herum. Ich ging in einen Teil der Schlucht und staunte, alles in ein intensives Licht getaucht zu sehen. Es war unglaublich schön. Ich sah weiße pilzartige Gewächse auf den Steinen, eines wie ein perfektes Dreieck, eines wie eine Sonne, ein anderes wie eine Schneeflocke. Ich war sehr glücklich, richtig glücklich, und begann zu singen. Dann dachte ich, dass es Zeit war auszurufen, was ich wollte: ‚Ich möchte eine Liebesbeziehung in meinem Leben, ich bin bereit!' Ich hatte ein starkes Gefühl der Sicherheit, Ganzheit und Freude. Ich staunte über mich. Und ich begann wirklich, diese ‚Straße der Entscheidung' zu gehen. Ich wusste, sie hatte begonnen.

Es war brutal heiß. Ich scherte mich nicht darum. Ich dachte, ich werde nicht krank, ich kann mit der Hitze umgehen, prima! Ab und zu setzte ich mich ein bisschen hin. Dann wollte ich noch zu einem dunklen Grat hoch auf dem Bergrücken hinter mir. Ich begann den Aufstieg. Es war sehr, sehr steil, manchmal so steil, dass ich nicht zurückschauen konnte. Ich war ein bisschen ängstlich. Aber als ich oben war, hatte ich einen unglaublichen Ausblick, ich konnte dieses tiefe, weißlich-gelbe Trockental in der Hitze flimmern sehen und die ganzen Berge dahinter, braun gefurchte Bergrücken, einer hinter dem anderen. Obwohl ich niemanden sehen konnte, wusste ich, in welcher Richtung die Plätze der anderen aus der Gruppe lagen. Es war der schönste Platz hier. So wild und still. Ich schaute in die Weite.

Als es zu dämmern begann, stieg ich wieder nach unten. An meinem Platz angekommen, saß ich sehr lange ganz ruhig und sah zu, wie es dunkler wurde. Ich starrte ins Dunkle, um irgendwelche Tiere zu sehen. Dann sah ich ein Stück entfernt von mir einen großen Vogel, der zu einem Felsen flog. Ich versuchte ihn im Auge zu behalten, konnte ihn aber kaum von dem Felsen unterscheiden. Plötzlich hatte ich ihn aus dem Blick verloren, und dann schoss er, ‚schsssssst', direkt an mir vorbei. Es war eine Eule, und nach kurzem machte es wieder ‚schsssssst', und sie flog noch einmal ganz dicht an mir vorbei. Ich war tief beeindruckt. Ich war wie weggeblasen von diesem Geräusch, dieser Bewegung, dieser Begegnung. Später ging ich schlafen.

Bei Sonnenaufgang ging ich zum Sicherheits-Kontrollpunkt, wo ich einen wunderschönen Steinkreis vorfand, den mir mein Buddy gebaut hatte. Ich war so dankbar für diese Verbindung und ließ ihm etwas Tabak zurück. Wieder in meinem Lager, entschied ich mich, jetzt die ‚Sterbehütte'[255] zu machen. Mit Menstruationsblut malte ich mir Kriegerzeichen ins Gesicht und setzte mich damit in meine ‚Sterbehütte'. Dort verbrachte ich fast den ganzen Tag in einem stillen Dialog. Die erste Person, die ich traf, war mein Vater. Später kam noch meine Mutter. Ich schloss Frieden mit meinem Vater. Ich hatte das im realen Leben bisher noch niemals getan, und es war eine ganz erstaunliche Erfahrung für mich. Ich vergab ihm, und ich konnte sehen, wie viel es ihm bedeutete, dass ich ihm vergab. Danach war ich ehrlich genug, auch zu sehen, was er mir gegeben hatte: Ich bin eine starke, unabhängige Frau mit hohen Erwartungen.

Ich bewegte mich weiter (durch die Sterbehütte), ich erinnerte mich an Liebesbeziehungen und sah dabei einige Themen immer wieder aufscheinen. Ich hatte Menschen Leid zugefügt. Ich suche immer den tiefsten Punkt bei den Menschen, den Kern, und wenn sie nicht so weit mit mir da hingehen wollen, dann verurteile ich sie dafür, dass sie mir nicht genug geben. Und ich übersehe dabei die Realität, nämlich dass sie ihr Bestes gegeben haben, nämlich das, wozu sie

in der Lage waren. Eins ist nicht besser als das andere, die Wege sind eben verschieden. Schließlich konnte ich ihnen vergeben. Ich bekam nicht das, was ich wollte, und ich sah, welches Leid ich ausgelöst hatte, indem ich sie in eine Richtung drängen wollte, die nicht ihre war.
Was ich auch erkannte, war, dass wir in unserer Familie so viel Angst haben, uns unsere Liebe zu zeigen. Dazu nicht in der Lage zu sein hat so eine leidvolle Dynamik ausgelöst; wir konnten uns gegenseitig nicht eingestehen, welche Reaktionen und welche Gegenreaktionen jeweils stattfanden. Ich sah, wie sehr ich meine Familie, der ich das bisher nicht erzählte hatte, liebe. Aber ich werde es ihr erzählen. Ich brauche das.
Dann wurde mir klar, dass ich auch eine gewählte Familie habe, die nicht meines Blutes ist. Und ich sah, dass ich geliebt werde, dass ich tief geliebt bin. Ich hatte so tiefe Gefühle, es war erstaunlich, es war eine Art Ekstase. Und es kam zu ganz grundlegender Vergebung.
Abends wartete ich wieder auf die Eule, aber dieses Mal kam sie nicht. Stattdessen sah ich einen Stein am Eingang zum Canyon, der so aussah wie eine Eule. Nachts rasselte ich den Mond an; erst rasselte ich zum Licht des Mondes und zu den dunklen Bergen und dann rasselte ich zum dunklen Mond und in die hellen Berge. Ich fragte den Mond in dieser Nacht ... Ich bat ihn um eine Liebesbeziehung. ‚Nichts kann mich von nun an noch im Versteck halten. Ich bin bereit!' Und er sagte mir: ‚Du musst noch etwas Menschlichkeit lernen.' In diesem Moment konnte ich das einfach so nehmen, ohne es ganz genau zu verstehen. Ich schlief kaum. Der Mond war so hell.
Am nächsten Morgen ging ich wieder zum Sicherheitsstein. Ich fühlte mich schwach. So blieb ich, als ich zurück war, im Schatten meiner Felsen, bewegte mich nur mal von Felsen zu Felsen. Es war heiß. Ich freundete mich mit den Fliegen an und liebte die schimmernde, flirrende Luft, ich liebte alles. Alles war so ruhig. Die Stille der Wüste war grenzenlos in mir. Nachmittags fühlte ich mich krank und hatte Krämpfe. Ich hatte Angst. Ich hatte das Gefühl, mich zum Ende hin zu bewegen. Terror und Verzweiflung kamen in mir auf, aber kein Bedauern. Ich machte Zeremonien in jede der vier Himmelsrichtungen. Der Tag zog an mir vorbei. Der Mond ging auf, und ich konnte nicht schlafen, ich fühlte mich nicht gut. Manchmal döste ich weg, und als ich plötzlich wieder aufwachte, überquerte ein durchscheinendes Insekt meinen Schlafsack. Es sah aus wie ein Skorpion, aber ich schubste es schnell weg, so konnte ich nicht genau sehen, was es war. Es ängstigte mich, und ich war jetzt viel vorsichtiger in meinen Bewegungen. So verbrachte ich eine rastlose Nacht.
Am vierten Tag fühlte ich mich sehr, sehr krank. Noch vor Morgengrauen schleppte ich mich zum ‚Sicherheitsstein', wo ich ein Steinherz und einen Brief von meinem Buddy fand, in dem er schrieb: ‚Ich sehe dich morgen!' Im diesem Moment fühlte ich mich kräftemäßig völlig unfähig, jemals ins Basiscamp zurückzugehen.
Den ganzen Tag über war ich krank. Ich blutete stark, hatte schreckliche Magenkrämpfe und fühlte mich so miserabel. Ich steckte mein Baumwolltuch zwischen die Beine, weil ich kein Papier mehr hatte. Ab und zu döste ich ein. Als ich wieder aufwachte, bemerkte ich, dass ich auch noch Durchfall bekommen hatte. Während ich mich, so gut es ging, säuberte, dachte ich immer wieder ‚Oh bitte ...' Alles war so hässlich. Ich hatte kein Papier und keine Kraft mehr. Ich hatte fast keine Energie, ich brauchte alle Kraft, um das einfach nur auszuhalten. Ich konnte nichts

mehr anderes, als nur noch fühlen. Der Tag ging weiter. Ich hatte starke Krämpfe. Die Fliegen waren nun nicht länger meine Freunde, sie terrorisierten mich wirklich. ‚Oh bitte, lass es vorbeigehen', bat ich in die Wüste hinein. Dann begannen die Raben mit mir zu sprechen; einer war den ganzen Weg zum Sicherheitsstein und zurück hinter mir hergehüpft. Sie krächzten, aber ich konnte sie nichts fragen. Ich konnte sie nicht verstehen. Ich versuchte mit der Rassel zu beten. Aber es ging nicht. Als es dunkel wurde, kam die Eule wieder. Ich fühlte mich so, als ob ich keine Gebete mehr hätte, ich fühlte mich so unendlich leer. Ich fühlte nur noch Zweifel: Ich kann die Arbeit nicht machen, noch nicht einmal fasten, und ich sollte gar nicht hier sein, ich dachte an alles, was ich nicht kann, an alle ‚Nichts'. Dann versuchte ich mich an all die zu erinnern, die ich kannte und die nicht die Verbindung zum Göttlichen verloren hatten, während sie litten. Um mir Heilung zu geben, hielt ich meinen Bauch mit meinen Händen und versuchte, verbunden zu bleiben. Die Nacht schlich dahin. Es gab nur eine Sache, wofür ich betete, nämlich, dass die Nacht vorbei sein würde und dass die Sonne aufging.
Als ich irgendwann wieder aufwachte, waren meine Krämpfe weg. Und plötzlich spürte ich eine Wende: Ich schaute zum Osten. Da kam ein ganz kleiner Lichtschimmer auf, und plötzlich konnte ich nicht einen Moment mehr warten, ich musste sofort losgehen. Ich hoffe, ihr versteht das. Und kurz bevor die Sonne aufging, war ich schon am Sicherheitsstein. Dann kam die Sonne hinter den Bergen hervor. Und es ging mir besser. Ich hatte plötzlich wieder Energie, ich fühlte mich besser, ich fühlte diese wunderbare Ganzheit, eine Erleuchtung. Und plötzlich schoss mir in den Kopf: ‚Du hattest darum gebeten zu sterben, dann brauchst du dich nicht zu wundern, dass du dich so beschissen gefühlt hast.' Und diese Erkenntnis fühlte sich sehr gut an. Ich musste lachen. Auf einem Felsen sitzend wartete ich auf meinen *Buddy*." (Lynn, 45 Jahre)

Einer der Ältesten aus dem Kreis, die zugehört hatten, antwortete: „Das ist eine gute Geschichte. Du könntest sie aus diesem Kontext nehmen und in das Alte Testament stecken. Als ich einmal dem Sterben nahe war, hatte ich gerade nicht diese Nahtoderfahrung der Leute, die dieses weiße Licht sehen und dann zurückkommen. Für mich war es sehr ungemütlich. Ich konnte es nicht in Frieden abschließen, ich war nicht fertig, ich war nicht vorbereitet. Und ich dachte, dass bei mir etwas falsch sei, weil ich das nicht so konnte. Das Sterben bringt eine Menge Schmerzen mit sich, und die Erwartung, sich dabei heilig zu fühlen, ist für die meisten Leute eine große Überforderung. In Wahrheit ist es für die sterbende Person wirklich mit viel Schmerz verbunden. Aber ich war auch nicht bereit zu gehen. Darum geht es in dieser Geschichte: Wir fühlen uns alleine, wenn es ans Sterben geht, wir fühlen uns sehr leer, wir finden keine Stimme, um zu beten, und es geht nur noch um den Sonnenaufgang, darum, dass alles vorbei ist.

Du bist hinausgegangen, ganz allein, ganz weit weg von uns allen, so dass dich niemand mehr erreichen konnte. Das symbolisiert sehr gut, wie es ist, zu sterben. Da gibt es nichts mehr außer dir und der Dunkelheit. Diese Geschichte erzählt, wie dieser Teil des Sterbens ist. Und was passiert, wenn man da durchgeht. Und du hast gesagt: Seid vorsichtig damit, um was ihr bittet!

Das Fasten selbst hat dich in diese Phase gebracht. Es bereitet dich auf diese letzte Zeit des Lebens vor. Aber hinter all dem Sterben ist etwas anderes: dieses Gefühl der Ganzheit, als der Sonnenaufgang begann. Und als du zu uns in das Lager kamst, sahst du wirklich toll aus. Obwohl du fast umgekippt wärst. Du warst durch diese ganze schreckliche Nacht gegangen. So eine Lektion! All das also ist Teil des Sterbens. Du kamst durch, die Sonne ist aufgegangen, so können wir auf die ganze Wahrheit blicken. Das erinnert mich an mein Fasten. Es kam ein Sandsturm auf. Ich hatte Lungenprobleme, ich konnte nicht mehr atmen. Ich band mich mit meinem Schlafsack an einen Busch, und drei Stunden lang machte ich nichts anderes als durch ein kleines Loch zu atmen. Und ich dachte, ich würde sterben. Als der Sturm sich verzogen hatte, sah ich die Venus und den Mond und fand einen so tiefen Frieden. Nach dem großen Sturm kommt etwas anderes. Nun weißt du, welch großes Geschenk dir bei diesem Fasten gegeben worden ist. Und welch großes Geschenk du gegeben hast. Ich bin glücklich über diesen Teil von dir, der die Ganzheit wahrnehmen kann, die Schönheit, die Zeitlosigkeit. Es hat so viel von mir selbst wieder geweckt: das Sich-Bewegen von Felsen zu Felsen. Es ist ein großes heiliges Gefühl, eins zu sein mit allem. Die Tiere, die dir begegneten, sagen auch viel: der Rabe, das ist ein Kojote-Vogel, ein Trickster. Und dieser Rabe, der neben dir hüpfte und schnarrte: ‚Ich sagte dir doch … ich sagte dir doch …‘, und du dachtest: ‚Halt doch die Klappe!‘, dieser Kerl ist hier richtig am Platz. Er sagt dir das Ganze: ‚So ist es eben!‘ Und dann die Eule: Symbol der Nacht, des Todes, des Unglücks. Sie fliegt still in der Nacht, sie sieht 360 Grad im Kreis und erschreckt die Vögel. Und wenn sie irgendwo auftaucht, dann ruft man ihr zu: ‚Geh weg! Du machst mir Angst!‘ Die Eule, auch ein Symbol der Weisheit, der Vorausschau und des Wissens, was ‚danach‘ kommt.

Du berührst mich sehr mit deinen Gefühlen. Deine Geschichte war wunderschön, als du von deiner ‚Sterbehütte‘ erzähltest. Sie brachte den Wechsel: Tiefes Leiden und ekstatische Hoffnung, die Qualität des Westens und die des Ostens, beides war vorhanden. Du hast in beiden Plätzen gelebt. Und irgendwie müssen wir beide Seiten halten. Das ist die Lehre der Schilde[256]. Beide Qualitäten sind wahr. Du bist in die tiefen Teile dieser beiden Plätze gegangen. Die Sonne geht auf, und es ist alles Eines. Alles ist ein und dasselbe.

Die Kraft des Vergebens … das änderte viel. Es ist wirklich eine Transformation. Die Gnade, die man empfindet, wenn einem vergeben wird, bewirkt eine neue Art zu sein und die Liebe zu fühlen – und sich so menschlich zu fühlen. So wie du deine Liebesbeziehung hereingerufen hast, öffnetest du einen neuen Weg, um diese Geliebte auch kommen zu lassen. Denn du hast einen neuen Weg gefunden, zu sein und frei zu lieben. Natürlich wird es dazu kommen. Und es ist so wahr, dass du geliebt bist. Ich selbst habe angefangen, dich wegen sehr viel verschiedener Gründe zu lieben. Wenn ich über die Bedeutung der Visionssuche nachdenke, dann werde ich an dich denken. Dann werde ich an deine Intention denken, deinen Glauben, deine Wahrnehmung, dein Innenleben, deine Unabhängigkeit, dein Rückgrat, deine Einzigartigkeit, deine Schönheit und Anmut. Das ist es, was uns alle so berührt. Ich werde deine Geschichte niemals vergessen: dass Lynn gebetet hat, dass diese endlos lange Nacht vorbei sein würde, und sie war es! Danke."

Lynns Geschichte ist ebenso wenig repräsentativ wie jede andere Erfahrung, die in der Wildnis gemacht werden kann. Manch anderer Teilnehmer wäre in ihrer Lage ins Basislager zurückgekehrt. Sie aber suchte die Grenze und wollte sie erfahren. Die plötzliche Rückkehr der Kraft am Morgen des vierten Tages zeigt, dass die körperliche Schwäche und die Sehnsucht, durch das Sterben Wandel zu erleben, sich gegenseitig potenziert hatten. Die „starke unabhängige Frau mit hohen Erwartungen" hatte sich der absoluten Schwäche gestellt und angesichts des Tods die Gnade des Lebens erlebt.

Beruf und Berufung

„Um in den Clan der Achtunddreißigährigen einzutreten, musst du den Beweis erbringen, dass die Pflanzen unter deinen Händen gedeihen und dass alles, was du pflanzt, zum Keimen kommt. Wenn in diesem Alter das Pflanzenreich deine Gegenwart schlecht aufnimmt, dann deshalb, weil irgendwas in dir verkümmert ist und dich zu einer Gefahr für die Gemeinschaft macht. Es wäre ein Zeichen dafür, dass du deinen Körper und deine Seele misshandelst; es wäre also dringend an der Zeit, dass du dich besinnst."

Wie aus diesem kurzen Zitat eines Zentralafrikaners hervorgeht, ist in den traditionellen Kulturen der soziale Status eines Menschen meist durch die Form der Initiationen bestimmt, durch die er hindurchgegangen war. Jede Verantwortung, die ein Mitglied der Gemeinschaft im Lauf seines Lebens übernahm, wurde von der sozialen Gruppe geprüft, bevor diese Person die nachwachsenden Generationen als „Ältester" unterweisen durfte. „So nimmt unsere Verantwortung gegenüber dem Schöpfer mit den Jahren immer mehr zu, vergleichbar mit den Wellenkreisen, die ein ins Wasser geworfener Stein erregt und die bis zum Ufer hin immer weiter werden. Wenn ich das allerletzte Stadium erreicht habe und im Kreis der Ältesten aufgenommen bin, werde ich für den Aufgang der Sonne verantwortlich sein."[257]

Von diesem Verständnis von Arbeit und Verantwortung haben wir uns weit entfernt. In der modernen Zivilisation wird der Status von Männern und Frauen im Wesentlichen durch ihren Beruf bestimmt. Er gibt Auskunft über Macht, Erfolg, materiellen Reichtum, Intelligenz und das Maß der individuellen Selbstverwirklichung. Doch gleichzeitig gehört es zu den wesentlichen Merkmalen der modernen arbeitsteiligen Gesellschaft, dass eine große Zahl von Menschen Tätigkeiten ausübt, die kaum selbstbestimmt sind und ihnen wenig Raum geben für die Entfaltung ihres einzigartigen Potenzials. Die Fragen nach Sinn und Verantwortung werden selten gestellt, wenn man sich als ein Rädchen in einem großen Getriebe empfindet.

„Beruf" und „Berufung" klaffen meist weit auseinander. Deshalb ist naheliegend, dass zahlreiche Menschen auf Visionssuche gehen, um sich mit diesem existenziellen Thema auseinanderzusetzen. Das können Jugendliche sein, die trotz Lehrstellenknappheit ihre Berufung erkennen wollen, bevor sie die nächstbeste Stelle annehmen; das können Frauen sein, die nach der Erziehung der Kinder eine Vision für ihr kreatives Potenzial suchen; das können Angestellte sein, die es in die Selbständigkeit zieht, oder langjährig Berufstätige, die spüren, dass sie sich beruflich verändern müssen, weil sie sich persönlich verändert haben. Und nicht selten ist es der alte Impuls, der sich oft zur Lebensmitte meldet, bewusst in die Rolle eines „Ältesten" schlüpfen zu wollen, um in irgendeiner Form sein gesammeltes Wissen an die Nachwachsenden weiterzugeben. So berichtet eine langjährige Führungskraft über die Wirkung, die eine Visionssuche auf sie hatte:

„Mir war es wichtig zu verstehen, wie ich die Dinge in Zukunft gestalten möchte. Hier geht es um meinen inneren Antreiber, den ich sehr wohl zu würdigen weiß, was meinen bisherigen Weg angeht, dem ich aber gleichwohl eine kleinere Rolle im zukünftigen Konzert meiner inneren Stimmen geben möchte. Ich empfand diese innere Unruhe oder den ‚Antreiber' als mir nicht mehr gemäß. Ich kenne jetzt mein neues Tempo, das mir für meine Zukunft gemäß ist. Ich habe vollständig Abschied genommen davon, etwas ‚Bedeutendes' zu tun. Es ist wichtiger, die Dinge achtsam und liebevoll zu tun. Ich habe eine Vision für meine Rolle als Ältester. Ich weiß, was ich in fünf Jahren tun werde. Meine künftige Arbeit wird eine deutliche Abwandlung dessen sein, was ich heute tue."[258]

Oftmals erkennen Menschen in der Natur sehr deutlich, wie sehr sie einem Leistungsdruck unterliegen, als dessen Opfer sie sich fühlen. Manchmal wird ihnen in dem völlig selbstbestimmten Rahmen der Visionssuche erstmals bewusst, dass sie sich konstant überfordern: Der eine mag sich draußen unerfüllbare Aufgaben stellen und leidet unter der Schwäche und der Angst vor dem Scheitern, der andere sucht sich trotz seiner Angst vor der Einsamkeit einen Platz, der weiter entfernt ist vom Basislager als alle anderen.

Visionssuchen sind damit immer auch die Suche nach dem eigenen Maß, nach der selbstverantwortlichen Gestaltung des Lebens entsprechend der eigenen Fähigkeiten und Potenziale. Dabei kann draußen auch deutlich werden, dass die bisherige Tätigkeiten in keinem Verhältnis zu der Kraft stehen, die ein Teilnehmer in der Wildnis in sich spürt.

„Ich bin barfuß den Bach hochgeklettert, Schritt für Schritt, da es steil, glitschig und kalt war. Wenn der wilde Bach zu zerklüftet war, habe ich mir einen Weg außen herum gesucht, durch spitzes Gestrüpp, um an dem vereinbarten Platz das Symbol zu hinterlassen, dass es mir gutgeht. Als ich es trotz Regen und Kälte dank meines Willens geschafft hatte, war ich so stolz auf mich, als wäre es die Eiger-Nordwand gewesen. Ich brauche Herausforderungen – beruflich – jetzt bin ich unterfordert." (Roswitha, 35 Jahre)[259]

Nicht nur die überraschenden Fähigkeiten in einer außergewöhnlichen Situation können das Selbstbild der Teilnehmer verändern. Schon die Tatsache, sich trotz massiver Ängste für eine Visionssuche entschieden zu haben, die Erfahrung, dass ein Großteil der Ängste unbegründet waren, und schließlich das Erlebnis, etwas geschafft zu haben, was man sich lange Zeit nicht vorstellen konnte, entfalten ihre Wirkung. Wer jahrelang mit einem beruflichen Projekt „schwanger" geht, die Umsetzung aber aus Angst und Selbstzweifel nicht gewagt hat, für den kann die Visionssuche eine exemplarische Grenzüberschreitung werden: Wenn die Angst sich hier als Täuschung erwies, kann das auch für andere Bereiche des Lebens gelten.

Häufig sind die Antworten, die die Teilnehmer draußen bekommen, auch ganz konkret. Ein junges Mädchen entscheidet sich im Anschluss für ein freiwilliges ökologisches Jahr. Andere berichten davon, dass sie draußen plötzlich wie in einem kreativen Schub beginnen, konkrete Pläne für schwelende Projekte aufzuschreiben. Die vernetzte Vielfalt des Lebendigen in der Wildnis führt häufig dazu, dass Menschen erkennen, wie wichtig ihnen die Übernahme sozialer oder ökologischer Verantwortung ist. In der Zeit der Einsamkeit und Schwäche wächst die Solidarität und das Mitgefühl für Einsame und Schwache, die Liebe zu anderen Menschen rückt wieder in den Mittelpunkt der Sinnsuche.

Während der Vision Quest besteht die Möglichkeit, loszulassen und sich in einem Maß über Leben und Arbeit klarer zu werden, für das sonst oft Zeit und Ruhe fehlen. Es geht darum, wieder Anschluss zu bekommen an das, was man eigentlich will, und mit sich selbst wieder identisch zu werden. Es geht darum, Ziel und Mittel zu überprüfen. Es geht darum, das eigene Leben wieder zu lenken, statt wie ein Passagier nur dabei mitzufahren. Und es geht darum, den Mut zu erneuern, für die eigenen Ziele auch eigene Wege zu gehen. All dies wird deutlich in dem Traum, den ein Teilnehmer in der Wildnis hatte.

„Ich rannte zum Bahnhof, um den Zug zu erwischen. Und als ich ihn erreichte, wurde mir klar, dass ich der Zugführer war. Ich rannte von Abteil zu Abteil. Als ich vorne ankam, sagte der Schaffner mir, dass der Zug vollautomatisch führe. Ich setzte mich trotzdem an das Steuer und fuhr los. Aber als ich die nächste Station erreichte, kam uns ein Schnellzug auf dem gleichen Gleis entgegen. Ich musste etwas tun und entschied, meinen Zug entgleisen zu lassen. Langsam, so dass niemand verletzt wurde, fuhr ich ihn aus den Gleisen und suchte mir einen anderen Weg." (Karl, 39 Jahre)

Weitblick und Nähe.

Mehr Kontrolle zu gewinnen über den Zug des eigenen Lebens und ihn im Zweifelsfall abseits der gewohnten Gleise ans Ziel zu steuern – schöner lässt sich nicht zusammenfassen, welches Potenzial in der Visionssuche liegt. Und es gehört zu den geheimnisvollen Folgen einer inneren Klärung während der Visionssuche, dass sich oft danach Türen wie von alleine öffnen, die vorher verschlossen waren oder die man einfach nicht gesehen hat: Als Karl von seiner Visionssuche nach Hause kam, bekam er in den ersten vierzehn Tagen nach seiner Rückkehr drei Arbeitsstellen angeboten, in denen er seine Tätigkeit in der Form umsetzen konnte, wie er es für richtig hielt, ohne einem Frontalzusammenstoß mit seinem bisherigen Arbeitgeber ausgesetzt zu werden.

Nicht ohne Grund ist der Begriff „Vision“ Allgemeingut in der Sprache der Unternehmen und Projektplaner. Einsichten, Entscheidungen und Veränderungen, die während der Zeit in der Wildnis vollzogen wurden, mögen Zeit brauchen für ihre Umsetzung und im beruflichen Alltag einen anderen Weg nehmen, als man es sich ausmalte. Die Kraft einer beruflichen Vision aber ist mehr wert als finanzielle Anreize, mehr sozialer Status und Machtgewinn, weil sie aus dem „Beruf“ eine „Berufung“ machen kann.

Auf der Suche nach dem persönlichen Mythos

Wie schon im zweiten Teil dieses Buches deutlich wurde, folgt die Visionssuche in ihrer archetypischen Struktur nicht nur dem klassischen Ablauf eines Initiationsrituals, sondern auch dem Aufbau des Mythos einer Heldenreise.[260] In der Visionssuche wird dieser Prozess rituell nachvollzogen, wobei sich die Teilnehmer ständig an der Grenze zwischen Mythos und Realität bewegen.

„In der Visionssuche nimmt man das Leben, konzentriert es auf einen begrenzten/ewigen Abschnitt in der symbolischen/wirklichen Zeit und erlebt eine Geschichte voller wirklicher/symbolischer Bedeutung, während der sterbliche/unsterbliche Protagonist in einem begrenzten/universellen Raum einer Prüfung unterzogen wird, in der das Gewöhnliche/Ungewöhnliche gleichberechtigt nebeneinanderstehen. Die Geschichte liefert sowohl das Material für Handlungen (Rituale) und ist gleichzeitig Gegenstand der Kontemplation (Mythos). Während sich der Protagonist die Struktur der Geschichte mit Leben füllt, findet er sich in einem doppeldeutigen Universum wieder. Ein Tier ist sowohl Tier als auch Geistwesen. Ein Berg ist sowohl Berg als auch Herausforderung. Ein Stern ist sowohl ein Stern wie ein Engel. Eine Richtung, die man einschlägt, ist sowohl ein Trampelpfad wie ‚Der Weg'. Ein Traum ist sowohl Traum wie eine Begegnung mit dem Transzendenten. Eine Mücke ist sowohl Mücke als auch Träger von Botschaften.“[261]

Deshalb kommt der Quester aus der Schwellenwelt der Natur weniger mit einem Bericht als mit einer Geschichte und einem Mythos zurück, der Ausdruck seines symbolischen Erlebens ist. Die Geschichte, die er oder sie erzählt, ist wie ein selbst erlebtes Märchen. Und wie Märchen und Mythen ist sie Träger tieferer Botschaften, die im Laufe der Jahre entschlüsselt und ins Leben umgesetzt werden können. Das lateinische Wort „Mythos“ ist aus dem griechischen Begriff *muthos* entstanden und bedeutet „Wort“ oder „Ethik des Mundes“. Diese ursprüngliche Definition macht deutlich, dass Mythen immer der sprachliche Ausdruck für existenzielle Erfahrungen waren, die sich um die Grundfragen des Lebens drehten. Mythen entspringen der Sehnsucht, die unbekannte Innenwelt des Menschen mit der unfassbaren Vielfalt und Größe der Natur und ihrer schicksalhaften Mächte zu verbinden.

Die Teilnehmer kommen in Kontakt mit ihrem bisherigen Lebensmythos, der oft aus unbewussten Glaubenssätzen besteht, und haben die Möglichkeit, ihn bewusst durch ein neues Kapitel zu ergänzen: „Solche Änderungen in der persönlichen Mythologie“, sagt der Visionssuche-Leiter Wernher Sachon, „haben oft erhebliche Auswirkungen auf die Konzepte von uns selbst und von der Welt.“[262]

In diesem Zusammenhang wird verständlich, dass es entgegen der häufigen Erwartung von Teilnehmern nicht um eine transformierende Vision geht, sondern um die exemplarische Erfahrung der ganzen einzigartigen Geschichte, die sich in der Wildnis immer wieder anders entfaltet. Fragt man also nach der Wirkung einer Visionssuche, so liegt sie auf der tiefsten Ebene darin, dass Menschen in ihr eine Heldenreise nachvollziehen, die wir sonst nur aus den Märchen und Legenden kennen, und die Chance erhalten, mit dem Märchen des eigenen Lebens auch ihre weitere Lebensgeschichte bewusster zu schreiben.

Die Langzeitwirkung der Visionssuche

Das Geheimnis wird nicht gelüftet
durch das Wiederholen der Frage.
Das Geheimnis lässt sich nicht erkaufen
durch Pilgerfahrten an großartige Orte.
Erst wenn die Augen und Sehnsüchte
nach vielen weiteren Jahren gestillt sind,
Erst dann werde ich aus der Verwirrung heraustreten.
(Rumi, 12. Jahrhundert)

Wir haben deutlich gemacht, dass das Potenzial einer Visionsuche vor allem darin liegt, Lebensentwürfe zu erneuern und Lebensübergänge zu erleichtern. Trotzdem wird jeder Teilnehmer, sobald er nach Hause zurückkehrt, mit der neugierigen Frage konfrontiert werden, was sich denn nun geändert habe. Darin spiegelt sich die Tatsache, dass die moderne Gesellschaft den Nutzen einer Methode oder Therapie immer an deutlichen Ergebnissen misst: Wer sich zehn bis vierzehn Tage aus dem normalen Leben ausklinkt, um in die Wildnis zu gehen, von dem wird erwartet, dass er mit quantifizierbaren Veränderungen aufwarten kann. So ein Mechanismus wird durch die Visionssuche jedoch nicht ausgelöst.

Wie aus den zahlreichen Erfahrungsberichten von Teilnehmern deutlich geworden ist, wirkt die Visionssuche auf sehr vielen verschiedenen, sich überschneidenden Ebenen: Sie hat eine *pädagogische* Funktion, indem sie einen Raum zur Entfaltung der Persönlichkeit bereitstellt und dabei hilft, künftige Krisen und Übergangsprozesse im Leben besser zu bewältigen und zu begreifen. Sie hat eine *erkenntnisbildende* Funktion, indem sie einen Raum bereitstellt, die Tiefenstrukturen des eigenen Selbst im Spiegel der Natur deutlich zu erkennen. Sie hat eine *entwicklungspsychologische* Funktion, indem sie den einzelnen darin unterstützt, am Selbstbild zu arbeiten, neue Werte zu formulieren, Wandlungen zu bestätigen und neue Perspektiven für sich zu entdecken. Sie hat eine *therapeutische* Funktion, indem sie ermöglicht, Fixierungen zu überwinden und, durch die Rückbindung an die Natur, die innere Spaltung von Geist und Natur, Kopf und Körper, Ratio und Gefühlen zu heilen. Sie hat damit auch eine *integrative* Funktion, weil sie dabei hilft, die Welt nicht länger als isolierte Ansammlung von Objekten wahrzunehmen, sondern als einen lebendigen Beziehungsprozess, in den der Mensch selbst untrennbar eingebunden ist. Ihre *soziale* Funktion besteht darin, dass sie die Teilnehmer gewandelt und mit klareren Vorstellungen ihrer Rolle und Aufgabe in ihrer Gemeinschaft in den Alltag zurückschickt. Sie besitzt eine *politisch-gesellschaftliche* Funktion, indem sie die Entfaltung eines ökologischen Bewusstseins fördert, die Haltung des Menschen zur Natur verändert und zu einer freundschaftlichen und kooperativen Beziehung der Menschen zueinander beiträgt. Und sie hat ohne Zweifel eine *spirituelle* Funktion, indem sie den einzelnen unabhängig von dessen Konfession die Welt als „heilig" erfahren lässt.

All diese Ebenen entfalten ihre Wirkung auf mehr oder weniger deutliche Weise. Nach seiner Rückkehr erlebt der Quester selten die große Veränderung, sondern viele erst einmal unscheinbare Veränderungen in der Art, die Welt und sich selbst zu sehen, zu reagieren und zu handeln. Die Erfahrungen der Visionssuche bereichern den Kern des Wesens, sind Quelle der Kraft. Menschen haben hier die Chance, sich innerlich neu auszurichten. Wenn dies geschieht, kann sich das ganze „System Mensch" auf den bewussten und unbewussten Ebenen, in Körper und Psyche, an dieser neuen Zielvorgabe orientieren. Deshalb haben auch Geschichten wie die unerwartete Schwangerschaft einer Teilnehmerin, die vorher rituell ihre Weiblichkeit und Sexualität bestätigte, nichts mit Magie zu tun, sondern zeigen, wie tief wir auf unser „System" einwirken können. Das gilt auch für die mystischen Erfahrungen, die auf der Visionssuche möglich sind: Sie haben nichts mit Erleuchtung zu tun, sondern mit dem Wissen um ein inneres Licht, wie es der indianische Medizinmann Lame Deer seinem Biografen Richard Erdoes so treffend beschrieben hat:

„Du kennst mich betrunken und hast mich schon gesehen, wenn ich völlig am Boden war. Du hast mich fluchen und schmutzige Witze erzählen hören. Du weißt, dass ich weder besser noch weiser als andere Männer bin. Aber ich war allein auf dem Berg, ich hatte meine Vision, und ich erhielt meine Kraft: der Rest ist Übung. Diese Vision verlässt mich nie mehr – weder im Gefängnis noch beim Malen irgendwelcher Reklameschilder an der Wand eines Restaurants. Auch nicht, wenn ich im Saloon sitze oder mit einer Frau zusammen bin – gerade da ist sie bei mir."[263]

„Der Rest ist Übung" – letztlich ist es das Maß an Übung, das den Wandel sichtbar macht. Visionen, so hatten wir an anderer Stelle gehört, sind wie Vehikel, die gelenkt werden müssen. Mancher braucht dazu ein ganzes Leben. Erst wenn die allein erfahrene Verwandlung durch die Entfaltung im Lauf eines Lebens zu einer Botschaft wird, hat sie sich erfüllt.

Die langjährige Wirkung einer Visionssuche ist bislang jedoch empirisch noch nie nach festgelegten Kriterien erforscht worden. Das liegt zum einen daran, dass die Wiederentdeckung dieser Tradition erst knapp dreißig Jahre zurückliegt, zum anderen aber auch daran, dass viele Teilnehmer nach dem Abschluss des gemeinsamen Rituals wieder ihre eigenen Wege gehen und nur manche über Jahre in Kontakt mit den Visionssuche-Leitern bleiben. In Amerika wurde mittlerweile damit begonnen, die Langzeit-Wirkung der Visionssuche auch wissenschaftlich in Diplomarbeiten und Dissertationen zu untersuchen, noch aber stehen genauere Daten aus.

Mehr ist über die mittelfristige Wirkung der Visionssuche bekannt, obwohl auch hier geradlinige, monokausale Zusammenhänge oft Interpretationssache sind. Wer sich zu einem solchen Ritual entscheidet, steht – wie erwähnt – oft mitten in einem krisenhaften Wandel. Da fällt es schwer, die Veränderungen, die sich in Folge ergeben, einseitig nur der Visionssuche zuzuschreiben.

„Ein Mann ging in die Wildnis, um einen beruflichen Wechsel zu vollziehen. Er hatte in seiner Firma die Missstände gesehen, hatte Lösungskonzepte, aber keinerlei Berechtigung, etwas zu verändern. Er wollte weg. Er kam von der Visionssuche zurück und fand, er sei gescheitert. Dann ist er nach Hause gegangen, und es ist überhaupt nichts weiter passiert, bis er merkte, dass er in viele eigenartige Situationen verstrickt wurde, auf die er mit Demutsgesten und Schlichtungsverhalten reagierte. Er stellte mit Erstaunen fest, dass er Papier vom Bürgersteig aufhob, um es zum nächsten Papierkorb zu bringen, was er vorher nie getan hatte. Plötzlich war er in eine Situation verwickelt, in der er eine beginnende gewalttätige Schlägerei verhindern konnte. Das alles war für ihn außergewöhnlich. Und ein halbes Jahr später kam von seiner Firma das Angebot, er möge die innere Struktur dieser Firma in Arbeit nehmen. So konnte er die Missstände, wegen denen er zuvor die Firma hatte verlassen wollen, mit seinen Konzepten beseitigen. Können wir jetzt sagen, das war eine Langzeitwirkung der Visionssuche? Wir können sagen: Irgendetwas ist mit ihm geschehen, so dass er sich in für ihn rätselhafter Weise anders verhielt: schlichtend, er nannte es Demutsgesten. Und irgendwie schien dadurch der Weg aufgegangen zu sein, in der Firma in die Position zu kommen, die ihm die ganze Zeit über verweigert worden war. Aber niemand kann eine Kausalität beweisen in diesem Zusammenhang.“[264]

In einer Untersuchung, die in Tennessee mit Jugendlichen durchgeführt wurde, die durch eine Visionssuche gegangen waren, wurde bei allen Teilnehmern ein „gestärktes Selbstbewusstsein, erhöhte Unabhängigkeit und größeres Selbstvertrauen, positive, lang anhaltende Veränderungen im Verhältnis zur eigenen Familie und das Gefühl, von der Familie auf dem eigenen Lebensweg unterstützt zu werden," festgestellt.[265] Doch Statistiken sagen nur wenig aus über das tatsächliche Leben. In der subjektiven Wahrnehmung der Teilnehmer von Visionssuchen ist das Urteil – trotz weiteren Krisen, Fort- und Rückschritten – durchweg positiv.

„Meine erste Erfahrung mit einer Visionssuche hat mich grundlegend verändert. Sie gab mir das Leben zurück, oder besser gesagt, brachte mich zurück ins Leben. Während dieser Visionssuche kamen viele kritische Themen ans Licht und boten viele grundlegende Einsichten. Ich glaube, das größte Geschenk waren ganz neue und verwirrende Erfahrungen mit mir selbst, die dazu führten, dass ich eine ganz neue Weltsicht entwickelte. Das Leben, in das ich zurückgekehrt bin, unterscheidet sich sehr von dem, das ich vorher gelebt habe, einfach weil ich mich verändert habe. Ich sehe Dinge anders. Die Art, mit meinen Erfahrungen umzugehen, ist anders. Ich habe ein neues Fundament, auf dem sich mein Leben entfaltet, und die Veränderungen, die aus dieser enormen Erfahrung entstanden sind, wachsen und beeinflussen mein Leben und Lernen." (Susanne, 38 Jahre)

Häufig berichten Teilnehmer davon, dass sie nach einer Visionssuche Schritte unternahmen, von denen sie vorher lange Zeit nur geträumt hatten.

„Die Quest war in meinem Entwicklungsverlauf ein wichtiger Eckpunkt. Es gelang mir dort, auf einer tiefen Ebene Frieden mit meinen Eltern zu schließen. Mein innerer Schmerz und Leiden fand hier sein Ende. Ich konnte mich im Bewusstsein von meinen Eltern einen Schritt weiter trennen, Bindungen, die mich fesselten, lösten sich. Wo ich sonst meinen Blick stark auf mein Elternhaus richtete, gelang es mir nun, in ganz andere Richtungen zu schauen. Ich war in der Lage, wenige Monate nach der Quest meinen Beruf und mein soziales Umfeld aufzugeben, und habe eine eineinhalbjährige Reise nach Indien gemacht, während der ich mich im wesentlichen mit meiner inneren Entwicklung auseinandergesetzt habe. Dieser Schritt war für mich nur mit der Erfahrung der Quest möglich. Dadurch, dass ich alle äußeren Strukturen aufgelöst hatte (Beruf, Alltag etc.), machte ich auf dieser Reise existenzielle neue Erfahrungen, die mein Leben auf besondere Weise prägten." (Margret, 40 Jahre)

Häufig auch führen die Erfahrungen in der Wildnis dazu, dass abstrakte Konzepte von Ganzheit und Einssein mit der Natur plötzlich zu unmittelbaren Erfahrungen und verkörpertem Wissen werden.

„Ich fühle mich wie heimgekommen. All das, was vorher nur in meinem Kopf herumspukte, wurde draußen in der Natur und natürlich in der Zusammenarbeit mit der Gruppe zu meiner Herzenswahrheit." (Claudia, 28 Jahre)[266]

Wachstum verläuft in Schritten, selten in Sprüngen. Und das Wesentliche passiert, wenn es passiert, immer nach der Visionssuche. Die neuen Erkenntnisse und das gewandelte Selbstbild müssen sich erst im Alltag erproben und abschleifen.

> „Das war nur der Anfang. Die Vision Quest wirkt weiter. Ich spüre ganz deutlich, dass ich mich in der Phase eines Übergangs befinde. Ich möchte einen Schritt heraus aus meinem Hausfrauenleben und meinem Mutterdasein machen, ich möchte neue Aufgaben übernehmen. Die Grenzen sind sehr deutlich zu spüren. Die Kinder wehren sich. Ihr Beschütztsein und Umsorgtsein bekommt Löcher, wenn Mama nicht immer erreichbar ist. Sie müssen selbst Verantwortung übernehmen. Mir wird klar, wie nah sich ‚fordern' und ‚fördern' sind. Es braucht alles seine Zeit. Ich weiß von mir, dass ich lieber schneller vorwärtsgehen möchte." (Theresia, 41 Jahre)[267]

Wenn Menschen sich ändern, muss das System, in dem sie sich befinden, reagieren. Viele, die voller enthusiastischer Pläne nach Hause zurückkehren, empfinden die Auseinandersetzungen vor Ort wie den Antritt der nächsten Visionssuche. Tatsächlich wird von allen Leitern immer wieder betont, dass die Visionssuche sich nicht auf die vier Tage in der Wildnis beschränkt, sondern mindestens ein ganzes Jahr dauert. Im Rückblick kann die Zeit in der Schwellenwelt dabei zu einem ganz speziellen Traumbild werden.

> „Wenn ich ein ‚krasses' Bild malen würde für die Veränderung, wäre dies eine hundert Quadratkilometer große Wüste, in der sich eine fußballfeldgroße Oase gebildet hat. Natürlich bin ich hier im Stress, Lärm, Gestank, zwischen unglücklichen Menschen; farblose Umgebung wirkt auf mich ein – aber: diese Oase des Friedens bleibt erreichbar – fast immer. Ähnlichen Frieden kenne ich nach Meditationen, gutem Training, erfüllendem Sex – nur flüchtiger, nicht so haltbar." (Klaus, 26 Jahre)[268]

Im Zentrum der langfristigen Wirkungen, die eine Visionssuche entfalten kann, steht zweifellos die Erfahrung der Beziehung: des Verbundenseins mit sich selbst, anderen und der natürlichen Welt. „Wer sich verbunden fühlt", sagt der amerikanische Sozialpädagoge und Erforscher moderner Initiationsriten Robert Eckert, „schädigt niemand anderen. Selbstmord, Mord, Krieg und umweltzerstörendes Verhalten tauchen immer dort auf, wo es an dieser grundlegenden Beziehung mangelt."[269] Wer diese Verbindung einmal geschlossen hat, verfügt über einen Zugang, der zwar der Pflege bedarf, aber sich kaum wieder völlig schließen wird. So sagt die Visionssuche-Leiterin Edith Stölzl sechs Jahre nach der Erfahrung:

„Ich bin ein Teil vom Ganzen und brauche auch nicht mehr zu sein. Das ist eigentlich schon ganz schön viel, wenn ich im Kosmos lebe und mich ernähre und tätig bin und mich auch an diese Energie anschließen kann, die mir da aus alledem zur Verfügung gestellt wird. Ich habe es schon als Langzeit-Stärkungsmittel erlebt, so als ob alle, die da um mich herum waren, ihre Gaben in den Korb geschüttet hatten. Der ist einfach immer voll, ich kann immer daraus schöpfen und mich immer wieder neu anschließen."[270]

Ein Schwellenkreis.

Die Visionssuche kann den Menschen zurückkehren lassen in eine Welt, vor der er im Alltag die Augen verschlossen hat und die voller Wunder erscheint, wenn er sie wieder öffnet. Doch sie ist kein Patentrezept für menschliche Entwicklung: Sie nimmt einem keine Arbeit ab, aber zeigt, welche Arbeit zu tun ist. Die Visionssuche ist ein kraftvolles Instrument, um das eigene Potenzial zu entfalten, und sollte mit Respekt gehandhabt werden. Und trotz der vielen Worte über Struktur, Hintergründe und Wirkungen ist sie letztlich eine außerordentlich einfache Methode, die kein intellektuelles Vorwissen braucht, um sich zu entfalten.

Wer sich entscheidet, diesen Weg zu gehen, kann getrost alles, was er hier gelesen hat, vergessen, herausgehen und sich der lebendigen Welt überlassen. Und ihre Lehre wird das einzige sein, was zählt.

Reifes Leben.

Anhang

Anmerkungen

1 Aus: Schäfer, Reinhold u. Beloreschki, Daniela: Ankündigungsfaltblatt zur Visionssuche in Schweden 1998.
2 Vgl. Gennep, Arnold van: Übergangsriten (Les rites de passage), und Foster, Steven u. Meredith Little: Vision Quest, S. 29/30.
3 Foster, Steven u. Meredith Little: Der heilige Berg, S. 36.
4 Dolores LaChapelle im Gespräch mit den Autoren.
5 Zit. nach: Schäfer, Irmtraut, in: Egner, Helga: Leidenschaft und Rituale, S. 226.
6 In manchen Fällen führt das Fasten auch zu Kopfschmerzen, Übelkeit und Erbrechen. Wasser in kleinen Schlucken zu trinken hilft. Ein Tütchen mit Elektrolyten, im Wasser aufgelöst, kann Wunder wirken, auch Bewegung hilft. Wer sich aber immer wieder übergeben muss, sollte zurückkehren zum Basislager.
7 Eberhardt Petschel in seiner Ausschreibung zur Visionssuche.
8 Zit. nach: Nitschke, Verena u. Haiko, Ausschreibung zur Visionssuche.
9 Francia, Luisa: Drei Wünsche, S. 178.
10 Hetmann, Frederik: Die Erde ist unsere Mutter, S. 133 ff.
11 Steven Foster im Gespräch mit den Autoren.
12 Sayika, Dadasi, in: Mahdi, Luise (Hrsg.): Crossroads, S. 118.
13 Campbell, Joseph: Der Heros in tausend Gestalten, S. 47.
14 Foster, Steven u. Meredith Little: Vision Quest. Sinnsuche und Selbstheilung in der Wildnis, S. 22.
15 Sachon, Wernher: Vision Quest: Einsames Fasten in der Wildnis, in: erleben & lernen, S. 91.
16 David Steindl-Rast im Gespräch mit einem der Autoren.
17 Vgl.: Nitschke, Verena u. Haiko: Visionssuche, in: natur & heilen, S. 464.
18 Singer, Christiane: Zeiten des Wandels, S. 122.
19 Foster, Steven u. Meredith Little: Vision Quest. Sinnsuche und Selbstheilung in der Wildnis, S. 105.
20 Mayer, Norbert, in: Metzner, Ralph: Brunnen der Erinnerung, S. 133.
21 Zit. nach: Schäfer, Irmtraut, in: Egner, Helga: Leidenschaft und Rituale, S. 218.
22 Foster, Steven u. Meredith Little: Vision Quest. Sinnsuche und Selbstheilung in der Wildnis, S. 216/217.
23 Campbell, Joseph: Der Heros in tausend Gestalten, S. 210.
24 Zit. nach: Sachon, Wernher: Vision Quest, in: Connection Special, S. 92.
25 Zit. nach: Hetman, Frederick: Die Erde ist unsere Mutter, S. 39.
26 Vgl.: David Oldfield, in: Mahdi, Luise (Hrsg.): Crossroads, S. 151.
27 Nitschke, Verena u. Haiko: Visionssuche, in: natur & heilen, S. 464.
28 Sachon, Wernher: Vision Quest, in: erleben & lernen, S. 30.
29 Zit. nach: Schäfer, Irmtraut, in: Egner, Helga: Leidenschaft und Rituale, S. 218.
30 Anonym, zit. nach: Schäfer, Irmtraut, in: Egner, Helga: Leidenschaft und Rituale, S. 218.
31 Foster, Steven u. Meredith Little: Vision Quest. Personal Transformation, in: The Wilderness, S. 65.

32 Zit. mit freundlicher Genehmigung von Reinhardt Petschel, Visionssuche-Leiter (siehe Adressen).
33 Die Visionssuche-Leiter Verena u. Haiko Nitschke im Gespräch mit den Autoren.
34 Campbell, Joseph: Der Heros in tausend Gestalten, S. 106.
35 Zusammengestellt aus den Ausschreibungen verschiedener Anbieter.
36 Francia, Luisa: Drei Wünsche, S. 174.
37 Die Visionssuche-Leiter Peter Borst, Sabine Stellmann und Edith Stölzl in ihrer Ausschreibung.
38 Der Psychotherapeut Wolf Büntig im Gespräch mit einem der Autoren.
39 Abdruck mit freundlicher Genehmigung von Eberhardt Petschel und STEP e.V. (siehe Adressen).
40 Foster, Steven u. Meredith Little: A Wilderness Rite of Passage for Youth (Teacher's Edition), S. 1.
41 Vgl.: Burton, Bob, in: Mahdi, Luise (Hrsg.): Crossroads, S. 204.
42 Frick, Jürg: Dauert die Jugend zu lang?, in: Frankfurter Rundschau, S. 49.
43 Vgl.: Vogel, Georg, in: erleben & lernen, Ausg. 3 & 4/1996, S. 84.
44 Zit. mit freundl. Genehmigung von Eberhardt Petschel, Visionssuche-Leiter (siehe Adressen).
45 Vgl.: Videofilm: Erwachsenwerden in der Wildnis („Lost Borders").
46 Edith Stölzl im Gespräch mit den Autoren.
47 Stefan Wolff, Jugendsozialarbeiter, Psychotherapeut und Visionssuche-Leiter im Gespräch mit den Autoren (siehe Adressenteil weiter hinten).
48 Stefan Wolff im Gespräch mit den Autoren.
49 Steven Foster im Gespräch mit den Autoren.
50 siehe Adressen
51 Werner, Claudia u. Rainer Paszek: The Nature of Leadership, unveröffentlichtes Manuskript, dem wir zahlreiche Anregungen zu diesem Thema verdanken (siehe Adressen).
52 Der Visionssuche-Leiter Dieter K. Schmidt in einem Brief an die Autoren (siehe Adressen).
53 Steve Todd, Sozialarbeiter, Bewährungshelfer und Visionssuche-Leiter, im Gespräch mit den Autoren.
54 Vgl. das Programm „Vision Quest" für straffällige Jugendliche in den USA, in: Mahdi, Luise: Crossroads.
55 Daniel Coleridge im Gespräch mit den Autoren und in dem Bericht: A Report Evaluating the Activities of Don Bosco Hostel 1998/1999, Salesian Institute, P. O. Box 870, Cape Town 8000, Südafrika.
56 Die Ärztin Bettina Koller, die zahlreiche Impulse für diesen Abschnitt einbrachte, im Gespräch mit den Autoren.
57 Koller, Bettina: Visionssuche mit Kranken und Leidenden, unveröffentlichtes Manuskript.
58 Sachon, Wernher: Vision Quest, Teil 1, S. 12.
59 Schäfer, Irmtraut, in: Egner, Helga: Leidenschaft und Rituale, S. 235.
60 Schäfer, Irmtraut, ebd.
61 Bärbel Kreidt, Ärztin, Psychotherapeutin und langjährige Visionssuche-Leiterin, im Gespräch mit den Autoren.

62 Sachon, Wernher: Vision Quest, in: erleben & lernen, Teil 1, S. 12.
63 Flyer, Jeannie Eagle, in: Marie Claire, Nov. 99, S. 32–36.
64 Edith Stölzl im Gespräch mit den Autoren.
65 Siehe Adressenteil weiter hinten. Auf die „ökopsychologischen Ansätze“ und die diagnostischen Möglichkeiten der Arbeit mit den „Vier Himmelsrichtungen“ gehen wir in einem späteren Kapitel ein.
66 Vgl.: Hetmann, Frederick: Die Erde ist unsere Mutter, S. 51 ff.
67 Die erste schriftliche Erwähnung des Begriffs findet sich in der Doktorarbeit von Ruth Benedict: „The Concept of Guardian Spirits in North America“, von 1922.
68 Kohl, J. G.: Kitchi Gami, hier zitiert nach: Mahdi, Luise (Hrsg.): Crossroads, S. 360 ff.
69 Kohl, J. G.: Kitchi Gami, hier zitiert nach: Mahdi, Luise (Hrsg.): Crossroads, S. 361.
70 Pat Grasshopper in einem 1954 aufgezeichneten Interview, in: Hetman, Frederick, Die Erde ist unsere Mutter, S. 146/147.
71 Hetman, Frederick: Die Erde ist unsere Mutter, S. 135 u. 142.
72 Pazzogna, Annie: Inipi. Die indianische Schwitzhütte, S. 213.
73 John Fire Lame Deer, in: Mahdi, Luise (Hrsg.): Crossroads, S. 366.
74 Bei den Algonkin wurden die Kinder schon mit fünf oder sechs Jahren darin trainiert, mit wenig Essen auszukommen und einen Tag in der Woche zu fasten. Je länger ein Kind fastete, desto stolzer waren die Eltern. Mit 12 oder 13 Jahren gingen sie zur eigentlichen Visionssuche in die Wildnis. Vgl.: Hetman, Frederick, Die Erde ist unsere Mutter, S. 133.
75 Abdruck mit freundlicher Genehmigung des Arun-Verlags, aus: Thomas Mails: „Oyate Wica'Ni Ktelo“ – Das Volk soll leben.
76 Archie Fire Lame Deer, in: Pazzognna, Annie: Inipi. Die indianische Schwitzhütte, S. 215.
77 Black Elk, zit. nach: Sachon, Wernher: Vision Quest, in: erleben & lernen, Teil 2, S. 33.
78 So in dem Buch „The Sacred Pipe: Black Elk's Account of the Seven Rites of the Oglala Sioux“, in dem er Joseph Epen Brown den Hintergrunnd, Aufbau und die Bedeutung der Visionssuchen erläuterte.
79 Vgl.: Campbell, Joseph: Der Heros in tausend Gestalten.
80 Schäfer, Irmtraut, in: Egner, Helga: Leidenschaft und Rituale, S. 209.
81 Auch Steven Foster und Meredith Little, die die überwiegende Mehrheit der heute im Westen aktiven Visionssuche-Leiter ausbildeten, wurden von indianischen Ältesten eingewiesen, bevor sie das Ritual den Bedürfnissen der weißen Kultur entsprechend veränderten. Die anderen im Westen praktizierten indianischen Traditionslinien, insbesondere der Bear Tribe und der Deer Tribe, beziehen sich direkt auf die persönlichen Lehren der Ojibwa- bzw. Lakota-Medizinmänner Sun Bear und Lame Deer.
82 David Steindl-Rast, in: Satin, Mark: Heile Dich selbst und die Erde, S. 192.
83 Herriger, Catherine: Die Kraft der Rituale, S. 10.
84 Imber-Black, Evan u. Janine Roberts: Vertrauen und Geborgenheit, S. 9, S. 163 ff.
85 Zit. nach: Roloff, Leland, in: Mahdi, Luise (Hrsg.): Crossroads, S. 332.
86 Steven Foster im Gespräch mit den Autoren.
87 Sanyika, Dadasi, in: Mahdi, Luise (Hrsg.): Crossroads, S. 116.

88 Somé, Malidoma Patrice: Vom Geist Afrikas, S. 259.
89 Gennep, Arnold van: Übergangsriten.
90 Westafrikanische Initiations-Geschichte, zit. nach: Meade, Michael, in: Mahdi, Luise (Hrsg.): Crossroads, S. XXI.
91 Sachon, Wernher: Vision Quest, in: erleben & lernen, S. 8.
92 Turner, Victor: Betwixt and Between.
93 Sachon, Wernher: Vision Quest, in: erleben & lernen, Teil 2, S. 92/93.
94 Schäfer, Irmtraut, in: Egner, Helga: Leidenschaft und Rituale, S. 223.
95 Haiko Nitschke im Gespräch mit den Autoren.
96 Vgl.: Singer, Christiane: Zeiten des Lebens: Von der Lust sich zu wandeln, S. 80; Meade, Michael, in: Mahdi, Luise: Crossroads, S. 224/225; Lawlor, Robert: Am Anfang war der Traum, S. 191 ff.
97 Kornfield, Jack, in: Mahdi, Luise (Hrsg.): Crossroads, S. 44 ff., Duerr, H.-P.: Traumzeit, S. 55.
98 Margaret Mead spricht nach kulturvergleichenden Studien davon, dass der schrittweise Verlust von Übergangsriten zu einer Zunahme von sozialpathologischem Verhalten führt. Vgl.: Grof, Christina, in: Mahdi, Luise (Hrsg.), Crossroads, S. 7.
99 Sachon, Wernher: Vision Quest, in: erleben & lernen, Teil 1, S. 10.
100 Im Südwesten von Afrika sind derartige Sprünge von hohen Bäumen Teil des Initiationsrituals.
101 Vgl.: Sanyika, Dadasi, in: Mahdi, Luise (Hrsg.): Crossroads, S. 170 ff.
102 Dahlke, Rüdiger: Lebenskrisen als Entwicklungschancen, S. 201.
103 Somé, Malidoma Patrice: Die Kraft des Rituals, S. 42.
104 Dahlke, Rüdiger: Lebenskrisen als Entwicklungschancen, S. 394.
105 Sachon, Wernher: Vision Quest, in: erleben & lernen, Teil 2, S. 32.
106 Dahlke, Rüdiger: Lebenskrisen als Entwicklungschancen, S. 35 ff.
107 Vgl. u. a.: Sheldrake, Rupert: Das schöpferische Universum.
108 Matthew Fox im Gespräch mit den Autoren.
109 Foster, Steven u. Meredith Little: Vision Quest. Sinnsuche und Selbstheilung in der Wildnis, S. 22.
110 Wolfgang Storl im Gespräch mit einem der Autoren.
111 Schröder, Inge, in: Politische Ökologie: Wa(h)re Wildnis, S. 22.
112 Metzner, Ralph: Brunnen der Erinnerung, S. 21.
113 Die Edda, S. 202.
114 Mit ersten Schriftzeichen, daher unser heutiges Wort: Buchstabe, oder engl. „to write“ – „schreiben“ von „ritzen“.
115 Aus: „Der Seherin Weissagung“, Edda.
116 Metzner, Ralph: Der Brunnen der Erinnerung, S. 181.
117 Strassmann, René-Anton: Baum-Heilkunde, S. 27.
118 Kern, Hermann: Labyrinthe, S. 27.
119 Vgl. Kern, Hermann, Heide Göttner-Abendroth und auch Brigitte Riebe: Palast der blauen Delphine; hier wird in Romanform diese Deutung nachvollzogen.
120 Kern, Hermann: Labyrinthe, S. 50.
121 Ebd., S. 56.
122 Vgl. Meier-Seethaler, Carola: Von der göttlichen Löwin zum Wahrzeichen männlicher Macht.

123 Schneider, Jan Heiner, in: Kirchhoff: Ursymbole, S. 17/18.
124 Vgl.: Loerzer, Sven: Visionen und Prophezeiungen. Die berühmtesten Weissagungen der Weltgeschichte, S. 13.
125 Ebd., S. 62.
126 2 Mose 24, 15–18, 25, 1–5.8 f.
127 Altes Testament, Einführung, kommentierte Texte.
128 Ebd., S. 59.
129 Felix Mendelssohn Bartholdy (1809–1847), „Elias", Oratorium, 2. Teil.
130 Neues Testament, Mk 9, 9–13.
131 Die Zahl 40 ist dabei nicht eine konkrete Zeitangabe, sondern steht als Symbol für eine Grenzüberschreitung, für den Schritt ins Unermessliche und heißt so viel wie „unendlich lang". Vgl.: Weinreb, Friedrich: Schöpfung im Wort, S. 130.
132 Zit. nach: Foster, Steven u. Meredith Little: Vision Quest. Sinnsuche und Selbstheilung in der Wildnis, S. 151.
133 Campbell, Joseph: Die Kraft der Mythen, S. 37.
134 Campbell, Joseph: Der Flug der Wildgans, S. 248.
135 Metzner, Ralph: Hineingehen. Wegmarken der Transformation, S. 168.
136 Godwin, Malcolm: Der Heilige Gral, S. 16.
137 Ebd., S. 107.
138 La Queste del Saint Graal 7–19, Pauphilet, op. cit, S. 26; vgl. Campbell, Joseph: Der Flug der Wildgans, S. 250.
139 Godwin, Malcolm: Der Heilige Gral, S. 165/167.
140 Campbell, Joseph: Der Flug der Wildgans, S. 246.
141 Ribellot, Paul, in: Grof, Christina: Spirituelle Krisen, S. 262.
142 Vgl. Godwin, Malcolm: Der Heilige Gral, S. 174.
143 Godwin, Malcolm: Der Heilige Gral, S. 177.
144 Campbell, Joseph: Der Flug der Wildgans, S. 248.
145 Godwin, Malcolm, ebd.
146 Godwin, Malcom: Der Heilige Gral, S. 190.
147 Campbell, Joseph: Die Kraft der Mythen, S. 244.
148 Godwin, Malcolm: Der Heilige Gral, S. 193.
149 Ebd., S. 198.
150 Godwin, Malcolm: Der Heilige Gral, S. 202.
151 Alle Märchen aus der Sammlung der Gebrüder Grimm.
152 Vgl. Campbell, Joseph: Der Flug der Wildgans, S. 30.
153 Campbell, Joseph: Der Heros in tausend Gestalten, S. 310.
154 Vgl. Bly, Robert: Der Eisenhans.
155 In: Estés, Clarissa P.: „Die Wolfsfrau", S. 82–88.
156 Aschoff, Wulff: Pubertät, S. 12–13.
157 Campbell, Joseph: Der Heros in tausend Gestalten, S. 21.
159 James Cowan im Gespräch mit einem der Autoren.
160 Sun Bear & Wabun: Das Medizinrad, S. 17.
161 Storm, H.: Sieben Pfeile, S. 60.
162 Steven Foster u. Meredith Little: Vision Quest, S. 182.
163 Storm, H.: Sieben Pfeile, S. 77.
164 Vgl. Lawlor, Robert: Am Anfang war der Traum, S. 33.

165 Die vier Richtungen können auch als vier „Schilde" gesehen werden, die sowohl dem Schutz als auch der Identifikation dienen oder auch einfach zeigen, wer man ist und wo im Leben man sich befindet. Indianer haben dazu Zeichen auf ihren Schilden, die auch auf ihre Stammeszugehörigkeit und persönliche Schutzgeister hinwiesen. Frauen webten entsprechende Zeichen auf ihre Kleidung, ihre Gürtel und sonstige Handarbeiten. Ähnliche Funktion übernahmen ja auch Wappen auf einem Ritterschild, wenn sie zeigten, welcher Familie man zugehörte.
166 Sun Bear & Wabun: Das Medizinrad, S. 19.
167 Foster, Steven u. Meredith Little: Vision Quest. Sinnsuche und Selbstheilung in der Wildnis, S. 191.
168 Ebd., S. 196.
169 Ebd., S. 200.
170 Ebd., S. 205.
171 Sun Bear & Wabun: Das Medizinrad, S. 19.
172 Vgl. dazu auch Foster, Steven u. Meredith Little: The Four Shields, S. 93 ff.
173 Ebd., S. 108.
174 Foster, Steven u. Meredith Little: Der Heilige Berg, S. 50.
175 Zit. nach LaChapelle, Dolores: Heilige Erde, Heiliger Sex, Bd. 3, S. 165.
176 Steven Foster im Gespräch mit den Autoren.
177 Systemische Familientherapie nach Bert Hellinger.
178 Der Überlieferung nach sollen als günstiges Vorzeichen für die Gründung Roms zuerst Remus sechs, später Romulus zwölf Geier begegnet sein.
179 Vgl. Gattiker, E. u. L.: Die Vögel im Volksglauben, S. 482.
180 Vielen Questern kommt während ihrer Zeit in der Wildnis und in der Begegnung mit der Natur ein neuer Name zu, der Medizinname.
181 Peat, F. David: Zeit, Synchronizität und Evolution, in: Sauer-Sachtleben, Monika: Kooperation mit der Evolution, S. 136.
182 Greenway, Robert: Die Erfahrung der Wildnis, in: Sauer-Sachtleben, Monika: Kooperation mit der Evolution, S. 234.
183 Vgl.: Trammler, Gerhardt, in: Politische Ökologie: Wa(h)re Wildnis, Ausg. 4/99, S. 8.
184 Metzner, Ralph, in: Rätsch, Christian (Hrsg.): Naturverehrung und Heilkunst, S. 57.
185 Vgl.: Francia, Luisa: Drei Wünsche, S. 54, 55.
186 Roszak, Theodore: Ökopsychologie, S. 305 ff.
187 Metzner, Ralph: Green Psychology, S. 84.
188 Steven Foster im Gespräch mit den Autoren.
189 Vgl.: Bröckers, Matthias: Das sogenannte Übernatürliche, S. 218, und Eisler, Riane: Kelch und Schwert.
190 Meier-Seethaler, Carola: Ürsprünge und Befreiungen, S. 23.
191 Noch heute ist in unserer Sprache dieser Zusammenhang hörbar: Das Wort „Mutter" (*mater*) entwickelte sich wie Materie (*materia*) aus der gleichen Wortwurzel. Vgl.: Sheldrake, Rupert: Die Wiedergeburt der Natur, S. 17.
192 Meier-Seethaler, Carola: Ursprünge und Befreiungen, S. 25.
193 Meier-Seethaler, Carola: Ursprünge und Befreiungen, S. 349, und: Capra, Fritjof: Wendezeit, S. 122.

194 Sachon, Wernher: Vision Quest, in: Connection special, S. 93.
195 Vgl.: Schröder, Inge, in: Politische Ökologie: Wa(h)re Wildnis, Ausg. 4/99, S. 23.
196 Duerr, Hans-Peter: Traumzeit, S. 76 und S. 210.
197 Der Psychologe Stanislav Grof im Gespräch mit den Autoren.
198 Kahlweit, Holger: Traumzeit und innerer Raum, S. 241.
199 So die Vergleichende Religionswissenschaftlerin Joannna Macy im Gespräch mit den Autoren.
200 Sachon, Werner: Vision Quest, in: erleben & lernen, Teil 2, S. 33.
201 John Perry im Gespräch mit den Autoren.
202 Kreidt, Bärbel: Visionen von der vierfachen Göttin, in: Rätsch, Christian (Hrsg.): Naturverehrung und Heilkunst, S. 110.
203 Kalweit, Holger: Traumzeit und innerer Raum, S. 257.
204 Metzner, Ralph: Brunnen der Erinnerung, S. 62.
205 Vgl. Koch-Weser, Sylvia: „Wolfsfrau trifft Green Man", in: Tagungsdokumente der Hess. Landeszentrale für polit. Bildung; siehe Adressenteil weiter hinten.
206 Metzner, Ralph, in: Rätsch, Christian: Naturverehrung und Heilkunst, S. 60.
207 Kalweit, Holger, in: Gottwald, F.-T. u. C. Rätsch: Schamanische Wissenschaften, S. 97.
208 Robert Greenway im Gespräch mit den Autoren.
209 Foster, Steven u. Meredith Little: Vision Quest. Personal Transformation in the Wilderness, S. 87.
210 Gottwald, Franz-Theo u. Christian Rätsch: Schamanische Wissenschaften, S. 19.
211 Der australische Schriftsteller und Psychologe James Cowan bezeichnete im Gespräch mit den Autoren den Bewusstseinszustand während der Visionssuche als einen „nicht-psychologischen" Zustand und spricht von einem „totemistischen Denken", das aus einer tiefen Verbindung mit der Natur entsteht.
212 Carpenter, Edward: The Drama of Life and Death, zit. nach: Kalweit, Holger: Traumzeit und innerer Raum, S. 239.
213 Der Quantenphysiker Hans-Peter Duerr im Gespräch mit den Autoren.
214 Luczak, Hania: Schamanismus. Nicht von allen Geistern verlassen, in: Geo, Hamburg, Ausg. 9/99.
215 Zit. nach: LaChapelle, Dolores: Heilige Erde, heiliger Sex, Bd. 3, S. 157.
216 Vgl.: v. Lüpke, Geseko: Evolution der Sinnlichkeit, in: Sauer-Sachtleben, Monika (Hrsg.): Kooperation mit der Evolution, S. 109–126.
217 Sachon, Wernher: Vision Quest, in: erleben & lernen, Teil 2, S. 33.
218 Vgl. dazu Abram, David: The Spell of the Sensuous.
219 Roszak, Theodore: Ökopsychologie, S. 401.
220 Freud, Sigmund, zit. nach: Roszak, Theodore: Ökopsychologie, S. 55.
221 Ebd., S. 401.
222 Der amerikanische Theologe Matthew Fox im Gespräch mit den Autoren.
223 Die Anthropologin und Philosophin Dolores LaChapelle im Gespräch mit den Autoren.
224 Hofmeister, Sabine: Des Unbekannten Zähmung. Abschied vom Gegensatz Natur versus Kultur, in: Politische Ökologie: Wa(h)re Wildnis, S. 27.
225 Vgl. Lüpke, Geseko: Lernen von der Natur, Bayerischer Rundfunk, 2000.
226 Vgl.: Roszak, Theodore: Ökopsychologie, S. 55.

227 Neumann, Erich: Die Psyche als Ort der Gestaltung, zit. nach: Schäfer, Irmtraut, in: Egner, Helga: Leidenschaft und Rituale, S. 231.

228 Shepard, Paul: Nature and Madness, zit. nach: Metzner, Ralph: Green Psychology, S. 86.

229 Metzner, Ralph: Green Psychology, S. 86–91.

230 Vgl.: Roszak, Theodore: Ökopsychologie, S. 442 ff.; und für das Zitat S. 71.

231 Francia, Luisa: Drei Wünsche, S. 173.

232 dtv-Lexikon, Bd. 19, S. 236.

233 Beykirch, Theodor: Prophetenstimmen, zit. nach: Loerzer, Sven: Visionen und Prophezeiungen, S. 10.

234 „Das Heilshandeln Gottes an der Menschheit", sagt der Theologe Karl Rahner, „hat in Christus seine entscheidende, grundsätzlich unüberholbare und definitive Phase erreicht." Zit. nach Loerzer, Sven: Visionen und Prophezeiungen, S. 16.

235 Zit. nach: Kalweit, Holger: Traumzeit und innerer Raum, S. 101.

236 Holger Kalweit im Gespräch mit den Autoren.

237 Vgl. Black Elks Vision, in: Hetman, Frederick: Die Erde ist unsere Mutter, S. 137 ff., und: Lame Deer John Fire und Richard Erdoes: Taca Ushte, Medizinmann der Sioux.

238 Cruden, Loren: Jeder Ort ist heilig, S. 122.

239 Vgl.: Archie Fire Lame Deer, in: Pazzogna, Annie: Inipi, S. 215.

240 So betrachten die Regenwaldbewohner des Orinokobeckens und des Amazonasbeckens die täglich wahrnehmbare Welt als äußeren Schein und die gewöhnlich unsichtbare Welt der Visionen als wahre Wirklichkeit; vgl.: Rätsch, Christian: Naturverehrung und Heilkunst, S. 86.

241 Steven Foster im Gespräch mit den Autoren.

242 Foster, Steven u. Meredith Little: Vision Quest, S. 89.

243 Verena und Haiko Nitschke im Gespräch mit den Autoren.

244 Steven Foster im Gespräch mit den Autoren.

245 Francia, Luisa: Drei Wünsche, S. 174.

246 Lawlor, Robert: Am Anfang war der Traum, S. 215.

247 Estés, Clarissa Pinkola: Die Wolfsfrau, S. 13 u. 23.

248 Vgl. dazu auch Sylvia Koch-Weser: „Wolfsfrau" trifft „Green Man".

249 Bärbel Kreidt im Gespräch mit den Autoren.

250 Bärbel Kreidt im Gespräch mit den Autoren.

251 Wolf Büntig im Gespräch mit einem der Autoren.

252 Der „Westen", als eine der vier Himmelsrichtungen, steht hier als Platz für die Schatten, die Zweifel, die Dunkelheit (siehe Kapitel über das Medizinrad).

253 Von jeweils zwei Visionssuchenden ausgewählter Platz, an dem jeden Tag ein Stein niedergelegt wird, um dem Partner, dem *Buddy*, zu signalisieren, dass es einem gutgeht (siehe zweiter Teil, Vorbereitung).

254 Die „Straße der Entscheidung" oder „Straße des Todes" ist der erste Schritt, um sich auf die „Sterbehütte" vorzubereiten. Vergleiche im zweiten Teil den Abschnitt „Rituelle Werkzeuge" und „Im Kreis der Wachnacht".

255 Sterbehütte: Bei diesem Ritual begibt man sich am zweiten und dritten Tag in die Sterbehütte und ruft dort die Menschen, die im Leben wichtig waren, herbei. Es geht darum, in einem inneren Dialog die Beziehungen zu klären, noch nicht Gesagtes zu sagen, zu verzeihen und um Verzeihung zu bitten.

256 Gemeint sind die Richtungen des Medizinrads.
257 Bericht eines Mannes aus dem Kongo, zit. nach: Singer, Christine: Zeiten des Lebens, S. 13.
258 Zit. aus dem Bericht von Klaus-Peter Esser, Management-Trainings, der für dieses Buch verfasst wurde.
259 Zit. mit freundlicher Genehmigung des Visionssuche-Leiters E. Petschel und STEP e.V. (siehe Adressen).
260 Campbell, Joseph: Der Heros in tausend Gestalten, S. 36 ff. und S. 236 ff.
261 Foster, Steven u. Meredith Little: Vision Quest, S. 115, 116.
262 Sachon, Wernher: Vision Quest, in: erleben & lernen, Teil 2, S. 32.
263 Lame Deer, John Fire unnd Richard Erdoes: Taca Ushte, S. 179.
264 Verena Nitschke im Gespräch mit den Autoren.
265 Tennessee Self Concept Scale, zit. nach: Foster, Steven u. Meredith Little: A Wilderness Rite of Passage for Youth and Technical Guide to Threshold Safety, S. 11.
266 Zit. mit freundlicher Genehmigung des Visionssuche-Leiters Stefan Wolff.
267 Zit. mit freundlicher Genehmigung des Visionssuche-Leiters Eberhardt Shanti Petschel.
268 Zit. mit freundlicher Genehmigung des Visionssuche-Leiters Eberhardt Shanti Petschel.
269 Eckert, Robert, in: Mahdi, Luise (Hrsg.): Crossroads, S. 259.
270 Edith Stölzl im Gespräch mit den Autoren.

Literatur

ABRAM, DAVID: The Spell of the Sensuous, New York 1996.

ALTES TESTAMENT. Einführung, Texte, Kommentare, München 1977.

ANDERSON, WILLIAM: Der grüne Mann. Ein Archetyp der Erdverbundenheit, Düsseldorf 1993.

ARNOLD, PATRICK M.: Männliche Spiritualität. Der Weg zur Stärke, München 1994.

ARRIEN, ANGELES: The Four-Fold Way. Walking the Paths of the Warrier, Teacher, Healer and Visionary, San Francisco 1993.

ASCHOFF, WULF: Pubertät. Erregungen um ein Lebensalter, Zürich 1996.

BEZZEL, EINHARD: Paschas, Paare, Partnerschaften. Strategien der Geschlechter im Tierreich, München 1993.

BLY, ROBERT: Eisenhans. Ein Buch über Männer, München 1993.

BRÖCKERS, MATHIAS: Das sogenannte Übernatürliche. Von der Intelligenz der Erde – Aufbruch zu einem neuen Naturverständnis, Frankfurt 1998.

BROWN, TOM JR.: Das Vermächtnis der Wildnis. Visionen und Prophezeiungen zur Rettung unserer gefährdeten Welt. Die Geschichte eines spirituellen Kriegers, München 1992.

BRUNOTTE, ULRIKE: Die Helden des Tötens. Rambo, Terminator und die Rituale der Initiation. In: Frankfurter Rundschau, 5.9.1995.

CAMERON, ANNE: Daughters of Copper Woman, Vancouver 1988.

CAMPBELL, JOSEPH: Der Flug der Wildgans. Mythologische Streifzüge, München 1994.

– Der Heros in tausend Gestalten, Frankfurt 1999.

– Die Kraft der Mythen. Bilder der Seele im Leben des Menschen, 2. Aufl., Düsseldorf 2000.

– Mythen der Menschheit, München 1993.

CAPRA, FRITJOF: Wendezeit. Bausteine für ein neues Weltbild, München 1999.

CRUDEN, LOREN: Jeder Ort ist heilig. Regeln, Riten und Erfahrungen für ein Leben im Einklang mit den Rhythmen von Himmel und Erde, München 1997.

DAHLKE, RÜDIGER: Lebenskrisen als Entwicklungschancen. Zeiten des Umbruchs und ihre Krankheitsbilder, München 1999.

DAYAK, MANO: Geboren mit Sand in den Augen. Die Autobiographie des Führers der Tuareg-Rebellen, Zürich, 1998.

DIE EDDA. Götterdichtung, Spruchweisheit und Heldengesänge der Germanen, München 1997.

DRAGT, TONKE: Der Brief für den König, Weinheim 1998.

DUERR, HANS-PETER: Traumzeit. Über die Grenze zwischen Wildnis und Zivilisation, Frankfurt 1985.

ESTÉS, CLARISSA PINKOLA: Die Wolfsfrau. Die Kraft der weiblichen Instinkte, München 1997.

FIRE LAME DEER, JOHN U. RICHARD ERDOES: Taca Ushte. Medizinmann der Sioux, München 1998.

FOSTER, STEVEN U. MEREDITH LITTLE: Der Heilige Berg. Vision Quest. Handbuch, München 1992.

– Die vier Schilde. Initiation durch die Jahreszeiten der menschlichen Natur, Arun, Engerda 2000.
– The Book of the Vision Quest. Personal Transformation in the Wilderness, New York 1992.
– A Wilderness Rite of Passage for Youth (Teachers Edition) and Technical Guide to Threshold Safety. School of Lost Borders, Big Pine 1991.
– Vision Quest. Sinnsuche und Selbstheilung in der Wildnis, Braunschweig 1991 (erhältlich über Verena u. Haiko Nitschke; siehe Adressen-Anhang).

Fox, Mathew: Schöpfungsspiritualität. Heilung und Befreiung für die erste Welt, Stuttgart 1995.

Francia, Luisa: Drei Wünsche. Von der Vision zur Magie als Handwerk, München 1999.

Frick, Jürg: Dauert die Jugend zu lang? Erschwerte Sinnsuche von Heranwachsenden. In: Neue Züricher Zeitung, 21.9.1995.

Gattiger, Ernst u. Luise: Die Vögel im Volksglauben. Eine volkskundliche Sammlung aus verschiedenen europäischen Ländern von der Antike bis heute, Wiebelsheim 1989.

Gebhard, Ulrich: Kind und Natur. Die Bedeutung der Natur für die psychische Entwicklung, Wiesbaden 1997.

Gerlitz, Peter: Mein Totem ist zornig. Mensch und Natur in archaischen Kulturen, Olten 1992.

Gimbutas, Marija: Die Sprache der Göttin. Das verschüttete Symbolsystem der westlichen Zivilisation, Frankfurt 1995.

Godwin, Malcolm: Der Heilige Gral. Ursprung, Geheimnis und Deutung einer Legende, München 1997.

Göttner-Abendroth, Heide: Die Göttin und ihr Heros, München 1993.

Gottwald, Franz-Theo u. Andrea Klepsch: Tiefenökologie. Wie wir in Zukunft leben wollen, München 1995.

Gottwald, Franz-Theo u. Christian Rätsch (Hrsg.): Schamanische Wissenschaften. Ökologie, Naturwissenschaft und Kunst, München 1998.

Harrison, Robert P.: Wälder, Ursprung und Spiegel der Kultur, München/Wien 1992.

Herriger, Catherine: Wie Rituale unser Leben bestimmen. Macht und Magie unbewusster Botschaften im Alltag, Weyarn 1998.

Hetmann, Frederick: Die Erde ist unsere Mutter. Indianische Spiritualität und Religion, Freiburg 1998.

Hofmeister, Sabine: Des Unbekannten Zähmung. Abschied vom Gegensatz Natur versus Kultur. In: Politische Ökologie: Wa(h)re Wildnis, 4/1999.

Imber-Black, Evan u. Janine Roberts: Vertrauen und Geborgenheit. Familienrituale und alte Bräuche neu entdeckt, Düsseldorf/Wien 1993.

Kaiser, Thomas (Hrsg.): Coyote geht um. Indianische Schelmengeschichten um den Steppenwolf, Berlin 1993.

Kalweit, Holger: Traumzeit und innerer Raum. Die Welt der Schamanen, München/Bern/Wien 2000.

Kast, Verena: Mann und Frau im Märchen. Eine psychologische Deutung, München 1992.

KERN, HERMANN: Labyrinthe, München 1999.

KOCH-WESER, SYLVIA: „Wolfsfrau" trifft „Green man" – Über Natur- Weiblichkeit und Männlichkeit. In: „Tagungsberichte" der hessischen Landeszentrale für politische Bildungzum Thema: Eine Zukunft für Männer und für Frauen; unter http://www.die-frankfurt.de/esprid„Neue Beiträge", „Gender", Frankfurt 1999.

KUFNER, LORE: Getaufte Götter. München 1992.

LACHAPELLE, DOLORES: Heilige Erde – Heiliger Sex. Entwurzelung und unsere Wurzeln in den „Alten Weisen" (Bd. 1), Saarbrücken 1998.

– Heilige Erde – Heiliger Sex. Der Himmel auf Erden (Bd. 3), Saarbrücken 1999.

LAWLOR, ROBERT: Am Anfang war der Traum. Die Kulturgeschichte der Aborigines, München 1993.

LEE, SCOUT CLOUD: Der heilige Kreis. Ein Medizinbuch für Frauen, Engerda 1999.

LEGUARO, ALDO: Im Grunde sind alle jung. Vom Verschwinden des Unterschieds zwischen Jugendlichen und Erwachsenen. In: Frankfurter Rundschau, 22. 8. 1992.

LOERZER, SVEN: Visionen und Prophezeiungen. Die berühmtesten Weissagungen der Weltgeschichte, Augsburg 1997.

LUCZAK, HANIA: Schamanismus. Nicht von allen Geistern verlassen. In: Geo, 9/1999.

LÜPKE, GESEKO V.: Lernen von der Natur. Der Boom der Wildnis- und Naturschulen, Reihe Forum der Wissenschaft, Bayern 2 Radio/Bayerischer Rundfunk, 8. u. 9. März 2000.

MACY, JOANNA: Die Wiederentdeckung der sinnlichen Erde. Wege zum ökologischen Selbst, München 1994.

MAHDI, LUISE (HRSG.): Crossroads. The Quest for Contemporary Rites of Passage, Chicago 1996.

MAHDI, LOUISE, STEVEN FOSTER U. MEREDITH LITTLE: Betwixt & Between: Patterns of Masculine and Feminine Initiation, La Salle 1987.

MAILS, THOMAS: Oyate Wica'Ni Ktelo. Der Sonnentanz der Sioux, Engerda 1999.

MCMURRAY, MADELINE: Jenseits des Heldentums. Leben in Einklang mit den Mythen der Welt, München 1998.

MEHL, LEWIS E.: Coyote-Medizin. Geist und Erfolge indianischer Heilung, München 1997.

MEIER-SEETHALER, CAROLA: Ursprünge und Befreiungen. Die sexistischen Wurzeln der Kultur, Frankfurt 1992.

– Von der göttlichen Löwin zum Wahrzeichen männlicher Macht. Ursprung und Wandel großer Symbole, Zürich 1994.

METZNER, RALPH: Der Brunnen der Erinnerung. Von den mythologischen Wurzeln unserer Kultur, Braunschweig 1994.

– Green Psychology. Transforming our Relationship to the Earth, Vermont 1999.

– Hineingehen. Wegmarken der Transformation, Freiburg 1987.

MOMADAY, SCOTT: Vision Quest. A sacred Indian Ritual of Discovery and Renewal. In: Espire, Juli 1999.

NITSCHKE, VERENA U. HAIKO: Visionssuche: Sinnsuche und Selbstheilung in der Natur. Ein alter Übergangsritus für moderne Menschen. In: natur & heilen, 9/1995.

PAZZOGNA, ANNIE: Inipi. Das Lied der Erde, Engerda 1998.

POLITISCHE ÖKOLOGIE (HRSG.): Wa(h)re Wildnis, 4/1999.

RAO, URSULA U. KLAUS PETER KOPPING: Transformation der Wirklichkeit. In: Frankfurter Rundschau, 7.12.1999.

Rätsch, Christian: Naturverehrung und Heilkunst. Von fliegenden Schamanen, schwarzen Göttinnen, wilden Menschen und Liebesmysterien der Aphrodite, Südergellersen 1993.

Recheis, Käthe u. Georg Bydlinski: Weißt du, dass die Bäume reden. Weisheit der Indianer, Freiburg 1998.

Ressel, Hildegard: Rituale für den Alltag. Warum wir sie brauchen – wie sie das Leben erleichtern, Freiburg 1998.

Roszak, Theodore: Öko-Psychologie. Der entwurzelte Mensch und der Ruf der Erde, Stuttgart 1994.

Sachon, Wernher: Vision Quest. Ein Übergangsritus in der Natur; Teil 1. In: e & l, erleben und lernen. Internationale Zeitschrift für handlungsorientiertes Lernen, 2/1999.

– Vision Quest. Ein Übergangsritus in der Natur; Teil 2. In: e & l, erleben und lernen. Internationale Zeitschrift für handlungsorientiertes Lernen, 3–4/1999.

– Vision Quest. Einsames Fasten in der Wildnis. In: Connection special, 3/1997.

Sams, Jamie und David Carson: Karten der Kraft. Ein schamanistisches Einweihungsspiel in den „Pfad der Tiere", Aitrang 1998.

Sauer-Sachtleben, Monika (Hrsg.): Kooperation mit der Evolution. Das kreative Zusammenspiel von Mensch und Kosmos, München 1999.

Schäfer, Irmtraut: Das Ritual der Vision Quest als Modell für Lebensübergänge. In: Egner, Helga (Hrsg.): Leidenschaft und Rituale. Was Leben gelingen lässt, Zürich/Düsseldorf 1997.

Schama, Simon: Der Traum von der Wildnis. Natur als Imagination, München 1996.

Sheldrake, Rupert: Das schöpferische Universum. Die Theorie des morphogenetischen Feldes, Berlin 1993.

– Die Wiedergeburt der Natur. Wissenschaftliche Grundlagen eines neuen Verständnisses der Lebendigkeit und Heiligkeit der Natur, München 1991.

Singer, Christiane: Zeiten des Lebens: Von der Lust sich zu wandeln, München 1991.

Snyder, Gary: Practice of the Wild, San Francisco 1990.

Somé, Malidoma Patrice: Die Kraft des Rituals. Afrikanische Traditionen für die westliche Welt. München 2000.

– Vom Geist Afrikas. Das Leben eines afrikanischen Schamanen, München 1996.

Storm, Hyemeyohsts: Sieben Pfeile. Indianische Initiation in unserer Zeit, München 1997.

Sun Bear u. Wabun Wind: Das Medizinrad. Eine Astrologie der Erde, München 1992.

Thich, Nhat Hanh: Zeiten der Achtsamkeit, Freiburg 1999.

Trommer, Gerhard: Psychotop Wildnis. Wildnis und Verwilderung – Begriffsdefinition und Hintergründe. In: Politische Ökologie: Wa(h)re Wildnis, 4/1999.

Voigt, Ziriah: Ritual und Tanz im Jahreskreis, Bonn 1997.

Wolff, Stefan: Geh, wohin Dein Herz Dich trägt. Übergangsriten für Jugendliche heute. In: natur & heilen, 4/1999.

Video

Erwachsenwerden in der Wildnis – Visionssuche mit Jugendlichen, Jugendvisionssuche in der „School of Lost Borders", VHS, 80 Min., Engerda 1999.

Ausrüstungsliste

Zusammengestellt nach eigenen Erfahrungen und den Vorschlägen der School of Lost Borders, vgl. auch: Foster, Steven u. Meredith Little: Vision Quest Handbuch. Der heilige Berg, übersetzt von Irmtraut Schäfer, deren Tipps hier auch mit einfließen.

- Rucksack
- Schlafsack (auch für Minustemperaturen)
- Isomatte als Unterlage
- Zeltunterlage oder Zeltplane, 3 × 4 m (Schutz vor Sonne, Regen …)
- Schnur, etwa wäscheleinendick, ca. 30 m
- Taschenmesser
- Sturmstreichhölzer (wasserdicht verpackt)
- kleine Kerze (zum Feuermachen)
- Trillerpfeife
- großes Mehrzwecktuch (als Kopftuch, Umhang, Bandage usw.)
- 4 Wasserbehälter für je 4 l Wasser plus eine 2-l-Feldflasche
- Trinkbecher aus Metall (feuerfest)
- Löffel
- Toilettenpapier (umweltfreundlich)
- Lippenschutz, Sonnenschutzcreme
- zwei große Plastiksäcke (für Müll und als Regenschutz)
- Tagebuch, Stifte
- Tagesrucksack
- Regenhaut
- Traubenzucker oder Tubenhonig für Notfälle

Kleidung für *warmes* Wetter
- Shorts
- Sonnenhut
- warmer Wollpullover/Jacke
- Wollmütze für nachts
- etwas zum Wechseln
- Stiefel/feste Schuhe

Kleidung für *kaltes* Wetter
- Wollmütze, Fausthandschuhe
- warme Jacke
- dicke Wollsocken (und Ersatzpaar)
- lange warme Unterwäsche (keine Baumwolle)
- Kleidung zum Wechseln (bleibt im Basislager)

Notgepäck

Dies beinhaltet alle Dinge, die im Tagesrucksack während der gesamten Zeit in der Wildnis mitgeführt werden sollen:

- Checkliste für Erste Hilfe
- Erste-Hilfe-Utensilien (Pflaster, Binde, Pinzette, Kompressen, Rescue-Tropfen etc.)
- großes Mehrzwecktuch
- kleine Kerze
- Feldflasche mit 2 l Wasser
- Traubenzucker (zur raschen Energiezufuhr in Notfällen)
- Wollmütze, Jacke
- Trillerpfeife

Extras (falls erwünscht)

- Musikinstrument
- Insektenschutz
- Sonnenbrille
- Nadel und Faden
- Feuchtigkeitstücher
- Taschenlampe
- Kompass
- Zahnseide
- Elektrolyte (siehe Kapitel Fasten)

Anmerkungen zur Ausrüstung

Rucksack: Er sollte gut sitzen und unbedingt vorher ausprobiert sein. Die schweren Sachen werden am besten nach oben gepackt. Idealgewicht für den Marsch durchs Gelände: 15 kg oder weniger.

Zeltplane/Plastikplane/Tarp: Aus möglichst dünnem, aber reißfestem Material, z. B. Polyester. 3 × 4 m ist eine gute Größe. Sie kann als Unterlage benutzt oder zum Schutz gegen Sonne, Regen oder Wind aufgespannt werden. Segeltuch ist sehr schwer, billige Plastikplanen können durch ständiges Knattern im Wind stören. Es gibt auch Planen, die außen mit einer reflektierenden Schicht überzogen sind, die speziell für die Wüste geeignet, allerdings sehr teuer sind.

Schlafsack: Er ist während der Tage in der Wildnis dein Unterschlupf. Daunensäcke sind leicht und warm, müssen aber unbedingt vor Nässe geschützt werden. Dafür eventuell einen Biwaksack oder eine zusätzliche große Plastiktüte mitnehmen. Synthetikfasern trocknen schnell, sind aber meist etwas schwerer oder sehr teuer bei gleicher Schutzleistung. Die Wärmekraft deines Schlafsacks muss Jahreszeit, Höhe und Ort deines Questplatzes angepasst sein. Bedenke, dass du während des Fastens auch noch schneller frierst. Auch wenn du keinen ganz optimalen Schlafsack hast, kannst du durch Einziehen eines dünnen und sehr leichten Seidenschlafsacks zusätzliche Wärmegrade gewinnen.

Isomatte/Unterlage: Es gibt sich selbst aufblasende Liegematten, die auf sehr kleinen Raum zusammengerollt werden können und die gut isolieren. Aber auch die einfachen

Schaumstoffmatten können ausreichen. Letztlich hängt auch hier die Entscheidung vom Gelände, Gewicht, Geldbeutel und nicht zuletzt deinem Rücken ab.

Feldflasche: Bei allen Ausflügen muss die 2-Liter-Feldflasche voll Wasser im Tagesrucksack mitgenommen werden. Die Flasche sollte unzerbrechlich sein.

Mehrzwecktuch: Ein Baumwolltuch, das mindestens 1 × 1 m groß sein sollte, dient als Schutz vor Sonne, Wind, Staub und Kälte, als Lappen, Schwamm, Bandage, Armschlinge, Kompresse, Handtuch, Flagge oder Orientierungshilfe.

Stiefel: Sie sollen bequem, gut eingelaufen und fest sein. Knöchelhohe Trekkingschuhe sind ideal in steinigem, felsigem Gelände, auch zum Schutz gegen Dornen.

Wollpullover, Wollmütze, Socken, Handschuhe: Wolle hält auch in nassem Zustand noch warm und trocknet schnell. Gerade im Gebirge, aber auch in der Wüste kann es zu schnellen Temperaturstürzen kommen. Die Wollmütze sollte deshalb immer im Tagesrucksack dabei sein. Nachts oder bei ununterbrochenem Wind ist sie auch im Sommer sehr nützlich. Zwei Paar Wollsocken (dünn und dick) übereinander gezogen schützen vor Blasen.

Kleidung: Wichtig ist eine wind- und regendichte Jacke. Sehr bewährt haben sich auch Faserpelze („Fleece") zum Darunterziehen, weil sie sehr leicht, warm und weich sind und im Notfall sehr schnell trocknen. Als Multitalent erweist sich die lange „Funktionsunterwäsche" aus Kunstfaser: dünn, leicht, gut wärmend und atmungsaktiv. Ein guter Ersatz für einen warmen Schlafanzug.

Drogen, Medikamente: Drogen sind untersagt. Wenn ein regelmäßig verordnetes Medikament genommen werden muss, sollte mit dem Arzt die Anwendung während des Fasten und Alleinseins besprochen werden. Die Leitung der Visionssuche muss darüber unbedingt informiert werden.

Adressen

Die Adressenliste enthält nach Postleitzahlen sortiert Wohnorte und E-Mail-Adressen von Anbietern und Anbieterinnen von Visionssuchen. Nach Deutschland folgen alphabetisch sortiert europäische Adressen. Die Institute für Fort- und Weiterbildung sind nach Ländern und Postleitzahlen sortiert. Die Liste erhebt keinen Anspruch auf Vollständigkeit und ist als Serviceleistung zu verstehen. Die Autoren übernehmen keine Verantwortung für die Arbeitsweise der Anbieter. Jede und jeder Interessierte muss sich selbst ein Bild über das Angebot machen. Die Informationen wurden uns von den Anbietern zugesandt, genaue Daten und Preise sowie Zugangsvoraussetzungen müssen jeweils angefragt werden.

Ständig aktualisierte Termine für Visionssuchen und Fortbildungen sowie alphabetisch sortierte Adressen der im Visionssuche-Netzwerk zusammengeschlossenen Anbieter finden Sie im Internet unter **www.visionssuche.net**. Zudem sind dort auch Anbieter und Anbieterinnen für spezielle Zielgruppen (Visionssuchen für Frauen, für Männer, für Paare, für Jugendliche, für Schwerkranke; Visionssuchen für Führungskräfte im Kontext von Unternehmen etc.) aufgelistet und Links auf deren Internetseiten angegeben.

Deutschland

01326 Dresden
Peter, Gerhard
Gerhard.Peter@gmx.de
Ausbildung bei Stefan Wolff und Karin Krug in der Tradition der „School of Lost Borders", Vision Quest seit 2005.

09669 Frankenberg
Belke, Anna Karin
anna.k.belke@gmx.de.

14059 Berlin
Fuhrmann, Regina
info@visionssuchen.de, www.visionssuchen.de
Ausbildung in der Tradition des Bear und der School of Lost Borders, Vision Quest seit 2001.

15345 Altlandsberg
Baubkus, Rafael
rbaubkus@gmx.net
www.healing-nature.com.

15374 Müncheberg
Bergmann, Dr. Charlotte
bergmann.c@freenet.de, www.gmde.de

21337 Lüneburg
Engelbrecht, Dr. med. Marc
engelbrecht@web.de
Ausbildung bei Werner Sachon in der Tradition der School of Lost Borders.

22559 Hamburg
Ostermayer, Hans-Herman (Oshy)
h2o@oshy.de, www.visionssuchen.de
Ausbildung an der School of Lost Borders und durch den Bear Tribe (Sun Bear), Vision Quest seit 1989.

22587 Hamburg
Wedel, Daniela v. (geb. Beloreschki)
familie.wedel@blankenese.de
Ausbildung in der School of Lost Borders und bei Haiko und Verena Nitschke (Ökosys), Vision Quest seit 1998.

22763 Hamburg
Gündling, Ellen
ellen.guendling@web.de
www.kunst-therapie-natur.de
Ausbildung bei Verena und Haiko Nitschke in der Tradition der School of Lost Borders 2004.

27243 Prinzhöfte-Horstedt
Wilhelm, Judith
Wildnisschule Wildeshausen
j.wilhelm@wildnisschule.de
www.wildnisschule.de.

28203 Bremen
Peschek, Max
peschek.max@t-online.de
Ausbildung durch Ökosys (siehe Netzwerke) in der Tradition der School of Lost Borders.

28205 Bremen
Schäfer, Reinhold Hermann
info@rschaefer.com
www.maenner-initiation.de
www.maennerquest.de
Ausbildung in der Tradition der School of Lost Borders.

28870 Ottersberg
Heine, Johannes
johannes.heine@gmx.net
Vision Quest in der Tradition der School of Lost Borders, Ausbildung bei Haiko Nitsche.

30559 Hannover
Peham, Wolfgang
info@wildniswissen.de
www.wildniswissen.de
Ausbildung bei der Bear Tribe Medicine Society sowie an Tom Brown's Tracking, Nature and Wilderness Survival School und Jon Young's Wilderness Awareness School.

30629 Hannover
Häßler, Alfred
ali.haessler@gmx.de
Ausbildung in der Tradition der School of Lost Borders bei Sylvia Koch-Weser 2007.

31698 Lindhorst/Ottensen
Brandstetter, Ellen
info@stimmheilpraxis-innervoice.de
www.healing-nature.de
Ausbildung in der Tradition der School of Lost Borders und Bear Tribe.

31698 Lindhorst/Ottensen
Wollwert, Sylvia
s.wollwert@visionssuchen.de
www.visionssuchen.de
info@healing-nature.com
www.healing-nature.com
Vision Quest seit 1992, Ausbildung über mehrere Jahre durch die Bear Tribe Medicine Society (Sun Bear) und durch Steven Foster und Meredith Little (School of Lost Borders, Kalifornien).

31812 Bad Pyrmont
Heisig, Dr. phil. Marascha Daniela
mdheisig@aol.com, dheisig@gmx.de
Ausbildung in der Tradition der School of Lost Borders bei Sylvia Koch-Weser 2008 und in der Bear Tribe Tradition bei healing nature e.V.

37276 Meinhard Neuerode
Heiten, Holger und Gesa
info@eschwege-institut.de
www.eschwege-institut.de
www.business-quest.de
Ausbildung in der School of Lost Borders und bei Haiko und Verena Nitschke.

38700 Braunlage
Dierkes-Kaever, Angelika
dierkeskaever@gmx.de
Ausbildung bei Nitschke in der Tradition der School of Lost Borders, Vision Quest seit 1998.

47506 Neukirchen-Vluyn
Kreische, Dr. Jörn
mail@joernkreische.de, www.joernkreische.de
Ausbildung an der School of Lost Borders, Vision Quest seit 1997.

50937 Köln
Kreidt, Dr. med. Bärbel
baerbel.kreidt@web.de
Ausbildung an der School of Lost Borders, Vision Quest seit 1992.

51379 Leverkusen
Albers, Dr. med. Matthias Christian
m.albers59@web.de, www.visionssuchen.de
www.visionssuche-albers.de

69257 Wiesenbach
Tremmel, Dieter-Georg
visions-suche@web.de, www.visions-suche.eu
Ausbildung in der Tradition der School of Lost Borders bei Haiko Nitschke.

71111 Waldenbuch
Fischer, Andrea
FISCHER Consulting & Training
kontakt@fischer-contrain.de
www.fischer-contrain.de
Ausbildung bei Haiko und Verena Nitschke.

71711 Steinheim a. d. Murr
Möstl, Frank
fmoestl@yahoo.de
Ausbildung bei Verena und Haiko Nitschke, Vision Quest seit 2007.

74673 Mulfingen
Schinko, Hellwig
ARUNA-Institut
aruna.info@t-online.de, www.aruna-tantra.de
Ausbildung an der School of Lost Borders, Vision Quest seit 2000.

76530 Baden-Baden
Bohn, Gabriele
info@gabrielebohn.de, www.gabrielebohn.de

78253 Eigeltingen-Heudorf
Van der Bellen, Nicolai
info@fires-of-vision.com
www.fires-of-vision.com
Aus- und Weiterbildung in Vision Quest bei der Bear Tribe Medicine Society und bei Steven Foster und Meredith Little (School of Lost Borders). Vision Quest seit 1992.

78315 Radolfzell
Jung, Karin
k.jung@emkon-online.de
www.emkon-online.de
Ausbildung bei Verena und Haiko Nitschke in der Tradition der School of Lost Borders, Vision Quest seit 2002.

78333 Stockach-Wahlwies
Hufnagel, Maria
mariahufnagel@web.de
Ausbildung in der Tradition der School of Lost Borders bei Sylvia Koch-Weser 2006.

78579 Neuhausen ob Eck
Hamburger-Langer, Barbara
Hamburger, Gunter
gunter.hamb@gmx.de, www.holoninstitut.de
Vision Quest seit 1996 zuerst in der Wilderness Awareness School in Washington, dann bei Meredith Little, Steven Foster und Scott Eberle.

79100 Freiburg
Pfeifer, Rolf Param
info@vision-quest.de
www.visionquest.de, www.visionssuche.com
Ausbildung an der School of Lost Borders, Vision Quest seit 2000.

79112 Freiburg
Schulz, Helen Ulrike
helen.schulz@creavista.org, www.watsu.de
Vision Quest seit 1993, Ausbildung u. a. bei Steven Foster und Meredith Little, School of Lost Borders.

79117 Freiburg
Buchholz, Ute
ububu@web.de, www.new-ev.de
Ausbildung an der School of Lost Borders, Vision Quest seit 2002.

79199 Kirchzarten
Kalcher, Hannah K.
hannahkalcher@web.de
Vision Quest seit 2000. Ausbildung bei Sedonia Cahill in den USA.

79297 Winden (bei Freiburg i. Breisgau)
Pitsch, Cornelia
cornelia.pitsch@googlemail.com
www.visionquest.de
Ausbildung an der School of Lost Borders, Vision Quest seit 2000.

79400 Kandern
Nitschke, Haiko
nitschke.vs@t-online.de, www.visions-suche.de
Seit 1993 über 70 Vision-Quest-Gruppen mit mehr als 650 Menschen. Seit 1997 sieben zweijährige Ausbildungen in Vision Quest mit über 100 Absolventen.

80337 München
Wolff, Stefan
wolff@adventure-in-yourself
www.adventure-in-yourself.de
www.manngeburt.de
Fortbildung an der School of Lost Borders, Vision Quest seit 1996.

80636 München
Stellmann, Sabine
Telefon/Fax (0 89) 18 11 51
Ausbildung in der School of Lost Borders, Vision Quest seit 1992.

80797 München
Stein-Wagner, Doris
traigh@gmx.de
Ausbildung bei Sylvia Koch-Weser in der Tradition der School of Lost Borders.

80797 München
Stölzl, Edith
Lentzretzer@t-online.de
Ausbildung an der School of Lost Borders, Vision Quest seit 2006.

80801 München
Bögle, Robert
info@pib-muenchen.de
Ausbildung bei Haiko Nitschke.

80802 München
Rohse, Ruth
ruthrohse@gmx.net
Vision Quest in der Tradition der School of Lost Borders, Ausbildung von Stefan Wolff.

80802 München
Schäfer, Irmtraut
irmtraut.schaefer@gmx.de
Ausbildung an der School of Lost Borders.

81371 München
Krug, Karin
info@karinkrug.com
Fortbildung an der School of Lost Borders, Vision Quest seit 1997.

81541 München
Zuehlke, Dr. Ramona
ramona.zuehlke@gmx.de
rz@resourcesofchange.de
Ausbildung bei Sylvia Koch-Weser in der Tradition der School of Lost Borders, 2009.

81829 München
Meier, Martin
martin@natur-coach.de, www.natur-coach.de
Ausbildung bei Stefan Wolff in der Tradition der School of Lost Borders; Vision Quest seit 2006.

82131 Gauting
Otto, Eberhard
eberhard.otto@gmx.de
Ausbildung an der School of Lost Borders.

82140 Olching
von Lüpke, Dr. Geseko
v.luepke@geseko.de
Ausbildung bei Steven Foster und Meredith Little an der School of Lost Borders, Vision Quest seit 2001.

82140 Olching
Richard, Xenia
xeniarichard@gmx.de
Ausbildung an der School of Lost Borders, Vision Quest seit 2003.

82178 Puchheim
Werner, Claudia Maria
claudiawerner@gmx.de
www.naturcoaching.de
Ausbildung an der School of Lost Borders, Vision Quest seit 1997.

82234 Wessling
Ruesch Gisela
gisela@hueterin-der-freude.de
Ausbildung bei Stefan Wolff.

82340 Feldafing
Tilmann, Dr. Barbara Gertrud
tilmann.chiron@web.de
www.healing-nature.de
Ausbildung durch die Bear Tribe Medicine Society (Sun Bear), Vision Quest seit 1995.

82399 Raisting
Kosmann, Hildegard
hildegard.kosmann@web.de
Ausbildung bei Verena und Haiko Nitschke (Öko-sys), Vision Quest seit 2000.

82449 Uffing am Staffelsee
Paszek, Rainer
paszek@systeme-im-wandel.de
www.naturdialog.com
Ausbildung an der School of Lost Borders, Vision Quest seit 1994.

82487 Oberammergau
Schlögel, Manasha Ingrid
herzenswege.manasha@web.de.

83661 Lenggries
Iacone, Sylke
s.iacone@iacone.org, www.iacone.org
Ausbildung an der School of Lost Borders 2002 und am Eschwege-Institut 2004.

83666 Waakirchen
Borst, Heinz-Peter
heinz.peter.borst@gmail.com
Ausbildung an der School of Lost Borders, Vision Quest seit 1993.

84337 Schönau/Niederbayern
Imrich, Erika
info@naturseminare-visionssuche.de
www.naturseminare-visionssuche.de
Ausbildung bei Verena und Haiko Nitschke.
84371 Triftern
Reichenspurner Josef
info@oldtimer-bekleidung.de
Ausbildung bei Haiko und Verena Nitschke in der Tradition der School of Lost Borders, seit 2006 Vision Quest.

84385 Egglham
Nitschke, Verena
verena.nitschke@googlemail.com
Ausbildung durch die Natur und an der School of Lost Borders, Vision Quest seit 1993.

84568 Pleiskirchen
Gensberger, Anna
anna.gensberger@gmx.de
Ausbildung bei Verena und Haiko Nitschke in der Tradition der School of Lost Borders, Vision Quest seit 2000.

85235 Ebersried
Hofner, Christine
hofner@visionssuche-sinnsuche.de
www.visionssuche-sinnsuche.de
Ausbildung bei Verena und Haiko Nitschke in der Tradition der School of Lost Borders.

85354 Freising
Patalong, Volker
birkennase@weihenstephan.org
www.birkennase.de
Ausbildung bei Wernher P. Sachon an der Schule für Naturtherapie in Oberegg, Vision Quest seit 2007.
86825 Bad Wörishofen
Dietz, Dr. med Wolfgang, (Mentor)
mentorwd@gmx.de
Ausbildung bei Wernher P. Sachon in der Tradition der School of Lost Borders, Vision Quest seit 1990.

86825 Bad Wörishofen
Sachon, Dr. Wernher P.
Praxis für Psychotherapie
info@sachon-psychotherapie.de
Ausbildung bei Steven Foster und Meredith Little an der School of Lost Borders, Vision Quest seit 1992.

86911 Dettenschwang
Deubzer, Dr. Barbara
BarbaraDeubzer@kinder-der-erde.de
www.kinder-der-erde.de
Ausbildung Vision Quest in Lakota Tradition, keltischer Tradition und nach Tom Brown jr.

87509 Immenstadt im Allgäu
Krüger, Petra
Praxis für Psychotherapie und Naturtherapie
krueger-petra@web.de
Ausbildung bei Wernher P. Sachon.

88147 Achberg
Schmidt, Dieter Kurt
dieter-kurt.schmidt@t-online.de
www.iak-quadrinity.ch (dort: Vision Quest)
Ausbildung durch Steven Foster und Meredith Little (School of Lost Borders), Vision Quest seit 1990.

88690 Uhldingen-Mühlhofen
Kaupp, Gabriele
gabriele.kaupp@gmx.de
Vision Quest seit 1999 in der Tradition der School of Lost Borders.

88696 Billafingen
Gimmi, Peter
Gimmi@arcor.de
Ausbildung bei Angelo Lazenka und Emerald North an der School of Lost.Borders.

90419 Nürnberg
Altenhöfer, Gwendolin
altenhoefer@gmx.de
Vision Quest in der Tradition der School of Lost Borders, Ausbildung bei Verena Nitschke.

90451 Nürnberg
Koch-Weser, Sylvia
Koch-Weser@gmx.de
www.sylvia-koch-weser.de
Ausbildung an der School of Lost Borders bei Meredith Little und Steven Foster 1999, Vision Quest seit 2000.

94359 Loitzendorf
Dorsch, Arthur
mail@innernature.de, www.innernature.de
Dreijährige schamanische Lehrlingszeit in der Deer Tribe Metis Medicine Society, Vision Quest seit 1998 mit Christine Neubauer-Dorsch.

Österreich

1010 Wien
Köck, Theresia
theresia.koeck@aon.at
Ausbildung bei Franz P. Redl in der Tradition der School of Lost Borders.

1080 Wien
Thaler, Maria
thalermaria@aon.at, www.psyweb.at/thaler
Ausbildung bei Verena und Haiko Nitschke in der Tradition der School of Lost Borders, Vision Quest seit 1998.

1090 Wien
Kirchmair, Christian
ck@christian-kirchmair.at
www.christian-kirchmair.at
Ausbildung an der School of Lost Borders.

1110 Wien
Kern, Norbert
norbert.kern@arrowpoint.at
www.arrowpoint.at
Ausbildung bei Steven Foster und Meredith Little an der School of Lost Borders.

1230 Wien
Pacher, DI Dr. Beatrice
Schachner, DI Waltraud
STEP IN Organisationsberatung
office@stepin.at, www.stepin.at
Beide Ausbildung an der School of Lost Borders.

2340 Mödling
Mašek, Sabrina
info@herzvision.at, www.herzvision.at
Ausbildung an der School of Lost Borders und bei Franz P. Redl, Vision Quest seit 2001.

3100 St. Pölten
Egarter, Michael Josef
FEUERSALAMANDER-Institut
info@feuersalamander.at
www.feuersalamander.at, www.visionssuche.at.

3123 Obritzberg
Redl, Franz P.
Pichl R., Claudia
Shambhala Wilderness Schule
franz.redl@wilderness.at
claudia.pichl@netway.at
www.wilderness.at
Beide Ausbildung an der School of Lost Borders, Vision Quest seit 1997.

3382 Loosdorf
Jansky, Artis Franz
artis.vq@aon.at
Ausbildung an der Creavista Academy (Shanti E. Petschel), Vision Quest seit 2007.

3400 Klosterneuburg
Demmer, Dr. med. Oskar
oskar.demmer@wnr.at
www.wahrnehmungsraeume.at (www.wnr.at)
Ausbildung an der School of Lost Borders, Vision Quest seit 2001.

7022 Schattendorf
Pilak, Robert
Tscharmann, Anne
MAE TERRA-Seminare
maeterra@aon.at, www.maeterra.at
www.healingsongs.at
Beide Ausbildung bei Verena und Haiko Nitschke in der Tradition der School of Lost Borders, Vision Quest seit 2002.
Lost Borders, Vision Quest seit 2002.

8046 Graz
Czerwinka, Thomas Alois Maria
thomas.czerwinka@utanet.at
Ausbildung bei Nitschke in der Tradition der School of Lost Borders, Vision Quest seit 2004.

9500 Villach
Gerzabek, Jürgen
www.naturagentur.at, office@naturagentur.at
Ausbildung durch Tom Brown, Malcolm Ringwalt und Merdith Little (School of Lost Borders).

Wien und St. Pölten
Schnabl, Karin
karin.schnabl@gmx.at, www.karin-schnabl.net
Ausbildung bei Steven Foster und Meredith Little in der Tradition der School of Lost Borders.

Schweiz

8302 Kloten
Ettlin, Andres
andres@samsara-begegnen.ch
www.samsara-begegnen.ch
Ausbildung bei Holger und Gesa Heiten, Eschwege-Institut, Vision Quest seit 2008.

2540 Grenchen
Bürge, Max
max.buerge@besonet.ch
Ausbildung bei Verena und Haiko Nitschke in der Tradition der School of Lost Borders, 2000.

3047 Bremgarten
Bischoff, Urs und Sabine
bischoff-oberli@bluewin.ch
www.villasalamander.ch.

3614 Unterlangenegg
Käsermann, Brigitte
kaesermann@vtxmail.ch.
www.visionssuche-sinnfindung.ch
Ausbildung an der School of Lost Borders und bei Verena und Haiko Nitschke, Vision Quest seit 2000.

4058 Basel
Belz, Susann
info@womenandearth.ch, womenandearth.ch
Ausbildung an der School of Lost Borders und bei Beth Beurkens (USA), Vision Quest seit 1987.

6010 Kriens
Kissling, Sonja
sonjakissling@hotmail.com
www.natur-rituale.ch
Ausbildung bei Sylvia Koch-Weser in der Tradition der School of Lost Borders, 2008.

6030 Ebikon
Seghezzi, Ursula
uma institut – rites de passage
info@umainstitut.ch, www.umainstitut.ch
Ausbildung in der Tradition der School of Lost Borders bei Haiko Nitschke.

6048 Horw/LU
Stutz, Lara Barbara
livingvisions@bluewin.ch
www.livingvisions.ch
Ausbildung an der School of Lost Borders und am Animas Valley Institute (USA).

6472 Erstfeld
Läubli, Yvonne
info@myfootprints.ch, www.myfootprints.ch
Ausbildung an der School of Lost Borders bei Angelo Latzenko und Emerald North, Vision Quest seit 2005.

7252 Klosters Dorf
Brugger Stenz, Sibyl und Joseph
info@faluna.ch, www.faluna.ch
Beide Ausbildung an der School of Lost Borders.

8260 Stein am Rhein
Bloch, Jasmin
jasmin.bloch@innerprocess.info
www.innerprocess.info.

8302 Kloten
Lambrigger, Bettina
SAMSARA Gemeinschaftspraxis
bettina@samsara-begegnen.ch
www.samsara-begegnen.ch
Ausbildung bei Verena Nitschke in der Tradition der School of Lost Borders, Vision Quest seit 2006.

8400 Winterthur
Braendle, LuciAnna
info@ceremony.ch; ww.ceremony.ch
Ausbildung an der School of Lost Borders 2004.

8706 Feldmeilen
Pfister, Marie-Louise A.
www.beratungundbewegung.ch
mlapfi@hotmail.com
Ausbildung u. a. in der Tradition der School of Lost Borders, Vision Quest seit 2006.

8810 Horgen
Hein, Monika
info@visioterra.ch
Ausbildung bei Sylvia Koch-Weser in der Tradition der School of Lost Borders 2008.

8910 Affoltern a. A
Jansch, Manja U.
info@touch-the-earth.ch
Ausbildung an der School of Lost Borders, Vision Quest seit 2002.

Sonstiges Ausland

Dänemark: 1366 Copenhagen
Estrup, Robert
robert@livetscirkel.net, www.livetscirkel.net
Ausbildung bei Kent Pearce u. a.

Frankreich: 88290 Saulxures sur Moselotte
Bielefeld, Reinhard und Angelika
info@arseminare.de, www.arseminare.de.

Kroatien: 20355 Opuzen
Fölger, Darja
Koch, Knut Holger
foelger@gmx.de, khkoch@hi.t-com.hr
www.meeting-nature.com
Beide Ausbildung bei Verena Nitschke in der Tradition der School of Lost Borders.

Italien: 28028 Pettenasco
Petschel, Shanti E.
CreaVista Academy (CVA)
shanti.petschel@creavista.org
www.creavista.org
Ausbildung an der School of Lost Borders bei Steven Foster und Meredith Little, Vision Quest seit 1993.

Aus- und Weiterbildungen

Deutschland

28205 Bremen
Schäfer, Reinhold Hermann
info@rschaefer.com
www.maenner-initiation.de
www.maennerquest.de
Initiationsmentor und Leiter von Männer-Quest-Seminaren und Spezialcoaching für Männer. 2-jährige Fort- und Weiterbildung zum Leiter für Naturseminare und Spezialcoach und Mentor für Männer.

30559 Hannover
Peham, Wolfgang
info@wildniswissen.de, www.wildniswissen.de
In Kooperation mit den Volkshochschulen in Deutschland und mit dem Nationalpark Kalkalpen in Österreich wird die berufsbegleitende Weiterbildung Wildnispädagogik angeboten. Für Jugendliche gibt es eine 3-jährige Ausbildung zum Jugend-Scout.

31698 Lindhorst/Ottensen
Wollwert, Sylvia
healing nature e.V.
info@healing-nature.com
www.healing-nature.com
Im Rahmen von healing nature Ausbildung von Vision-Quest-Begleitern (Dauer ca. 3 Jahre), in einer Art Lehrlingschaft, in Verbindung mit erdverbundener und zeremonieller Arbeit, in Kooperation mit Bear Tribe, Deutschland – Bärenstamm.

37276 Meinhard Neuerode
Heiten, Holger und Gesa
Eschwege-Institut
www.eschwege-institut.de
a) Zweijährige berufsbegleitende Ausbildung in „Initiatischer Prozessbegleitung“. Grundlagen- und Praxisseminare sowie Seminare zu speziellen Fachthemen renommierter Experten. Übergangsprozesse von Neubeginn und Loslösung gestalten und begleiten zu können, als Ergänzung im Zusammenspiel der Kräfte helfender Berufe. Die Ausbildung umfasst zudem Qualifikationen zur Leitung von modernen Übergangsritualen bis hin zur Visionssuche.
b) Ausbildung in „Litima – Integratives Mentoring“ von Jungs und jungen Männern.

D-78579 Neuhausen
Hamburger-Langer, Barbara
Hamburger, Gunter
Holon-Institut
gunter.hamb@gmx.de
www.holoninstitut.de
Zusammenarbeit mit Joanna Macy seit ca. 20 Jahren (Tiefenökologie) und mit verschiedenen Vision-Quest-Schulen, zuletzt School of Lost Borders. Gründungsmitglied der Gesellschaft für angewandte Tiefenökologie e.V.; Vision Quest als Teil der Aus- und Weiterbildung im Holon-Training, einer eineinhalbjährigen Weiterbildung in tiefer Ökologie zur „Wiederentdeckung unseres Ökologischen Selbst“.

80802 München
Schäfer, Irmtraut
Irmtraut.Schaefer@gmx.de
Ausbildung in der School of Lost Borders, Älteste im deutschsprachigen Vision-Quest-Netzwerk, Fortbildungsseminare für Einzel- und Gruppenarbeit im Medizinrad.

80337 München
Wolff, Stefan
wolff@adventure-in-yourself
www.adventure-in-yourself.de
Bietet Ausbildung in Vision Quest und zum Naturcoach an. Ausbildungsdauer und -inhalte werden individuell nach Entwicklungsstand und Vorbildung des Auszubildenden abgestimmt. Im Mittelpunkt der Ausbildung steht Learning by Doing. In einem geschützten Raum wird von Anfang an konkret im Feld gelernt. Über Reflexion und dem eigenen inneren Prozess beim Tun wird die spezielle persönliche Leiterqualität entwickelt.

84337 Schönau/Niederbayern
Imrich, Ulrich und Erika
info@naturseminare-visionssuche.de
www.naturseminare-visionssuche.de
„Persönlichkeitsentwicklung im Spiegel der Natur“ – Ausbildung für Schul-, Sozial- und Erlebnispädagogen, Schulpsychologen und Jugendtherapeuten in naturpädagogischer, initiatorischer Begleitung von Jugendlichen und jungen Erwachsenen, Visionssuchen für Jugendliche und Erwachsene.

84364 Bad Birnbach
Nitschke, Haiko
nitschke.vs@t-online.de
www.visions-suche.de
Vision-Quest-Leitung für Erwachsene und Jugendliche; die Ausbildung in Vision-Quest-Leitung und Initiatorischer Naturarbeit integriert in Praxis und Theorie drei Zweige: Vision Quest mit Erwachsenen,

Vision Quest mit Jugendlichen, Persönliche Fortbildung „Entfaltung des Ökologischen Selbst". Innerhalb von 2 Jahren 4 Grundlagen-Seminare, dazu je nach Ausbildungszweig 2 Naturerfahrungs-Seminare, ein Jugend-Vision-Quest-Seminar (je 5 Tage) und/oder 2 Assistenzen in Vision-Quest-Gruppen (je 10 Tage). Aufgaben zur selbständigen Arbeit in den Zwischenzeiten. Auf Wunsch Beratung und Supervision für die ersten eigenen Schritte in die Praxis."

84385 Egglham
Nitschke, Verena
verena.nitschke@googlemail.com
Einjährige Ausbildung in der Visionssuche-Begleitung mit Erwachsenen und Jugendlichen nur für Frauen. 5-tägige Seminare in flexiblen Zeitbausteinen sowie Arbeitsassistenz in offenen Gruppen. Das Lernen durch die eigene Erfahrung in der Natur und im Kreis der Teilnehmenden ist die Grundlage, theoretisches Wissen tritt in den Hintergrund. Die Jugend- und Mädchen-Arbeit kann in kürzeren Seminaren gelernt werden. Fortbildungen in initiatorischer Naturarbeit: 3- und 4-tägige Seminare , wo es um die eigene Erfahrung in der Natur geht, in initiatorischer Arbeit und auch im geomantischen Bereich.

86819 Bad Wörishofen
Sachon, Dr. Wernher P.
Schule für Naturtherapie
info@schule-fuer-naturtherapie.de
www.schule-fuer-naturtherapie.de
Die Vision-Quest-Ausbildung ist Bestandteil der Ausbildung zum/zur zertifizierten Naturtherapeut/in. Wesentlicher Bestandteil dieser Ausbildung ist die persönliche und erfahrungsorientierte Auseinandersetzung mit verschiedenen psychologischen Persönlichkeitstheorien, Entwicklungstheorien und Modellen zu Krankheit und Gesundheit. In diesem psychologischen Bezugsrahmen bekommen althergebrachte und naturnahe therapeutische Instrumente der Heilung und Wandlung, wie z. B. die Vision Quest, ihre besondere Qualität und Bedeutung

90451 Nürnberg
Koch-Weser, Sylvia
Koch-Weser@gmx.de
www.sylvia-koch-weser.de
„2 bis 4 Jahre im Spiegel der Natur" in Kooperation mit Franz P. Redl und Claudia R. Pichl, Irmtraut Schäfer, Peter Borst, Eberhard Otto und Geseko v. Lüpke. Zur eigenen Weiterentwicklung (Teil I) und zur Vision Quest-Leitung (Teil II). Individuelle Gestaltung der Schwerpunkte nach Baukastensystem: Vision Quest, 4-Schilde, Arbeit mit und im Medizinrad, Rituale, Theorie und Hintergründe der initiatorischen Arbeit in der Natur, Kunst des Spiegelns, Spiegeln von Tieren und Pflanzen, Arbeit mit dem Bestätigungssatz/Confirmation, Psychotherapeutisches Wissen, Council, Supervision und Einzelarbeit. Einstieg jederzeit.

Österreich

3123 Obritzberg
Redl, Franz P.
Pichl, Claudia R.
Shambhala Wilderness Schule
franz.redl@wilderness.at
claudia.pichl@netway.at
www.wilderness.at
Wilderness Fortbildung – „2 bis 4 Jahre im Spiegel der Natur". Es gibt die Möglichkeit, eine Zeitlang intensiv den Weg der persönlichen Transformation in der Natur zu gehen und sich zum/zur BegleiterIn von Übergansritualen „auswachsen" zu lassen. Modul 1: Seminare, Einzelarbeit, Supervision und Assistenz über 2 Jahre. Modul 2 wird an die individuellen Vorerfahrungen und persönliche Ausrichtung adaptiert. Kooperation mit erfahrenen Vision-Quest-BegleiterInnen im deutschsprachigen Bereich und in Kalifornien (USA).

Italien

28028 Pettenasco
Petschel, Shanti E.
CreaVista Academy
www.ompio.org
shanti.petschel@creavista.org
www.creavista.org
Ausbildung in der Arbeit mit Jugendlichen und Erwachsenen, seit 1998, mehrjährig im Modul-System, praxisgebunden, erweiternd und professionell, fördernd für reifende Selbstentfaltung, schafft Verbundenheit mit NATUR. Fokus: Selbstreflexion, existenzielle Natur-Erfahrung, Sensibilisierung für Eigenständigkeit in Reifungsprozessen, Eigenverantwortlichkeit, freies Selbstheilungspotenzial als Voraussetzungen für ethisch klares Leiten.

Schweiz

3600 Thun
Käsermann, Brigitte
kaesermann@vtxmail.ch
www.visionquest-sinnfindung.ch
Yvonne, Läubli
info@myfootprints.ch, www.myfootprints.ch
SPIRALING TO YOUR HEART: Der Ausbildungslehrgang basiert auf einem ganzheitlichen Ansatz, der Körper, Psyche, Verstand und Geist gleichermaßen entwickelt und nährt. Diese Aspekte sind auch im 4-Schilde-System (Medizinrad) enthalten, welches als Werkzeug und Spiegel der vier Jahreszeiten, der Elemente und den unterschiedlichen Lebensalter der Menschen dient. Coaching-Grundlagen; Einführung in Kommunikationsformen. Praxisprojekt. Die Ausbildung dauert 47 Tage in 6 Modulen über anderthalb Jahre.

4058 Basel
Belz, Susann
info@womenandearth.ch
www.womenandearth.ch
Lehrgang zur Begleitung in Übergangs- und Initiationsriten für Frauen. Rituale als Instrument zur Selbstheilung in Therapien und Beratungssituationen. Die Ausbildung beruht auf theoretischem Wissenstransfer und auf praktischer, begriffener Erfahrung in der Natur. Themenschwerpunkte: Die Woche der Wassers, der Luft, der Erde, des Feuers. Entdecken der schamanischen Welten. In freiwilligen Modulen können die Teilnehmer die eigene Wahrnehmung in Form von Naturbezogener Prozessbegleitung vertiefen sowie lernen, Jahreskreisrituale zu gestalten und zu leiten.

Netzwerke

Arbeitskreis Initiation und Prozessbegleitung e. V. (AIP e. V.)
Hinter den Höfen 10, 37276 Meinhard
Telefon +49 (0 56 51) 95 13 60
Fax +49 (0 56 51) 95 21 44
info@aip-ev.org, www.aip-ev.org
Der Arbeitskreis für Initiation und Prozessbegleitung e. V. setzt sich aus Fachleuten der Schul-, Sozial-, Natur- und Erlebnispädagogik, der Initiatischen Prozessbegleitung sowie aus pädagogischen LeiterInnen verschiedener Jugendhilfeeinrichtungen und VertreterInnen des Jugendamts zusammen. Er forscht interdisziplinär nach zeitgemäßen Methoden und Konzepten für Initiation und Prozessbegleitung bzw. entwickelt diese weiter. Der AIP e. V. fördert durch deren praktische Umsetzung die nachhaltige Persönlichkeitsentwicklung und Identitätsfindung von Jugendlichen und Erwachsenen in Wachstums- und Entwicklungsprozessen. Der AIP e. V. stellt gleichzeitig einen stetig wachsender Pool von gut ausgebildeten Fachkräften zur Verfügung, aus dem die Projekte des Vereins personell optimal besetzt werden können. Der AIP e. V. ist europaweit aktiv und vernetzt.

healing nature e. V.
Im Winkel 10, 31698 Lindhorst/Ottensen
Telefon +49 (0 57 25) 70 88 57
Mobil +49 (0 15 77) 4 23 86 00
info@visionssuchen.de
www.healing-nature.de"
„Wege des Heilens und Lernens von und mit der Natur" – Vision Quest, Naturseminare, Prozessbegleitung für alle Altersstufen.
Seit mehreren Jahren wird initiatorische Bildungsarbeit für Erwachsene und Jugendliche durchgeführt, insbesondere die Vision Quest. In Naturcamps und Seminaren wird auch den Jüngeren ein lebendiger Kontakt mit der Natur und verantwortliches Sein in der Welt vermittelt. Ausbildung von Vision-Quest-Begleitern (für Erwachsene und Jugendliche) in Verbindung mit erdverbundener und zeremonieller Arbeit in Kooperation mit dem Bärenstamm e. V. (Bear Tribe Medicine Society Deutschland, gegründet von Sun Bear). Verschiedene Visionssuchleiter sind Mitglied von healing nature und bieten ihre Seminare in Kooperation mit dem Verein an.

ÖKOSYS e. V. – Institut für Ökologische Systemische Bildung e. V.
c/o Haiko Nitschke, Schatzbach 16
84364 Bad Birnbach
Telefon +49 (0 85 65) 96 43 31
nitschke.vs@t-online.de"
Internationale (A, D, CH) Plattform für kollegiale Zusammenarbeit, Intervision, Praxisunterstützung und Dokumentation. Mitglieder sind über 40 Vision-Quest-Leiterinnen und -Leiter und Menschen, die in ihrem beruflichen Kontext Initiatorische Naturarbeit praktisch anwenden (überwiegend Aus- und Fortbildungsabsolventen von Haiko Nitschke).
Das ÖKOSYS Institut erhielt in den Jahren 1999 bis 2004 eine Startförderung der SBB Stiftung für Bildung und Behindertenförderung, Stuttgart.

STEP e. V.
Christhahlenweg 27, 79112 Freiburg
Telefon +49 (0 76 65) 94 23 15
Fax +49 (0 76 65) 94 23 11
info@step-ev.de, www.creavista.org.
Der gemeinnützige Verein STEP e. V. kooperiert mit CreaVista. STEP e. V. ist als Netzwerk konzipiert, dem Teilnehmer an offenen Vision-Quest-Gruppen beitreten können. STEP e. V. fördert sozialtherapeutische und erlebnispädagogische Erfahrungsseminare, hier vor allem die Visionssuchen für Erwachsene und Jugendliche, auch durch finanzielle Unterstützung einzelner Jugendlicher.

Weitere Aufgaben: Durchführung von Vorträgen im Bereich der Vision Quest, Tiefenökologie und ökologisch orientierten Psychologie. Sammlung und Verbreitung von thematisch relevanten Publikationen (z. B. Diplomarbeiten). Aufbau und Pflege eines Netzwerks von Kontakten mit der Absicht, Gesprächskreise zu initiieren, die den geistigen Austausch fördern und Öffentlichkeitsarbeit anregen. Vorbereitende und nachsorgende regionale Begleitung von Vision-Quest-Teilnehmern. Kontaktstelle für Interessenten und Förderer.

Visionssucheleiter/innen Netzwerk
z. Zt. Koordination durch Karin Schnabl,
Wien und St. Pölten, Österreich
Telefon +43 (06 50) 9 44 26 78
karin.schnabl@gmx.at
Das Visionssucheleiter/innen Netzwerk organisiert seit 2001 jährliche Netzwerktreffen zum Austausch, zur Kooperation und zur Supervision von Visionssucheleiter/innen, erarbeitet Qualitätsstandards für die Vision-Quest-Arbeit und für Vision-Quest-Ausbildungen, organisiert Fortbildungen und koordiniert die Kontakte zum internationalen Netzwerk der Wilderness Guides und zum International Wilderness Guides Gathering (Freiburg/Deutschland 2002, Kapstadt/Südafrika 2004, England 2006, USA 2009).

Adresse für Krisen und Notfälle

Spiritual Emergence Network (SEN)
(Netzwerk für spirituelle Krisen)
Rütte Forum, Graf-Dürckheim-Weg 5
79682 Todtmoos-Rütte
Telefon +49 (0 76 74) 85 11
info@senev.de, www.senev.de
Das Spiritual Emergence Network geht davon aus, dass menschliches Wachstum psychische Krisen mit Symptomen auslösen kann, die Depressionen, Psychosen, Verwirrungszuständen, Halluzinationen etc. ähneln. Es versteht diese Symptome jedoch nicht als Zeichen einer psychischen Erkrankung, sondern als Teil einer Wachstumskrise. Dementsprechend empfiehlt es eine therapeutische Behandlung, die darauf ausgerichtet ist, die ungewöhnlichen Erfahrungen als Prozess der Ganzwerdung zu integrieren, statt – wie die traditionelle Psychiatrie – medikamentös den „Normalzustand" eines „Kranken" wiederherzustellen. SEN konzentriert sich darauf, den durch die Krise gestörten Wachstumsprozess weiter zu begleiten. Dem Spiritual Emergence Network sind in ganz Deutschland zahlreiche Psychologen und Psychotherapeuten angeschlossen, die Erfahrungen mit ungewöhnlichen Bewusstseinszuständen und transpersonalen Erfahrungen haben und auf derartige Zustände mit Einfühlungsvermögen und Verständnis reagieren können. Bei der angeführten Adresse kann die deutsche, österreichische und Schweizer Adressenliste der transpersonalen Therapeuten und Selbsthilfegruppen bezogen werden, die dem Netzwerk angeschlossen sind (siehe auch www.eurotas.org).

Bild- und Textnachweis

- Außer den im folgenden gesondert aufgeführten Abbildungen stammen alle Fotos von den Autoren.
- Wir danken dem Visionssuche-Leiter Shanti E. Petschel für die Genehmigung, aus den Erfahrungsberichten seiner Teilnehmer zu zitieren sowie die Fotos auf den Seiten 59, 61, 79, 89, 201 und 257 abzudrucken.
- Wir danken Verena und Haiko Nitschke für die Genehmigung zum Abdruck des Fotos auf Seite 54.
- Wir danken Hartmut Thorbeck für die Genehmigung zum Abdruck des Fotos auf Seite 202.
- Wir danken dem Arun-Verlag für die Genehmigung zum Abdruck der Zeichnung eines indianischen Visionssuchenden von Thomas Mails, Seite 113.
- Wir danken dem Insel-Verlag für die Genehmigung des Abdrucks des Gedichts von Rainer Maria Rilke „Wolle die Wandlung, Sonette an Orpheus".
- Wir danken dem Herder-Verlag für die Genehmigung des Abdrucks des Texts „Tiefes Schauen" von Thich Nath Hanh.
- Wir danken dem Reclam-Verlag für die Genehmigung des Abdrucks des Gedichts „Die Häherfeder" von Günther Eich und dem Gedicht „Verwandlung im Wald" von Hans Leifheim.

Danksagung

Wir bedanken uns bei unseren Lehrern Steven Foster und Meredith Little, die uns in ihr Wissen einweihten und uns liebevoll und kompetent bei unserer Visionssuche begleiteten. Wir bedanken uns bei allen, die uns ihre Erfahrungen in ihren Visionssuchen als Tagebuchmitschriften, als extra verfasste Berichte oder in persönlichen Gesprächen zur Verfügung gestellt haben. Dies gilt insbesondere auch unserer Ausbildungsgruppe in Kalifornien, von denen keiner zögerte, seine gesamte „Geschichte“ zur Verfügung zu stellen. Wir bedanken uns bei allen Visionssuche-Leitern, die mit uns in Interviews ihre oft langjährigen Erfahrungen diskutierten und mit vielen Anregungen zu diesem Buch beigetragen haben. Wir bedanken uns bei all denen, die uns während der Recherche und beim Schreiben beraten haben, unsere Texte gegengelesen, beim Übersetzen von Berichten oder bei der Technik und Logistik unterstützt haben. Wir danken allen, die uns in Momenten des Zweifels und des Gefühls der Überforderung ermutigt haben. Und wir danken vor allem allen alten Kulturen, die den Kern der initiatorischen Arbeit in der Natur trotz aller Widerstände und Bedrohungen bis in die Gegenwart so erhalten haben, dass diese kraftvolle und tiefe Arbeit nun in aller Welt wiederentdeckt und für den modernen Menschen bereitgestellt werden kann.

Autoren

Sylvia Koch-Weser ist Diplom-Biologin und hat drei erwachsene Kinder. Mehrjährige Forschungsaufenthalte im Sahel (Burkina Faso), in der Sahara und im Sinai; Fortbildungen in NLP (M. Grinder, R. Dilts. J. O'Connor), Umweltpädagogik (J. Cornell) und Gruppendynamik; seit 2001 Teilnahme an der „Lebensschule" von Hunter Beaumont und Gila Rogers; seit 1981 Seminarleiterin mit den Schwerpunktthemen: Naturerfahrung, Natur und Heilung, Natur und Mythologie, Männlichkeit/Weiblichkeit und Natur. Dozentin in der Ausbildung von „axis mundi", Akademie für Geomantie und Lebensraumkultur. Bietet auch Fortbildung „Im Spiegel der Natur" (siehe im Adressenteil unter „Aus- und Weiterbildung") und eine Ausbildung zur Leitung von Visionssuchen im Rahmen der Evangelischen Jugend Bayerns an. Visionssuche-Leiterin seit 2000, ausgebildet in der School of Lost Borders, USA, bei Steven Forster und Meredith Little. Leitet zwölf- bis vierzehntägige Visionssuche-Gruppen im Sinai, in Kroatien, Österreich, auf El Hierro/Kanaren, in Weißrussland und in Bayern, jeweils zusammen mit einem erfahrenen männlichen Leiter.
www.sylvia-koch-weser.de

Dr. Geseko von Lüpke, geboren 1958, arbeitet als Visionssuche-Leiter, Journalist, Buchautor und internationaler Netzwerker. Er ist Vater von drei Kindern und lebt in Olching bei München. Nach dem Studium arbeitete er als freier Journalist, u. a. für die Zeitschrift „Natur & Kosmos". Er ist Autor von Büchern über moderne Wissenschaft, nachhaltige Politik und preisgekrönte alternative Ansätze aus aller Welt. Seit 2005 organisiert er internationale Zusammenkünfte von Pionieren für eine nachhaltige Zukunft. Die intensive Auseinandersetzung mit schamanischen Traditionen führte zur Veröffentlichung des Buchs „Altes Wissen für eine neue Zeit, Gespräche mit Heilern und Schamanen des 21. Jahrhunderts" (2008). 2009 erschien vom ihm das politisch-ökonomische Buch „Zukunft entsteht aus Krisen". Heute versteht er sich als Begleiter, Mentor und Chronist von persönlichen biographischen wie kollektiv-kulturellen Übergängen.Nach langjähriger Erfahrung mit körperorientierter Therapie und Ritualarbeit, verschiedenen Fortbildungen in Tiefenökologie, Ökopsychologie sowie Öko- und Wildnispädagogik ließ er sich 1999 in Kalifornien an der School of Lost Borders zum Visionssuche-Leiter ausbilden. Seitdem leitet er gemeinsam mit seiner Partnerin Xenia Richard und mit Gabriele Kaupp Visionssuchen, primär in Slowenien. Seit 2006 ist er in der Ausbildung von Visionssuche-Leitern aktiv, seit 2009 auch als Solo-Fortbilder bei der Outward Bound Academy.
v.luepke@geseko.de; www.zukunftspioniere.com

Library of Healing Arts
Band 5

Beatrix Pfleiderer
Die Kraft der Verbundenheit
Plädoyer für ein heilsames,
neues Körperbewusstsein
136 Seiten, 13 farbige Abbildungen,
Paperback, 22,50 Euro
ISBN 978-3927369-38-2

DRACHENVERLAG

Drachen Verlag GmbH
Am See 1, D-17440 Klein Jasedow
Telefon (038374) 75224
Telefax (038374) 75223
mail@drachenverlag.de
www.drachenverlag.de

Beatrix Pfleiderer Die Kraft der Verbundenheit

Plädoyer für ein heilsames, neues Körperbewusstsein

Während ihrer Arbeit als Medizinanthropologin erkannte Beatrix Pfleiderer, dass es die Kultur ist, die bestimmt, wie wir unseren eigenen Körper und seine Ausdrucksmöglichkeiten erleben und welche Krankheiten wir daraus entwickeln. Ihre Forschungen in Indien, Afrika und Europa verband sie mit »innerer Feldforschung«, sei es in der therapeutischen Arbeit mit Gefangenen, dem Schwimmen mit Delfinen oder beim Aufbau einer Ausbildungsfarm für Permakultur auf der Vulkaninsel Hawaii. Beide Perspektiven schärften ihre Sinne für einen kritischen Blick auf die Krankheitsbilder der eigenen Kultur: So erkranken wir westlich zivilisierten Menschen heute in verstärktem Maß an Kehlkopf- und Unterleibskrankheiten, weil wir unserer eigenen Stimme nicht trauen und die Verbindung mit unserem Körper und den Kräften der Erde verloren haben. Beatrix Pfleiderers Aufsätze laden ein, die Schönheit und Kraft unserer körperlichen Existenz in einer umfassenden Verbundenheit zu allem Leben neu zu entdecken. Sie erklärt den Hintergrund des Verlusts unserer Beziehungen zu elementaren Lebenskräften und zu unserem eigenen Körper und zeigt nachvollziehbare Wege zur Heilung auf. Dabei geht sie von eigenen Erlebnissen aus. Diese Verankerung an der eigenen Biografie macht Beatrix Pfleiderers ungewöhnlich klare Aussagen über das Heilen, das Heil-Werden und das Heil-Sein authentisch.
Das Buch bestärkt alle, die ahnen, dass die Erfahrung des In-Beziehung-Seins mit sich selbst und allem, was ist, die wesentliche Voraussetzung für einen persönlichen wie auch den gesamten kulturellen Heilungsprozess ist.

Prof. Dr. phil. Beatrix Pfleiderer ist Medizinanthropologin. Bis 1992 lehrte sie Ethnologie und Kulturwissenschaft an der Universität Hamburg. Eine Gastprofessur führte sie 1989 in ihre Wahlheimat Hawaii. Unter dem Eindruck überwältigender Naturerfahrungen entwickelte sie für sich ein neues Lebenskonzept, das im Aufbau einer Permakulturfarm und einer Schulungsmethode für das Körperbewusstsein, dem TARA Process, mündete. Beatrix Pfleiderer hält weltweit Vorträge und gibt Seminare in TARA-Process-Begleitung. Seit 2009 lehrt sie an der Europa-Universität Viadrina Frankfurt (Oder).

Library of Healing Arts
Band 6

Franz P. Redl
Übergangsrituale
Visionssuche, Jahresfeste
Arbeit mit dem Medizinrad
192 Seiten, zahlreiche farbige Abbildungen und Diagramme
Paperback, 24,80 Euro
ISBN 978-3927369-39-9

Franz P. Redl
Übergangsrituale

Visionssuche, Jahresfeste, Arbeit mit dem Medizinrad

Auch den Menschen der postmodernen Welt bewegen die existenziellen Fragen des Lebens: Woher komme ich, und wohin gehe ich? Was ist meine Lebensaufgabe? Was ist meine Vision? Der Wilderness-Trainer Franz P. Redl zeigt einen in allen traditionellen Kulturen praktizierten Weg zur Antwort: Übergangsrituale in der Natur, die an Wendepunkten des Lebens oder des Jahreskreises gefeiert werden, oft in der Einsamkeit, die unsere innere »Wildnatur« spiegelt und Lebenskraft spendet.
Es lohnt sich, der Stimme der Natur in uns selbst zuzuhören und die Bereitschaft zu entwickeln, uns als Ganze, als integrale und integrierte Persönlichkeiten anzunehmen. Bei dieser inneren Arbeit kommt der Kraft der Vision eine entscheidende Bedeutung zu – und ihrer Anbindung an die natürlichen Lebensrhythmen, die zu unterschiedlichen Zeiten unterschiedliche Aspekte der Entfaltung fördern.
Die dem abendländischen Bewusstsein angepasste, ritualisierte Form der Visionssuche kann der persönlichen Wandlung Stärke und Klarheit verleihen. Dieses Buch gründet auf Erfahrungen des Autors, die er im Lauf von fünfundzwanzig Jahren beim Begleiten von Menschen in Lebensübergängen sammeln konnte. Es zeigt das moderne, zeitgemäße Spektrum von Übergangsritualen und will Lust und Neugier darauf machen, sich wieder an die äußere Natur anzubinden. Es gibt praktische Anleitungen zur Visionssuche, zu jahreszeitlichen Ritualen und zur Arbeit mit dem System der vier Schilde nach Meredith Little und Steven Foster, einer psychologischen Grundmatrix für die therapeutische Arbeit in der Natur.
»Übergangsrituale« ist ein Lehrbuch für alle, die auf dem Weg sind, dem großen Leben in Freude zu dienen.

Franz P. Redl unterrichtet seit 1980 Trancetanz, Rituale und traditionelles Wissen aus verschiedenen Kulturkreisen, darunter auch Taiji und Qigong. Ausbildung unter anderem bei der Ethnologin Felicitas Goodman und der »School of Lost Borders« von Meredith Little und Steven Foster. Viele Jahre enge Zusammenarbeit mit der Tanzpädagogin und Tänzerin Kay Hoffman. Er betreibt mit Claudia R. Pichl und Peter Wetzler die Shambhala Wilderness-Schule in Obritzberg in Niederösterreich.

DRACHENVERLAG

Drachen Verlag GmbH
Am See 1, D-17440 Klein Jasedow
Telefon (03 83 74) 752 24
Telefax (03 83 74) 752 23
mail@drachenverlag.de
www.drachenverlag.de